Mark Zahel

Leichte Wanderungen
Chiemgau
Berchtesgadener Land

65 ausgewählte Touren

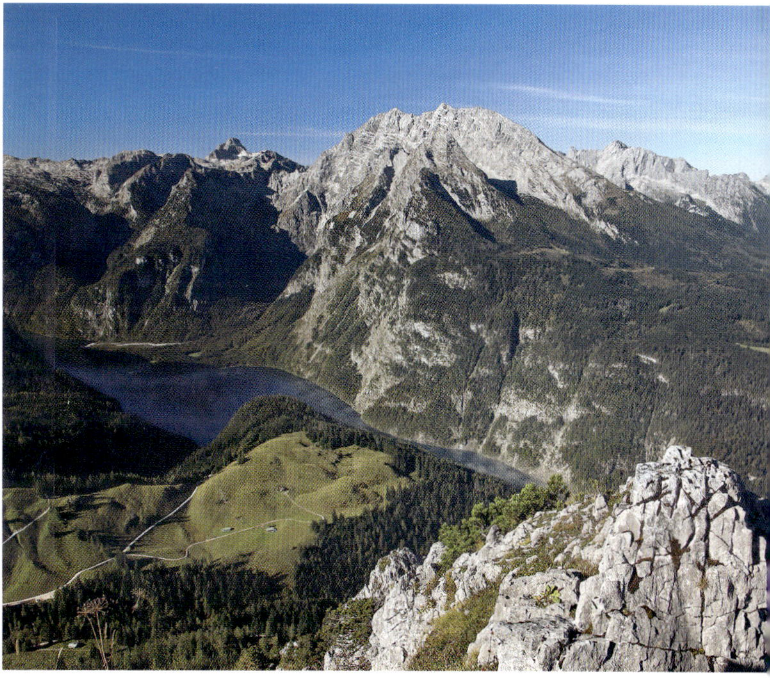

ROTHER
BERGVERLAG

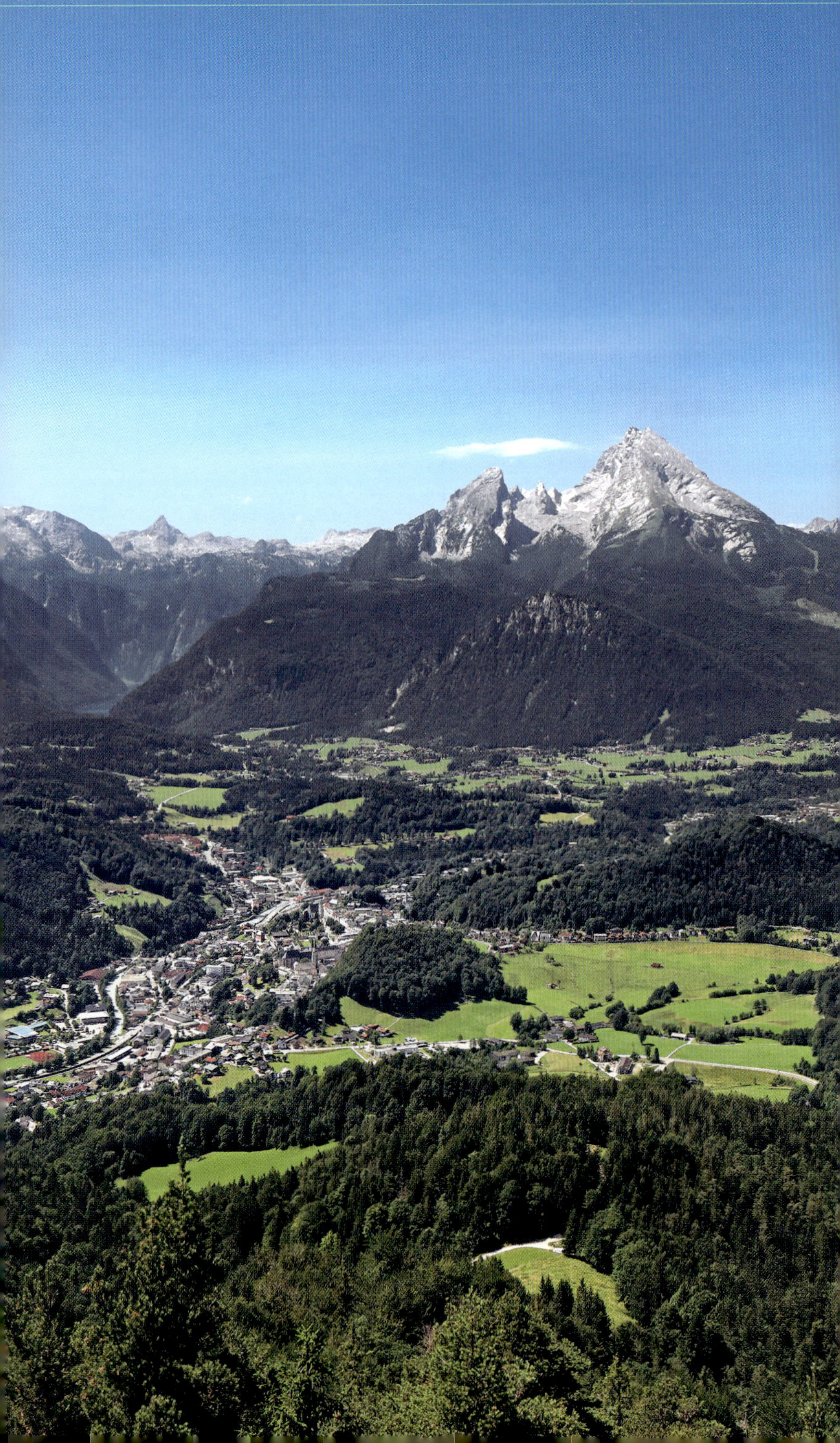

Vorwort

Der Osten der Bayerischen Alpen, vom Inntal ausgehend bis ins Berchtesgadener Land, hat viel zu bieten: die weitläufig waldreichen Chiemgauer Berge mit ihren Ausblicken sowohl auf das »Bayerische Meer« als auch tief hinein in die Alpenwelt, weiter östlich dann die malerische Landschaft um Berchtesgaden, regelrecht eingeschlossen von charismatischen Bergstöcken wie Watzmann, Hochkalter und Untersberg und »veredelt« durch den berühmten Königssee. Man muss nicht unbedingt ein ausgewiesener Bergfex sein, um hier »auf Touren« zu kommen. Es bieten sich mannigfaltige Möglichkeiten für leichte Unternehmungen, sei es im talnahen Bereich, hinauf zu Hütten und Almen und sogar auf den einen oder anderen aussichtsreichen Gipfel. Wer erlebnisorientierte Wanderungen ohne besondere bergsteigerische Ansprüche und von zumeist moderater Länge schätzt, findet in diesem Buch ein maßgeschneidertes Angebot mit der stattlichen Anzahl von insgesamt 65 einzelnen Vorschlägen. Alle Touren sind detailliert beschrieben und wie üblich mit Kartenausschnitt, Höhenprofil, attraktiven Fotos und GPS-Track versehen.
Meine erste persönliche Bekanntschaft mit der Alpenwelt datiert inzwischen drei Jahrzehnte zurück und fiel genau in diese Gegend, die mir seither sehr ans Herz gewachsen ist. Auch wenn ich später oft von großen, anspruchsvolleren Bergtouren in den Bann gezogen wurde, hat es damals eher mit solch leichteren Unternehmungen angefangen: behutsam Erfahrungen sammeln im alpinen Gelände, Kennenlernen von Land und Leuten, aufnahmefähig werden für die kleinen Dinge der Natur ... Und mit zunehmendem Alter wird sich der Bogen womöglich wieder zu schließen beginnen – die bergsteigerischen Ambitionen werden maßvoller, die Ziele kleiner. Was aber bleibt, ist eine unstillbare Neugier und das Wohlgefühl, in einer solch tollen Umgebung aktiv sein zu können.
Ich möchte Sie einladen, mir auf diese vielseitigen Streifzüge im Chiemgau und Berchtesgadener Land zu folgen, und wünsche Ihnen dabei ebenso unvergessliche Eindrücke, wie sie mir vergönnt waren. Falls Sie Einheimischer sind, werden Sie Ihre Heimat ohnehin wertschätzen – ansonsten eröffnet sich hier die Chance, sich für immer in eine Landschaft zu verlieben. Und einem Aufenthalt werden womöglich weitere folgen ...
In diesem Sinne, viel Spaß und Freude auf Ihren Wanderungen und stets eine glückliche Rückkehr!

Mark Zahel, im Sommer 2023

Klassisch schön: der Berchtesgadener Talkessel mit »König Watzmann«.

Inhalt

Auf der Höhe von Altkaseralm und Spitzsteinhaus ergibt sich ein toller Panoramablick weit nach Tirol hinein.

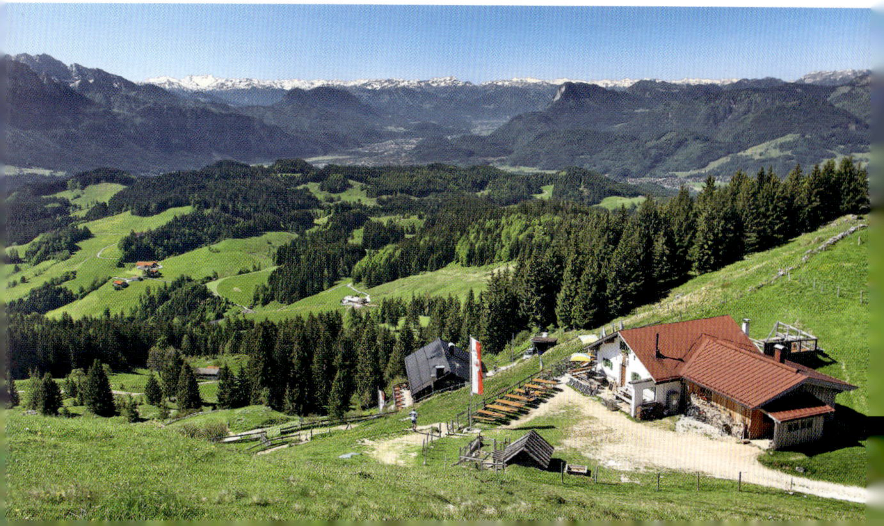

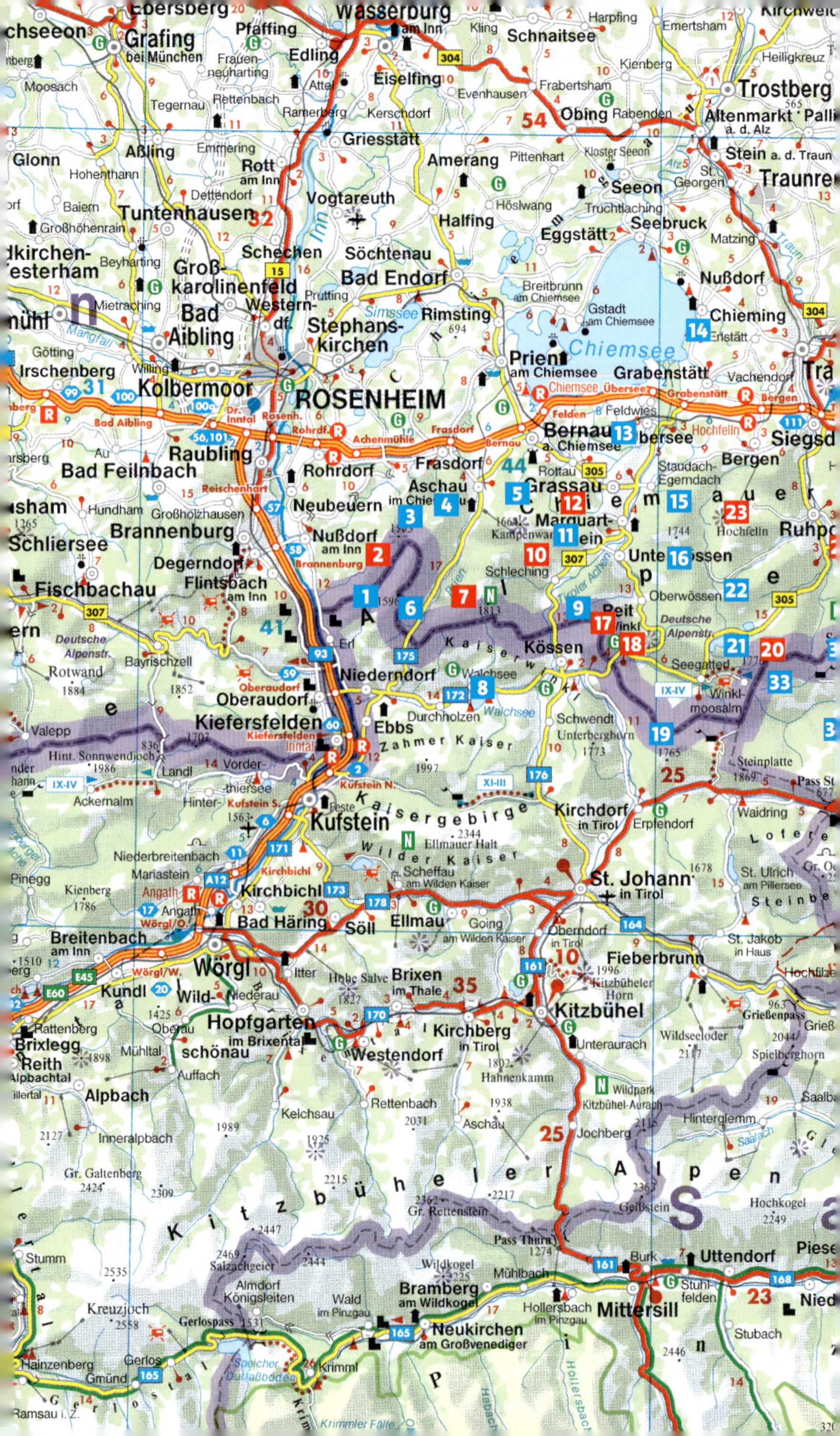
Ebersberg
Wasserburg am Inn
Harpfing
Emertsham
Grafing bei München
Pfaffing
Kling
Schnaitsee
Trostberg
Edling
Eiselfing
Heiligkreuz
Moosach
Frauenneuharting
Attel
Kienberg
Tegernau
Rettenbach
Evenhausen
Frabertsham
Ramerberg
Kerschdorf
Obing
Rabenden
Altenmarkt a. d. Alz
Griesstätt
Glonn
Aßling
Emmering
Amerang
Pittenhart
Kloster Seeon
Stein a. d. Traun
Hohenthann
Rott am Inn
Seeon
St. Georgen
Baiern
Dettendorf
Vogtareuth
Höslwang
Truchtlaching
Tuntenhausen
Halfing
Seebruck
Großhöhenrain
Inn
Eggstätt
Matzing
Schechen
Söchtenau
Beyharting
Groß-karolinenfeld
Bad Endorf
Breitbrunn am Chiemsee
Nußdorf
Prutting
Western-df.
Gstadt am Chiemsee
Chieming
Mietraching
Bad Aibling
Stephans-kirchen
Simssee
Rimsting
Erlstätt
Mangfall
Götting
Prien am Chiemsee
Chiemsee
Irschenberg
Willing
Kolbermoor
ROSENHEIM
Grabenstätt
Vachendorf
Bad Aibling
Rosenh.
Inntal
Chiemsee
Übersee
Grabenstätt
Bergen
Rohrdf.
Achenmühle
Frasdorf
Bernau
Felden
Feldwies
Bernau a. Chiemsee
Übersee
Hochfelln
Siegsdorf
Raubling
Au
Frasdorf
Rottau
Staudach-Egerndach
Bergen
Bad Feilnbach
Rohrdorf
Aschau im Chiemgau
Grassau
Reischenhart
Neubeuern
Hundham
Großholzhausen
Marquartstein
Hochfelln
Ruhpolding
Schliersee
Brannenburg
Nußdorf am Inn
Kampenwand
Unterwössen
Degerndorf
Brannenburg
Fischbachau
Flintsbach am Inn
Schleching
Oberwössen
Reit im Winkl
Deutsche Alpenstr.
Erl
Kössen
Seegatterl
Bayrischzell
Rotwand
Niederndorf
Walchsee
Oberaudorf
Winklmoosalm
Durchholzen
Walchsee
Kiefersfelden
Ebbs
Schwendt
Unterberghorn
Valepp
Hint. Sonnwendjoch
Zahmer Kaiser
Landl
Vorderthiersee
Steinplatte
Ackernalm
Hinterthiersee
Kufstein
Kaisergebirge
Kirchdorf in Tirol
Erpfendorf
Waidring
Pass Strub
Ellmauer Halt
Wilder Kaiser
Lofer
Niederbreitenbach
Mariastein
Kirchbichl
Scheffau am Wilden Kaiser
St. Johann in Tirol
St. Ulrich am Pillersee
Pinegg
Kienberg
Angath
Bad Häring
Söll
Ellmau
Going am Wilden Kaiser
Oberndorf in Tirol
Breitenbach am Inn
St. Jakob in Haus
Hochfilzen
Wörgl
Itter
Hohe Salve
Brixen im Thale
Fieberbrunn
Kitzbüheler Horn
Kundl
Wildschönau
Niederau
Kitzbühel
Grießenpass
Rattenberg
Brixlegg
Reith
Oberau
Hopfgarten im Brixental
Kirchberg in Tirol
Wildseeloder
Mühltal
Westendorf
Spielberghorn
Alpbachtal
Auffach
Hahnenkamm
Alpbach
Unteraurach
Wildpark Kitzbühel-Aurach
Kelchsau
Rettenbach
Aschau
Inneralpbach
Jochberg
Hinterglemm
Saalbach
Gr. Galtenberg
Kitzbüheler Alpen
Gr. Rettenstein
Geißstein
Hochkogel
Pass Thurn
Salzachgeier
Wildkogel
Mühlbach
Burk
Uttendorf
Stumm
Almdorf Königsleiten
Wald im Pinzgau
Bramberg am Wildkogel
Hollersbach im Pinzgau
Mittersill
Stuhlfelden
Kreuzjoch
Gerlospass
Neukirchen am Großvenediger
Stubach
Hainzenberg
Gerlos
Gmünd
Speicher Durlaßboden
Krimml
Gerlostal
Ramsau i. Z.
Krimmler Fälle
Habach
Hollersbach

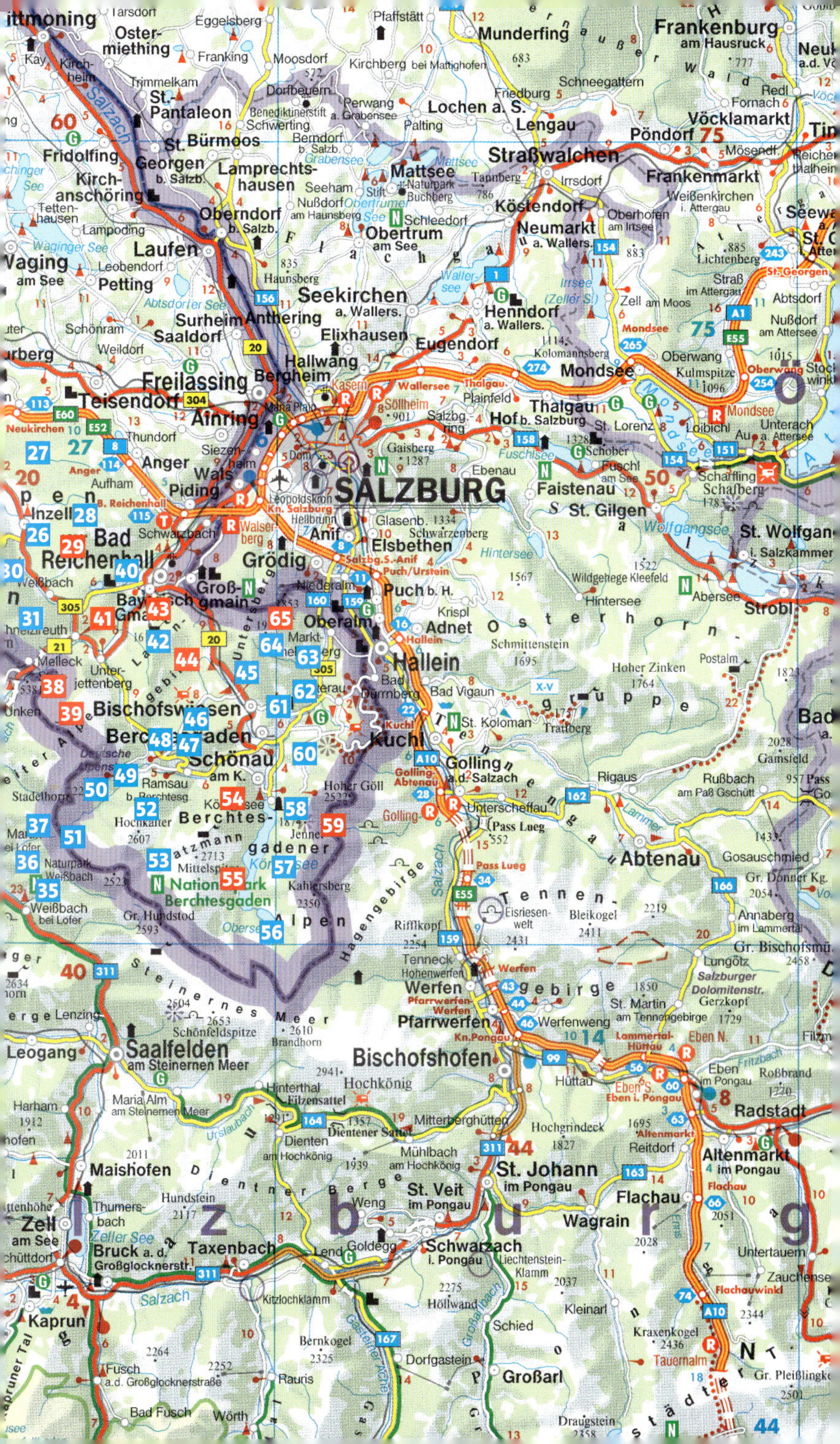

SALZBURG
Freilassing
Teisendorf
Ainring
Laufen
Oberndorf b. Salzb.
Seekirchen a. Wallers.
Straßwalchen
Neumarkt a. Wallers.
Köstendorf
Henndorf a. Wallers.
Eugendorf
Hallwang
Bergheim
Elixhausen
Anthering
Mattsee
Obertrum am See
Lamprechtshausen
St. Pantaleon
St. Georgen b. Salzb.
Fridolfing
Kirchanschöring
Waging am See
Petting
Saaldorf
Surheim
Anger
Piding
Bad Reichenhall
Bayerisch Gmain
Groß-gmain
Grödig
Anif
Elsbethen
Puch b. H.
Oberalm
Adnet
Hallein
Bad Vigaun
Bad Dürrnberg
Kuchl
Golling a. d. Salzach
Bischofswiesen
Berchtesgaden
Schönau am K.
Berchtesgadener Alpen
Nationalpark Berchtesgaden
Thalgau
Hof b. Salzburg
Faistenau
St. Gilgen
Fuschl am See
Mondsee
St. Wolfgang i. Salzkammer
Strobl
Plainfeld
Abtenau
Tennengebirge
Werfen
Pfarrwerfen
Bischofshofen
Hüttau
Radstadt
Altenmarkt im Pongau
Flachau
Wagrain
St. Johann im Pongau
St. Veit im Pongau
Schwarzach i. Pongau
Großarl
Dorfgastein
Saalfelden am Steinernen Meer
Leogang
Maishofen
Zell am See
Bruck a. d. Großglocknerstr.
Taxenbach
Kaprun
Frankenburg am Hausruck
Vöcklamarkt
Frankenmarkt
Pöndorf
Munderfing
Lengau
Lochen a. S.
Osterhorngruppe
Hochkönig
Dientener Sattel
Mühlbach am Hochkönig
Pass Lueg

Top-Touren

Kranzhorn
Westlicher Eckposten der Chiemgauer Alpen mit fantastischer Aussicht über das Inntal und feiner Alm unterhalb des Gipfels *(Tour 1, 2.50 Std.)*.

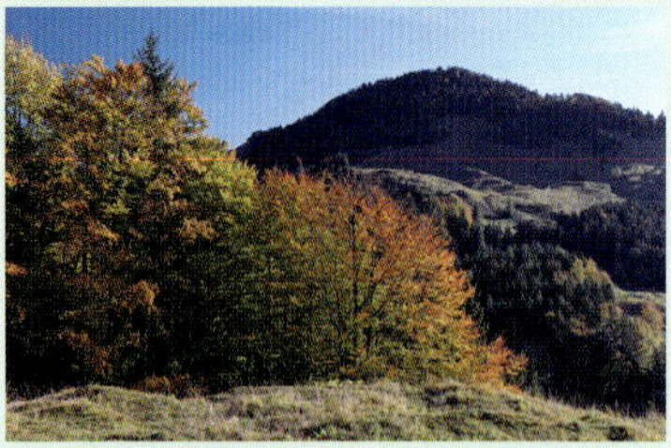

Klobenstein und Streichen
Talnahe Wanderung im Grenzbereich des Chiemgaus zum Tiroler Kaiserwinkl; von kulturellem Interesse sind die Wallfahrtskapelle Maria Klobenstein im schluchtartigen Tal sowie die Streichenkirche weiter oben am Hang *(Tour 9, 3.00 Std.)*.

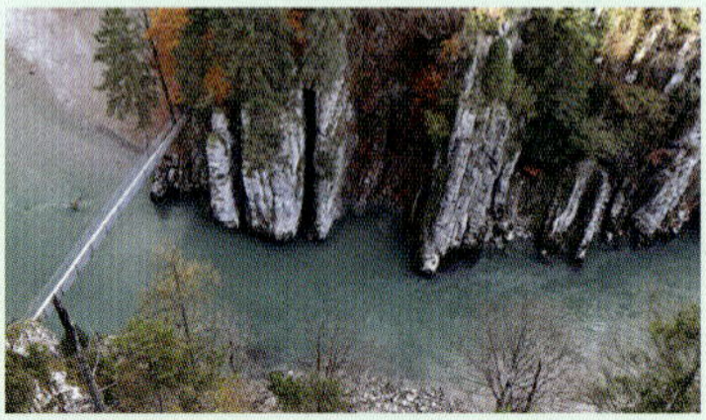

Staudacher Almenrunde
Romantische Almentrilogie am Nordabfall des Hochgern, die so richtig zum Genießen einlädt *(Tour 15, 4.00 Std.)*.

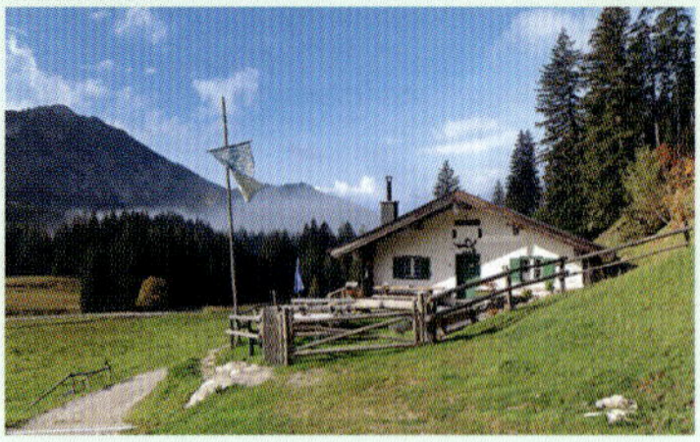

Rund um Reit im Winkl
Der wohl bekannteste Ferienort in den Chiemgauer Alpen, eingebettet in eine wiesengrüne Talweitung, aus ganz verschiedenen Perspektiven *(Tour 18, 4.20 Std.)*.

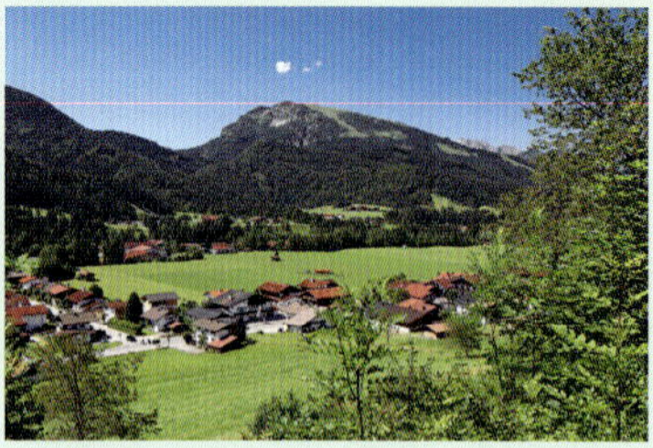

Frillensee und Steiner Alm
Lauschige Fleckchen im Einzugsgebiet von Inzell – ein verträumter Seenkessel sowie eine abgeschiedene Alm am Fuße des Staufenzuges *(Tour 28, 3.30 Std.)*.

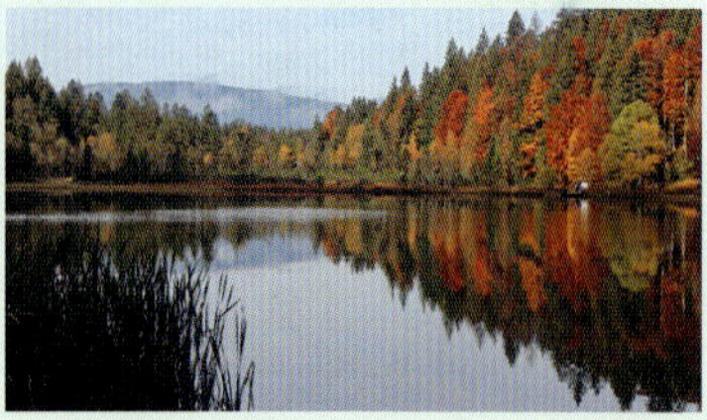

Sonntagshorn
Der höchste Berg der Chiemgauer Alpen ist aus dem südseitigen Heutal leicht zu erreichen und bietet naturgemäß ein besonders weitreichendes Panorama *(Tour 32, 4.45 Std.)*.

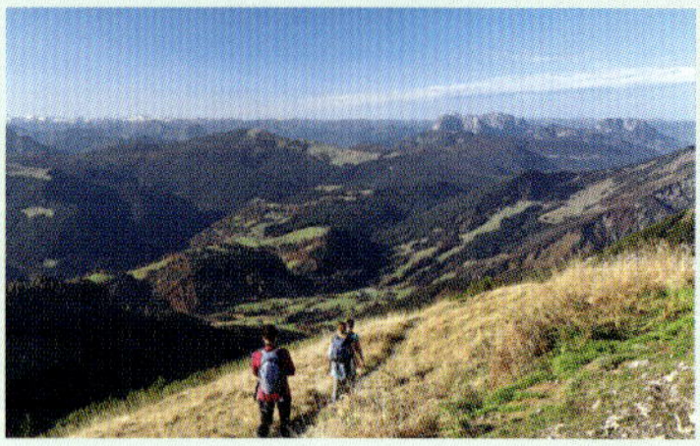

Soleleitungsweg
Historisch bedeutsame Route, die zu einer Wanderpromenade par excellence ausgebaut worden ist und die großen Berchtesgadener Gipfelstöcke in Szene setzt *(Tour 47, 2.40 Std.).*

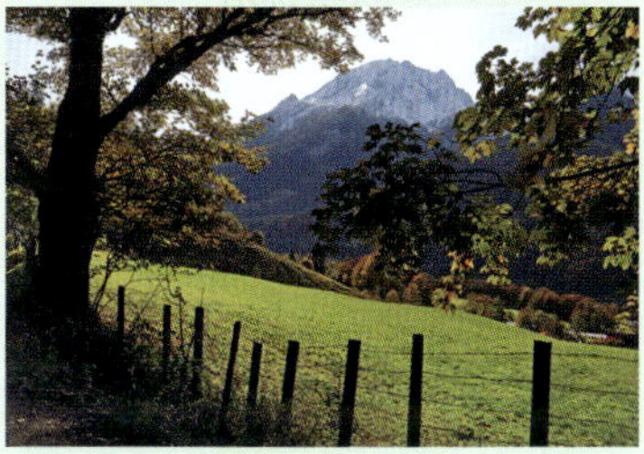

Ramsauer Malerweg
Die Ramsau zählt mit einer dichten Folge von Natursehenswürdigkeiten, wie Zauberwald und Hintersee, zu den schönsten Talschaften der Bayerischen Alpen *(Tour 49, 3.00 Std.).*

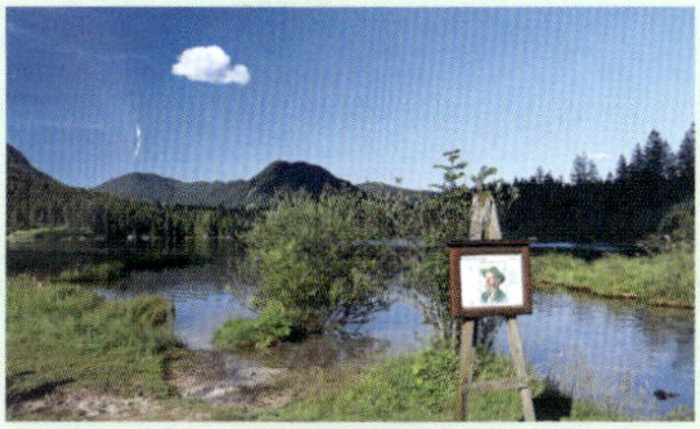

Grünstein und Archenkanzel
Längere Wanderung am Nordostausläufer des Watzmann-Massivs, die mit dem vorgelagerten Grünstein, der malerischen Kührointalm und dem Tiefblick von der Archenkanzel auf den Königssee drei Highlights bietet *(Tour 54, 5.45 Std.).*

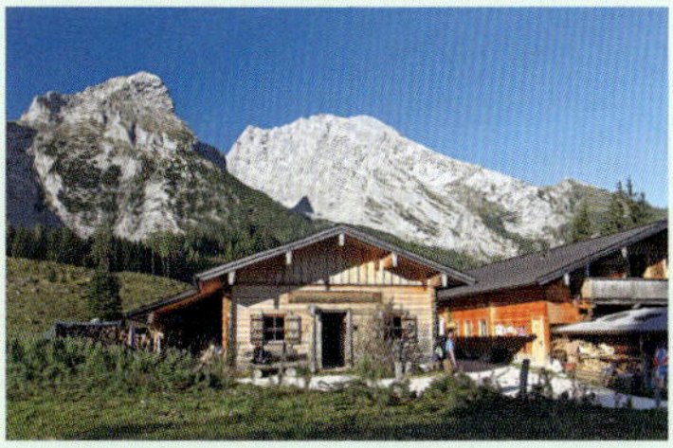

Rund um den Jenner
Schöne, von mehreren Almen geprägte Runde um den bekannten Seilbahnberg, in einer der beliebtesten Wanderecken des Berchtesgadener Landes *(Tour 58, 4.40 Std.).*

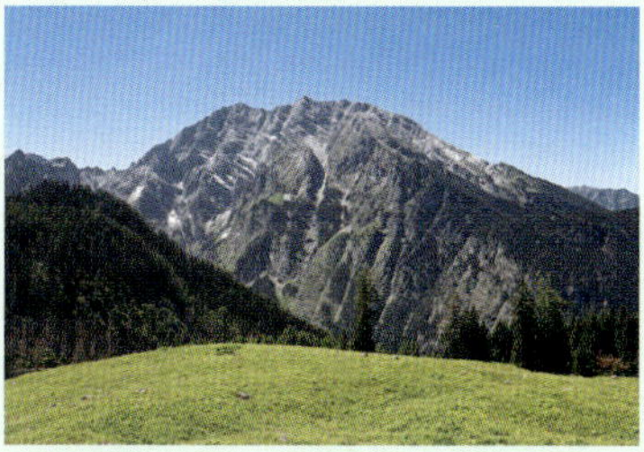

Kneifelspitze
Eigentlich nur ein unbedeutender Waldbuckel, doch welch Aussicht über das anmutige Berchtesgadener Land auf die Gipfel der Kalkhochalpen um Watzmann und Co. *(Tour 62, 2.30 Std.)*!

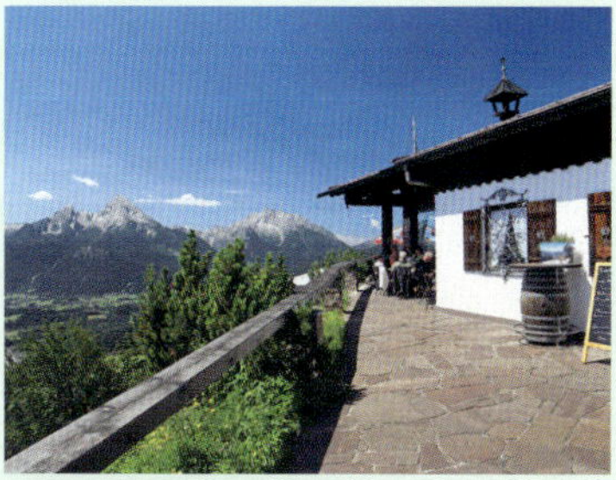

Almbachklamm
Eindrucksvolle Schluchtwanderung, bei der man gleichsam in die Erdgeschichte eintaucht *(Tour 63, 2.45 Std.).*

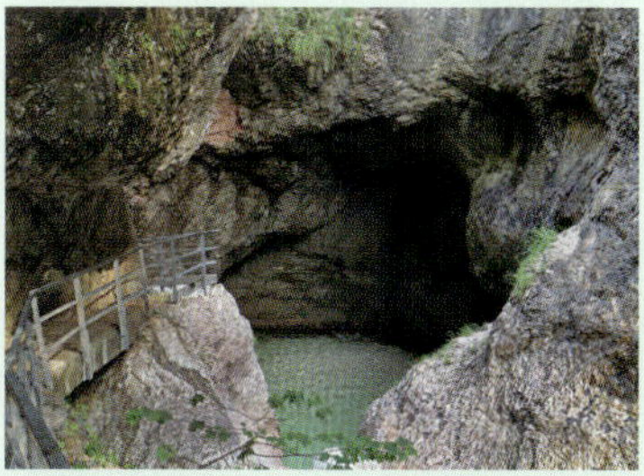

Zum Gebrauch des Buches

Tourenplanung

Bei den hier vorgestellten Touren handelt es sich um Berg- und Talwanderungen von geringer bis höchstens mittlerer Schwierigkeit. Sie verlaufen üblicherweise auf markierten Wegen und Steigen. Gleichwohl ist in Bezug auf Geländebeschaffenheit, Höhenlage und Tourenlänge ein gewisses Maß an Varianz zu verzeichnen, sodass jeder Nutzer mit Vorteil das persönliche Leistungsvermögen sowie die eigenen Vorlieben mit dem jeweiligen Tourencharakter abstimmen wird, um passende Touren herauszufiltern. Dies ist der erste wichtige Schritt bei der Planung. Dazu bietet der Führer neben einer einleitenden Würdigung als ideales Instrument die KURZINFO, die in einer Art »Steckbrief« die wichtigsten Basisinformationen zusammenfasst. Zum allgemeinen Verständnis sind die folgenden Erläuterungen gedacht.

Liebhaber von idyllischen Bergseen werden im Chiemgau zum Taubensee aufbrechen.

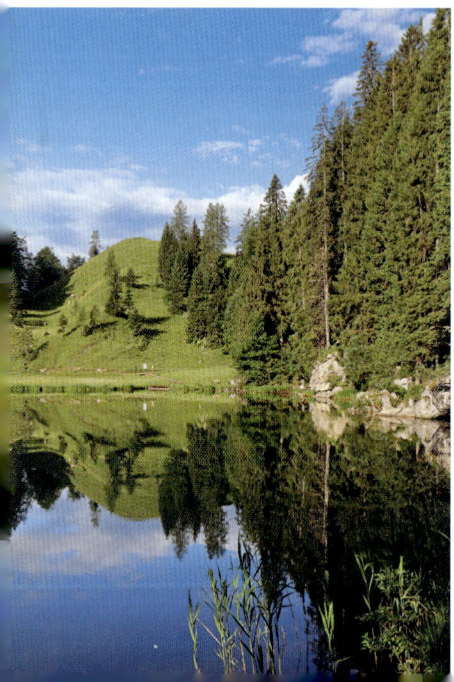

Gehzeit

Mit dieser Angabe ist die reine Gehzeit ohne Pausen (!) für die gesamte Tour gemeint. Eine detailliertere Gliederung mit Zwischenwerten ist aus dem Höhenprofil ersichtlich. Ganz wichtig: Auch wenn mit der Tourenauswahl vor allem Genusswanderer, deren Marschtempo oft nicht besonders hoch sein mag, angesprochen sind, wird die übliche Systematik der Wanderbücher dahingehend nicht aufgeweicht. Schließlich soll ja auch eine titelübergreifende Vergleichbarkeit verschiedener Touren gewährleistet bleiben. Als Faustregel werden je nach Gelände im Aufstieg rund 300 bis maximal 400 Höhenmeter pro Stunde zugrunde gelegt, im Abstieg etwa das 1,5-fache.

In der Praxis kann es – je nach Fitness und Leistungsvermögen – selbstverständlich eine erhebliche Streuung geben, nicht zuletzt durch wetter- oder geländebedingte Erschwernisse (z.B. Hitze, Nässe). Auch Faktoren wie Rucksackgewicht und Gruppengröße bzw. -zusammensetzung wirken sich aus. Man sollte daher nach einigen Erfahrungen mit dem Buch seinen persönlichen »Zeitmaßstab« herausfinden und berücksichtigen. Es ist außerdem sinnvoll, gerade mit Kindern deutlich längere Verweilzeiten auf der Strecke einzuplanen (in Summe durchaus bis zum Doppelten). Eine gewisse »Marschdisziplin«, wie sie zum ambitionierten Bergwandern dazugehört, soll bei unseren Touren nicht vorrangig sein, sondern eher das Genießen mit

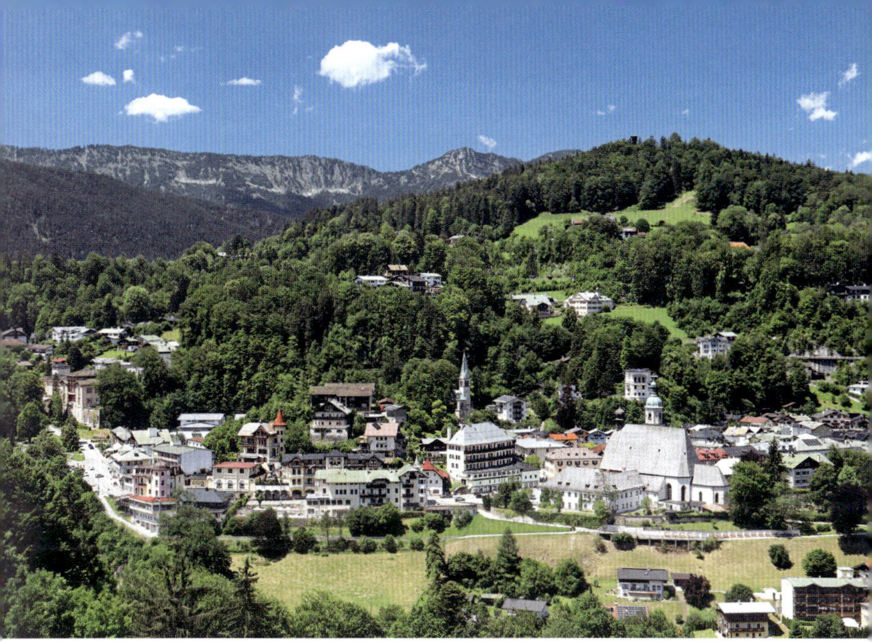

Berchtesgaden besitzt ein reiches kulturelles Erbe und sieht sich eingerahmt von einer zauberhaften Landschaft.

ausgedehnten Rast- und Schaupausen. Normalerweise lässt sich beinahe jede der vorgestellten Wanderungen bei guten äußeren Bedingungen innerhalb eines Tages unterbringen.

Höhenunterschiede/Distanz

Diese Parameter sind neben der (davon maßgeblich abhängenden) Gehzeit ein wichtiges Merkmal zur Einschätzung des konditionellen Anspruchs. Sie beziehen sich ebenfalls auf die gesamte Tour. Gegenanstiege sind so gut wie möglich und sinnvoll eingerechnet. Außerdem werden die Werte leicht gerundet, zumal es auf den »letzten Meter« ohnehin nicht ankommt.

Symbole

Einige grobe Grundkriterien werden auf der Umschlagklappe definiert, etwa ob die Tour mit öffentlichen Verkehrsmitteln durchführbar ist, ob Aufstiegshilfen (Seilbahn bzw. Sessellift) genutzt werden können, ob Einkehr- und gegebenenfalls Übernachtungsmöglichkeit entlang der Wegstrecke bestehen, weiters eine tendenzielle Angabe zur Begehungshäufigkeit (man bedenke dabei freilich die generelle Diskrepanz zwischen Werk- und arbeitsfreien Tagen respektive zwischen Haupt- und Nebensaison).

Eignung für Kinder

Dieser Punkt findet sich ebenfalls unter den Symbolen und sei nochmals explizit erläutert, zumal eine Verallgemeinerung problematisch erscheint. Grundsätzlich ist das Tourenspektrum so angelegt, dass sich Familien mit Kindern besonders angesprochen fühlen dürfen. Die meisten Wanderungen sind abwechslungsreich genug und nicht zu gefährlich oder anstrengend. Allerdings müssen diese Kriterien letztlich ganz individuell gesehen und

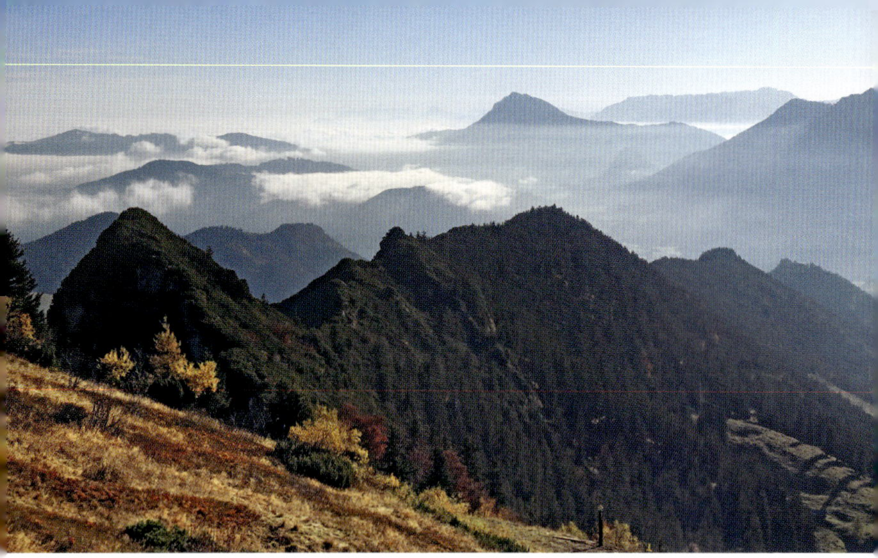

An klaren Herbsttagen ist die Fernsicht der große Trumpf.

von den Eltern im Hinblick auf Alter und Belastbarkeit ihres Nachwuchses verantwortungsbewusst selbst eingeschätzt werden. Einerseits zeigt die Erfahrung, dass Kinder – falls ihr Interesse geweckt ist – durchaus häufig bereits eine erstaunliche körperliche Leistungsfähigkeit mitbringen. Andererseits wird von einer konkreten Altersempfehlung bei einzelnen Touren geflissentlich abgesehen. Denn eine Achtjährige mit reichlich Bewegungstalent tut sich womöglich leichter als ein Elfjähriger, der Sport hauptsächlich nur aus dem Fernsehen kennt ... Nicht anders als bei Erwachsenen spielt natürlich auch Übung eine erhebliche Rolle. Daher ist es sinnvoll, Kinder behutsam an das Bergwandern heranzuführen, ihre Trittsicherheit und Ausdauer maßvoll zu erproben, und sie auch schon an der Tourenauswahl teilhaben zu lassen.

Alpendohle.

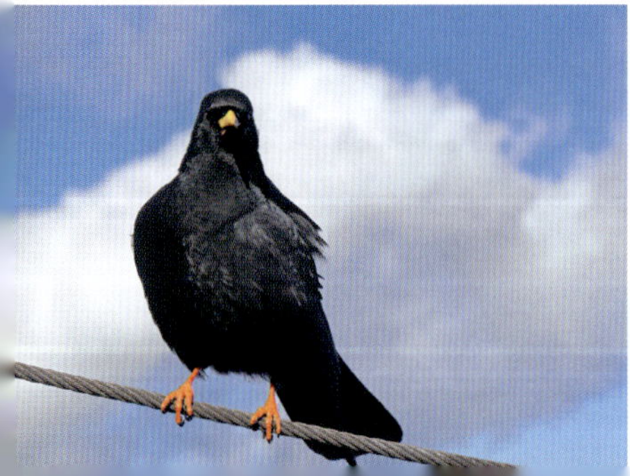

Talort

Darunter verstehen wir den nächstgelegenen Ort mit Infrastruktur. Die Nennung dient auch zur geografischen Groborientierung hinsichtlich Planung und Anfahrtsrecherche.

Ausgangspunkt

Dort geht man zu Fuß los (als erster Wegpunkt deklariert und in den Tourenkarten zudem mit einem roten Kreis gekennzeichnet). Falls die Zufahrt kompliziert zu finden ist, wird sie in kompakter Form aufgezeigt. Mitunter können oder sollen auch Seilbahnen für den Einstieg in eine Tour genutzt werden. Dafür beachte man die Betriebszeiten. Bei Streckenwanderungen mit abweichendem Endpunkt wird auch dieser einschließlich der Rückkehrmöglichkeit per Bus genannt.

Anforderungen

Dieser sehr wichtige Punkt gibt über Beschaffenheit der Wege bzw. des Geländes, über besonders relevante Schwierigkeiten sowie an Begeher gestellte Voraussetzungen, speziell hinsichtlich der Trittsicherheit, Auskunft. All dies gründet sich allein auf objektive Kriterien und daher immer auf die Annahme günstiger Verhältnisse. Dass beispielsweise schlechtes Wetter die Anforderungen merklich erhöhen kann, muss jeder selbst einkalkulieren.

Die Summe dieser Fakten bestimmt die Gesamteinschätzung, die einerseits durch die Anwendung der differenzierten, vom Schweizer Alpenclub (SAC) etablierten Wanderskala und andererseits durch die Farbe der Tourennummer gekennzeichnet wird. Dabei bezieht sich diese Bewertung stets auf die vollständige Tour, während Teilstrecken durchaus leichter sein können. Üblicherweise werden in Rother-Wanderbüchern drei Anforderungsniveaus farblich unterschieden, wovon in diesem Band – gemäß seiner generellen Themenstellung – allerdings nur die beiden erstgenannten tatsächlich gebraucht werden.

■ Leicht

Bergwanderung auf gut ausgebauten und markierten Wegen von meist nur mäßiger Steilheit. Passagen in abschüssigem Gelände sind selten; Absturzgefahr besteht kaum. Besondere Bergerfahrung ist nicht notwendig, allerdings kann manchmal ein Grundmaß an Trittsicherheit angezeigt sein.

■ Mittel

Wege und Bergpfade, die solide Trittsicherheit erfordern, in ausgesetztem Terrain auch Schwindelfreiheit. Sie sind in der Regel ausreichend markiert, weisen aber nicht

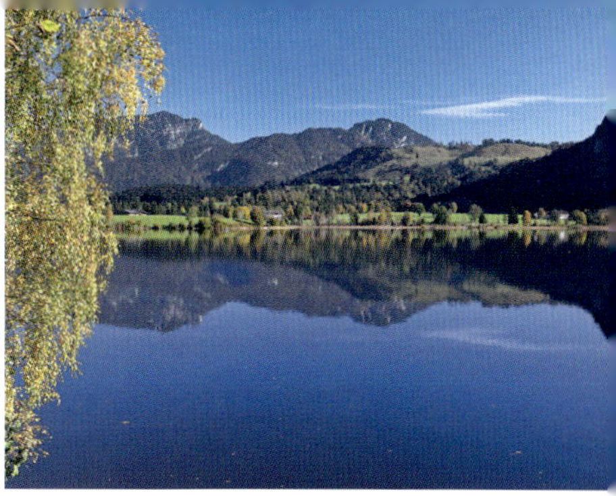

Herbst am Walchsee im Tiroler Kaiserwinkl.

selten schmalen Verlauf auf und können stellenweise gesichert sein. Der Gebrauch der Hände ist aber allenfalls unterstützend notwendig, klettern im eigentlichen Sinn muss man nicht. Kommen weglose oder schlecht markierte Abschnitte vor, ist Orientierungssinn gefragt. Im alpinen Gelände nimmt die Abhängigkeit von den herrschenden Verhältnissen zu, was alles in allem ein gewisses Maß an Bergerfahrung verlangt.

■ Schwierig

Anspruchsvollere Bergtouren in oft hochalpinem Gelände, die streckenweise weglos und/oder unmarkiert verlaufen können. Mitunter ist auch Kletterei erforderlich (im unteren Schwierigkeitsgrad I, ausnahmsweise auch bis II) oder es treten klettersteigartige Passagen auf. Absolute Trittsicherheit und Schwindelfreiheit sind ebenso unerlässlich wie umfassende alpine Erfahrung. Aufgrund von Höhe und Schwierigkeit der Ziele ist hier die Abhängigkeit von Wetter und Verhältnissen besonders zu beachten.

Die **Wanderskala des SAC** umfasst insgesamt sechs Stufen (T1 bis T6), wobei die obere Grenze unseres Tourenspektrums bei lediglich T3 liegt. Hier die entsprechenden Definitionen in kompakter Form:

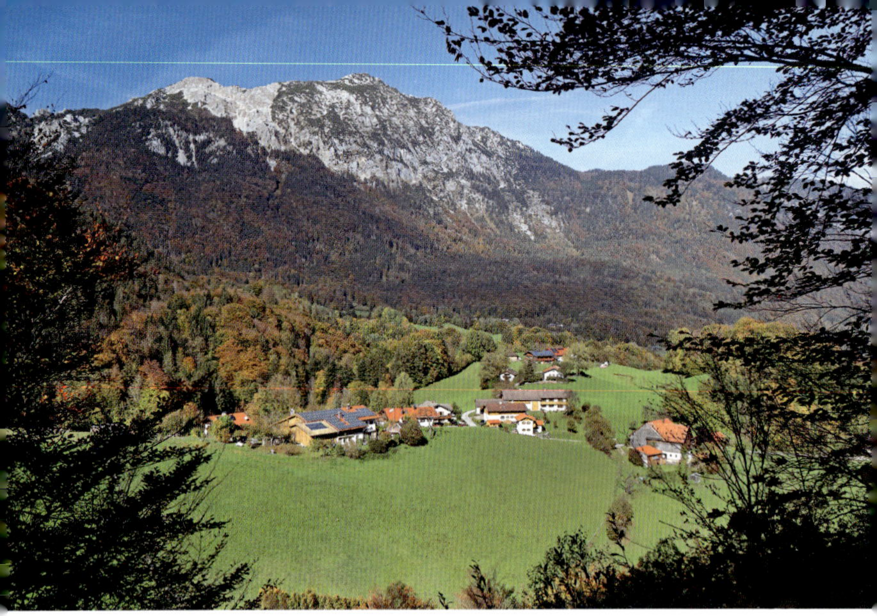

Streusiedlungen unterm Hochstaufen bei Bad Reichenhall.

■ **T1** Weg gut gebahnt, Gelände flach oder leicht geneigt, keine Absturzgefahr.

■ **T2** Weg durchgehend gebahnt, Gelände teilweise schon relativ steil, Absturzgefahr nicht gänzlich ausgeschlossen (jedoch selten).

■ **T3** Weg meist, aber nicht unbedingt überall erkennbar. Steiles Gelände, stellenweise etwas Händeunterstützung, eventuell vereinzelte Sicherungen, aber keine eigentliche Kletterei. Absturzgefahr möglich.

Den Kategorien T1 und T2 wird die Tourenfarbe »Blau« zugeordnet, T3 hingegen »Rot«. Da gerade bei wandertechnisch leichteren Unternehmungen der konditionelle Anspruch selektiv wirkt, gilt außerdem als Maßgabe, dass Touren von mehr als 5 Stunden Gehzeit bzw. 1000 Aufstiegsmetern »rot« einzustufen sind. Davon abgesehen wird in diesem Buch jedoch keine von der sonst üblichen Praxis abweichende Schwierigkeitsbewertung vorgenommen (was auf einen Gelegenheitswanderer, der mit alpinen Bedingungen wenig vertraut ist, unter Umständen etwas streng wirken mag). Die Bewertung ist demnach kompatibel mit anderen Wanderbüchern und Wanderführern aus dem Bergverlag Rother, insbesondere jenen aus der Feder des Verfassers.

Einkehr

Aufzählung von Hütten und Jausenstationen, die am Weg liegen (eventuell auch an Ausgangspunkten abseits von Ortschaften). Man beachte unbedingt, dass diese in vielen Fällen nur saisonal bewirtschaftet sind. Wer also außerhalb der Hauptsaison unterwegs ist, hole vor der Tour aktuelle Erkundigungen ein (entweder über eine allfällige Homepage, die angegebene Telefonnummer oder gegebenenfalls auch beim Tourismusbüro), um später nicht unversehens vor verschlossenen Türen zu stehen. Mit der allgemeinen Begehbarkeit einer Route hat dieser Umstand freilich nur bedingt zu tun (gegebenenfalls kommt also eine ordentliche Jause in den Rucksack ...). Angesichts der überschaubaren Länge unserer Touren sind wir kaum jemals auf Bergunterkünfte angewiesen – fast alle Wanderungen lassen sich im Rahmen eines Tagesmarsches bewältigen. Möchte man aufgrund individueller Überlegungen (z.B. Stichwort »Hüttenerlebnis«) trotzdem irgendwo übernachten, empfiehlt sich eine vorherige Reservierung.

Varianten/Tipps

Auf andere sinnvolle Gestaltungsmöglichkeiten in Zusammenhang mit der betreffenden Tour wird in kompakter Form hingewiesen. Allerdings soll in einem stark verzweigten Wegenetz davon nicht zu ausgiebig Gebrauch gemacht werden, zumal dies den Rahmen des Führers sprengen und die Übersichtlichkeit darunter leiden würde. Mitunter wird auch ein spezieller Hinweis für ein zusätzliches touristisches Angebot in der Nähe gegeben.

Karten

Die Mitnahme einer Wanderkarte empfiehlt sich bei jeder Tour. Standardmäßig genannt werden hier die Alpenvereinskarten der Bayern-Serie (BY), die nahezu für das gesamte Gebiet im vorteilhaften Maßstab 1:25.000 vorliegen. Daraus sind im Wesentlichen auch die Höhenangaben entnommen. Folgende Blätter sind für uns relevant:

- BY17 »Chiemgauer Alpen West – Hochries, Geigelstein«
- BY18 »Chiemgauer Alpen Mitte – Hochgern, Hochfelln«
- BY19 »Chiemgauer Alpen Ost – Sonntagshorn«
- BY20 »Lattengebirge, Reiteralm«
- BY21 »Nationalpark Berchtesgaden, Watzmann«
- BY22 »Berchtesgaden, Untersberg«

Daneben können die offiziellen Karten des Bayerischen Landesamts für Digitalisierung, Breitband und Vermessung (LDBV) empfohlen werden, weiters die Karten des Verlags Freytag & Berndt, aus denen in diesem Buch Ausschnitte auftauchen (Maßstab 1:50.000). Für unser Tourengebiet sind folgende Blätter dienlich:

- WKD 5203 »Chiemsee – Simssee – Marquartstein - Traunstein«,
- WK 301 »Kufstein – Kaisergebirge – Kitzbühel«
- WK 393 »Loferer und Leoganger Steinberge – Chiemgauer Alpen – Nationalpark Berchtesgaden«

GPS-Tracks und Koordinaten der Ausgangspunkte

Auf **gps.rother.de** stehen zu diesem Wanderbuch GPS-Tracks und die Koordinaten der Ausgangspunkte zum kostenlosen Download bereit. Dieser QR-Code führt direkt zum Download.

1. Auflage, Passwort: 337801mud

Die GPS-Tracks können in die **Rother App** importiert werden. In der App kann man unterwegs stets sehen, wo man gerade ist und wo es langgeht. **Anleitungen dazu: rother.de/gps**

Trotz sorgfältiger Prüfung können wir Fehler und zwischenzeitliche Veränderungen nicht ausschließen. Verlassen Sie sich für die Orientierung niemals einzig und allein auf die GPS-Daten, sondern beurteilen Sie die Verhältnisse vor Ort.

Allgemeine Hinweise

Ausrüstung

Viele der vorgestellten Wanderungen kann man prinzipiell mit normaler Freizeitkleidung angehen. Natürlich bieten die Outdoor-Hersteller heutzutage jede Menge Funktionelles, Schickes oder sonst irgendwie Nützliches an. Man richte sein Augenmerk auf Charakter und Höhenlage der Tour und denke gegebenenfalls an warme, wetterfeste Bekleidung. Denn weiter oben kann es auch im Sommer empfindlich kühl sein. Regenschutz einschließlich Rucksackhülle ist in den Bergen selbst bei guter Wetterprognose sinnvoll.

Der wichtigste Hinweis gilt freilich dem Schuhwerk. Benötigt man für »leichte Wanderungen« unbedingt spezielle Bergschuhe? Sicher nicht immer und überall. Sobald die Wege aber steiler und holpriger werden, das Thema »Trittsicherheit« anfängt relevant zu werden, ist ein richtiger Wanderschuh keinesfalls ein Luxus. In der Regel darf es für unsere Zwecke dann ein sowohl komfortabler als auch robuster Trekkingschuh sein, mit griffige Sohle, Knöchelschutz und bequemem Innenfutter.

Viele Wanderer bevorzugen den Gebrauch von Teleskopstöcken. Diese verschaffen zusätzliche Stabilität und entlasten – bei richtiger Anwendung – vor allem im Bergab die Kniegelenke. Werden sie allerdings in bestimmtem Gelände eher hinderlich oder braucht man irgendwo die Hände zum Festhalten, sollten sie am Rucksack befestigt werden.

In den Rucksack gehören eine gut gefüllte Trinkflasche, Proviant bemessen nach Tourenlänge und der Möglichkeit, zwischendurch irgendwo einkehren zu können, zudem Sonnenschutz (Creme, Brille und Kappe), Wanderkarte, Handy, ein kompaktes Messer, eventuell eine Taschen- bzw. Stirnlampe, eine Mülltüte und eine kleine Notfallapotheke. Achten Sie aber insgesamt auch auf das Ge-

Landschaft bei Hinter- und Oberwössen im Herzen des Chiemgaus.

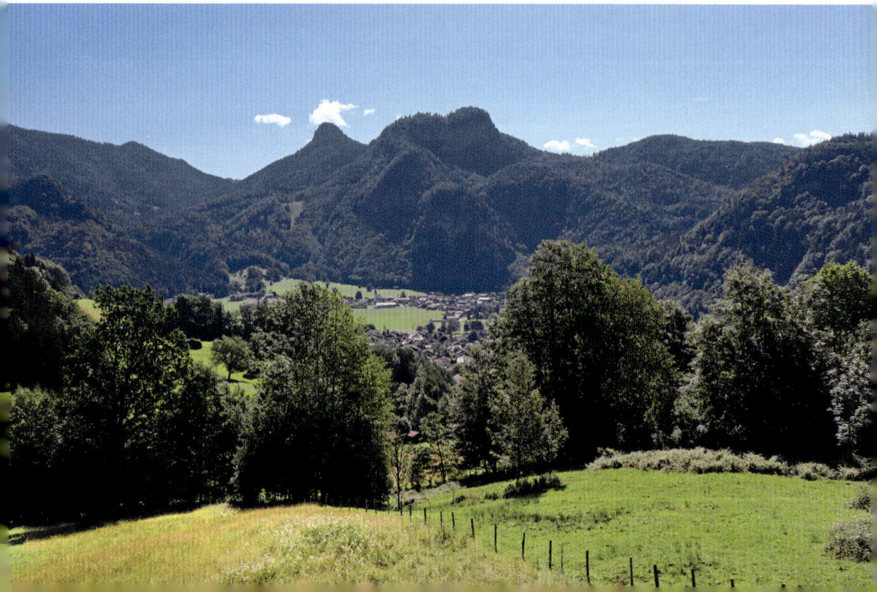

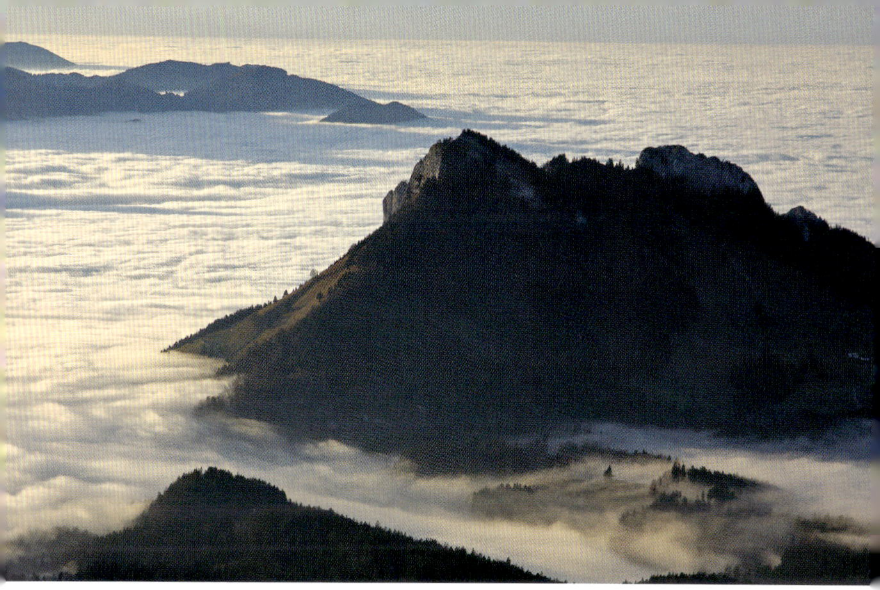

Wenn im Spätherbst die Niederungen unter Dauernebel liegen, herrscht in den Bergen eine besondere Stimmung (Blick vom Spitzstein).

wicht! Sogenannte Genusswanderungen sind insbesondere dann genussreich, wenn wir uns buchstäblich unbeschwert fühlen und nicht unter einer großen Last leiden müssen ...

Anreise und öffentlicher Nahverkehr

Unser Tourengebiet erstreckt sich im äußersten Südosten Bayerns und ist im Fernverkehr über die Autobahn A8 gut erreichbar. Alle Ausfahrten zwischen Inntal-Dreieck (Anschluss zur A93 Richtung Grenzübergang Kufstein-Kiefersfelden) und Bad Reichenhall sind dafür relevant. Gute Straßenverbindungen führen jeweils relativ rasch hinein ins Gebirge. Durchfahrten nach Österreich sind möglich bei Sachrang, zwischen Schleching und Kössen, bei Reit im Winkl, am Steinpass von Schneizlreuth Richtung Lofer sowie natürlich am Rande des Berchtesgadener Landes in den Großraum Salzburg.

Quasi parallel zur A8 kann für die Anreise mit öffentlichen Verkehrsmitteln die Bahnlinie von München nach Freilassing genutzt werden. Davon ausgehend gibt es folgende Stichstrecken: Prien – Aschau; Traunstein – Ruhpolding; Freilassing – Bad Reichenhall – Berchtesgaden. Alle halbwegs größeren Orte sind an das Busnetz angeschlossen, kleinere Ortsteile und Weiler aber unter Umständen nicht. Über bestehende Verbindungen kann man sich im Internet informieren:

- www.bayern-fahrplan.de
- www.oebb.at/de/fahrplan.

Manche Linien verkehren auch grenzübergreifend, etwa zwischen Traunstein und Kössen oder von Salzburg über Bad Reichenhall nach Lofer/Zell am See. Eine für Wanderer nützliche Besonderheit ist der Almerlebnisbus zwischen Hintersee und Weißbach bei Lofer.

Bei etlichen Touren kommt man mit seinem eigenen Auto in den Genuss eines vorteilhaft gelegenen Wanderparkplatzes, muss inzwischen aber vielerorts mit – teils happi-

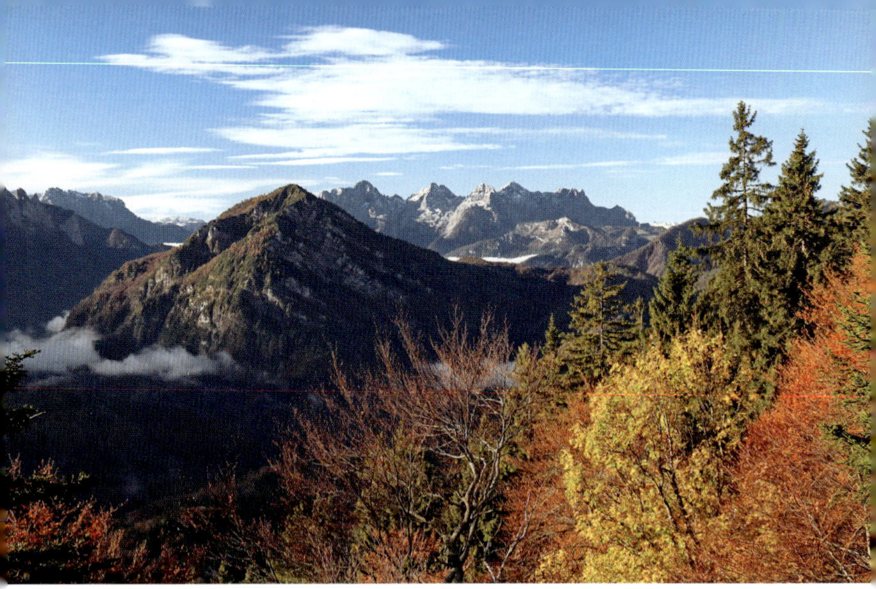

Herbstzauber in den Bergen, hier beim Aufstieg zum Zwiesel.

gen – Parkgebühren rechnen. Unter Berücksichtigung aller möglichen Faktoren (Praktikabilität hinsichtlich der Ausgangspunkte und Fahrpläne, Kosten, Umweltschutz etc.) kann eine Empfehlung, ob individuell oder per Öffis, nicht generell, sondern allenfalls für jede Tour gesondert erfolgen. Für Bergaktive wäre insbesondere wünschenswert, dass man auch bereits zu früher Morgenstunde per Bus und Bahn an seinen Ausgangspunkt gelangen könnte. Dies wird aber vermutlich vorerst häufig Wunschdenken bleiben …

Beste Wanderzeit

Die Saison für Unternehmungen in mittleren und höheren Lagen umfasst üblicherweise die Zeit zwischen Mitte Juni und Mitte Oktober, selbstverständlich in Abhängigkeit von den herrschenden Bedingungen. So kann ein schneereicher Winter den Beginn der Tourensaison hinauszögern und herbstlicher Schneefall ihr Ende beschleunigen. Mit den hier vorgestellten Touren genießen wir allerdings teilweise eine erheblich höhere Flexibilität. Manche sind sogar das ganze Jahr über möglich. Speziell sonnseitig ausgerichtete Wanderungen werden im Frühjahr zeitig schneefrei und lohnen oft auch im späteren Herbst noch eine Begehung. Gerade auf diese Jahreszeiten sollte man durchaus mal sein Augenmerk richten. Denn eine geringere Betriebsamkeit sowie das Vermeiden sommerlicher Hitzeperioden haben ja auch etwas für sich. Im Frühjahr und Frühsommer bezaubert nicht zuletzt die erwachende Blumenpracht, während der Herbst mit seiner Farbenorgie und der oft herrlich klaren Luft besonders stimmungsvoll daherkommt.

Wetter und Klima

Es ist sicherlich vertretbar, relativ leichte und kurze Touren bei geeignetem Wetter spontan anzutreten. Gleichwohl sollte man speziell bei Unternehmungen im Gebirge auch der Wetterprognose Rechnung tragen. Nicht nur, dass dieser Punkt entscheidend dazu beiträgt, wie reizvoll und genussreich man eine Wanderung empfinden wird; es handelt sich auch um einen sicherheitsrelevanten Faktor. Im Internet kann man sich auf folgenden Seiten gut informieren (dabei richte man sein Augenmerk durchaus verstärkt auch auf Infos aus Österreich, speziell auf die Bundesländer Tirol und Salzburg, da hier das spezifische Alpenwetter oft mehr Berücksichtigung findet als bei den Prognosen für Bayern):

- www.br.de/wetter
- www.alpenverein.de/DAV-Services/Bergwetter
- wetter.orf.at
- www.zamg.ac.at

In klimatischer Hinsicht können Chiemgau und Berchtesgadener Land sicher nicht als typische Schönwetterregion angesprochen werden. Bei reger Tiefdrucktätigkeit geraten wir hier häufig in den Staubereich feuchter Luftmassen, die sich am Gebirge abregnen. Die jährlichen Niederschlagssummen fallen somit relativ hoch aus. Freilich gibt es auch günstige Wetterlagen, am idealsten natürlich, wenn stabiler Hochdruckeinfluss herrscht. Namentlich im Herbst gibt es für die Tallagen dann allerdings eine Neigung zu Nebel oder Hochnebel, der sich an manchen Tagen sogar beständig halten kann, während auf den Höhen womöglich ungetrübt die Sonne scheint. Gutes Tourenwetter bringt meist auch der Föhn mit sich, denn in diesem Fall liegt unsere Region im trockenen Lee der Alpen. Da die Luftmassen aus dem Sektor Süd kommen und sich beim Überströmen des Ge-

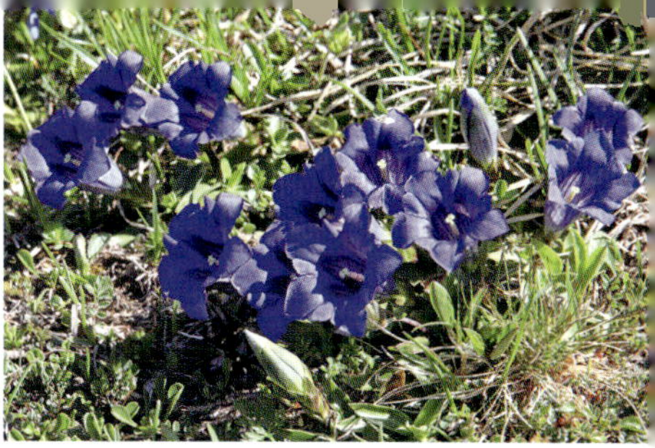

Stängelloser Enzian kündigt den Bergsommer an.

Hotspot des Tourismus: St. Bartholomä am Königssee.

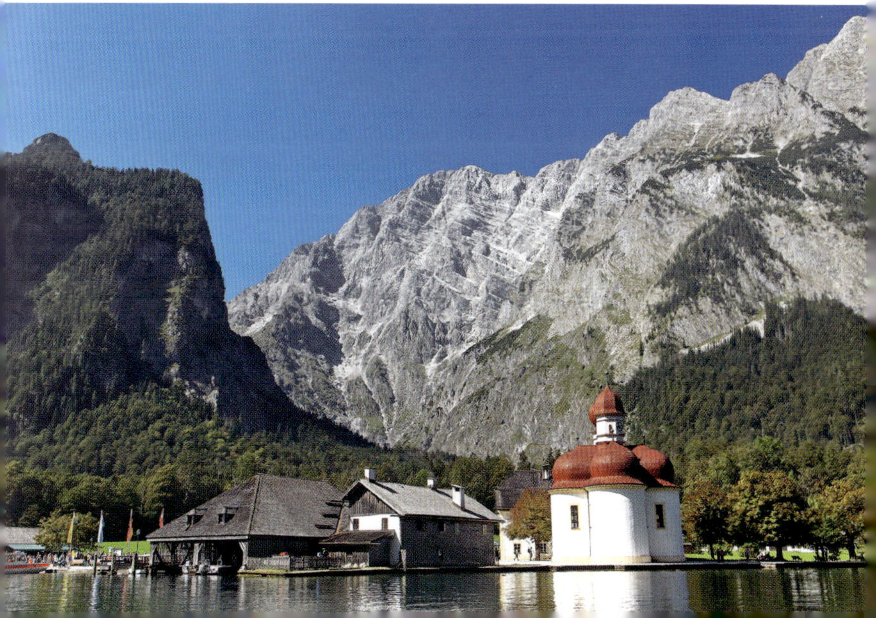

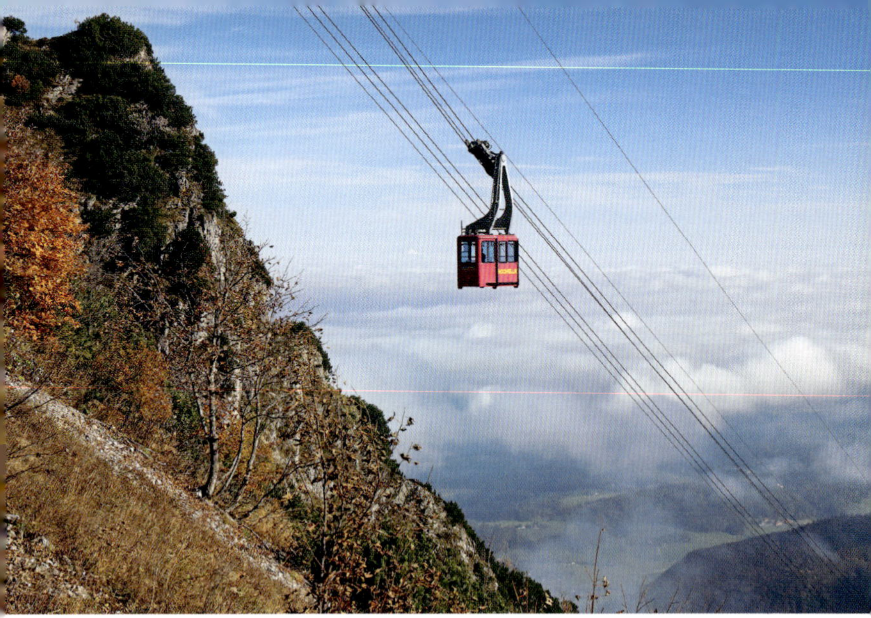

Auf den Hochfelln gelangt man auch mühelos mit der Seilbahn.

birges als Fallwind noch erwärmen, können die Temperaturen ordentlich klettern, und die Atmosphäre ist typischerweise sehr klar. Allerdings ist bei Föhn auch Vorsicht geboten, denn sobald dieser zusammenbricht, übernimmt meist eine Kaltfront aus Westen das Regime – und dann wird's unter Umständen ungemütlich. Legt man allgemeine Wetterprognosen für Bayern zugrunde, so ist nicht selten festzustellen, dass die Region Chiemgau/Berchtesgaden zeitlich etwas hinterherhinkt, d.h. bei Aufzug von Schlechtwetter hält der freundliche Charakter hier sogar länger als vorhergesagt, der Abzug einer Front kann sich dann allerdings auch zäher gestalten, als uns lieb ist.

Gefahren

Auch wenn unsere Touren größtenteils als sehr risikoarm bezeichnet werden können und besondere Bergerfahrung meist keine ausschlaggebende Voraussetzung für die Durchführung ist, sollte man sich dennoch die wichtigsten Gefahrenpotenziale, die im Gebirge auftreten können, vor Augen halten:

- Am offensichtlichsten ist meist die Ausrutsch- bzw. Absturzgefahr. Ruhige, konzentrierte Fortbewegung ist daher im ausgesetzten Gelände oberstes Gebot. Wer sich nicht schwindelfrei weiß, hat diesem Umstand bereits bei der Tourenauswahl Rechnung zu tragen.
- Leicht zu unterschätzen sind hartgefrorene Schneefelder, die schon bei relativ geringer Neigung zu bösen Unfällen führen können. Kommt es zum Ausgleiten, sofort reagieren und in die bremsende Liegestützhaltung gehen, bevor der Körper Beschleunigung aufnimmt. Unerfahrenen wird generell die Meidung ungünstiger Verhältnisse angeraten.
- Bei Nässe werden Schrofen und steile Grashänge besonders tückisch.
- Steinschlaggefährdete Passagen sollten, falls nicht vermeidbar, rasch aber konzentriert begangen werden.
- Wegmarkierungen bilden norma-

lerweise die sichere Leitlinie, auf die wir als Bergwanderer vertrauen. Sie können aber mitunter spärlich oder im Extremfall gar nicht mehr vorhanden sein. Ebenso kann man sie aus Unachtsamkeit oder aufgrund schlechter Sichtbedingungen schon mal verlieren. Im Zweifel sollte man nicht blindlings durchs Gelände tapsen, sondern wieder zum letzten bekannten Punkt zurückgehen.

■ Unter den Wettergefahren stehen Gewitter an oberster Stelle, zumal sie sommers im Gebirge ausgesprochen häufig sind. Neben Blitzschlägen drohen auch die durch Starkregen verursachten mittelbaren Gefahren wie Murenabgänge etc. Durch gutes Timing (in der Regel früher Aufbruch!) und aufmerksame Wetterbeobachtung sollte man gewährleisten, vor den meist in der zweiten Tageshälfte auftretenden Gewittern wieder im Tal oder in einer Hütte zu sein.

■ Am häufigsten treten Probleme bei Bergwanderungen vermutlich durch konditionelle Selbstüberschätzung auf. Vor allem Hitze macht vielen arg zu schaffen. Man sollte seine Leistungsfähigkeit kritisch hinterfragen und sich nicht überfordern. Wichtig ist, viel zu trinken. Unter Umständen begnüge man sich lieber mit einem kleineren Zwischenziel, anstatt die Tour unter Qualen fortzusetzen.

Notfall/Bergrettung

Falls man trotz aller Vorsicht in eine Notsituation gerät, gilt es nicht in Panik zu verfallen, sondern ruhig und überlegt zu handeln. Verletzten ist zunächst Erste Hilfe zu leisten. Mit einem Mobiltelefon lässt sich am einfachsten Hilfe organisieren. Man wählt

■ 112 als vereinheitlichte europäische Notrufnummer.

Falls kein Handy dabei ist (oder man kein »Netz« bekommt), dient das internationale alpine Notsignal dazu, auf sich aufmerksam zu machen. Es besteht aus einem optischen oder akustischen Zeichen, das sechsmal in der Minute in regelmäßigen Abständen gegeben und mit jeweils einer Minute Pause dazwischen wiederholt wird, bis eine Antwort kommt. Diese besteht aus dreimaligem Zeichen innerhalb einer Minute.

Touristische Auskünfte

■ Samerberg Tourismus, Dorfplatz 3, 83122 Samerberg/Törwang, Tel. +49 8032 989418

■ Tourist Info Aschau, Kampenwandstraße 38, 83229 Aschau im Chiemgau, Tel. +49 8052 9049-0

■ Tourismusbüro Prien, Alte Rathausstraße 11, 83209 Prien am Chiemsee, Tel. +49 8051 6905-0

Der Falkensee befindet sich im Talbereich bei Inzell.

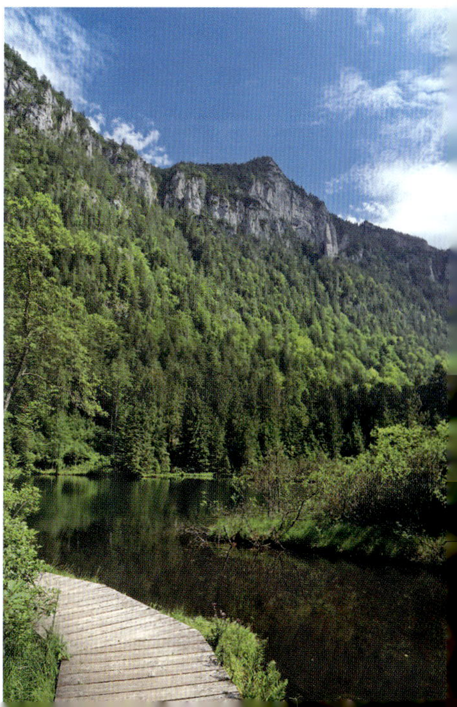

Der Umwelt zuliebe ...

Auch beim Wandern hinterlassen wir einen ökologischen Fußabdruck, aber im Einklang mit der Natur unterwegs zu sein, ist gar nicht so schwer!

VORBEREITUNG UND ANFAHRT

- Sich vorab informieren, worauf in Bezug auf Natur und Umwelt in der jeweiligen Wanderregion besonders zu achten ist.
- Soweit möglich mit Bahn und Bus anreisen, Wander- und Rufbusse nutzen.
- Ist eine Anfahrt mit dem Auto nötig, Fahrgemeinschaften bilden.
- Bei weiten Anfahrten Mehrtagestouren planen oder von einem Quartier vor Ort aus mehrere Touren absolvieren.
- Flugreisen möglichst reduzieren und durch Beiträge zu Klimaschutzprojekten kompensieren.

KLEIDUNG UND AUSRÜSTUNG

- Beim Kauf von Outdoor-Kleidung auf umweltfreundliche und faire Herstellung achten und Kleidungsstücke möglichst viele Jahre nutzen.
- Ausrüstung kann man eventuell auch gebraucht kaufen oder ausleihen.
- Reparieren statt neu kaufen.

VERPFLEGUNG

- Beim Einkauf Bio-Ware, regionale und saisonale Erzeugnisse bevorzugen.
- Hütten und Gasthäuser auswählen, die regionale Produkte verwenden.
- Auf Einwegflaschen und Plastikverpackungen verzichten, stattdessen wiederverwendbare Trinkflaschen und Brotzeitboxen benutzen.

ÜBERNACHTUNG

- Bei lokalen Anbietern buchen, damit Menschen vor Ort profitieren.
- Auf Hütten und in anderen Unterkünften Strom und Wasser sparen.

UNTERWEGS

- Wege benutzen und Abkürzer vermeiden.
- Sperrungen von Wegen und Schutzgebieten respektieren.
- Keine Blumen pflücken und keine Pflanzen entnehmen.
- Waldbrandgefahr beachten.
- Müll wieder mit nach Hause nehmen und dort entsorgen.
- Toilettengänge in freier Natur möglichst vermeiden.
- Lärm vermeiden.
- Hunde an die Leine nehmen.

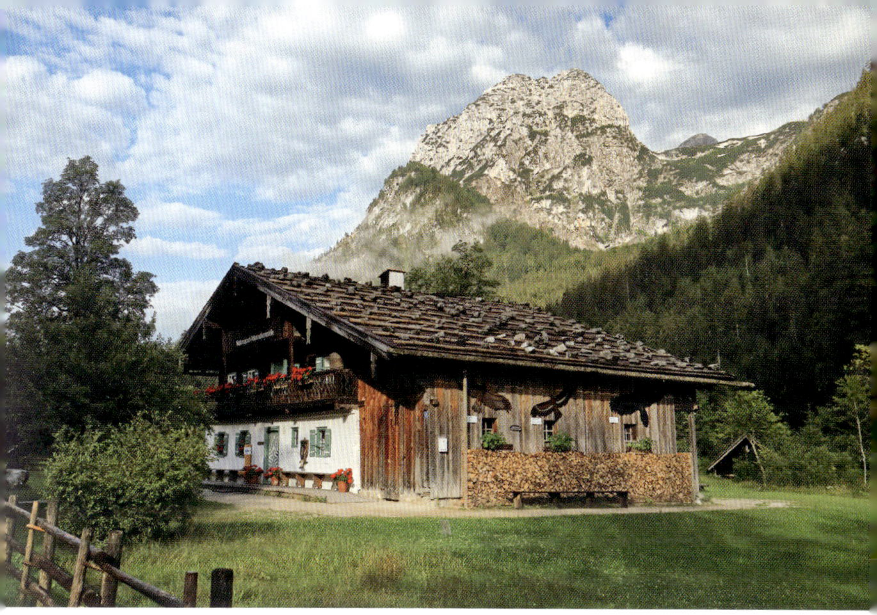

Im Klausbachhaus ist eine Infostelle des Nationalparks untergebracht.

- Tourist-Information Chieming, Hauptstraße 20B, 83339 Chieming, Tel. +49 8664 988647
- Tourist-Information Grassau, Kirchplatz 3, 83224 Grassau, Tel. +49 8641 697960
- Tourist-Information Marquartstein, Rathausplatz 1, 83250 Marquartstein, Tel. +49 8641 5979111
- Tourist-Information Schleching, Schulstraße 4, 83259 Schleching, Tel. +49 8641 5979113
- Tourismusverband Kaiserwinkl, Postweg 6, A-8346 Kössen, Tel. +43 501 100
- Tourist-Information Unterwössen, Hauptstraße 71, 83246 Unterwössen, Tel. +49 8641 597910
- Tourist-Information Reit im Winkl, Dorfstraße 38, 83242 Reit im Winkl, Tel. +49 8640 80020
- Tourist-Information Bergen, Raiffeisenplatz 4, 83346 Bergen, Tel. +49 8662 8321
- Tourist-Information Ruhpolding, Bahnhofstraße 8, 83324 Ruhpolding, Tel. +49 8663 88060
- Innzeller Touristik Gmbh, Rathausplatz 5, 83334 Inzell, Tel. +49 86665 98850
- Salzburger Saalachtal Tourismus, Lofer 310, A-5090 Lofer, Tel. +43 6588 8321
- Tourist-Information Bad Reichenhall, Wittelsbacherstraße 15, 83435 Bad Reichenhall, Tel. +49 8651 715110
- Tourist-Information Bischofswiesen, Hauptstraße 18, 83483 Bischofswiesen, Tel. +49 8652 977220
- Tourist-Information Ramsau, Im Tal 2, 83486 Ramsau bei Berchtesgaden, Tel. +49 8657 988920
- Tourist-Information Schönau am Königssee, Rathausplatz 1, 83471 Schönau am Königssee, Tel. +49 8652 1760
- Tourist-Information Berchtesgaden-Königssee, Königsseer Straße 2, 83471 Berchtesgaden, Tel. +49 8652 6565060
- Tourist-Information Marktschellenberg, Messerergasse 8, 83487 Marktschellenberg, Tel. +49 8650 988830

Einführung in die Region

Das Tourengebiet dieses Wanderbuchs erstreckt sich grob gesagt zwischen Inn und Salzach, es umfasst im Wesentlichen die Chiemgauer und Berchtesgadener Alpen auf bayerischem Boden und greift mit einigen Vorschlägen auch etwas nach Österreich aus, speziell auf den grenznahen Teil des Pinzgauer Saalachtals. Die nördliche Begrenzung bildet der unmittelbare Alpenrand; im Bereich des Chiemsees sind ausnahmsweise auch zwei Touren aus dem Vorland aufgenommen worden.

Chiemgauer Alpen

Zwischen dem Inn im Westen und der Saalach im Osten spannen sich die Chiemgauer Alpen auf. Während der Begriff »Chiemgau« in den Landkreisen Rosenheim und Traunstein umfangreicher gefasst ist, liegen die für uns im Fokus befindlichen Berggebiete komplett südlich des Chiemsees sowie der Autobahn A8. Augenfällig ist der hohe Anteil an Waldbedeckung, aus dem nur hier und da mal Felsgipfel hervorspitzen. Dieses Landschaftsbild ist freilich auch der vergleichsweise geringen durchschnittlichen Höhe geschuldet – kein Gipfel der Chiemgauer Alpen schafft es über die 2000-Meter-Marke. Auf Rodungsinseln spielt die traditionelle Almwirtschaft eine Rolle, heutzutage häufig kombiniert mit touristischen Funktionen, denn urige Almen stellen gerade für Genusswanderer eine bevorzugte Zielgattung dar.

Mit Prien, Tiroler Achen und Traun durchschneiden einige ausgeprägte Talfurchen das Chiemgauer Bergland im Wesentlichen von Süd nach Nord. Dementsprechend lassen sich im Relief deutlich voneinander abgegrenzte Bereiche erkennen. Ganz im Westen schließt das Gelände über den von Streusiedlungen geprägten Samerberg zur Hochries auf. Ein Nachbarkamm kulminiert im Spitzstein. Östlich des Prientals, in dem

Einer besonders aussichtsreichen Lage im Chiemgau erfreut sich die Rechenbergalm.

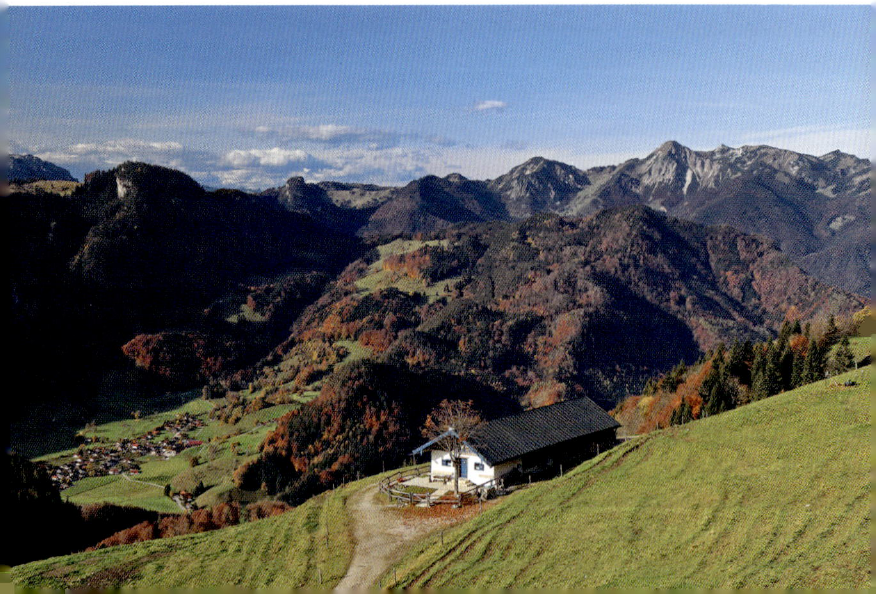

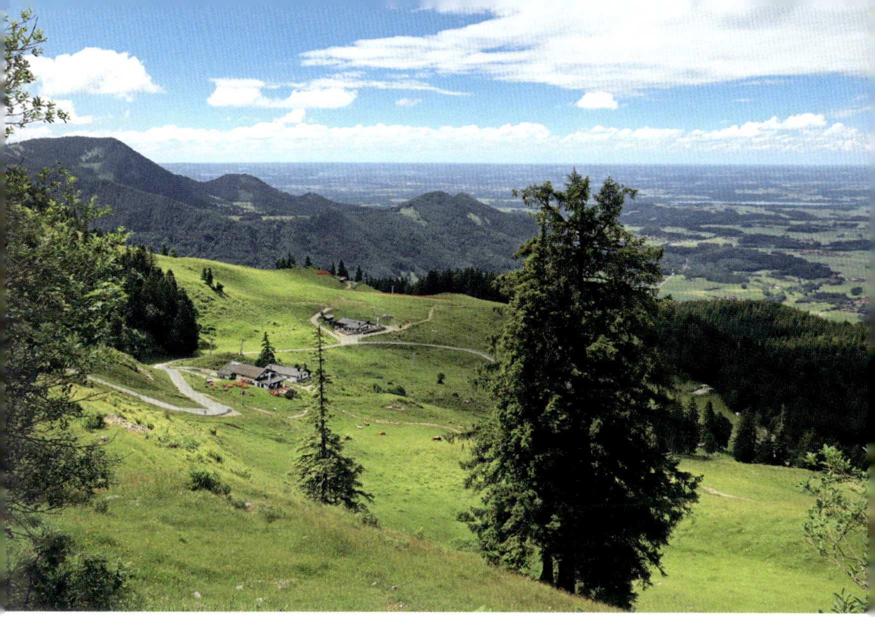

Im Almgebiet unterhalb der Kampenwand.

Aschau als Hauptort fungiert, dominieren zum einen die Kampenwand, in deren Umfeld sich ein Seilbahngebiet etabliert hat, und zum anderen der Geigelstein, welcher zum Symbolberg des Landschafts- und Naturschutzes avanciert ist, nachdem Erschließungsvorhaben Ende des 20. Jahrhunderts abgewendet werden konnten. Südlich von Spitzstein und Geigelstein gehen die Chiemgauer Alpen im Übrigen auf Tiroler Boden über. Die dortige Talschaft um Walchsee und Kössen nennt sich Kaiserwinkl.

In einer benachbarten Geländeweitung, nur durch die Landesgrenze getrennt, liegt mit Reit im Winkl die südlichste Gemeinde des Chiemgaus. Von Kössen aus durchbricht die Tiroler Ache einen Grenzriegel und fließt an Schleching, Unterwössen, Marquartstein und Grassau vorbei dem Chiemsee entgegen. Im unmittelbaren Vorfeld des »Bayerischen Meeres« lassen ausgedehnte Hochmoore auf dessen einstige Größe schließen, die nach der letzten Eiszeit etwa das Dreifache betragen haben dürfte. Der Verlandungsprozess schreitet jedoch unaufhaltsam fort. Auch die Moore sind im Zuge wirtschaftlicher Nutzung (Torfstich) und Entwässerung leider dezimiert worden, stellen ökologisch aber weiterhin wichtige Refugien dar, die hohen Schutzwert genießen.

Rücken wir weiter gen Osten vor, so bilden im Zentralteil der Chiemgauer Alpen zwei bekannte Namen die Bergsilhouetten über dem Alpenvorland: Hochgern und Hochfelln. Letzterer ist von Bergen aus mit einer Seilbahn erschlossen und zählt auch zum alpinen »Inventar« der besonders ausgedehnten Gemeinde Ruhpolding. Diese erstreckt sich weit ins urwüchsige Tal der Seetraun hinein (im Übergang von bzw. nach Reit im Winkl) und wird eingerahmt von den Gruppen um Hochfelln und Gurnwandkopf/Hörndlwand auf der einen, von Rauschberg, Sonntagshorn und Dürrnbachhorn auf der anderen

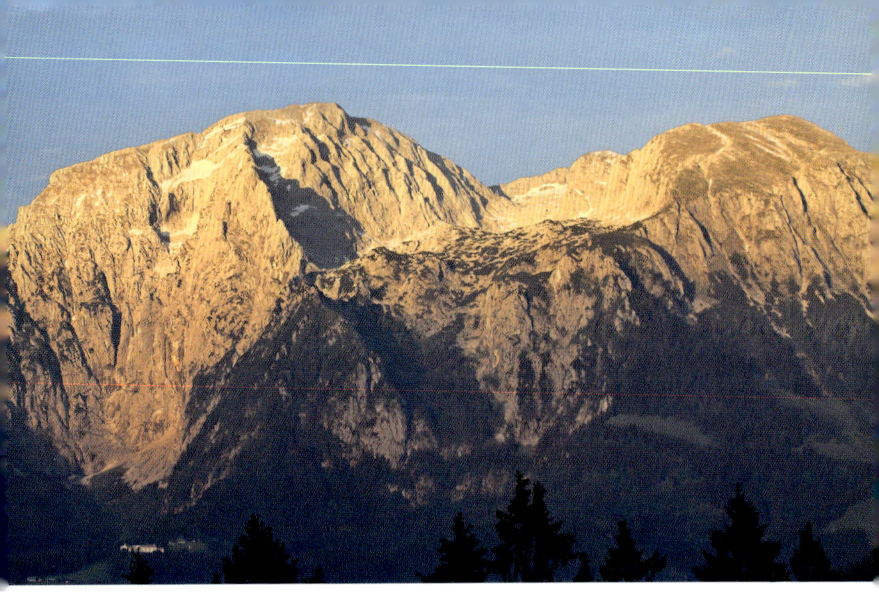

Hoher Göll und Hohes Brett im Abendlicht.

Seite: ein vielseitiges Wanderrevier! Mit 1961 Metern hält das Sonntagshorn übrigens die Spitzenposition in den gesamten Chiemgauer Alpen inne.
Zwischen Rauschberg, dem sanften Teisenberg und dem schon ansehnlich schroffen Staufenzug gilt Inzell als Tor zum Berchtesgadener Land, das in seinen administrativen Grenzen an der Engstelle der Zwing beginnt, auch wenn wir uns bis hinunter zur Saalach alpingeografisch noch in den Chiemgauer Alpen befinden. Auch Ristfeuchthorn und Müllnerberg sind also darin eingeschlossen. Dieser eng verschachtelte Bereich bis hinein in den Salzburger Pinzgau ist topografisch sehr interessant. In diesem Buch werden somit auch das Heutal bei Unken, die Loferer Alm und der Westabfall der Berchtesgadener Alpen bis Weißbach bei Lofer in Streiflichtern mitberücksichtigt. Die Verkehrsverbindung zwischen Salzburg und Lofer via Bad Reichenhall und Schneizlreuth wird übrigens als »kleines deutsches Eck« bezeichnet.

Berchtesgadener Land

Während sich der Landkreis Berchtesgadener Land aus dem Voralpenbereich um Laufen und Freilassing bis in die Bergwelt rund um den Königssee erstreckt, ist landläufig meist nur der innere Bereich mit diesem Begriff belegt. Das heißt, auch Bad Reichenhall, die Kurstadt an der Saalach, liegt außerhalb. Eingefasst von Hochstaufen und Lattengebirge, beginnt hier freilich schon der alpine Reiz zu wirken. Und weiter südlich bauen sich dann die Berchtesgadener Alpen in einer beispiellosen Kulisse auf! Es ist wohl die Anordnung von acht mehr oder weniger isolierten Bergstöcken, die dieser Gegend ihr außergewöhnliches, viel gerühmtes Charisma verleiht: Untersberg, Lattengebirge und Reiteralm, Hochkalter und Watzmann, Steinernes Meer, Hagengebirge und Göll sind allesamt einfach unverwechselbar! Im Vergleich zu den Chiemgauer Alpen ragen diese Massive häufig deutlich höher in den Himmel, profilieren sich mit kantig-felsigen For-

men und rufen auch ambitionierte Bergsteiger auf den Plan.
Mittendrin in dieser malerischen Gebirgslandschaft vereinigen sich die Talschaften von Ramsau, Bischofswiesen und Marktschellenberg zum zentralen Talkessel um Berchtesgaden und Schönau am Königssee. Der Tourismus findet zahllose Attraktionen und Anlaufpunkte, neben den mannigfaltigen Naturschönheiten und bergtouristischen Hotspots wie der Jennerbahn auch solche mit kulturellem Hintergrund. Überragenden Stellenwert genießt natürlich der Königssee, auf dem bereits seit 1909 Elektroboote verkehren. Der fjordartige See liegt fast vollständig innerhalb des Nationalparks Berchtesgaden, welcher den gesamten Südzipfel bis zur österreichischen Grenze einnimmt, also auch Klausbach- und Wimbachtal sowie die umgebenden Gipfelstöcke mit dem 2713 Meter hohen »König Watzmann« im Zentrum. Eine wilde, erhabene Szenerie und eine großartige alpine Fußgängerzone obendrein!

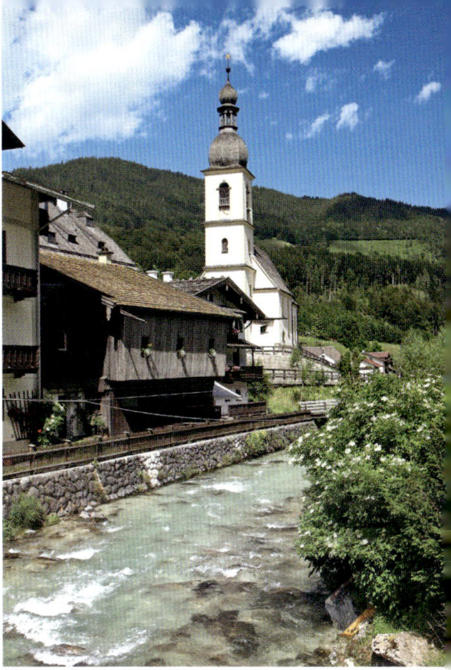

Ramsau ist das ausgewiesene »Bergsteigerdorf« im Berchtesgadener Land.

Der Markt Berchtesgaden fungiert als Zentrum des Berchtesgadener Landes.

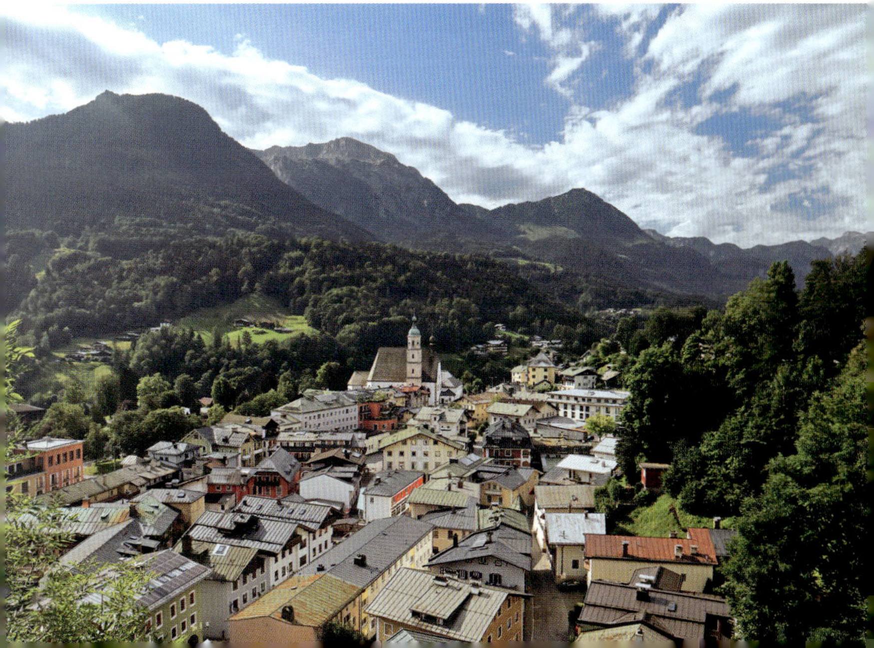

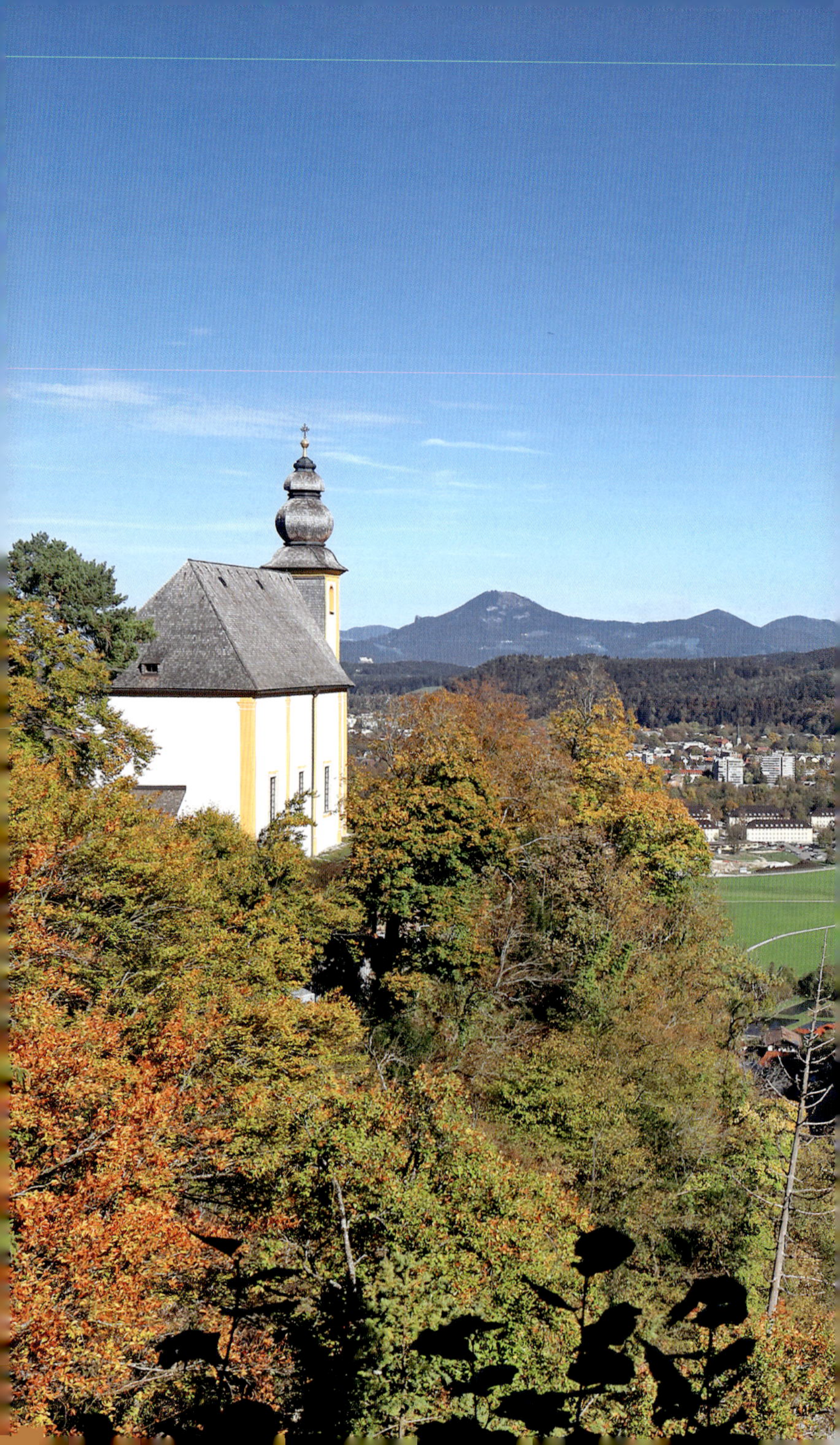

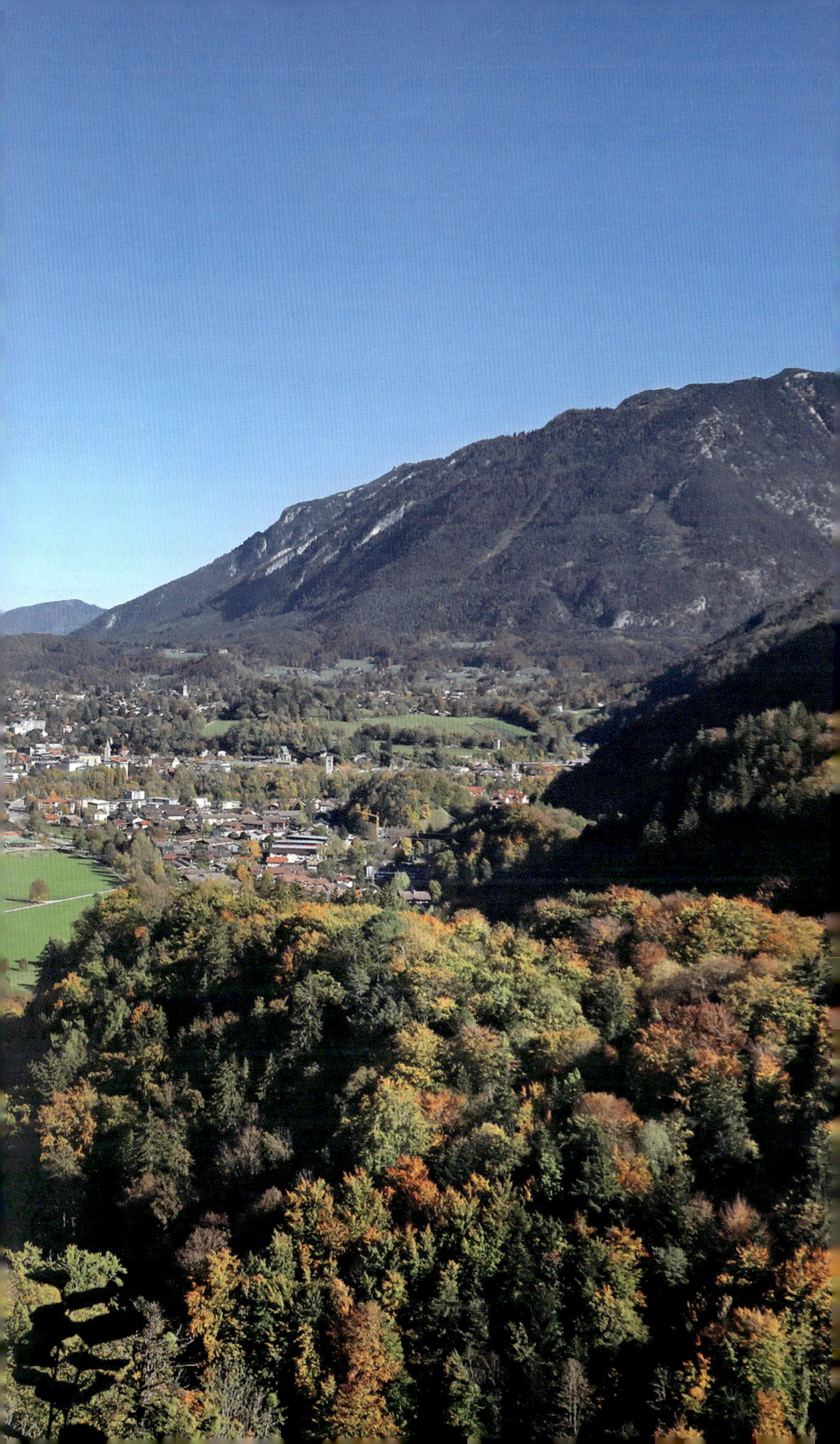

1 Kranzhorn, 1366 m

Vom Erlerberg über die Kranzhornalm

TOP | 2.50 Std. | 7,2 km | ↗ 500 m | ↘ 500 m

Inntalpanorama par excellence

Das Kranzhorn gehört zu den westlichsten Gipfeln der Chiemgauer Alpen, in exzellenter Aussichtsposition über dem Unterinntal. Der Blick schweift hier sowohl hinaus ins Alpenvorland und über das Wendelsteingebiet gegenüber, als auch weit hinein nach Tirol. In einer Wiesensenke unterhalb befindet sich die stattliche Alm gleichen Namens und damit ein weiteres starkes Argument für einen Antrittsbesuch. Sie bietet viele Spielmöglichkeiten und natürlich eine leckere Brotzeit. Von den nominellen 900 Metern Höhenunterschied zwischen Tal und Berg muss vom Wanderparkplatz aus effektiv nur etwas mehr als die Hälfte tatsächlich absolviert werden: ideal für Genusswanderer!

Talort: Erl, 476 m.
Ausgangspunkt: Kranzhorn-Parkplatz, ca. 880 m; erreichbar von Erl über die Erlerbergstraße, bei der Gabelung links haltend. Man wählt vorteilhaft den hinteren Parkplatz (ohne Busanschluss).
Anforderungen: T2. Im Aufstieg mehrheitlich Steig im Wald- und Wiesengelände, höchstens mittelsteil. Rückweg ab der Alm komplett auf einem Fahrweg.
Einkehr: Kranzhornalm, 1226 m, Mitte/Ende April bis Mitte November, Übernachtungsmöglichkeit (nur in der Hauptsaison), Tel. +43 664 9053983. Hintermoar Alm, Käsereiprodukte und einfache Bewirtschaftung.
Karten: AV-Karte BY17; F&B WKD 5203.

Rechts: Vom Gipfel bietet sich ein großartiger Inntalblick.
Unten: Bubenau liegt an der Aufstiegsroute zum Kranzhorn.

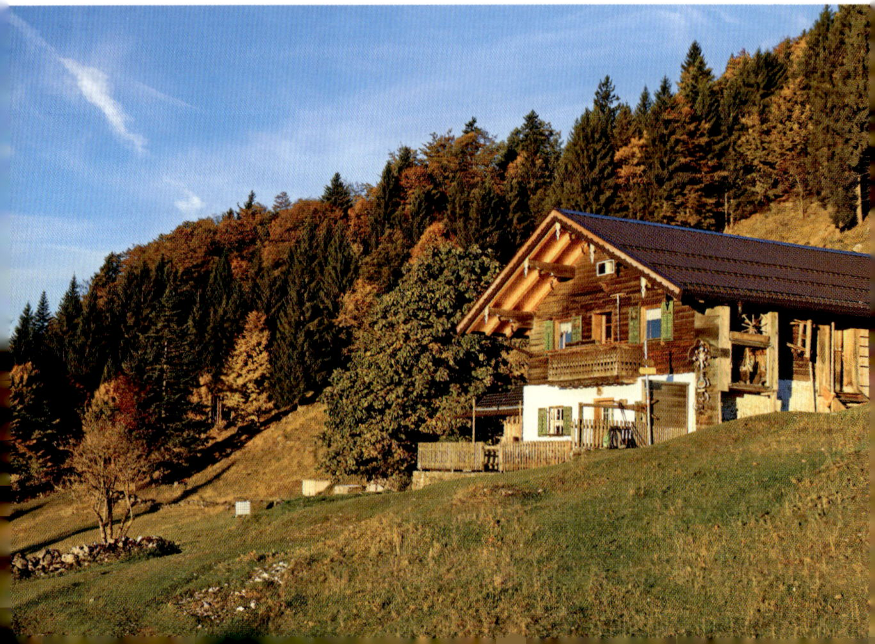

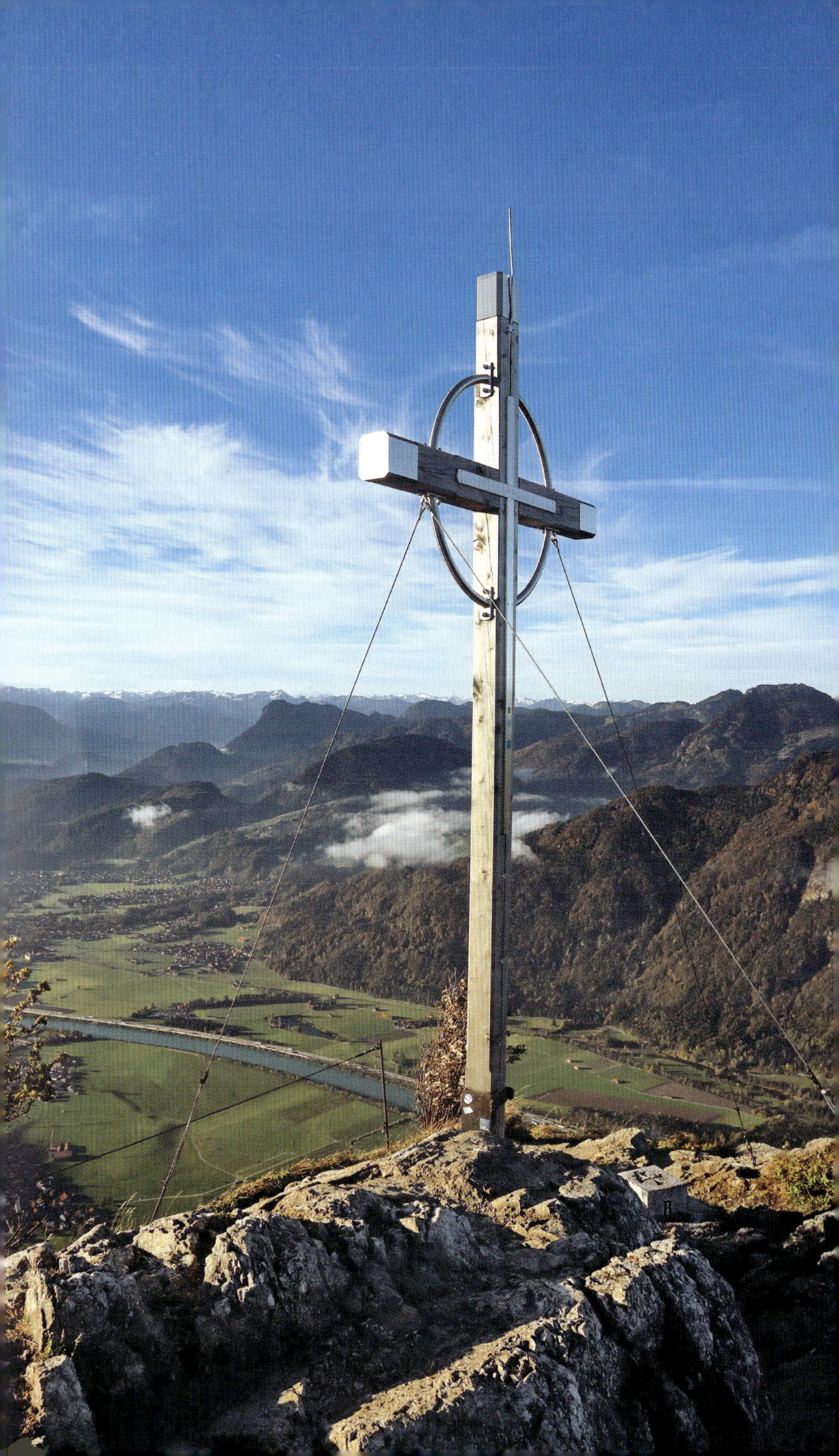

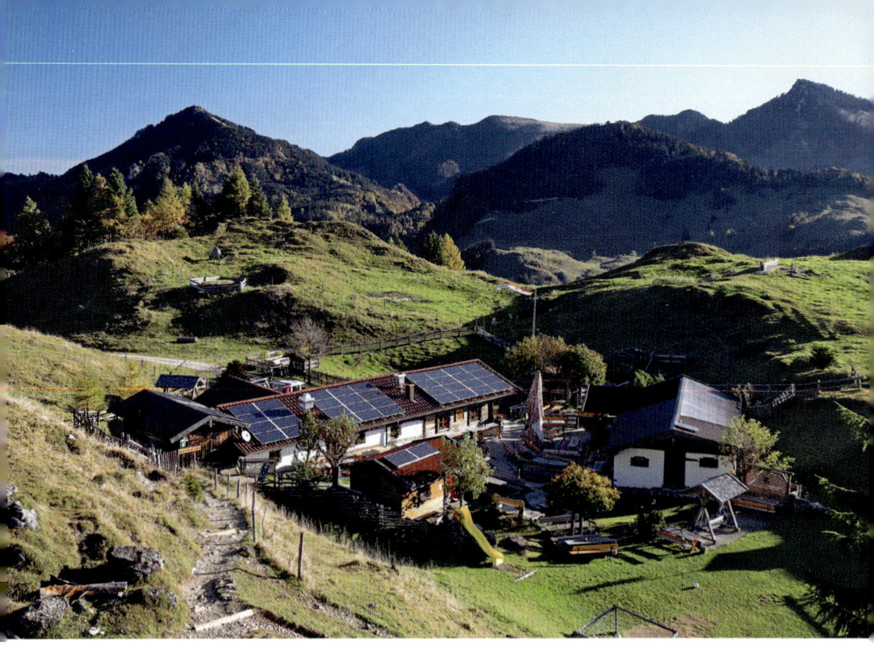

Unterhalb des Gipfels schmiegt sich die Kranzhornalm in eine Mulde.

Direkt unterhalb des **Parkplatzes ①** nehmen wir die abzweigende Forststraße auf, gehen einen Bogen aus und folgen bei einer Gabelung dem Steig geradeaus. Der Fahrweg wird im weiteren Verlauf nur kurzzeitig nochmals benutzt. Unsere Route führt zur großen Lichtung von **Bubenau ②**, 1058 m, durchquert anschließend ein weiteres Waldstück und nähert sich im Wiesengelände der **Kranzhornalm ③**, 1226 m, die sich in einer kleinen Senke erst spät zu erkennen gibt. Zum Gipfel tangieren wir ein auffälliges Almkreuz, schwenken dahinter nach rechts an Baumbeständen entlang und zuletzt wieder links aufwärts Richtung **Kranzhorn ④**, 1366 m, wo an einer etwas exponierten Felsenkanzel zwei Kreuze stehen. Wenige Meter unterhalb versteckt sich eine Bergkapelle im Gehölz.

Nach identischem Abstieg zur Alm nimmt man dort den breiten Güterweg auf. Dieser zieht mit etlichen Schleifen tiefer, berührt Schindlaualm und Spadau-Ottenalm sowie kurz vor Erreichen unseres Ausgangspunktes auch noch die **Hintermoaralm ⑤**, ca. 925 m, als Einkehrstation.

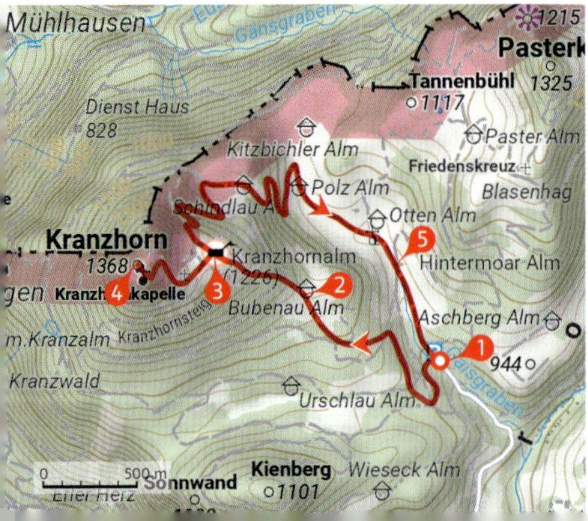

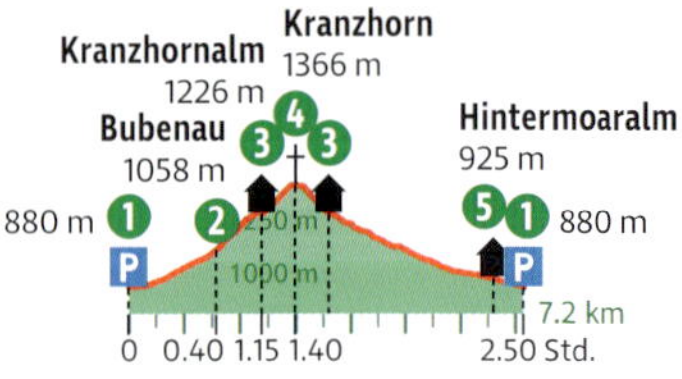

Heuberg, 1338 m
Überschreitung von Schweibern am Samerberg

2.45 Std. | 6,6 km | ↗560 m | ↘560 m

Der Leichteste des Trios über der Daffnerwaldalm

Rund drei Kilometer nördlich vom zuvor beschriebenen Kranzhorn erhebt sich der Heuberg. Er ist quasi ein Pendant zu diesem und mit ähnlich schönem Panorama gesegnet. Dabei handelt es sich hier eigentlich um ein Gipfel-Trio, zu dem auch noch Kitzstein und Wasserwand gehören. Der Kitzstein wird auf einem etwas heiklen Schleichpfad eher selten besucht, die Wasserwand verteidigt sich zuoberst mit einer klettersteigartig entschärften Steilstufe, die reine Wanderer womöglich schon abblitzen lässt. Für sie verbleibt also der Heuberg als Hauptziel. Allerdings ist in unserem Kontext der »leichten Wanderungen« zumindest der Aufstieg über den Sattel an der Kindlwand so einfach auch nicht. Nach Annäherung über Mailach und das Wassertal ergeben sich gipfelwärts an einigen Aussichtskanzeln bereits wunderbare Perspektiven. Der Abstieg sollte später über den herrlichen Wiesenbalkon der Daffnerwaldalm vollzogen werden.

Talort: Grainbach, 684 m, am Samerberg bzw. Nußdorf am Inn, 465 m.
Ausgangspunkt: Parkplatz Schweibern, ca. 780 m, am Samerberg (ca. 1 km hinter dem Gasthof Duftbräu). Zwischen Anfang Mai und Ende Oktober Wanderbusverkehr ab Rosenheim.

Anforderungen: T3. Streckenweise durchaus relativ steile Steige, auch mit steinigen Passagen. Die nördliche Route über den Kindlwandsattel ist etwas anspruchsvoller, grundlegende Trittsicherheit angezeigt.
Einkehr: Daffnerwaldalm, 1059 m, mit

Die benachbarte Wasserwand wehrt sich zuoberst mit steilen Schrofen.

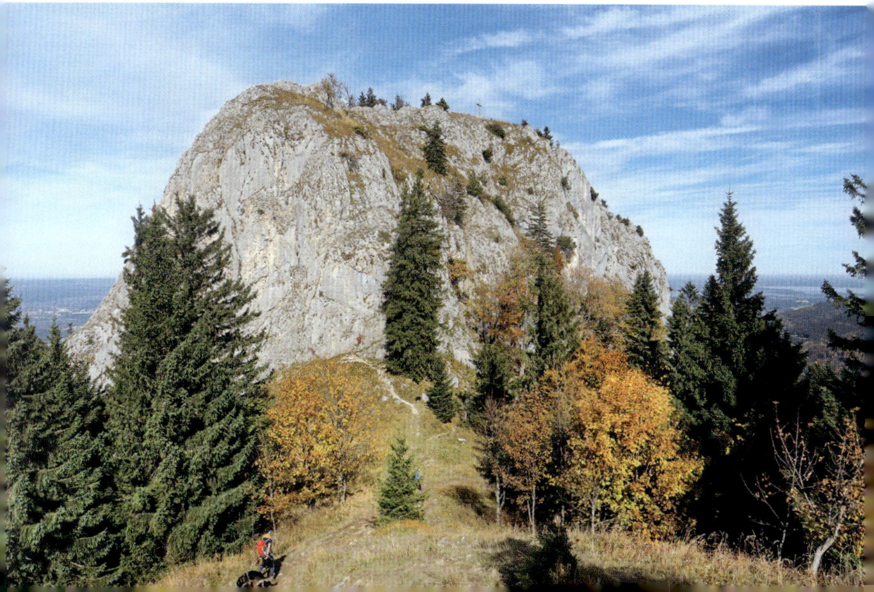

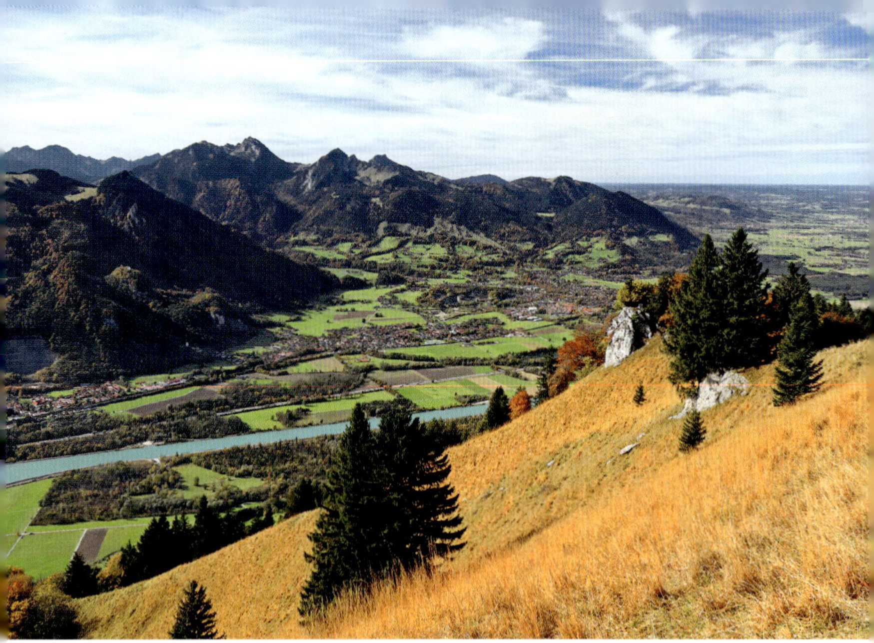

Vom Heuberg blickt man über das Inntal hinweg in den Ostteil der Bayerischen Voralpen.

zwei ganzjährig bewirtschafteten Hütten (auch Übernachtungsmöglichkeit): Laglerhütte, zwischen Mitte Mai und Mitte Oktober Mo Ruhetag, übrige Zeit Do–So geöffnet, Tel. +49 172 6021388. Deindlalm, im Sommer täglich geöffnet, von Oktober bis Mai Mo Ruhetag, Tel. +49 171 4215310.

Variante: Man gelangt auch vom Parkplatz Gammern (vgl. Tour 3) in ca. 50 Min. zur Daffnerwaldalm.

Karten: AV-Karte BY17; F&B WKD 5203.

Vom Parkplatz **Schweibern ❶** folgen wir den Schleifen des befestigten Forstwegs aufwärts, wandern dann aber zunächst nicht weiter zur Daffnerwaldalm, sondern rechts haltend über die Lichtung von Mailach ins Wassertal hinein. Dort verläuft ein steiniger Waldweg, gegen den **Kindlwandsattel ❷**, ca. 1170 m, etwas aufsteilend. Von der anderen Seite kommt die Route von Nußdorf über die Bichlerhütte herauf. Nun gemeinsam im Bereich des Nordgrates an der »Eingefallenen Wand« entlang – mehrheitlich durch Gehölz, aber auch schon mit überraschen-

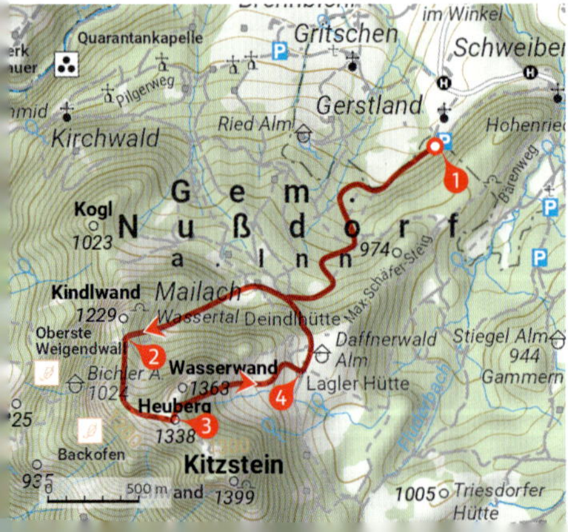

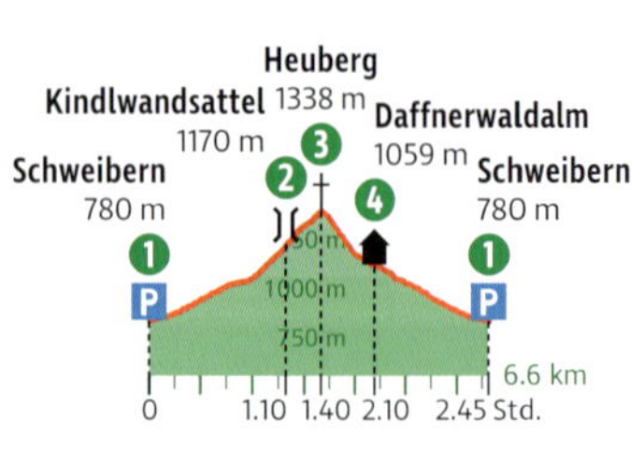

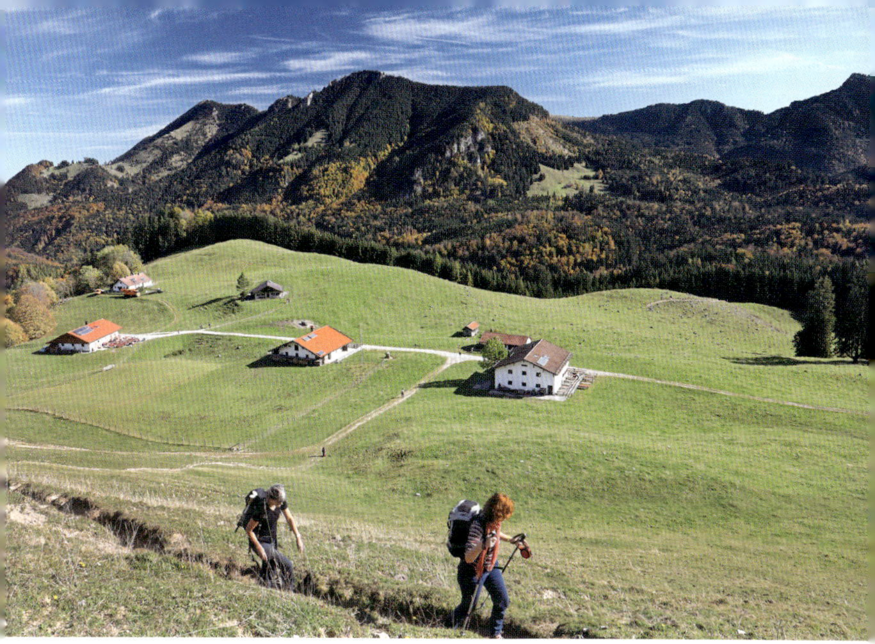

Die Daffnerwaldalm nimmt einen heiteren Balkon ein.

den Aussichtskanzeln gespickt. Zuletzt gelangen wir links eindrehend über den harmlosen Westrücken auf den **Heuberg** ❸, 1338 m.

Die nahe **Wasserwand**, 1367 m, werden wohl nur versierte Schrofenkraxler mitnehmen. Ansonsten geht es rechts davon über die Ostflanke tiefer. Kurzzeitig durch Wald, öffnet sich ein Wiesenhang, an dem eine dick ausgetretene, teilweise etwas erodierte Spur Richtung **Daffnerwaldalm** ❹, 1059 m, hinunterzieht. Eine Art Absatz mindert das Gefälle zwischenzeitlich. Um die Runde zu schließen, folgen wir der Zufahrt gen Norden und schwenken nach kurzer Zeit wieder in den Hinweg ein.

Die felsige Wasserwand über den Weiden der Daffnerwaldalm.

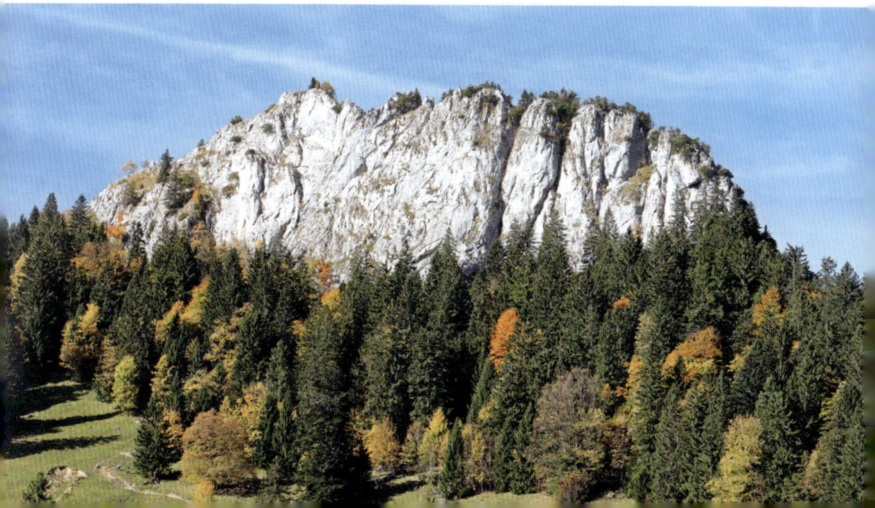

3 Feichteck, 1514 m

Zwei Routen vom Parkplatz Gammern

3.00 Std. | 7,5 km | ↗ 640 m | ↘ 640 m

Ein Ausläufer der bekannten Hochries

In den westlichen Chiemgauer Bergen zählt die mit einer Seilbahn erschlossene Hochries zu den bekanntesten Gipfeln. Der südwestwärts gerichtete Kammausläufer wirft als stillere Ziele noch den Karkopf sowie das Feichteck auf, um sich von dort in welligem Wald- und Almgelände zu verlieren. Wir können das Feichteck vom hintersten Parkplatz am Samerberg aus in einer wenig anspruchsvollen Halbtagestour überschreiten. Wer auch die Hochries einbinden möchte, benötigt schon deutlich mehr Ausdauer. Und falls nicht unbedingt gegen Ende in der Wagneralm eingekehrt werden soll, kann man auch die umgekehrte Richtung erwägen.

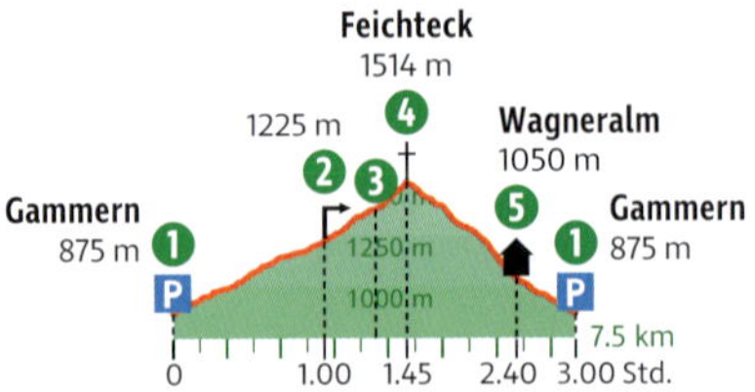

Talort: Grainbach, 684 m, am Samerberg.
Ausgangspunkt: Parkplatz Gammern, 875 m, am Samerberg in südlicher Richtung (kurz vor Duftbräu Abzweig nach links beachten). Von Mai bis Oktober Wanderbusverkehr ab Rosenheim (vgl. Variante).
Anforderungen: T2+. Wechsel von Forstwegen und erdigen Pfaden, auf der Nordseite zuletzt relativ steil. Bei Nässe kann es rutschige Passagen geben, davon abgesehen eher leicht.
Einkehr: Wagneralm, 1050 m, ganzjährig geöffnet an Wochenenden und Feiertagen, in der Sommersaison bei Schönwetter auch Do abends ab 18 Uhr und Fr ab 14 Uhr, Tel. +49 172 8201956. Einfach bewirtschaftet ist auch die Feichteckalm, 1312 m.

Die Wagneralm gegen Kitzstein, Heuberg und Wasserwand.

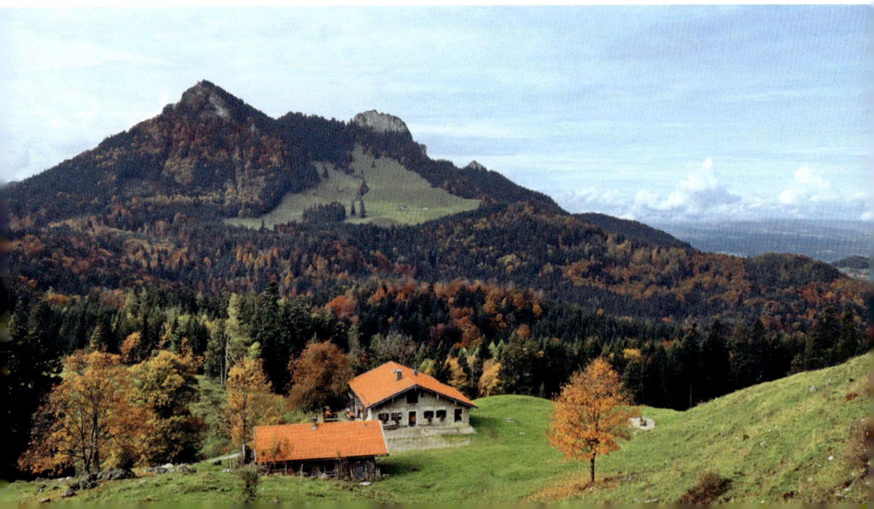

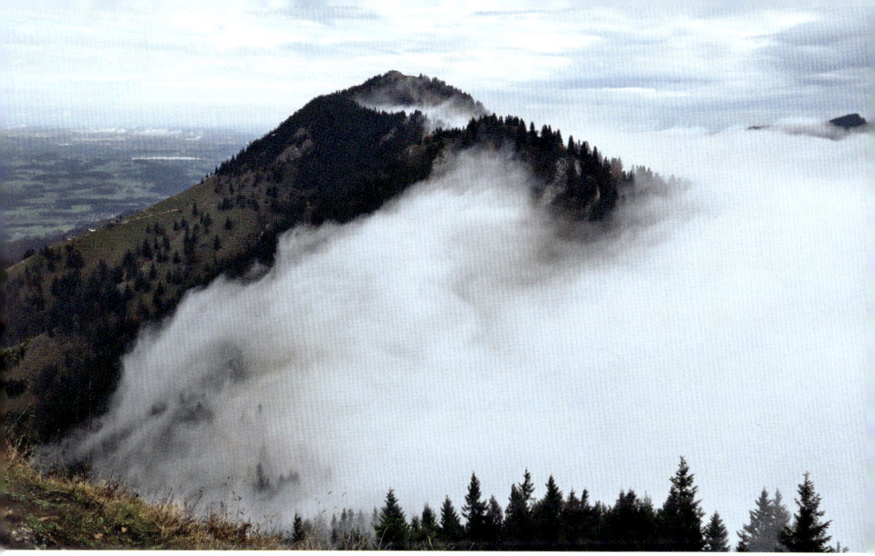

Spätherbststimmung: Nebelwogen umspielen die Hochries.

Varianten: 1. Bei Anfahrt mit dem Wanderbus kann ein Start beim Parkplatz Spatenau erwogen werden. Von dort steigt man in 1.30 Std. über die bewirtschaftete Spatenaualm (Doaglalm) zum WP2 auf.

2. Von der Pölcherschneid (WP3) in entgegengesetzter Richtung am Karkopf vorbei (oder darüber hinweg) zur Hochries, 1568 m; Mehraufwand hin und zurück ca. 1.30 Std.

Karten: AV-Karte BY17; F&B WKD 5203.

Vom Parkplatz **Gammern ❶** können wir anfangs den Fußweg oder den Fahrweg benutzen – beide führen nach kurzer Zeit wieder zusammen. Bei der Y-Gabelung unweit der Stiegleralm links und alsbald mit dem Hinweis »Pölcherschneid« nochmals links. Eine mit Nr. 34 bezeichnete Forststraße zieht nun mit einigen Kurven quer durch den Hang Richtung Nordosten und gewinnt dabei allmählich an Höhe. Wir stoßen auf den Zugang aus der Spatenau ❷ und folgen dem Karrenweg rechts aufwärts. Mit Erreichen der **Pölcherschneid ❸**, 1380 m, scharf rechts auf den Gipfelsteig, der durch Gehölz und alpines Rasengelände – zuletzt aufsteilend und manchmal etwas glitschig – zum Kreuz auf dem **Feichteck ❹**, 1514 m, emporführt.

Der Abstieg orientiert sich zunächst am Kammrücken Richtung Südsüdwesten, bald am Rand einer Weide entlang bis in die Nähe einer Almhütte. Auch die bewirtschaftete Feichteckalm liegt nicht fern. Mit einem Rechtsbogen geht es in den Südhang hinein und später mit einer Reihe von Kehren hinab zur **Wagneralm ❺**, 1050 m. Man kürzt nun gleich über die Wiese ab und gelangt im Gammernwald wieder auf das untere Stück der Aufstiegsroute.

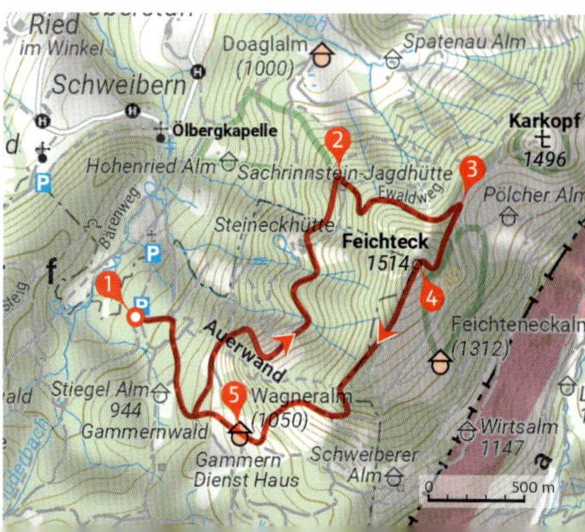

4 Hofalm, 970 m
Rundwanderung von Hohenaschau

2.00 Std. | 6,5 km | ↗350 m | ↘350 m

Am Wiesenbalkon vis-à-vis der Kampenwand

Als Hingucker überragt Schloss Hohenaschau das Priental am Nordrand der Chiemgauer Alpen. An der westlichen Talseite steigt das Gelände zu einem ausgedehnten Wiesenbalkon an: das Gebiet der Hofalm. Die Jausenstation hat sich mit ihren schmackhaften Brotzeiten einen guten Namen gemacht; als Spezialität gelten die Schmalznudeln. Und der Aufstieg ist binnen lediglich einer Stunde zu schaffen. Eine veritable Genusswanderung also! Wer mehr möchte, kann weiter Richtung Laubenstein oder Hochries wandern. Die Riesenhütte ist allerdings dauerhaft geschlossen, im Gegensatz zur Frasdorfer Hütte (unweit der Hofalm), wo mit der »Stubn« eine neue Einkehrmöglichkeit geschaffen wurde.

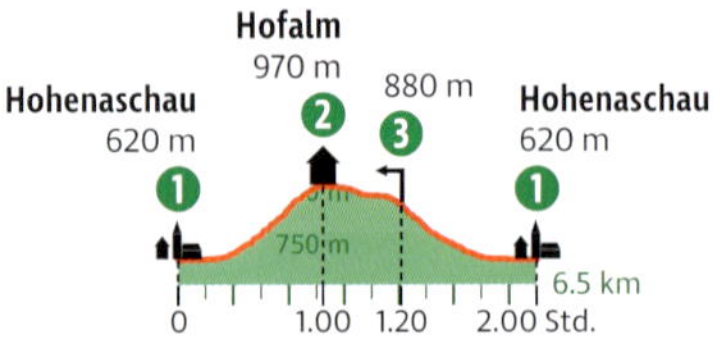

Talort: Aschau im Chiemgau, 615 m.
Ausgangspunkt: Hohenaschau, ca. 620 m, Parkplatz (Festhallengelände) unterhalb der Schlosses. Buslinie 9502 vom Bahnhof Aschau, 9496 von Rosenheim.
Anforderungen: T1–2. Gut ausgebaute Waldwege, mittelsteil, aber ohne problematische Passagen.
Einkehr: Hofalm, 970 m, geöffnet von Juni bis September täglich außer Do/Fr, im April, Mai und Oktober an Wochenenden, Tel. +49 8052 4517.
Variante: Der nächstgelegene, gut erreichbare Gipfel ist der Laubenstein, 1350 m. Am Taferlbaum links halten

Auf der Hofalm mit Blick zum Riesenberg.

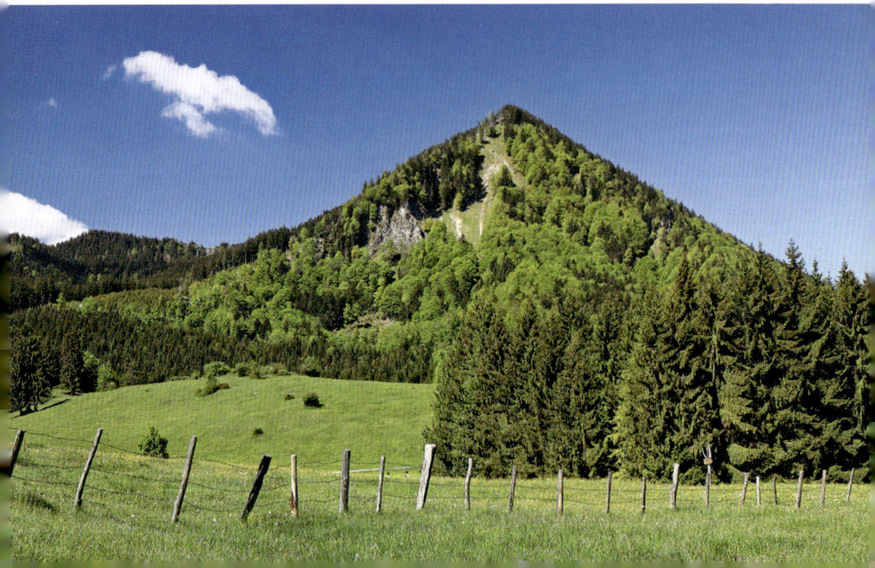

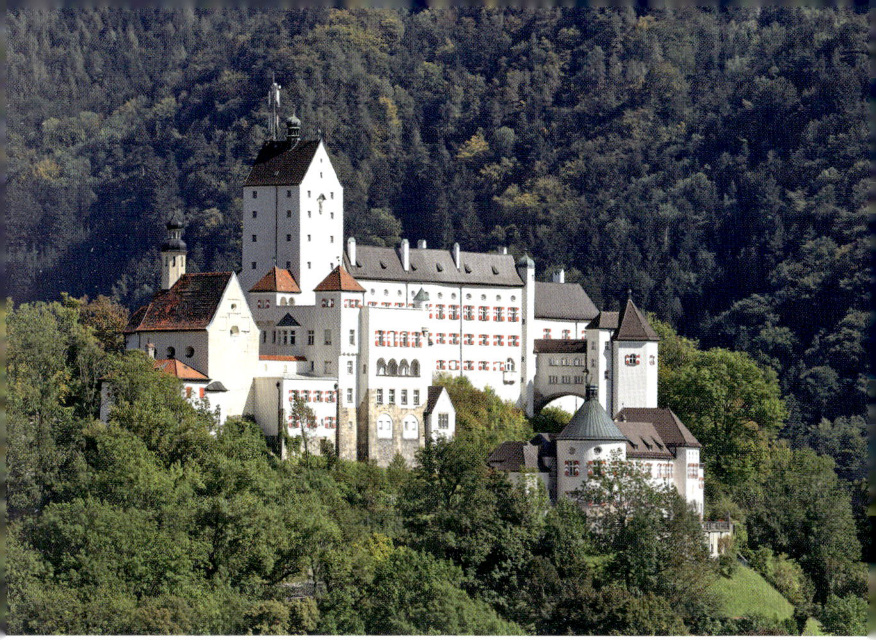

Prachtvolles Schloss Hohenaschau im Priental.

und von hinten über die Laubensteinalm hinauf; ab Hofalm ca. 1.15 Std.
Tipp: Zwischen Mai und Oktober lässt sich das Schloss Hohenaschau im Rahmen einer Führung besichtigen (Di, Do und So um 13.30 und 15 Uhr, Mi und Fr um 10 und 11.30 Uhr).
Karten: AV-Karte BY17; F&B WKD 5203.

In **Hohenaschau ❶** gehen wir zur Prienbrücke und dahinter rechts. Auf dem Heurafflerweg bzw. seiner Fortsetzung tauchen wir rasch in den Wald ein und vollziehen am Rande des Zellgrabens eine durchaus kräftige Steigung, weiter oben auch einige Serpentinen. Nach der letzten erfolgt links haltend der Ausstieg auf die Geländeterrasse mit der **Hofalm ❷**, 970 m. Die Fortsetzung der Tour leitet mit Nr. 26 (bzw. der Route des E4 und Maximiliansweges) südwärts zurück in den Wald und mit einer Abwärtstraverse bis vor den Rabenstein ❸. Hier scharf links und im Bereich des Hammerbachs mit einigen Schleifen talwärts. Man kommt im gleichnamigen Ortsteil heraus und schließt die Runde zum Parkplatz in **Hohenaschau ❶**.

Der Wald hat frisches Frühlingsgrün angelegt.

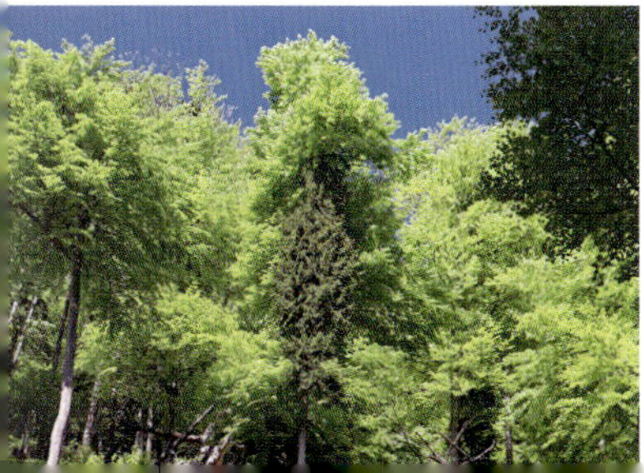

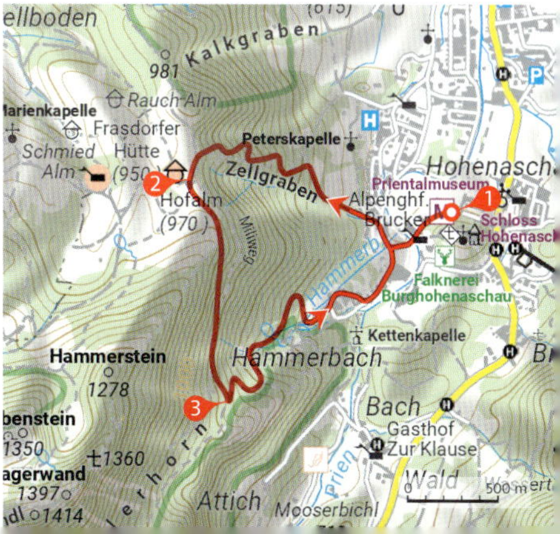

5 Steinlingalm, 1467 m
Von Hintergschwendt über den Roßboden

3.15 Std. | 10,0 km | ↗640 m | ↘640 m

Zu den Almen am Nordfuß der Kampenwand

Das nähere Umfeld der Kampenwand ist aufgrund der Seilbahn von Aschau stark frequentiert, um nicht zu sagen überlaufen. Zu Füßen der einprägsamen, zerklüfteten Gipfelformation befindet sich der Wiesenbalkon mit der Steinlingalm – für viele ein gemächlicher Höhenspaziergang von der Bergstation aus. Man kann aber auch in Ruhe von weiter unten aufsteigen, am besten wohl von Hintergschwendt, wobei dem Vorbau des Sulten über den Roßboden ausgewichen wird. Nebenan erhebt sich die interessante Gedererwand.

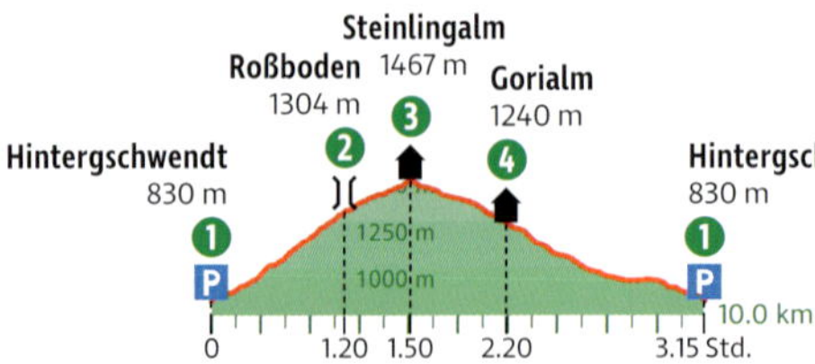

Bergfrühling am Fuße der Kampenwand.

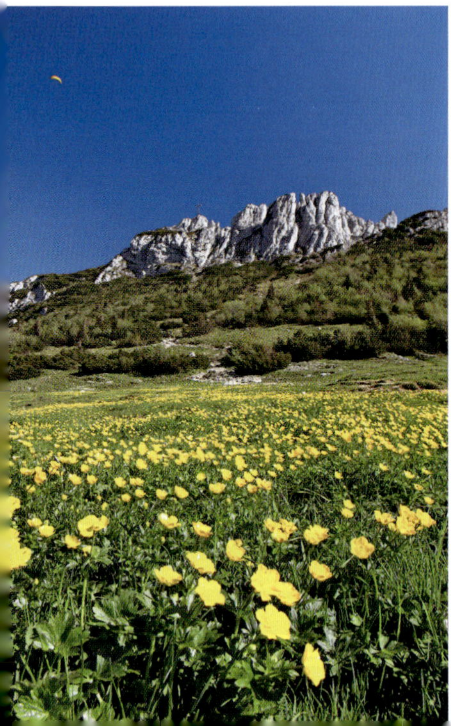

Talort: Bernau am Chiemsee, 538 m.
Ausgangspunkt: Wanderparkplatz Hintergschwendt/Aigen, ca. 830 m. Zufahrt von der Landstraße zwischen Bernau und Aschau (ohne Busanschluss).
Anforderungen: T2+. Im Aufstieg mittelsteiler Steig, mitunter etwas feucht und erdig; bergab problemlos über Forststraßen.
Einkehr: Steinlingalm, 1467 m, Anfang Mai bis Ende Oktober (Mo Ruhetag) sowie Weihnachten bis Ende März (im Winter nur Do–So); Tel. +49 8052 2962. Schlechtenbergalm, 1260 m, Anfang Mai bis Mitte Oktober, Tel. +49 151 14101695. Gorialm, 1240 m, täglich während der Alm- und Skizeit, sonst an Wochenenden, Tel. +49 8052 9511977 oder +49 151 72113792. Gschwendtner Stubn (in der Nähe des Ausgangspunktes), Tel. +49 8052 4081.
Variante: Wer einen Gipfel mitnehmen möchte, kann am Roßboden zur Gedererwand, 1398 m, abzweigen. Dorthin ca. 40 Min. über einen klei-

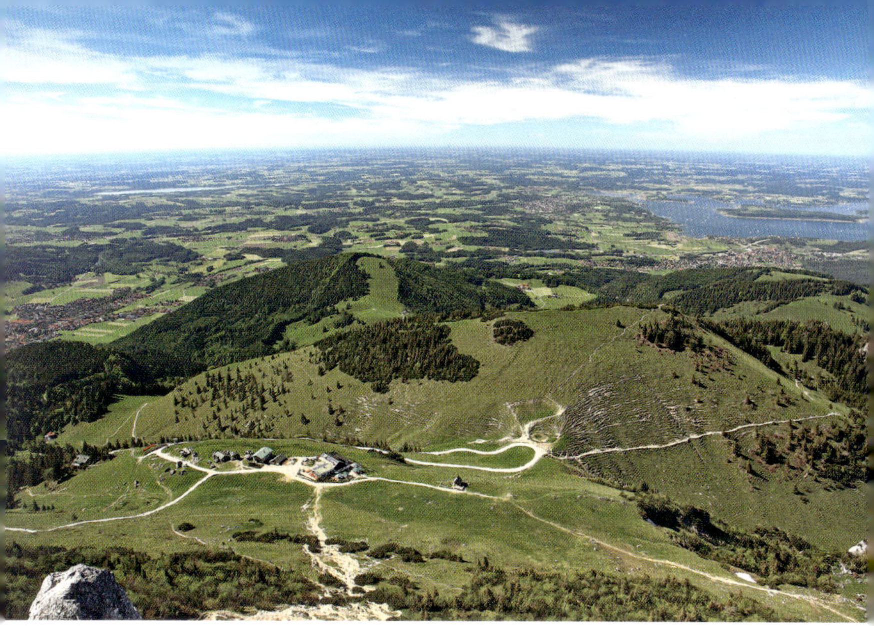

Fernblick über die Steinlingalm ins Alpenvorland hinaus.

nen, wurzel- und steindurchsetzten Steig; Trittsicherheit erforderlich (T3, rot). Leichter zu haben ist der Sulten, 1467 m, vom Sattel über die südseitigen Wiesenhänge.

Karten: AV-Karte BY17; F&B WKD 5203.

Bei **Hintergschwendt** ❶ befindet sich der Parkplatz, wo wir auf einer Forststraße beginnen. Bald schon nutzen wir linker Hand eine Abkürzung, wie auch im weiteren Verlauf. Bei einem Bildstock teilt sich der Weg. Wir halten uns links und steuern damit den Wiesensattel am **Roßboden** ❷, 1304 m, an (Viehzaun). Nun an den offenen Flanken des Sulten weiter schräg aufwärts bis in den **Sultensattel**, 1402 m. Von der oberhalb gelegenen **Steinlingalm** ❸, 1467 m, trennt uns hier nur noch eine Schleife des Fahrweges.

Über diesen Güterweg geht es anschließend abwärts. Man passiert **Schlechtenbergalm**, 1260 m, und **Gorialm** ❹, 1240 m, die beide ebenfalls Gäste bewirten. Von Letztgenannter am besten ein Stück über den Wiesenweg bergab, anschließend wieder auf der Zufahrt in großem Bogen um die Maiswand herum. Man kommt zu einer Forststraßenkreuzung und vollendet die Tour hinaus zum Parkplatz ❶.

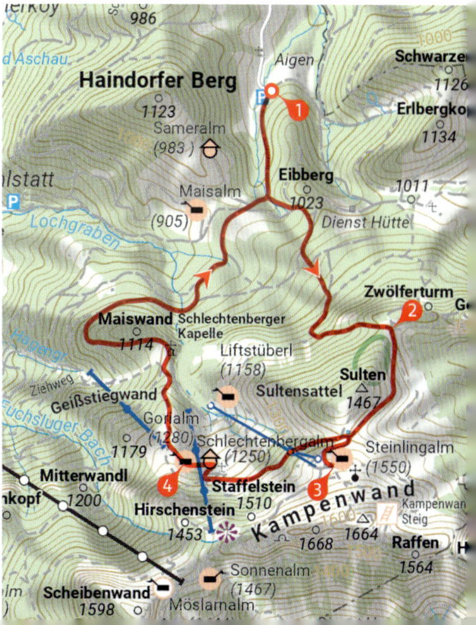

6 Spitzstein, 1596 m
Von Sachrang über das Spitzsteinhaus

5.00 Std. | 10,9 km | ↗900 m | ↘900 m

Ein halber Tiroler

Unter den schönsten Aussichtsbergen der Chiemgauer Alpen taucht immer wieder der Name »Spitzstein« auf. Richtung Tirol ist der Horizont weit offen, vor allem das Kaisergebirge setzt sich mit seiner grimmigen Nordfront stark in Szene. Davor liegt eine anmutige Almlandschaft hingebreitet. Zwei weitere Umstände vermögen die Beliebtheit des Spitzsteins noch zu steigern: zum einen die leichte Erreichbarkeit und zum anderen die Existenz zweier Einkehrstationen am Südhang, der kleinen Altkaseralm und des modernen Spitzsteinhauses. Wer sich dort einquartiert, kann abends noch zu später Stunde oder bereits früh am nächsten Morgen auf dem Gipfel stehen und besondere Stimmungen einfangen ...

Talort: Sachrang, 738 m, im Priental kurz vor der österreichischen Grenze.
Ausgangspunkt: Großer Wanderparkplatz »Geigelstein« am nördlichen Ortsrand. Busverbindung (Linie 9502) vom Bahnhof Aschau nach Sachrang.

Sachrang wirkt wie Oberbayern aus dem Bilderbuch und ist offiziell zum »Bergsteigerdorf« erkoren worden.

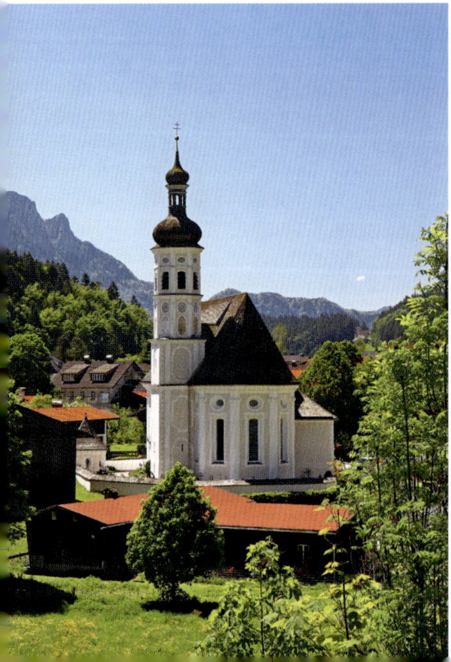

Anforderungen: T2+. Gewöhnliche Bergwanderwege ohne anspruchsvolle Stellen, auch wenn gipfelwärts etwas Trittsicherheit vorteilhaft erscheint.
Einkehr: Spitzsteinhaus, 1252 m, fast ganzjährig bewirtschaftet, Übernachtungsmöglichkeit, Tel. +43 5373 8330. Altkaseralm, 1279 m, ganzjährig geöffnet (Mo Ruhetag), Tel. +43 676 843264465.
Variante: Kürzester Anstieg zum Spitzsteinhaus und Gipfel vom Erlerberg, wo man sogar bis zur Goglalm, 1143 m, hinauffahren kann.
Karten: AV-Karte BY17; F&B WKD 5203.

Vom Parkplatz bei **Sachrang** ❶ treten wir umgehend in den Ort ein und halten uns bei der Kirche rechts aufwärts. Nach einer Linksschleife verlassen wir das nach Mitterleiten führende Sträßchen auf den Berg-

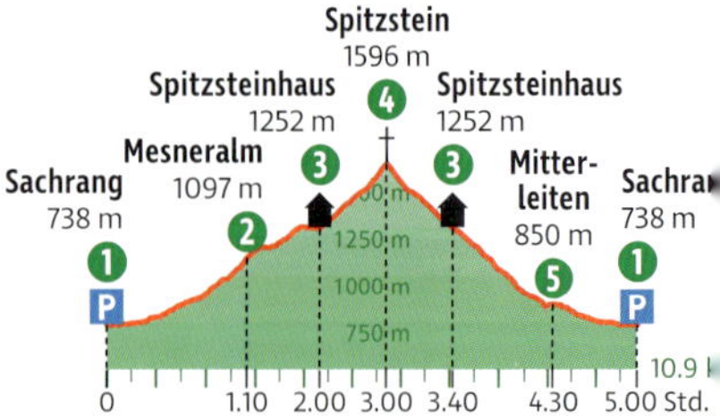

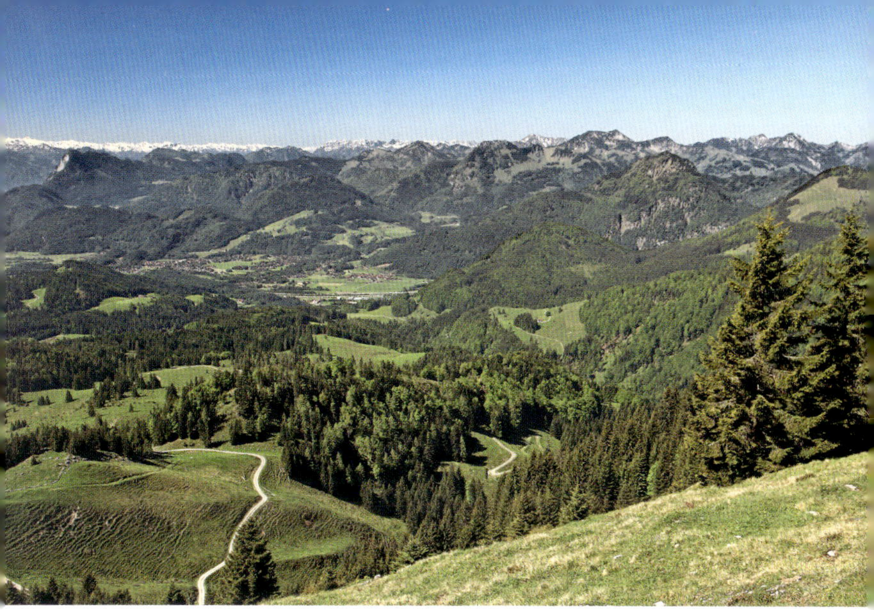

Der Blick schweift in die Bayerischen Voralpen sowie zum Alpenhauptkamm.

weg Nr. 213 Richtung **Mesneralm ②**, 1097 m, die nach gut einer Stunde vorwiegend durch Wald erreicht ist. Oberhalb geht der Routenverlauf bald mehr in eine Querung über. Wir kommen in offeneres Almgelände und steuern dort das **Spitzsteinhaus ③**, 1252 m, des Alpenvereins an. Einen Katzensprung oberhalb liegt die **Altkaseralm**, 1279 m. Die Gipfelroute führt in der Südflanke relativ steil aufwärts, nur anfangs noch im Wiesengelände, im Baumbestand dann wurzlig und auch leicht felsdurchsetzt. Am höchsten Punkt des **Spitzsteins ④**, 1596 m, empfängt uns eine kleine Kapelle.

Spätherbstliche Gipfelstunde am Spitzstein.

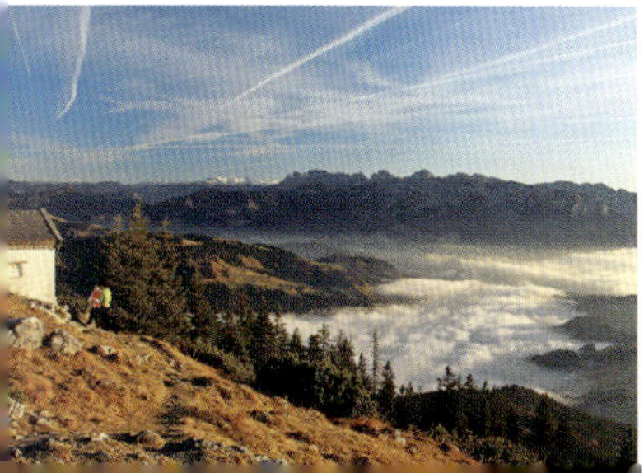

Im Abstieg zunächst wieder zum **Spitzsteinhaus ③**, anschließend dem Hinweis »Sachrang über Mitterleiten« folgend relativ geradlinig abwärts. Etwa auf Höhe der Stoanaalm, die auf der rechten Seite abseits bleibt, drehen wir nach links ab und gelangen zur Hofgruppe **Mitterleiten ⑤**. Von dort am besten weiter gegen einen Bacheinschnitt hinunter und durch den Ort **Sachrang** zurück zum Startpunkt **①**.

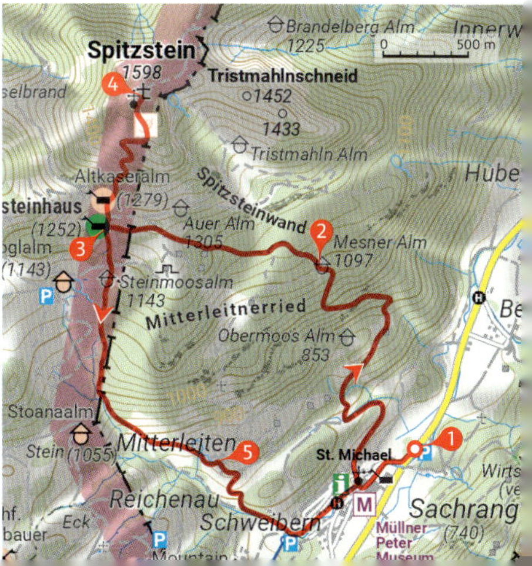

7 Wandberg und Priener Hütte, 1411 m

Über Windbichl-, Rettenbach-, Wandberg- und Ackeralm

5.45 Std. | 17,6 km | ↗ 1030 m | ↘ 1030 m

Grenzüberschreitende Tour im Geigelsteingebiet

Der Geigelstein zählt zu den Aushängeschildern der Chiemgauer Alpen, die Priener Hütte an seinem Fuß zu den beliebtesten Anlaufstationen für die Genussfraktion. Den recht monotonen Normalzugang von Sachrang wollen wir hier durch eine aufgepeppte Alternative ersetzen – sie führt uns ein Stück weit auch über Tiroler Boden und dort an weiteren Einkehrmöglichkeiten sowie an zwei feinen Aussichtsplätzen vorbei (Karspitze und Wandberg). Auch für den Abschluss ist mit dem Jägersteig noch eine pfiffige Route eingeplant. Zu beachten ist freilich der konditionelle Anspruch, denn die Tour ist eine der längeren in diesem Band. Wer sich indes in der Priener Hütte einquartiert, kann am zweiten Tag zusätzlich dem Geigelstein aufs Haupt steigen – über die Westseite bei guten Bedingungen keine allzu schwierige Angelegenheit …

Talort: Sachrang, 738 m, im Priental kurz vor der österreichischen Grenze.
Ausgangspunkt: Großer Wanderparkplatz »Geigelstein« am nördlichen Ortsrand. Busverbindung (Linie 9502) vom Bahnhof Aschau nach Sachrang.
Anforderungen: T3 (kurzzeitig), meist um T2. Wechsel von Wald und offenerem Almgelände, zumeist problemlos begehbar. Am anspruchsvollsten sind eine kurze Steilpassage zu Beginn sowie der phasenweise wurzlige Jägersteig im Abstieg. Als tagfüllende Wanderung Ausdauer erforderlich!
Einkehr: Wildbichler Alm, 1039 m, ganzjährig bewirtschaftet (Mo/Di Ru-

Hauptziel ist für uns die viel besuchte Priener Hütte.

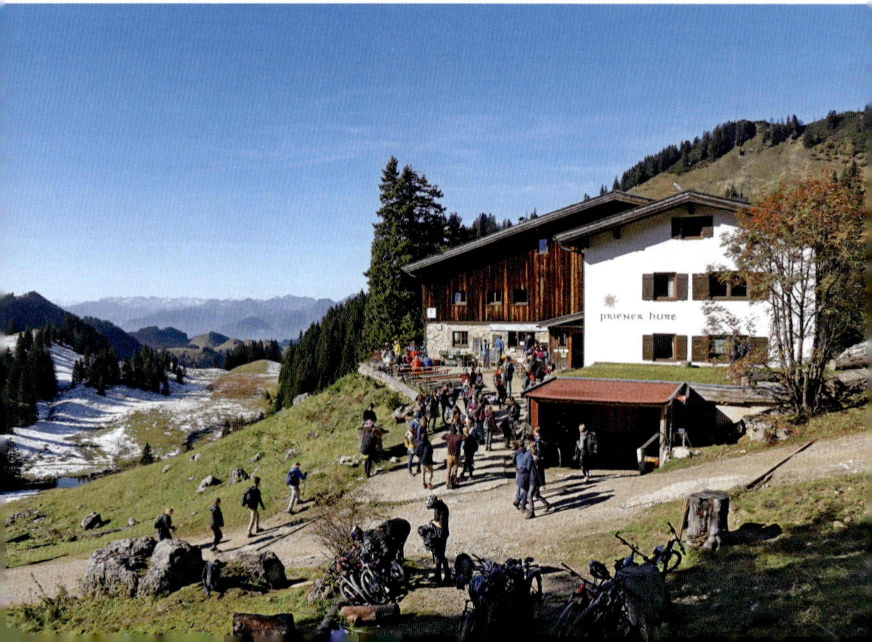

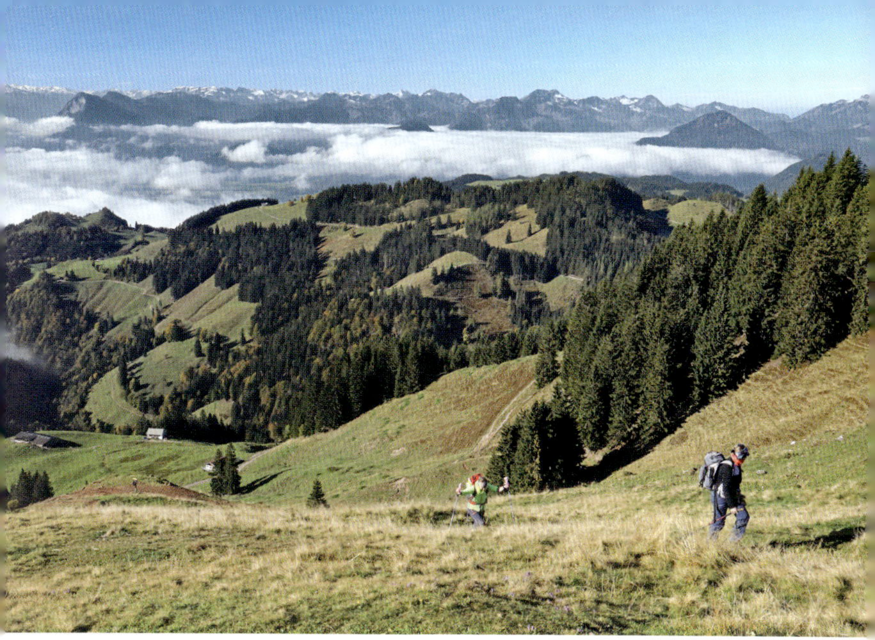

Die letzten Schritte zum Wandberg vor großem Panorama.

hetag), Tel. +43 664 73660879 oder +43 680 2452545. Almwirtschaft Burgeralm, 1330 m, Anfang Mai bis Anfang November (Fr Ruhetag), Tel. +43 5373 61809 oder +43 699 13130509. Wandberghütte, 1350 m, Mitte Mai bis Ende Oktober (Di Ruhetag), von Januar bis April jeweils Fr bis So geöffnet, Tel. +43 664 4321770. Ackeralm, 1324 m, Juni bis Oktober einfach bewirtschaftet, Tel. +49 8057 421. Priener Hütte, 1411 m, ganzjährig bewirtschaftet, zwischen Mitte September und Ende Mai Mo/ Di Ruhetag (außer Schulferien), Übernachtungsmöglichkeit, Tel. +49 8057 428.

Variante: Man kann für Auf- oder Abstieg auch die Normalroute zur Priener Hütte einbeziehen, überwiegend auf Fahrwegen sehr einfach, aber eher monoton.

Karten: AV-Karte BY17; F&B WKD 5203.

Vom großen Parkplatz bei **Sachrang** ❶ beginnen wir auf der Forststraße, zweigen aber in Kürze nach rechts ab und gelangen nach zehnminütiger Querung auf eine andere Forststraße, die wiederum sofort nach rechts verlassen wird. Der Hinweis »Nur für Geübte« sollte uns nicht übermäßig irritieren, denn der vorübergehend aufsteilende Waldsteig mäßigt sich rasch wieder und führt dann in normaler Manier bis in die Nähe der

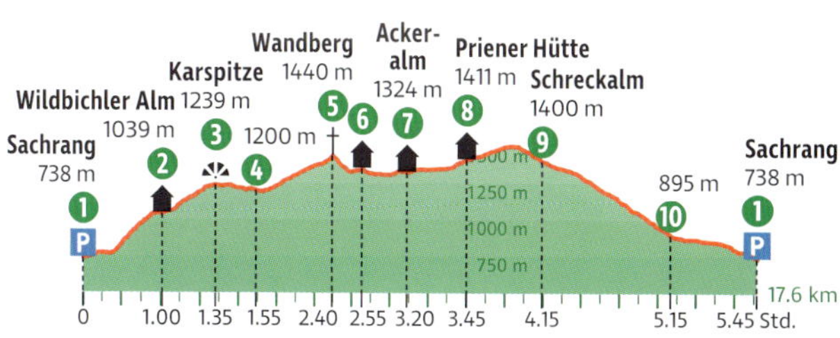

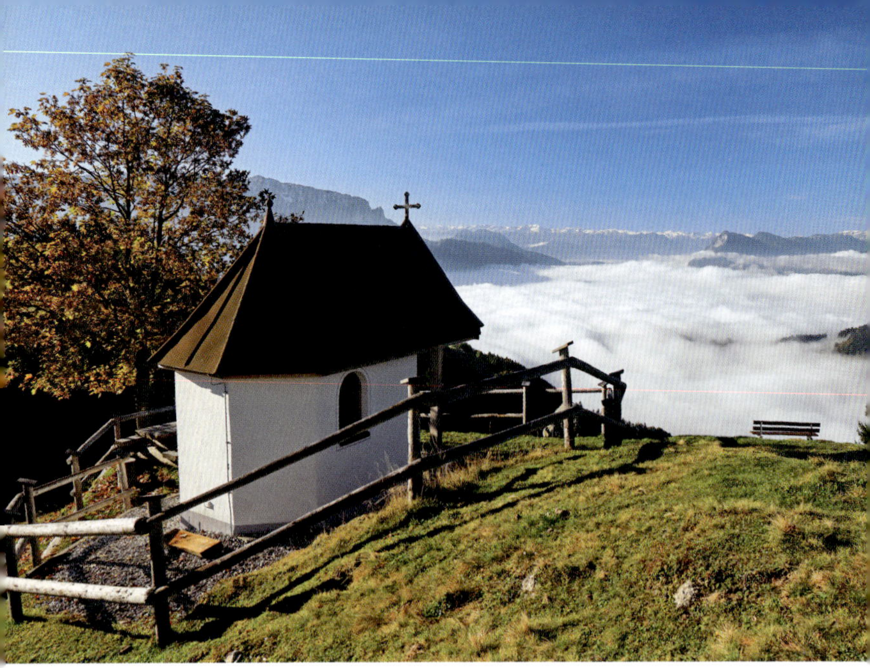

Auf der Karspitze empfängt uns ein hübsches Kapellchen.

Wildbichler Alm ❷, 1039 m. Wir können den kurzen Abstecher dorthin wahrnehmen und anschließend den nächsten Waldsteig einschlagen, um die breite Fahrtrasse zu vermeiden. Wo beide wieder zusammentreffen, lohnt es sich, nach rechts aufzusteigen, um der **Karspitze ❸**, 1239 m, einen Besuch abzustatten. An der Aussichtskanzel steht ein hübsches Kapellchen.

Auf einem Fahrweg geht es leicht abwärts bis zu einer Linkskurve (wer die Karspitze auslässt, kommt hier herauf) und dann auf die Weiden abzweigend. Wir passieren die **Rettenbachalm ❹**, ca. 1200 m, und folgen erneut einem breiten Wirtschaftsweg, der später nordseitig um den Wandberg herumzieht. Schöner wandert man allerdings nach einem Rechtsabzweig auf der Südseite: abwechselnd in offenem und bewaldetem Terrain Richtung Burgeralm und kurz vor dieser linker Hand hinauf zum Kreuz auf der freien Südkuppe des **Wandberges ❺**, 1440 m. Gleich östlich unterhalb empfängt uns die bewirtschaftete **Burgeralm**, 1330 m, ein Stück weiter links die **Wandberghütte ❻**, 1350 m. Dort zweigen wir gen Norden ab, durchqueren zwischen zwei Waldarealen einen Wiesenhang und gelangen über die Staatsgrenze zur **Ackeralm ❼**, 1324 m. Der Moosberg wird nun süd- und ostseitig umkurvt (nur bei feuchten Bodenverhältnissen besser geradeaus zum Fahrweg), um schließlich über die letzte Kurve die **Priener Hütte ❽**, 1411 m, anzulaufen. Für den Rückweg nach Sachrang wandern wir noch kurz aufwärts bis zur Bergwachthütte, verlassen den Geigelsteinweg und leiten stattdessen die Traverse der Mühlhorn-Südflanke ein (Jägersteig). Sie bringt uns an der Sulzingalm vorbei leicht abwärts zur **Schreckalm ❾**, 1400 m. Auf schmalerem Pfad treten wir

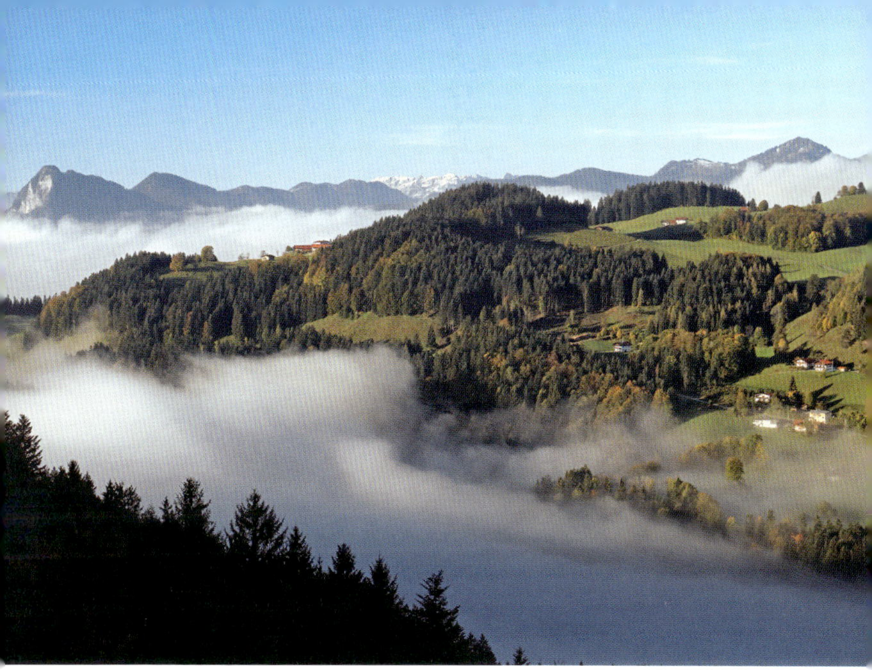

Frühnebel im Sachranger Tal.

in den Wald ein, folgen dort vorübergehend einer Forststraße, dann jedoch wieder einem Steig, den Abzweig zur Talalm ignorierend. Der Jägersteig wird jetzt etwas steiler, allmählich auch holprig, ehe wir auf einen Forstweg stoßen, nochmals ein Stück abkürzen und schließlich auf die Hauptroute zur **Priener Hütte** ⑩ gelangen. Während der letzten halben Stunde geht man noch den Talgraben aus, passiert das Berger Ried und lässt die Tour gemächlich Richtung **Sachrang** ❶ auslaufen.

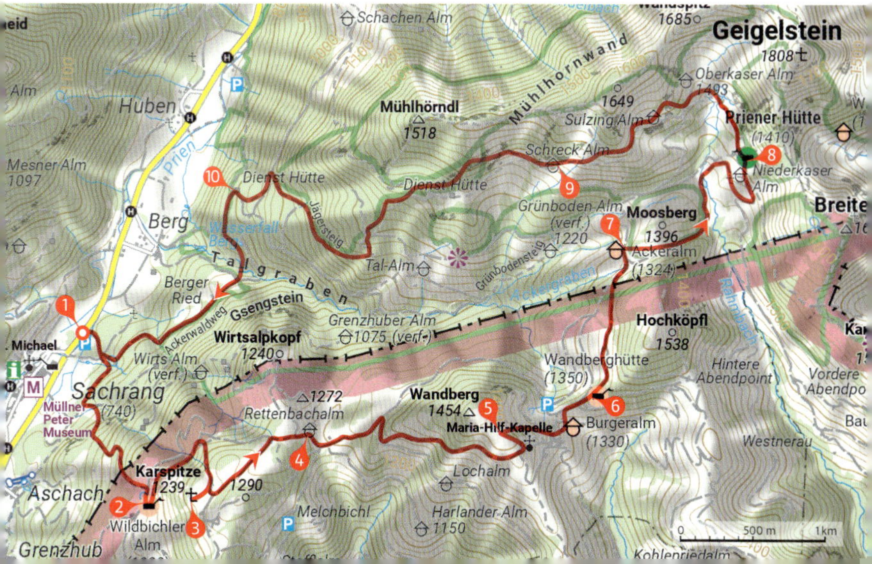

8 Rund um den Walchsee

Seerundweg gegen den Uhrzeigersinn

1.30 Std. | 5,8 km | ↗30 m | ↘30 m

Perle des Kaiserwinkls

Die Tiroler Talschaft zwischen der Südabdachung der westlichen Chiemgauer Alpen und dem Kaisergebirge nennt sich Kaiserwinkl. Darin eingebettet liegt der knapp 100 Hektar große Walchsee mit dem gleichnamigen Ort – kaum zur Überraschung der touristische Anziehungspunkt schlechthin in dieser Gegend. Er lässt sich in einer lockeren Wanderung auch wunderbar umrunden. Derweil erhaschen wir viele schöne Perspektiven auf den See selbst wie auch auf die umliegenden Berge, die eher eine heitere denn eine dramatische Szenerie erzeugen.

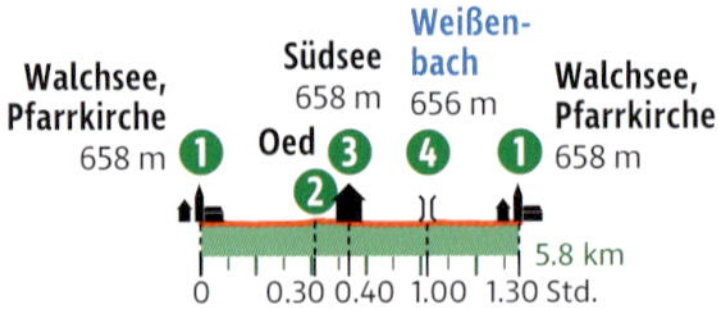

Talort: Walchsee, 658 m, im Kaiserwinkl.
Ausgangspunkt: Walchsee, diverse Parkplätze im Ort (z.B. bei der Pfarrkirche) sowie rund um den See, meist gebührenpflichtig. Busverbindung zwischen Kufstein und Kössen, dort besteht Anschluss aus dem bayerischen Chiemgau.
Anforderungen: T1. Leichte Spazierwege, abschnittsweise Hartbelag, ohne Höhenunterschiede vollkommen mühelos und auch nicht besonders lang.
Einkehr: Mehrere Restaurants in Walchsee bzw. Kranzach, Campingplätze »Seespitz« und »Südsee«.
Karte: F&B WK 301.

Auch der Ort am Nordufer heißt Walchsee.

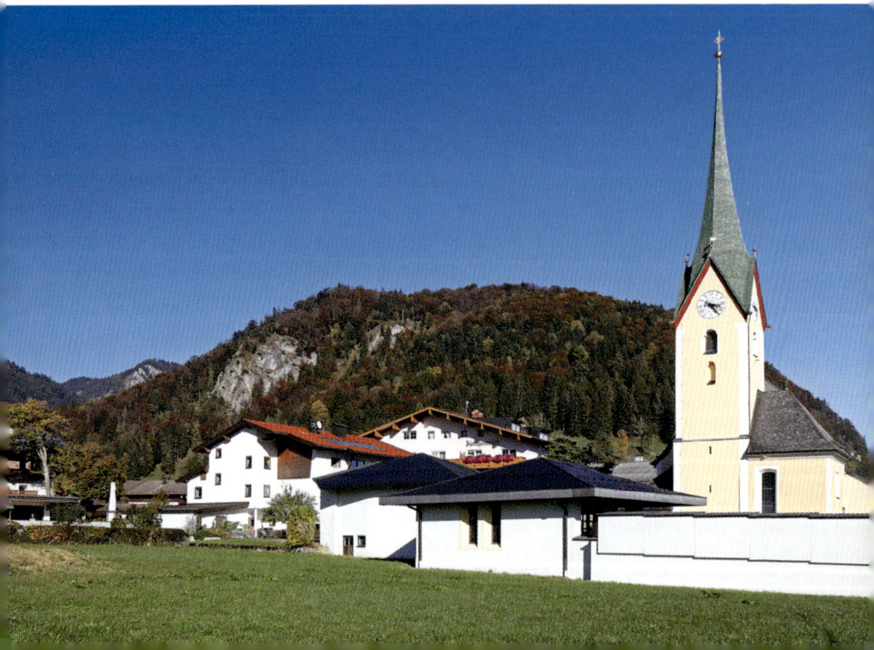

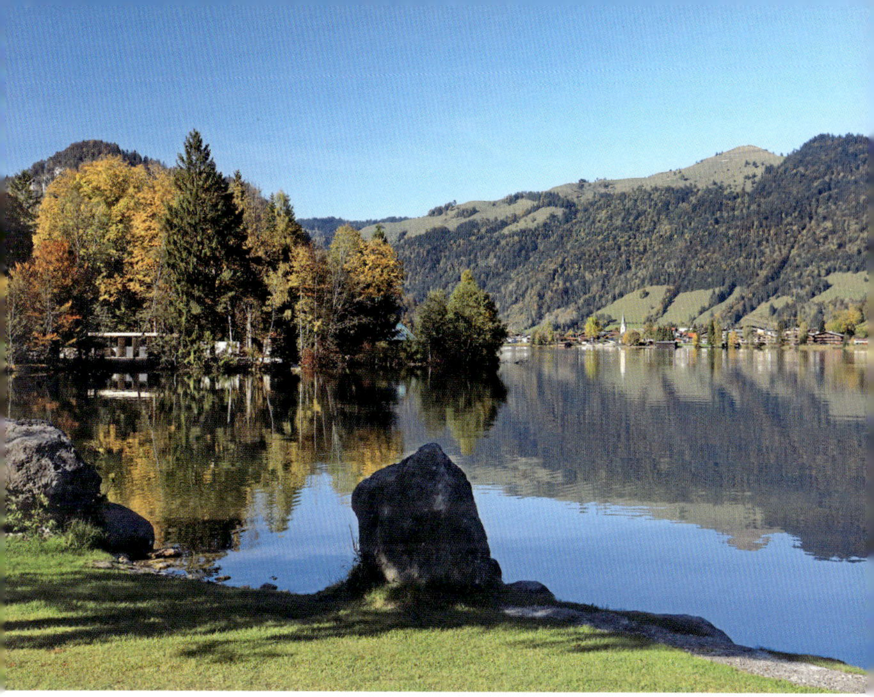

Der Walchsee, Herzstück des Tiroler Kaiserwinkls auf der Südseite der Chiemgauer Alpen.

Von der Pfarrkirche in **Walchsee** ❶ orientieren wir uns zunächst zum Camping **»Seespitz«** und weiter zur Straße Richtung Oed und Bichl. Diese kann für einen schönen Schlenker entlang der westlichen Seebucht verlassen und erst später wieder aufgenommen werden. Bei **Oed** ❷, 670 m, geht es links haltend auf die südliche Traverse, vorbei am Camping **»Südsee«** ❸, wo man zwischendurch unmittelbar ans Ufer gelangt. Rund 500 Meter dahinter rücken wir vorteilhaft vom Sträßchen ab, um weiterhin mehr in Seenähe zu verbleiben – ansonsten steht auch ein Parallelweg in einiger Entfernung zur Verfügung. Wir kommen zum Parkplatz »Ostufer«, überschreiten die **Weißenbachbrücke** ❹ und stoßen bei Kranzach auf die Hauptstraße. Am Nordufer entlang wird der Kreis promenadenartig geschlossen.

Lauschige Idylle am Seeufer.

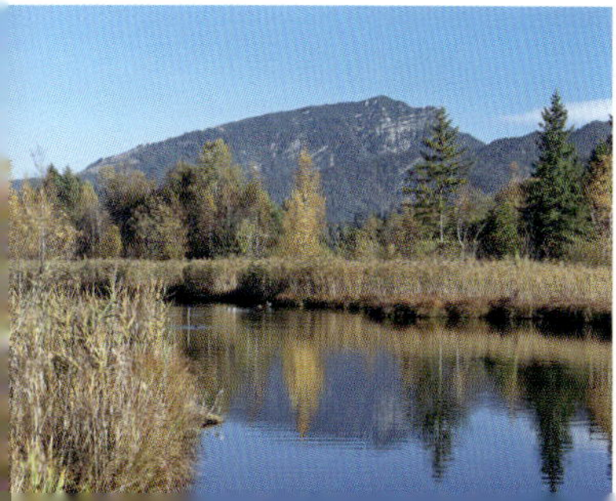

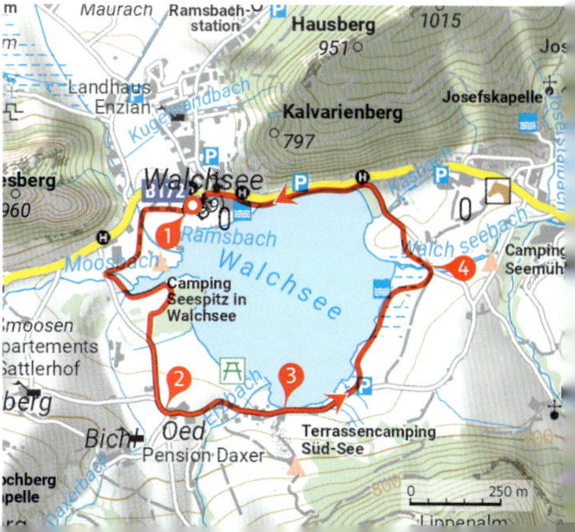

9 Klobenstein und Streichen, 814 m

Links und rechts der Tiroler Achen

TOP | 3.00 Std. | 11,2 km | ↗ 400 m | ↘ 400 m

Zwei Wallfahrtskirchen an der Grenze zu Tirol

Zwischen Kössen und Ettenhausen hat die Großache (Tiroler Ache) ein Durchbruchstal geschaffen, das im engsten Abschnitt den Namen Entenlochklamm trägt. Im 17. und 18. Jahrhundert entwickelte sich ausgerechnet im schluchtartigen Steilgelände die Wallfahrtsstätte Maria Klobenstein mit zwei barocken Kapellen. Weiter oben auf dem Schlossberg befindet sich schon länger die Streichenkirche St. Servatius – ebenfalls ein beliebtes Ziel für Ausflügler und Wanderer. Wir binden beide zu einer interessanten talnahen Runde zusammen.

Talort: Ettenhausen, 572 m, Ortsteil der Gemeinde Schleching.
Ausgangspunkt: Parkplatz und Bushaltestelle »Ettenhausen Zollamt«, 576 m, beim Weiler Wagrain (Abzweig der Bergstraße nach Achberg/Streichen) oder weitere Parkmöglichkeit ein Stück nördlich bei der Brücke über die Tiroler Achen. Busverbindung (Linie 9509) von Traunstein via Übersee, Grassau und Kössen Richtung Reit im Winkl.

Anforderungen: T2. Allgemein gut ausgebaute Wanderwege, teils auch Fahrwege und kurze Straßenabschnitte. An einzelnen Stellen etwas Trittsicherheit vorteilhaft.
Einkehr: Gasthaus Klobenstein, ca. 600 m, vom Frühjahr bis Anfang November geöffnet (Fr Ruhetag), Tel. +43 676 5531793. Bäckeralm, ca. 750 m, Mai bis Oktober (Di Ruhetag), Tel. +43 664 7867954. Berggasthof Streichen, 785 m, ganzjährig bewirtschaftet (Mo Ruhe-

Auf einem Geländerücken (Schlossberg) befindet sich die Streichenkirche.

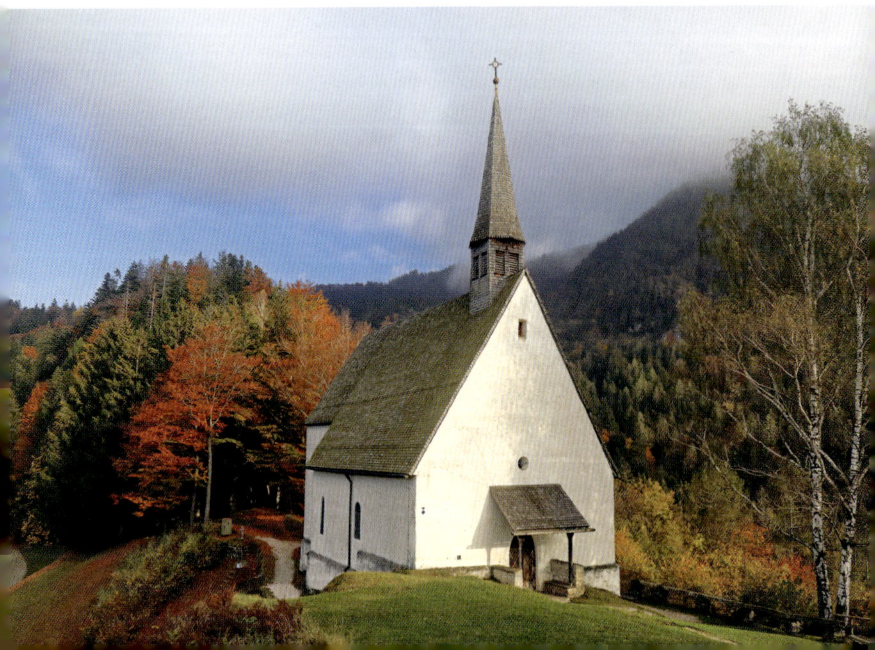

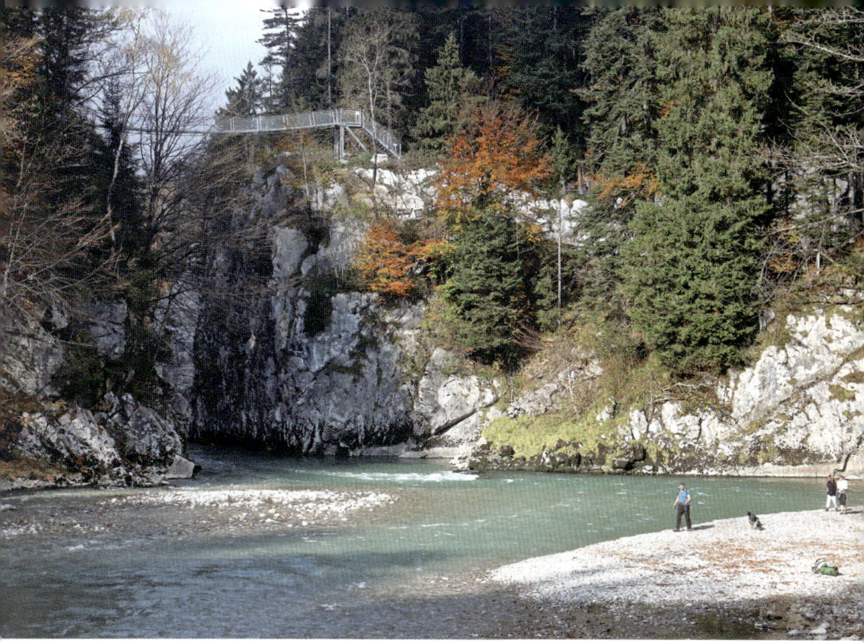

Die schluchtartige Tiroler Achen bei Klobenstein (Entenlochklamm).

tag), Tel. +49 8649 265 (zuletzt wegen Sanierung geschlossen).
Varianten: Zwischen Ettenhausen und Kössen kann der »Schmugglerweg« begangen werden. Bei dieser Streckenwanderung gelangt man per Bus zurück. Eine Kurzwanderung im Bereich von Klobenstein führt als ausgezeichneter »Premiumweg« über die beiden Hängebrücken.
Karten: AV-Karte BY17; F&B WKD 5203 oder WK 301.

Von den Parkplätzen bei **Wagrain** ❶ über die Tiroler Achen hinweg und unmittelbar dahinter links in die angrenzende Wiesenflur. Nach wenigen Schritten nochmals links Richtung Hinterfeld und bei der Y-Gabelung rechts. Unser Feldweg führt letztlich zu einem Sträßchen am südlichen Ortsrand von **Ettenhausen** ❷. Hier orientieren wir uns mit dem Schmugglerweg links in den Wald und gehen auf der komfortablen Trasse mehrere Kurven aus.

Eine kleine Variante kann über den **Rudersburger See** und die »Schöne Aussicht« gelegt werden. Ansonsten auf der Hauptroute den Toter-Mann-Bach kreuzend und weiter in den Hang oberhalb der Entenlochklamm hinein. Hier tauchen ein paar mit Geländerseilen abgesicherte Stellen auf. Nach moderatem Bergauf verlieren wir allmählich wieder an Höhe, klinken uns aus dem Schmugglerweg aus ❸ und folgen an einer Aussichtskanzel (Tiefblick!) vorbei den

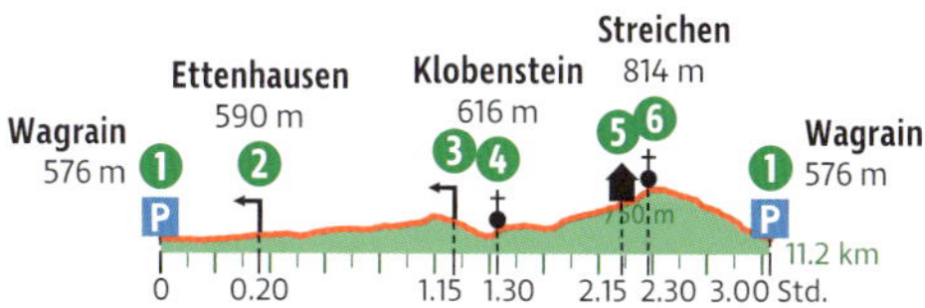

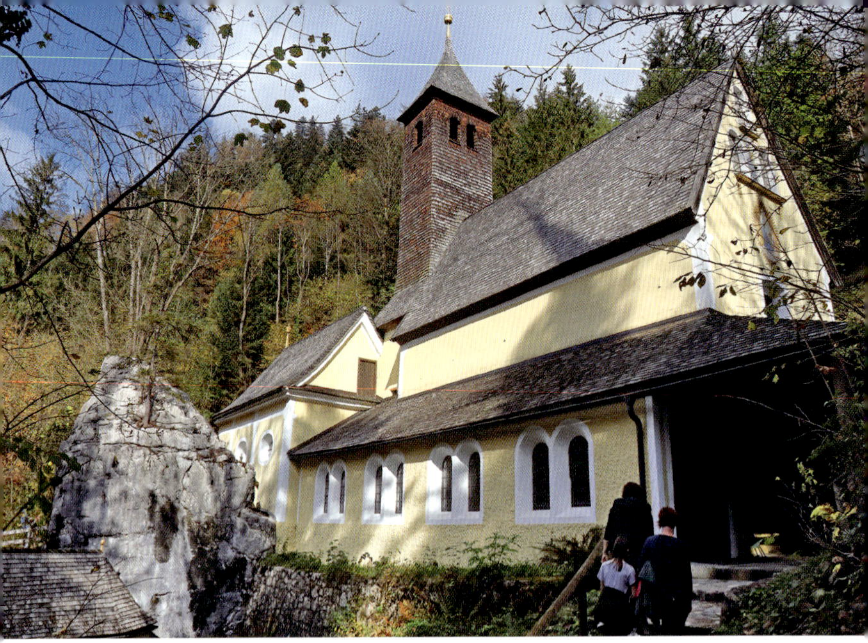

Maria Klobenstein – ein jahrhundertealter Wallfahrtsort in eigenwilliger Lage.

Kehren in den Schluchtgrund hinab. Zwei Hängebrücken stehen uns für die Traverse zur Verfügung – die südliche vermittelt den kürzesten Übergang. Drüben empfängt uns augenblicklich die Wallfahrtskirche **Maria Klobenstein ❹**, 616 m, sowie eine Gastwirtschaft. Oberhalb sind wir ein Stück weit auf die Straße angewiesen, passieren derweil eine Parkbucht mit Bushaltestelle sowie das Bärendenkmal, um unmittelbar vor dem Tunnel den Forstweg nach links einzuschlagen. Es folgt der Anstieg zum Schlossberg, wobei die **Bäckeralm ❺** wahlweise eingebunden oder linker Hand abgeschnitten werden kann. Auf dem Rücken des Schlossbergs thront die **Streichenkirche ❻**, 814 m – gleich jenseits steht das altehrwürdige Gasthaus. Auf der Zufahrt kommen wir an zwei Parkplätzen vorbei, kürzen später eine markante Schleife ab und laufen auf der Achbergstraße hinunter zum Ausgangspunkt ❶.

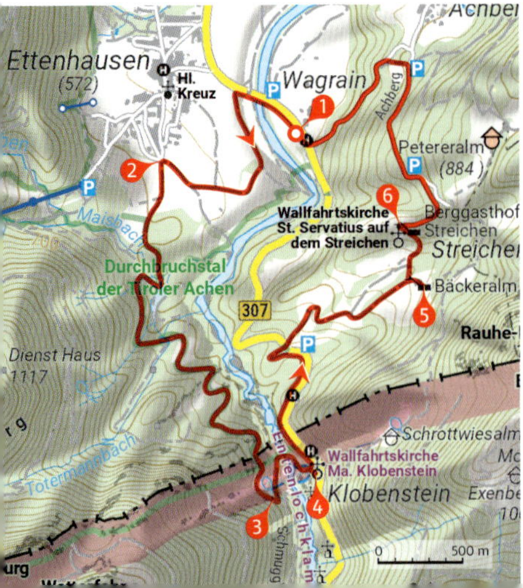

Heimelige Bäckeralm.

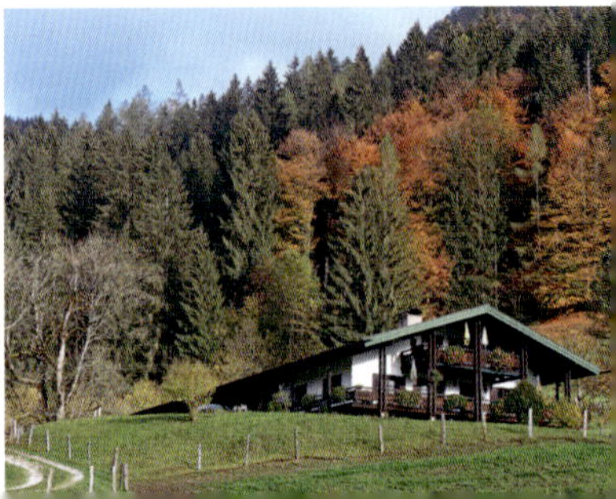

Sonnenalm, 1467 m, und Hofbauernalm

Von der Schlechinger Seite via Dalsenalmen

10

5.00 Std. | 14,8 km | ↗ 950 m | ↘ 950 m

Stillere Wege im Kampenwandgebiet

Diese Tour führt zwar in den Trubel an der Kampenwand (beim stattlichen Gasthof Sonnenalm geht es mitunter zu wie im Taubenschlag), doch weist sie starke Kontraste auf. Denn wir lernen auch einige stille Almgründe und die Gegend zwischen Schlechinger und Aschauer Tal aus einigen ungewohnten Perspektiven kennen. Eine solide Ausdauer sollte mitgebracht werden, denn es werden fast 1000 Höhenmeter überwunden.

Talort: Schleching, 569 m.
Ausgangspunkt: Dalsen-Parkplatz, ca. 620 m, kurz hinter Mühlau, Ortsteil von Schleching. Die Bushaltestelle »Abzweig Mühlau« befindet sich vorn an der Durchgangsstraße (Linie 9509 von Traunstein).
Anforderungen: T2–3. Zwischen Steinbergalm und Hofbauernalm teilweise etwas holprige Steige, sonst überwiegen breite Alm- und Forststraßen. Relativ lange Wanderung.
Einkehr: Sonnenalm, 1467 m, ganzjährig außer zu Revisionszeiten der Kampenwandbahn, Übernachtungsmöglichkeit, Tel. +49 8052 906440. Hofbauernalm, 1379 m, etwa von Juni bis September, Tel. +49 8036 8666. Vordere Dalsenalm, 946 m, im Sommer eventuell einfach bewirtschaftet.
Variante: Von der Sonnenalm auch über Marxkaser (Nr. 200) hinab zu den Dalsenalmen (etwas kürzer als via Hofbauernalm).
Karten: AV-Karte BY17; F&B WKD 5203.

Am Westeck der Kampenwand hat die Sonnenalm ihren Platz.

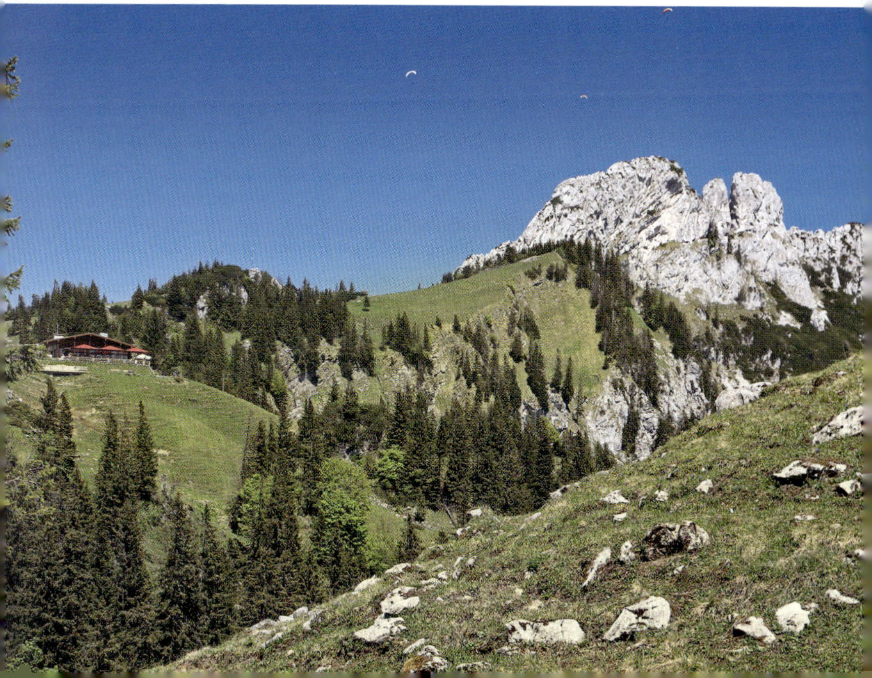

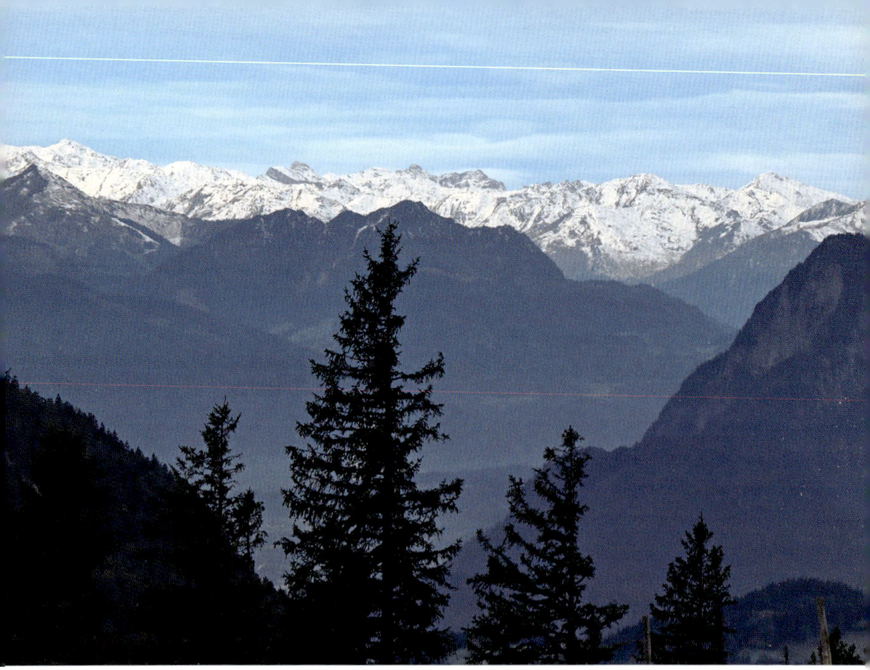

Blick hinein ins bereits herbstlich angezuckerte Alpengebirge.

Vom Dalsen-Parkplatz hinter **Mühlau** ❶ wandern wir zunächst eine halbe Stunde auf der Forststraße entlang des Mühlbachs aufwärts, ehe es rechts durch ein Wildgatter in den Einschnitt des Wimbachs hineingeht ❷. Achtung: Das Gatter ist zwischen 15. Oktober und 15. Mai geschlossen; dann bleibt die Möglichkeit, weiter hinten über eine Forststraße auszuweichen. Auf diese stoßen wir später ohnehin und gelangen damit zur **Steinbergalm** ❸, 1200 m. Oben zeigen sich nun die Felsabstürze der Kampenwand. Es schließt sich ein Steig an, der zwischendurch ein bisschen verwachsen erscheint, ansonsten aber ohne große Hürden zur Kammhöhe unmittelbar neben der **Sonnenalm** ❹, 1467 m, hinaufführt. Wir gehen hinüber zur Bergstation der Kampenwandbahn und weiter zu einer Gabelung, wo wir uns für die obere Route entscheiden. Auf etwas steinigem Untergrund unterhalb der Scheibenwand entlang und um ein Eck herum zur verfallenen ehemaligen Hofbauernalm, wo der Hangweg breiter wird. Er bringt uns in Grundrichtung West bis Südwest zur heutigen **Hofbauernalm** ❺, 1379 m. Hier spitzwinklig nach links und in Kürze

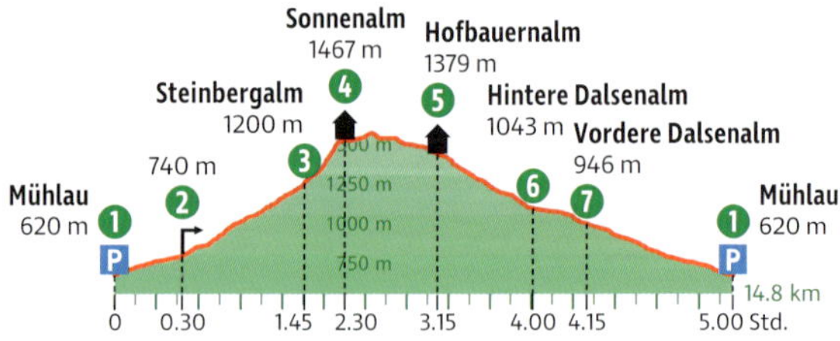

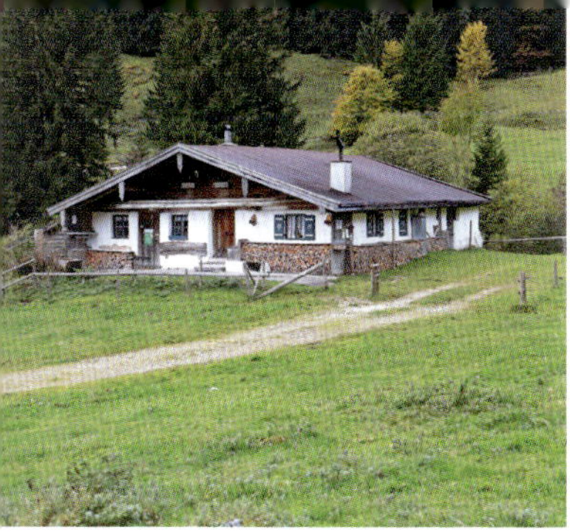

Auf der Vorderen Dalsenalm im Talgrund.

entweder über die Schleifen des Güterwegs oder über einen weiter links verlaufenden Steig bergab. Gute 200 Höhenmeter tiefer achten wir dann auf eine vorteilhafte Abkürzung ins Gebiet der **Hinteren Dalsenalm ⑥**. Die Hütten bleiben knapp unterhalb in der Senke, während wir den Bogen des Almsträßchens ausgehen und gegebenenfalls noch den Schlenker über die idyllische **Vordere Dalsenalm ⑦**, 946 m, mitnehmen. Der Rest ist ein Forststraßenhatscher hinaus zum Parkplatz bei **Mühlau ①** – zur Hälfte bereits vom Hinweg bekannt.

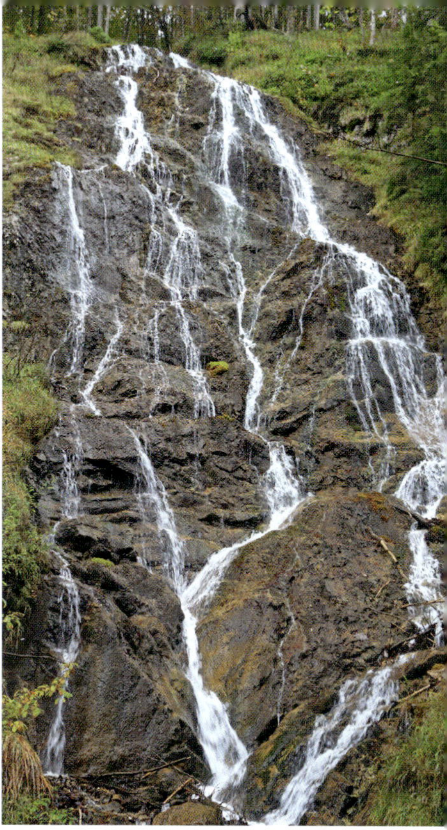

Wasserfall im Dalsental.

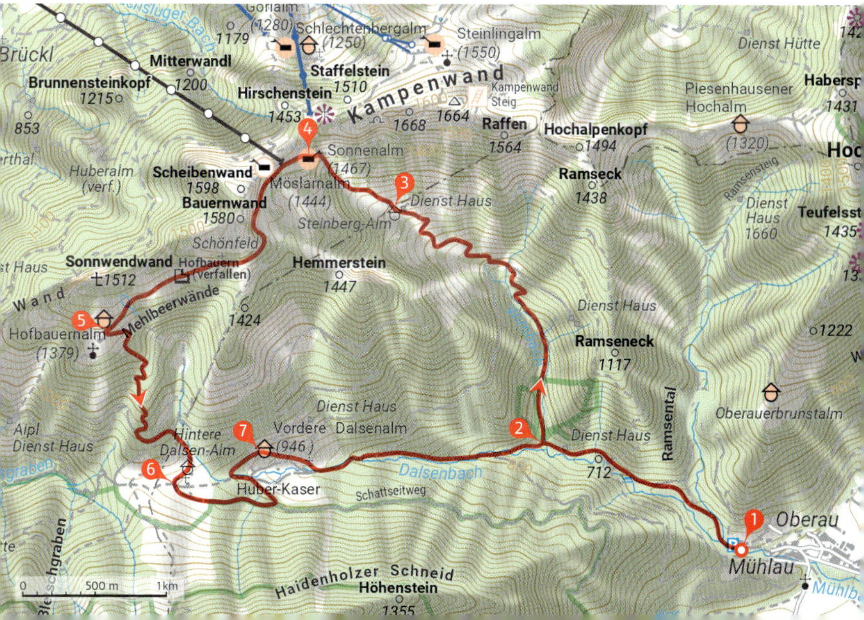

11 Weitwies-Runde
Über die Zellerwand bei Schleching

2.15 Std. | 7,8 km | ↗ 330 m | ↘ 330 m

Talnahe Wanderung mit »Kaiserblicken«
Wer nicht (immer) auf die Höhen der Berge steigen möchte, findet auch in tieferen Stockwerken manch Reizvolles. Die in diesem Kapitel vorgestellte Kurzwanderung besticht mit einigen Almböden am Weitwiesberg sowie zwei ausgewiesenen »Kaiserblicken«. Das Kaisergebirge setzt sich nämlich perspektivisch im Hintergrund des Schlechinger Tals in Szene. Am Fuße der Zellerwand lockt ein Badesee.

Talort: Unterwössen, 555 m, Marquartstein, 546 m, bzw. Schleching, 569 m.
Ausgangspunkt: Kleiner Parkplatz, ca. 570 m, bei Raiten, an der Zufahrt zum Hof Emperbichl (westlich von Unterwössen). Nächste Bushaltestellen »Abzweigung Raiten« bzw. »Parzinger« (Linie 9509 von Traunstein via Übersee und Grassau Richtung Kössen/Reit im Winkl).
Anforderungen: T1. Forststraßen und Waldwege, ein Abschnitt auch mal über Weiden, nirgends steil oder anderweitig problematisch.
Einkehr: Keine direkt am Weg, eventuell beim Campingplatz am Zellersee.
Karten: AV-Karte BY17; F&B WKD 5203.

In der Nähe von **Raiten** ❶ starten wir auf der Forststraße, die mit zwei Schleifen aufwärtszieht, bevor bei einer weiteren markanten Linkskehre ein Weg Richtung Marquartstein abzweigt. Dieser bringt uns mit einer gut zehnminütigen Waldhangquerung zum ersten **»Kaiserblick«**

Auf der Weitwies unterm Teufelstein.

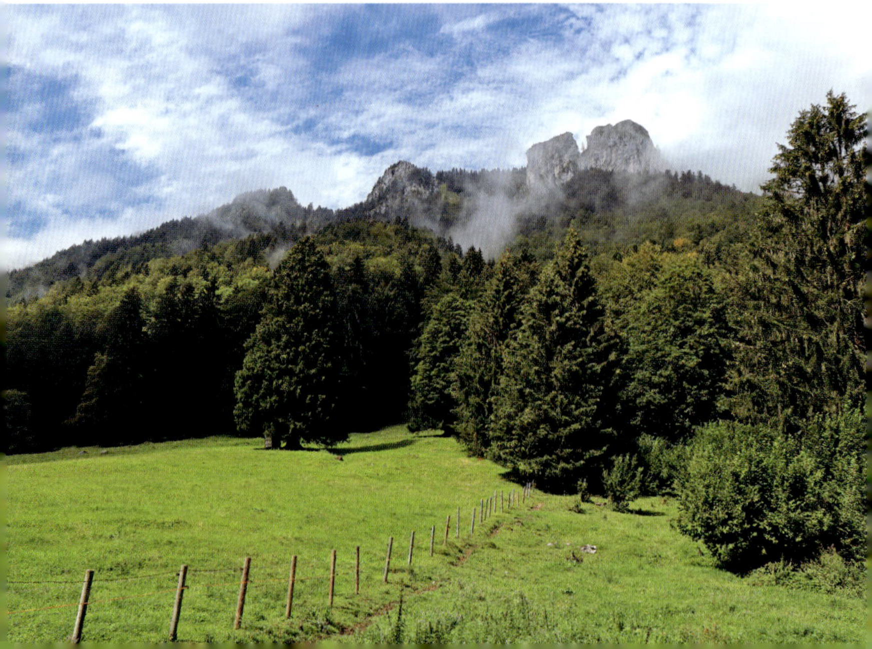

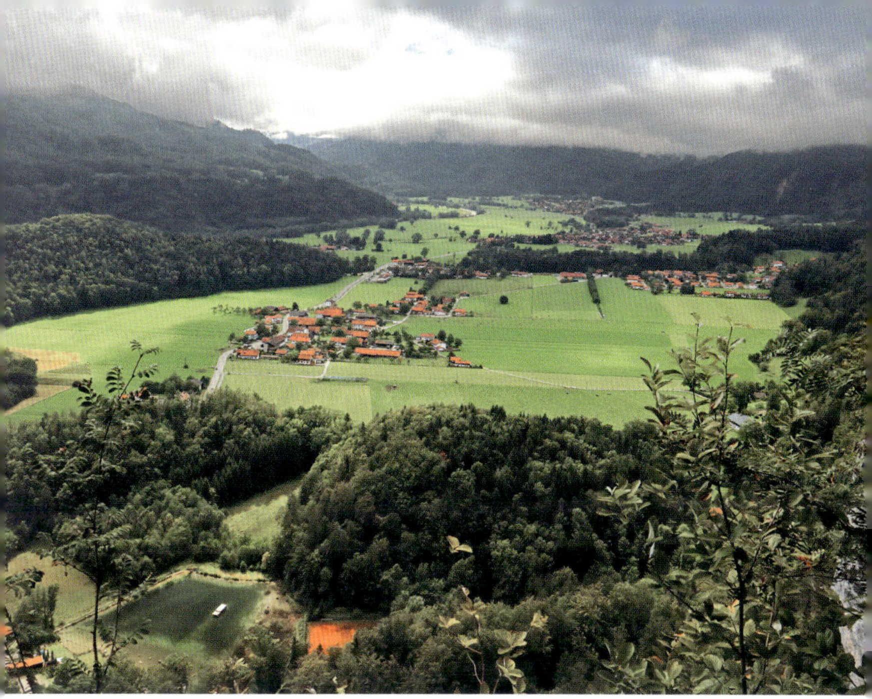

Das Achental bei Mettenham und Schleching.

2, 696 m. Zurück auf der Forststraße geht es hinüber ins Gebiet der Weitwies- respektive **Huberalm** 3, 790 m, wo wir links abbiegen und die Weideflächen fast eben hinüber zur **Heinzenalm**, 785 m, überschreiten. Etwas unterhalb entdecken wir abermals einen Wegweiser »Kaiserblick«. Dieser bezieht sich auf den Aussichtspunkt an der **Zellerwand** 4, ca. 770 m, der über einen Pfad am Wiesenrand entlang erreicht wird. Nach diesem kleinen Abstecher nimmt man wieder den Hauptweg auf, verliert stetig an Höhe, könnte auch noch die ausgeschilderte »Schöne Aussicht« mitnehmen und dreht dann talnah zum **Zellersee** 5 ein. Hier geht es waldseitig am Campingareal vorbei und zur Raitener Straße hin. Wir nutzen für ein paar Minuten den Radweg, nehmen dann den Pfad zum Hof Emperbichl und kommen ein paar Schritte weiter zurück zum Parkplatz 1.

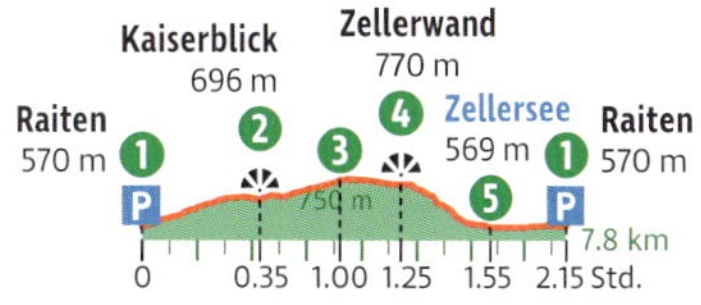

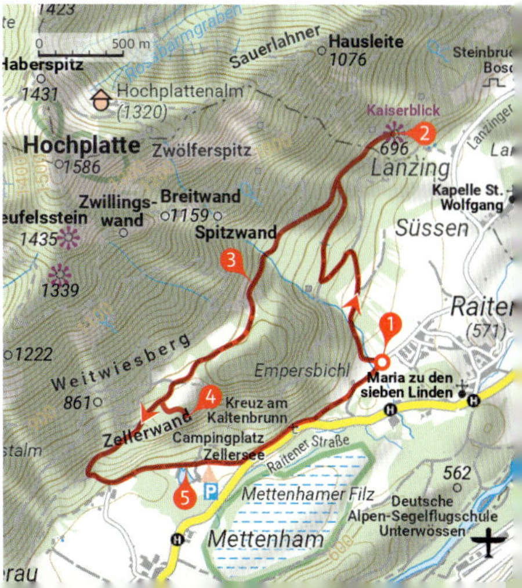

12 Friedenrath und Hochplatte, 1587 m

Mit der Hochplattenbahn von Niedernfels

3.20 Std. | 7,7 km | ↗ 650 m | ↘ 650 m

Einsamer Felsgupf und bekannter Aussichtsberg

Mit der immensen Popularität einer Kampenwand kann sich die Chiemgauer Hochplatte sicher nicht messen, mithilfe der Sesselbahn von Niedernfels wird aber auch der Bereich um Staffen und Hochplatte gern erwandert. Für eine Stippvisite genügt vielen der Staffen-Rundweg, Gipfelstürmer zieht es hingegen auf die breit gelagerte Hochplatte, wo lediglich der obere Nordrücken etwas Achtsamkeit erfordert. Ein ruhigeres Nebenziel, das oft übersehen wird, ist der felsgespickte Friedenrath. Dorthin führt nur ein Schleichpfad.

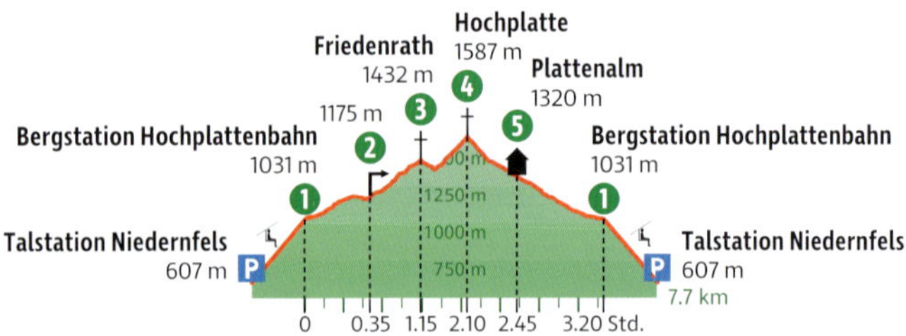

Von Osten zeigt sich die Hochplatte in markanter Kegelform.

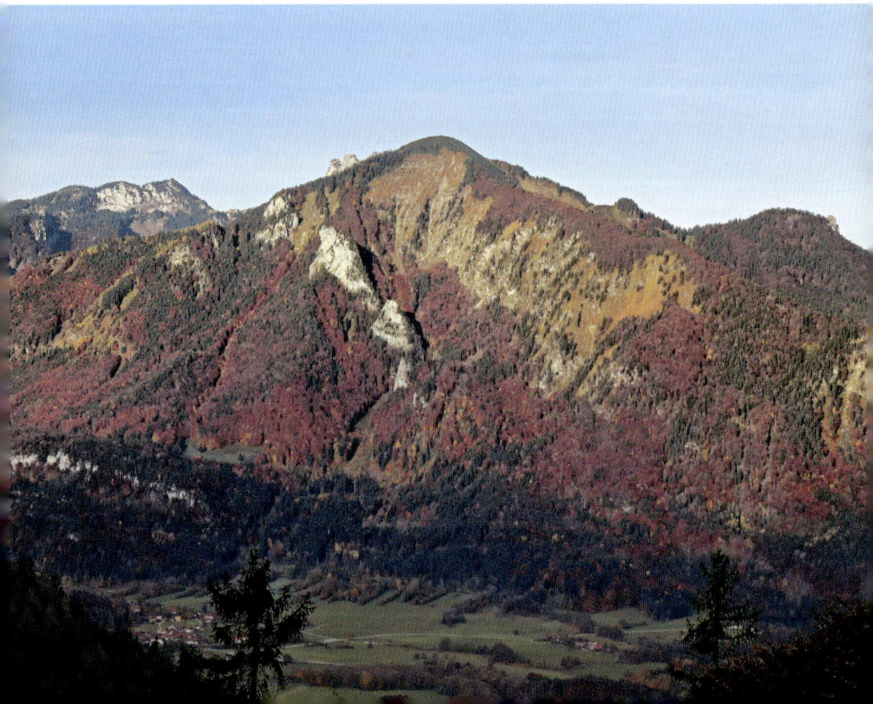

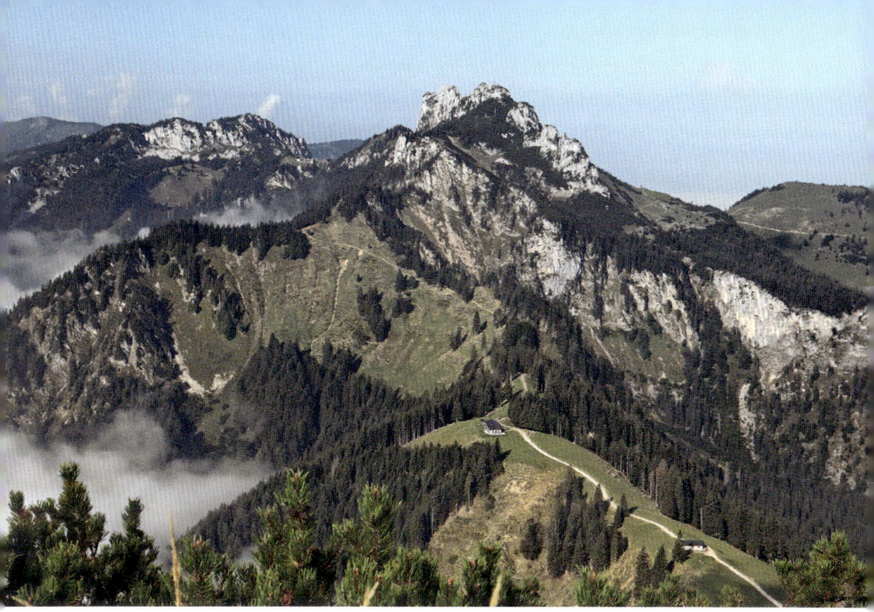

Blick von der Hochplatte hinüber zur Kampenwand.

Talort: Marquartstein, 546 m.
Ausgangspunkt: Talstation der Hochplattenbahn, ca. 607 m, bei Niedernfels (Stichstraße, ohne Busanschluss). Damit hinauf zur Bergstation, 1031 m, unweit der Staffenalm. Betriebszeiten zwischen Mai und Ende Oktober täglich von 9 bis 17 Uhr, im Winter nur zeitweise zwischen Weihnachten und Ende Januar.
Anforderungen: T3 (stellenweise). Mehrheitlich unproblematische Fahr- und Wanderwege, in den Gipfelbereichen aber teils kleinere, holprige Pfade (vor allem um Friedenrath und Haberspitze), an der Hochplatte bei Nässe sehr rutschig. Je nach Bedingungen Trittsicherheit wichtig.
Einkehr: Staffenalm, 1045 m, Anfang Mai bis Ende Oktober täglich, im Winter nur tageweise geöffnet, Tel. +49 8641 7740. Plattenalm, 1320 m, Mitte Juni bis September einfach bewirtschaftet.
Variante: Ohne Gipfelabstecher wird die Tour deutlich leichter.
Karten: AV-Karte BY17; F&B WKD 5203.

Von der Bergstation der **Hochplattenbahn** ❶ mit wenigen Schritten zur **Staffenalm**, 1045 m, und über die Almwiesen weiter aufwärts, dann rechts haltend auf den Staffen-Rundweg (Bergwalderlebnisweg), der an einer Forststraße aber wieder von unserem Vorhaben abrückt. Wir gehen geradeaus, zwischendurch mal leicht fallend zum P. 1169 (AV-Karte) und kurz darauf mit Nr. 45 rechts abzweigend ❷. Dieser Weg durchquert die Flanke des Friedenrath schräg aufwärts und wird bald holpriger.

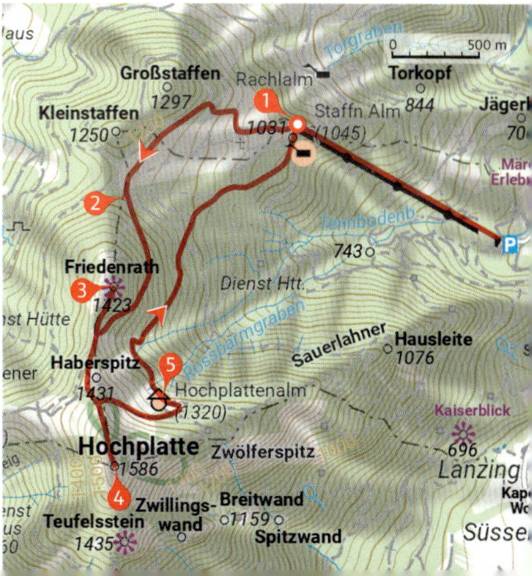

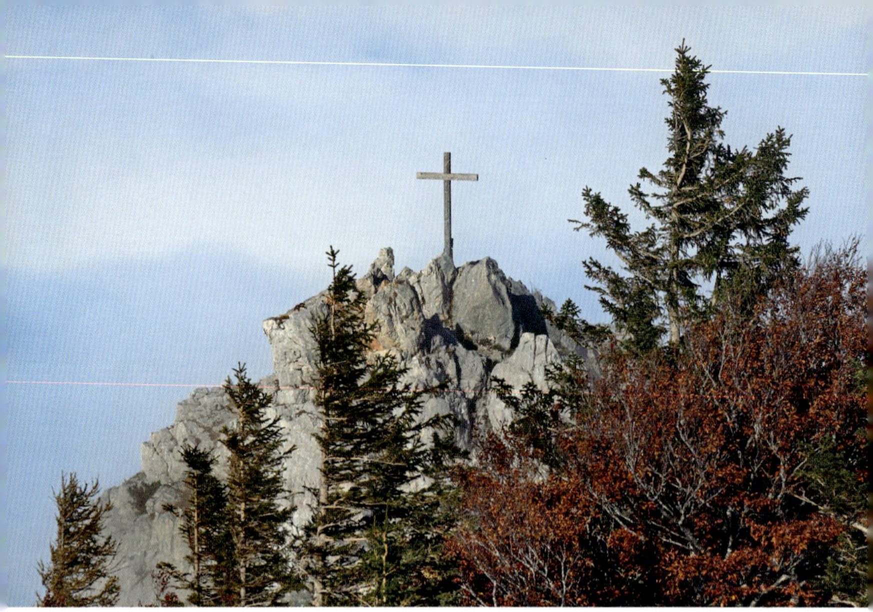

Das Kreuz am Friedenrath steht auf einem vorgelagerten Zacken.

Aus dem Nebelmeer spitzt die Kampenwand heraus.

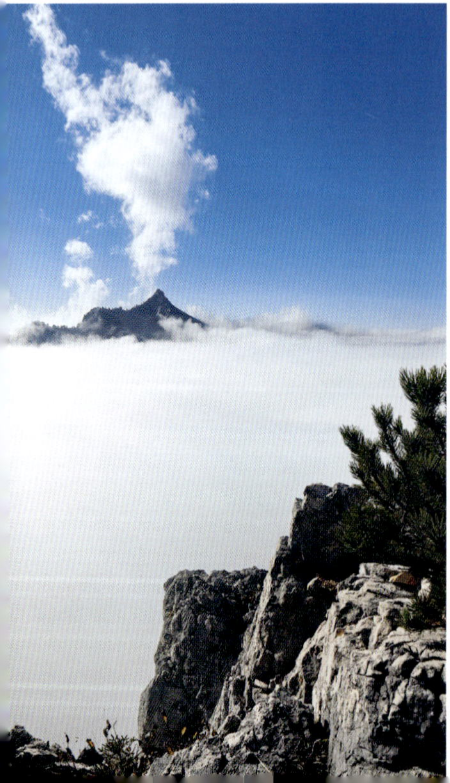

Der Gipfelstich zum **Friedenrath ❸**, 1432 m, erfolgt schließlich von Süden über einen kleinen Wurzelpfad, auf den letzten Metern recht steil. Das Kreuz entdeckt man übrigens etwas tiefer auf einem Felszacken.

Zurück am Wiesensattel nehmen wir wieder Route Nr. 45 auf, gewinnen am Haberspitz abermals etwas an Höhe und kürzen, wo man aus dem Gehölz in freieres Gelände hinaustritt, links aufwärts zum Sattel nördlich der Hochplatte ab. Die Hauptspur führt indes zur Piesenhauser Hochalm. Zur **Hochplatte ❹**, 1587 m, gibt es nun einen erdigen Weg, der nach oben hin in steindurchsetzten Latschengassen bei feuchtem Untergrund nicht sehr angenehm zu begehen ist. Dieses Stück müssen wir auch wieder hinab, ehe wir es auf der Forststraße zügiger laufen lassen können. Nach einer Linkskehre an der einfach bewirtschafteten **Plattenalm ❺**, 1320 m, vorbei und weiter stetig bergab bis zur **Hochplattenbahn ❶**.

Westerbuchberg und Kendlmühlfilz

Rundweg von Grassau

3.20 Std. | 13,0 km | ↗100 m | ↘100 m

Typisches Hochmoor in der Verlandungszone des Chiemsees

Diese Wanderung spielt sich nicht im, sondern vor dem Gebirge ab, und zwar am größten zusammenhängenden Hochmoorgebiet Bayerns. Die Kendlmühlfilzen wurden lange Zeit für den Torfabbau genutzt – wer sich dafür interessiert, kann bei Rottau das Torfbahnmuseum besuchen. Den Kern des Moores dürfen wir nur auf wenigen offiziellen Wegen betreten, die freilich eine ganz besondere Landschaft vermitteln. Bemerkenswert ist auch der Westerbuchberg, aus der Niederung um rund 70 bis 80 Meter herausragend und von einem schmucken Weiler sowie einer sehr alten Kirche bebaut. Wegen des härteren Gesteins ist dieser Rücken von den Eiszeitgletschern nicht zur Gänze abgeschliffen worden.

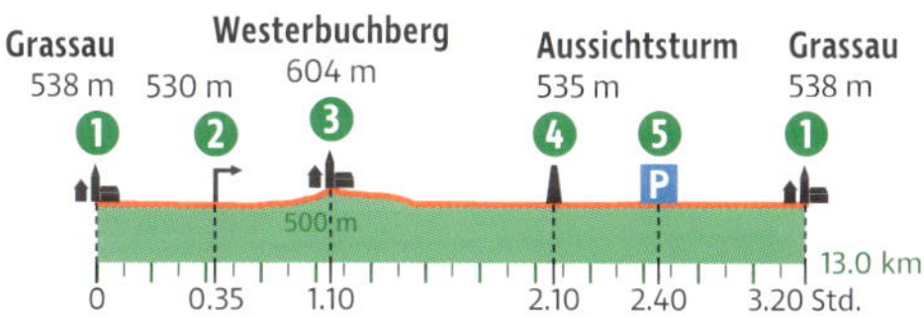

Talort: Grassau, 538 m.
Ausgangspunkt: Parkplatz beim Sportpark in Grassau; Busverbindung mit Traunstein bzw. dem Bhf. Übersee (Linie 9509 Richtung Ettenhausen/Reit im Winkl). Weiters führt die Buslinie 9505 (Prien – Reit im Winkl) durch Grassau. Auch bei Wegpunkt 5 befindet

Der Hochgern über der Wiesenebene bei Grassau.

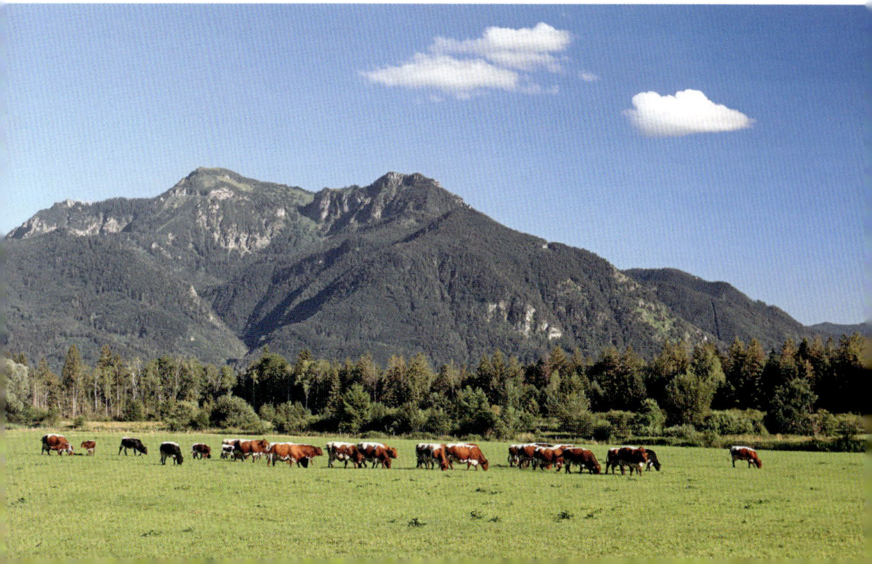

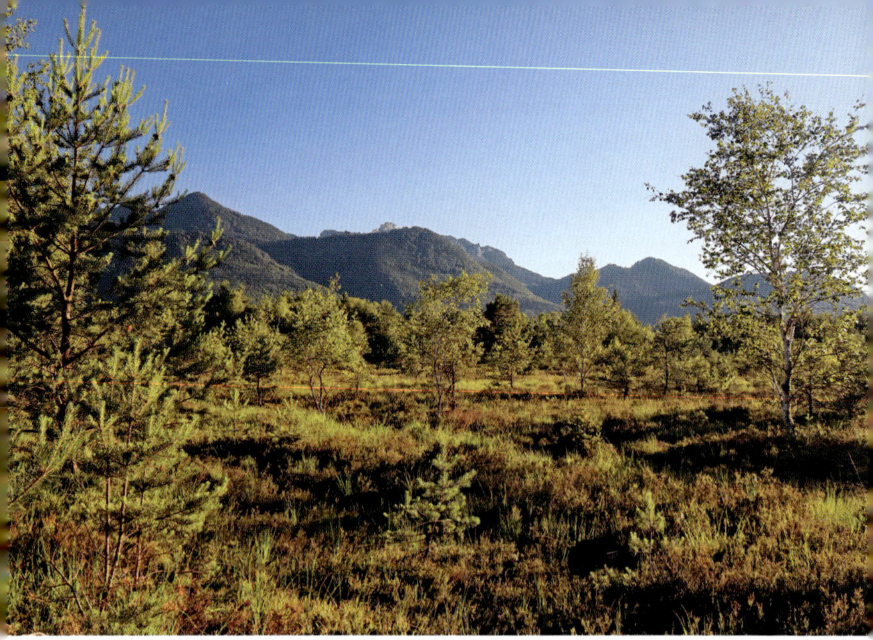

Hochmoore wie das Kendlmühlfilz sind bedeutende Biotope.

sich eine geeignete Parkmöglichkeit (Stichstraße von der Verbindung Grassau – Rottau).
Anforderungen: T1. Flache Wanderung über meist gute Wander- bzw. Radwege, teils auch Straßenabschnitte.
Einkehr: Hotel-Restaurant Alpenhof in Westerbuchberg, Di/Mi Ruhetag, Tel. +49 8642 89400. Weitere in Grassau.
Variante: Über Rottau und das Torfbahnmuseum kann das ganze Kendlmühlfilz auch umrundet werden. Das Museum ist von Ende April bis Anfang November jeweils Sa/So (in der Hauptsaison zusätzlich Mi) zwischen 10 und 15.30 geöffnet.
Karten: F&B WKD 5203; LDBV ATK25-P15.

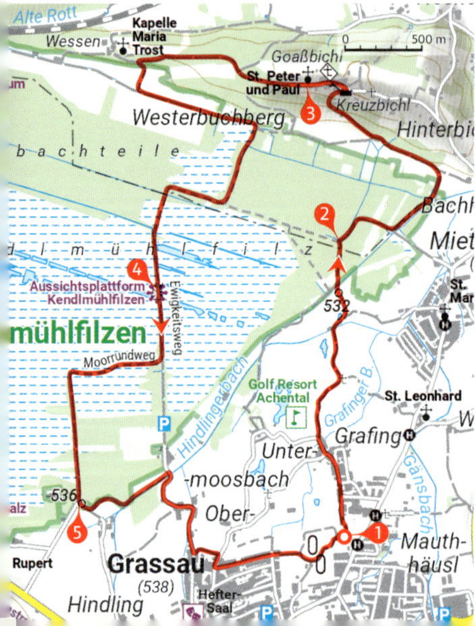

In **Grassau** ❶ starten wir von den Sportanlagen aus im Lärchenweg, zweigen in die Grafinger Straße ab und wandern anschließend an der Ostseite des großen Golfareals, das sich zwischen Untermoosbach und Mietenkam erstreckt, entlang. Hinter einem Graben nach rechts und zu einer Y-Gabelung ❷, wo sich die Möglichkeit einer verkürzten Runde ohne den Westerbuchberg bietet, falls wir dort links abbiegen würden. Rechter Hand nähern wir uns hingegen mit mehreren Richtungswechseln dem Ausläufer des Geländerückens unweit von Bachham. An seinem Fuß

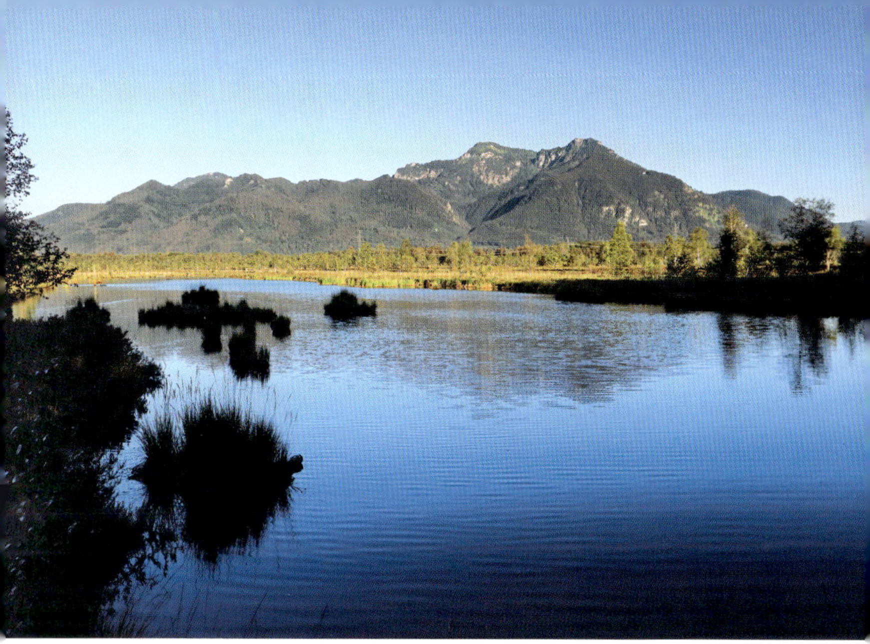

Am Rande des Moores hat sich ein seichter See gebildet..

zunächst noch eben nach links, dann schräg aufwärts in die Hänge und mit einer Schleife auf schönem Fußweg hinauf nach **Westerbuchberg** ❸, 604 m. Wir folgen der Ortsstraße und dem anschließenden Forstweg westwärts und gelangen später wieder zurück in die Niederung. An der T-Kreuzung links und rund 800 Meter in Ostrichtung, bis abermals ein Rechtsabzweig erfolgt. Damit treten wir ins Kendlmühlfilz ein und kommen nach einer Rechts-links-Kombination zu einem kleinen **Aussichtsturm** ❹, wo sich schön über die Moorflächen blicken lässt. Geradeaus führt dieser Weg direkt südwärts nach Obermoosbach und Grassau – wir können allerdings noch einen zusätzlichen Schlenker nach rechts einbauen und später von einem Parkplatz ❺, 536 m, dorthin gelangen. Der Rundenschluss vollzieht sich danach etwas verschachtelt via Moosbacher Straße, Raschauer Weg, Niederfeldstraße, Geigelsteinstraße und Hochgernstraße zum Sportpark in **Grassau** ❶.

Westerbuchberg liegt leicht erhöht.

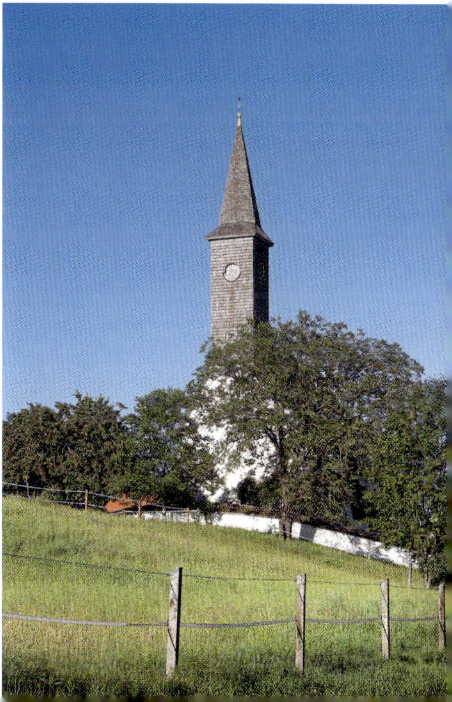

14 Von Grabenstätt nach Chieming

Am Chiemsee-Ostufer

2.20 Std. | 8,5 km | ↗ 30 m | ↘ 30 m

Das »Bayerische Meer« aus der Nähe

Eine weitere Tour im Chiemgauer Alpenvorland. Von Grabenstätt nähern wir uns durch ein Naturschutzgebiet der Hirschauer Bucht, kommen damit unmittelbar zur Südostecke des riesigen Chiemsees und begleiten diesen anschließend so dicht wie möglich bis zum Touristenort Chieming. Zwei hölzerne Aussichtstürme erweisen sich als ideale Plätze für Naturbeobachtungen. Die Wanderung könnte auch noch bis Seebruck am Nordufer ausgebaut werden.

Talort: Grabenstätt, 525 m, bzw. Chieming 526 m. Von beiden Orten verkehren Busse nach Traunstein; zu bestimmten Zeiten gibt es auch eine direkte Verbindung.

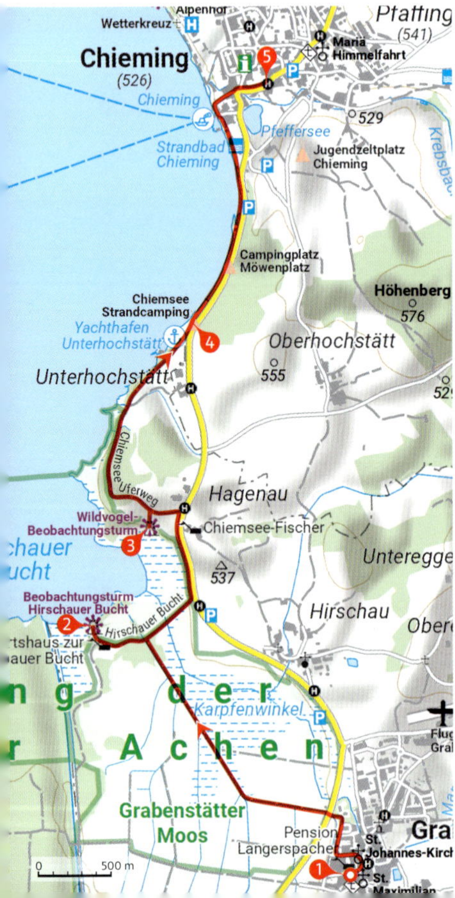

Ausgangspunkt: Im Zentrum von Grabenstätt (Marktplatz, hier auch Bushaltestelle).

Endpunkt: Chieming; Parkmöglichkeiten unweit des Chiemseeufers, Bushaltestelle »Rathaus«.

Anforderungen: T1. Wechsel von befestigten und unbefestigten Wegen, komplett flach und wandertechnisch unkompliziert.

Einkehr: Wirtshaus zur Hirschauer Bucht, etwa von April bis Oktober geöffnet, Tel. +49 8661 528. Hotel-Gasthof Chiemseefischer (in Hagenau), Tel. +49 8661 982658. Strand-Camping und weitere in Chieming.

Variante: Für eine längere Tour Fortsetzung entlang des Chiemseeufers bis nach Seebruck, ca. 2 Std.

Karten: F&B WKD 5203; LDBV ATK25-P15.

Vom Marktplatz in **Grabenstätt** ❶ geht es via Poststraße und Birkenhain aus dem Ort heraus. Wir unterqueren die Umgehungsstraße (St2096) und wandern an einem kleinen Kanal entlang ins Graben-

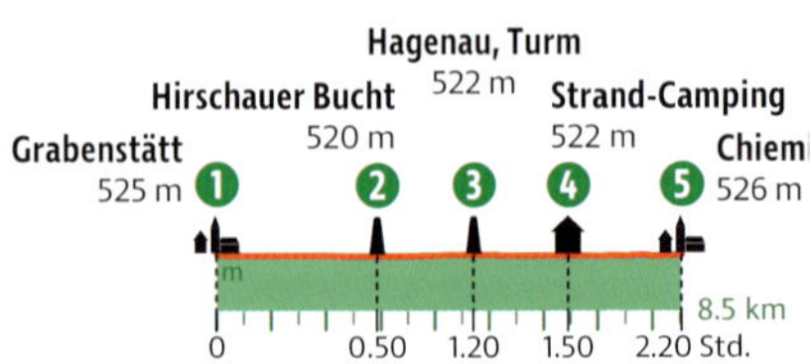

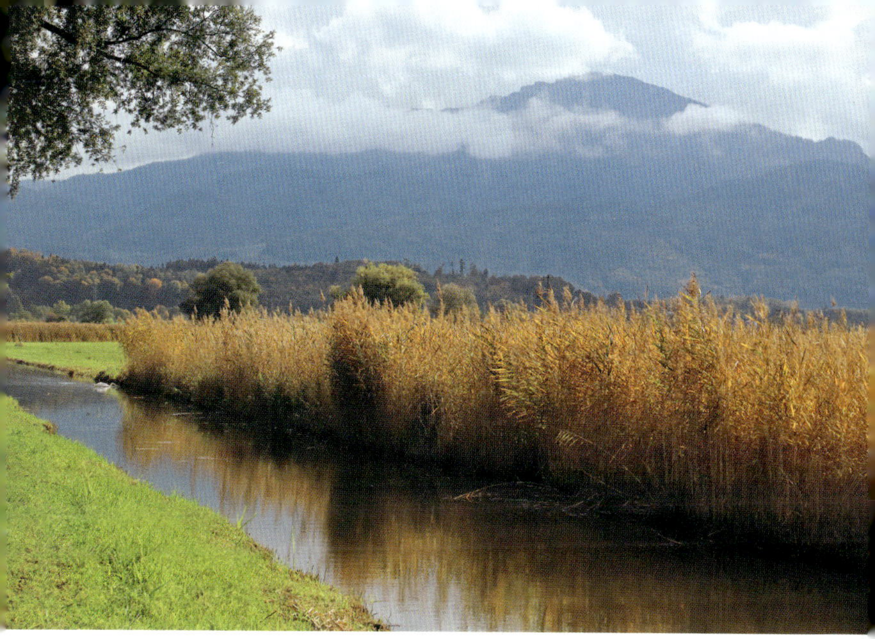

Hinter Grabenstätt beginnt die Wanderung an einem Kanal.

stätter Moos (Vogelfreistätte), nach einem Rechtsknick schnurgerade gegen die Hirschauer Bucht. Kreuzt man den Kanal schließlich nach links, gelangt man in Kürze zum Restaurant und ein paar Schritte weiter zum Beobachtungsturm direkt am Ufer der **Hirschauer Bucht** ❷. Anschließend ostwärts zur Straße hin, auf dem Radweg bis nach Hagenau (mit dem bekannten Hotel Chiemseefischer) und wenige Schritte dahinter links auf den Wanderweg. In Kürze empfängt uns auch der Beobachtungsturm **Hagenau** ❸. Auf einem ufernahen Waldweg gehen wir den Bogen aus, tangieren Unterhochstätt mit dem nicht zugänglichen Yachthafen und stoßen beim **Strand-Camping** ❹ erneut auf die Straße, die von einem Radweg begleitet wird. Darauf sind wir nun bis **Chieming** angewiesen. In dem Ort wird man sich noch etwas an den touristischen Anlagen umsehen, bevor schlussendlich die Bushaltestelle beim Rathaus ❺ in der Hauptstraße angesteuert wird.

Diese Tour führt uns durch die von Feuchtgebieten geprägte Niederung am Chiemsee.

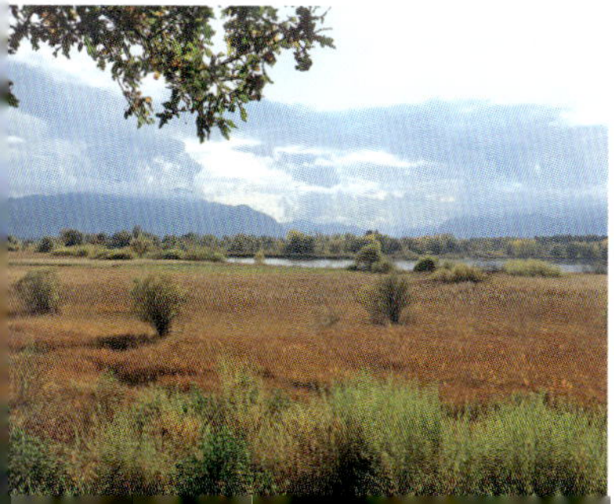

Der Chiemsee wird aufgrund seiner Größe auch »Bayerisches Meer« genannt.

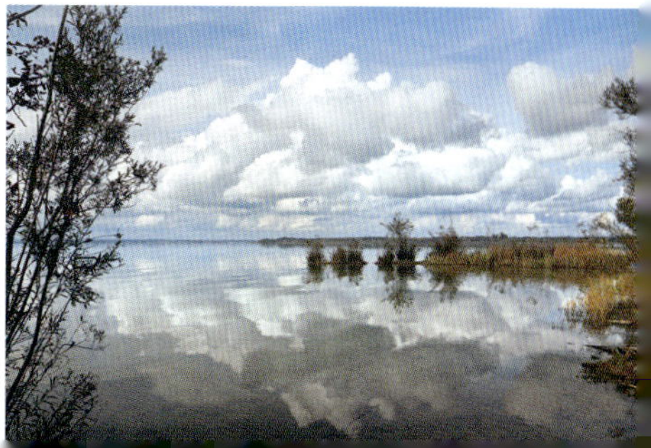

15 Staudacher Almenrunde

Via Schnappenkirche zu Staudacher-, Bracht- und Vorderalm

TOP | 4.00 Std. | 11,9 km | ↗720 m | ↘720 m

Almgründe zu Füßen des Hochgern

Zu den Chiemgauer Charakterbergen zählt auf jeden Fall der Hochgern – seine Silhouette ist aus dem Vorland unverkennbar. Relativ ruhig und beschaulich geht es rund um die vorgelagerten Waldhügel zu, zwischen die sich einige idyllische Almlichtungen einbetten. Nach Aufstieg zur Bergkirche am Schnappenberg wollen wir die Trilogie von Staudacher-, Bracht- und Vorderalm nacheinander ablaufen und stehen dann bloß vor der Qual der Wahl, wo einkehren. Urig sind sie alle drei – vielleicht ein Grund, öfters mal wiederzukommen …

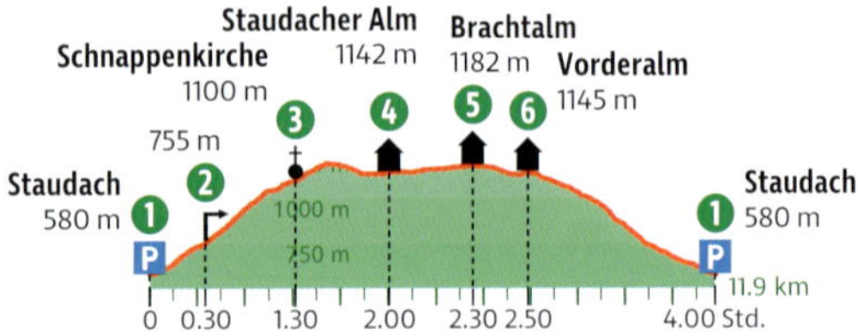

Talort: Staudach, 538 m, östlich von Grassau.
Ausgangspunkt: Parkplatz »Holzlagerplatz«, 580 m, am Waldrand bei Staudach. Bushaltestellen in der Bahnhofstraße (Verbindungen von Traunstein, Marquartstein, Bergen und Siegsdorf).

Staudacher Alm …

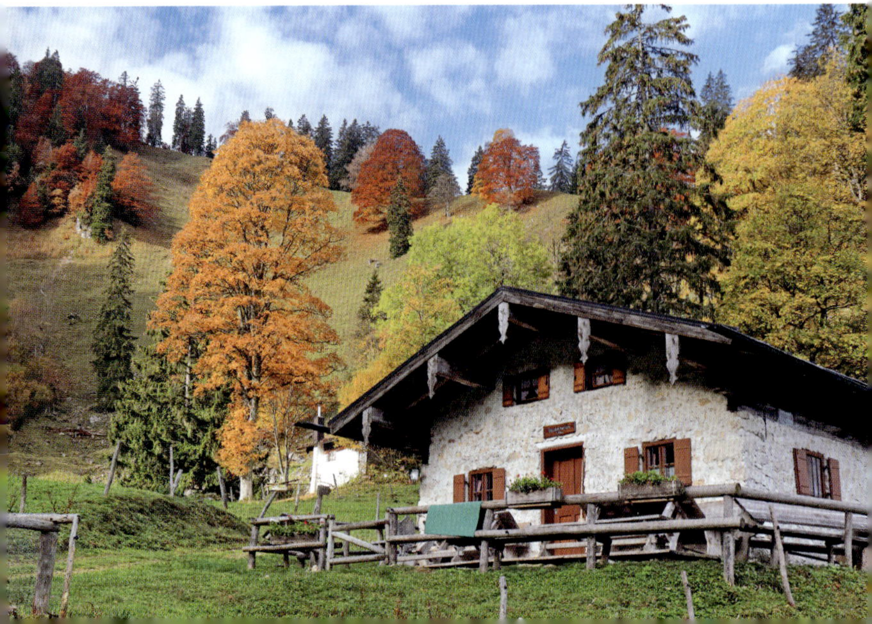

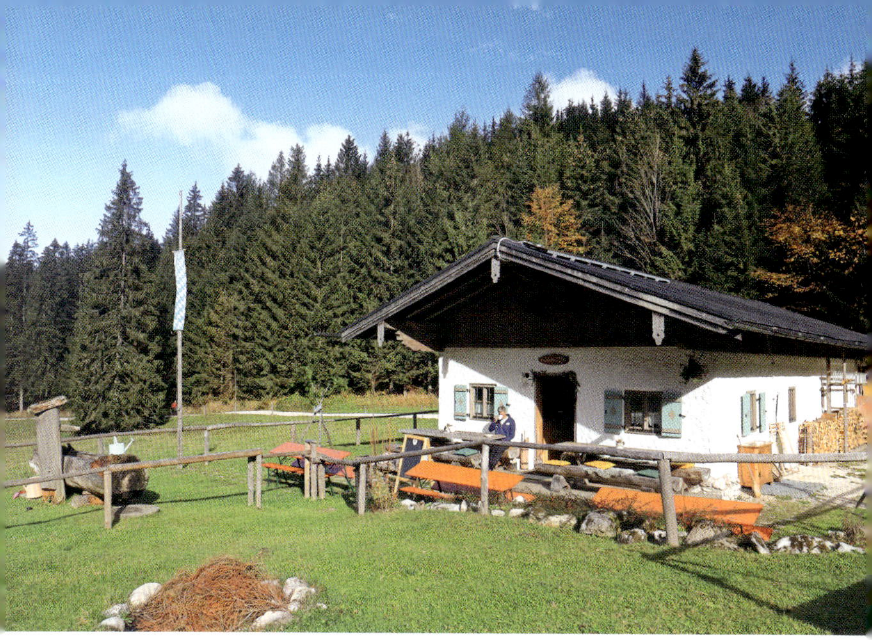

... und Brachtalm.

Anforderungen: T2+ und leichter. Ordentlicher, mittelsteiler Kehrenweg zur Schnappenkirche, anschließend über die Almen recht bequeme Wanderwege. Insgesamt ohne besondere Hindernisse, aber nicht ganz kurz.
Einkehr: Staudacher Alm, 1142 m, Mai bis Oktober, Tel. +49 8662 2378. Brachtalm, 1182 m, Mai bis Oktober, Übernachtungsmöglichkeit, Tel. +49 176 23268218. Vorderalm, 1145 m, im Sommer einfach bewirtschaftet.
Variante: Abkürzungen von der Staudacher Alm oder der Brachtalm zur Abstiegsroute möglich.
Karten: AV-Karte BY18; F&B WKD 5203.

Vom Parkplatz oberhalb von **Staudach** ❶ auf der Forststraße zur ersten Gabelung und hier links. Es geht am Staudacher Denkmal vorbei (minimaler Abstecher) und im Bogen zum Abzweig eines anderen Forstweges. Damit aufwärts, bis auf gut 750 Metern der Serpentinensteig zur Schnappenkirche ansetzt ❷. 300 Höhenmeter gewinnen wir auf diese Weise, dann erfolgt eine nur

Im tief eingeschnittenen Grabensystem rinnt das Wasser zusammen.

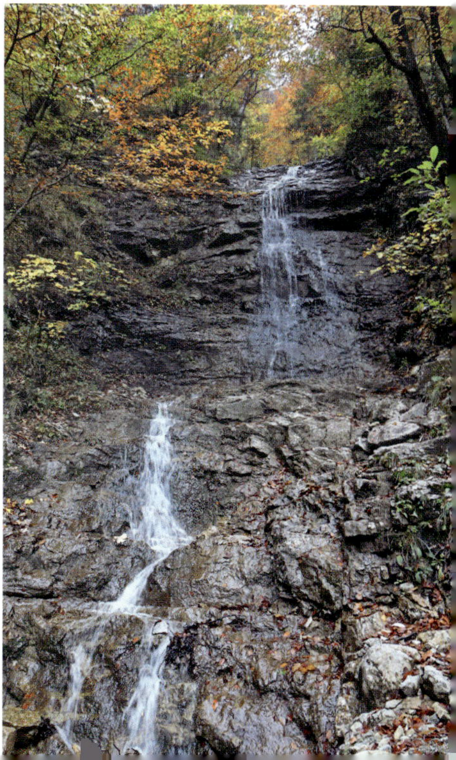

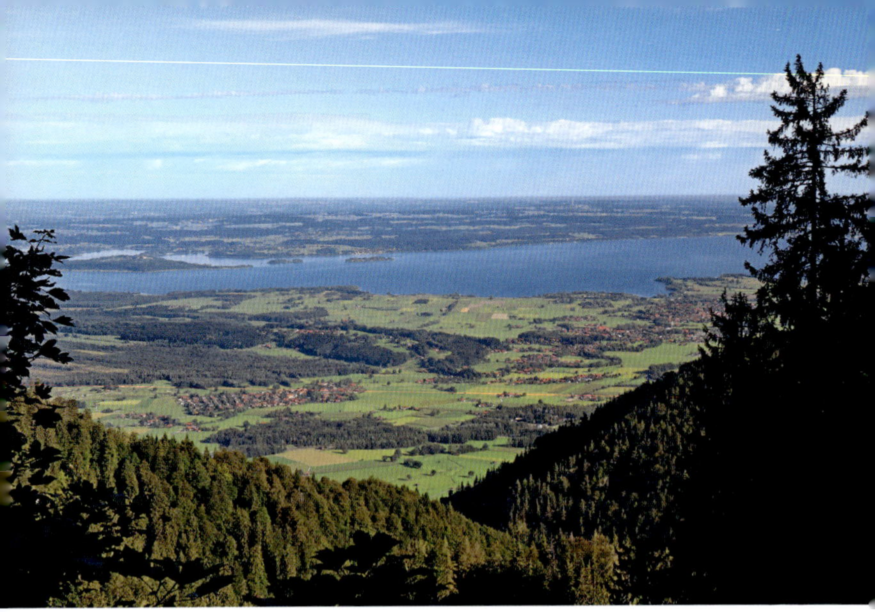

Der Chiemsee liegt dem Gebirge quasi zu Füßen und verdankt seine Entstehung auch mittelbar diesem bzw. dessen eiszeitlichen Gletschern.

noch leicht ansteigende Rechtstraverse am bewaldeten Schnappenberg bis zum Geländeeck mit der **Schnappenkirche** ❸, 1100 m. Gleich dahinter scharf links und über den neben dem Schnappenberg eingelagerten Sattel P. 1194 hinweg. Jenseits wird der Weg komfortabler, fällt wieder ein Stück weit ab und mündet in die Zufahrt zur **Staudacher Alm** ❹, 1142 m, deren große Lichtung bald darauf erreicht ist.

Die Fortsetzung führt teils offen, teils bewaldet quer durch die Nordflanken. Man kreuzt den Gamsgraben und gelangt damit schon ins Gebiet der **Brachtalm** ❺, 1182 m, die etwas einwärts in einem idyllischen Kessel liegt. Unterhalb zweigt rechter Hand die Direktverbindung zur Vorderalm ab. Nachdem ein Waldstück durchschritten ist, helfen uns verlegte Bohlen bei der Überquerung feuchter Wiesen. Am Gegenhang treffen wir auf der **Vorderalm** ❻, 1145 m, ein. Der Abstieg beginnt auf einer Forststraße und leitet dann über eine Abkürzung in den Graben des Alpbachs, wo der Weg noch gut trassiert ist, allerdings nicht mehr in Fahrbahnbreite. Über mehrere Kurven tangieren wir Gumpen und Wasserfälle und lassen die Tour zuletzt wieder über die Forststraße Richtung **Staudach** ❶ ausklingen.

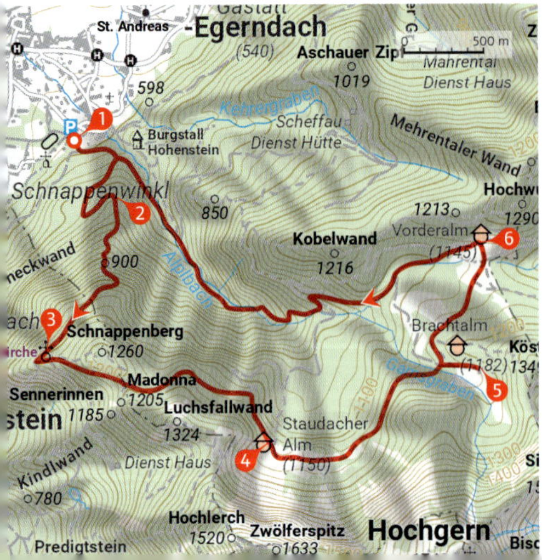

Jochbergalm, 1278 m, und Rechenbergalm

Rundtour von Unterwössen

16

3.45 Std. | 9,9 km | ↗ 730 m | ↘ 730 m

Traditionelle Alm-Genusswanderung am Rechenberg

Eine weitere wundervolle Almwanderung können wir südlich des Hochgern unternehmen. Dort schwingt sich der Rechenberg als sekundärer, überwiegend bewaldeter Geländerücken auf und birgt zu beiden Seiten jeweils ein Almareal, die sich gut miteinander verbinden lassen. Wir beginnen mit dem Anstieg durchs Kaltenbachtal zu den Jochbergalmen und wechseln anschließend zur Rechenbergalm, wo sich der spannendere Blick alpeneinwärts ergibt. Eine ganz charakteristische Chiemgau-Tour!

Talort: Unterwössen, 555 m.
Ausgangspunkt: Unterwössen, Ortsteil Au; Parkplatz am Eingang ins Kaltenbachtal, ca. 625 m. Bushaltestelle »Altes Bad« der Linie 9505 Prien – Reit im Winkl im Ort.
Anforderungen: T2. Leichte Bergwege und Forststraßenabschnitte; etwaige Probleme allenfalls bei Nässe auf erdigen Trassen.
Einkehr: Jochbergalmen, 1278 m, mit zwei Jausenstationen: Oberwidholzer Kaser, Anfang Juni bis Ende September (Do Ruhetag), Tel. +49 8641 8619; Unterwidholzer Kaser, Tel. +49 8666 1791. Rechenbergalm, 1163 m, Mitte Mai bis Mitte Oktober (Mo Ruhetag), Tel. +49 160 3543017.
Karten: AV-Karte BY18; F&B WKD 5203.

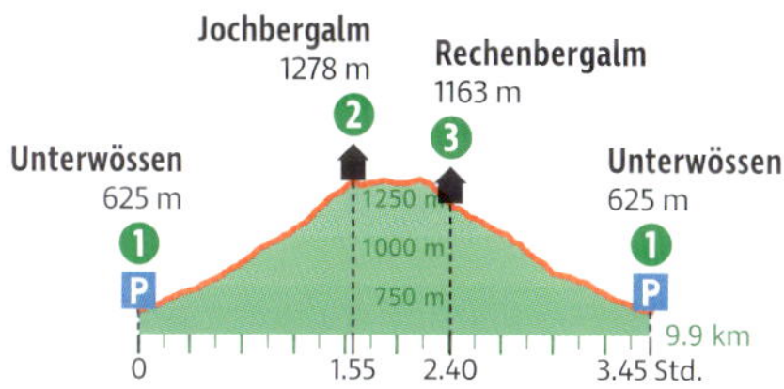

Niedlicher Kaser auf der Jochbergalm.

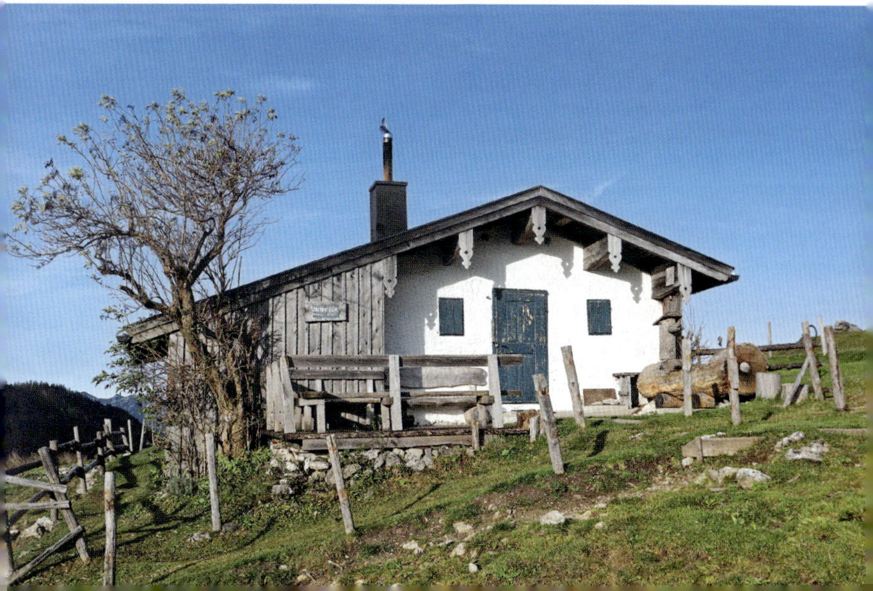

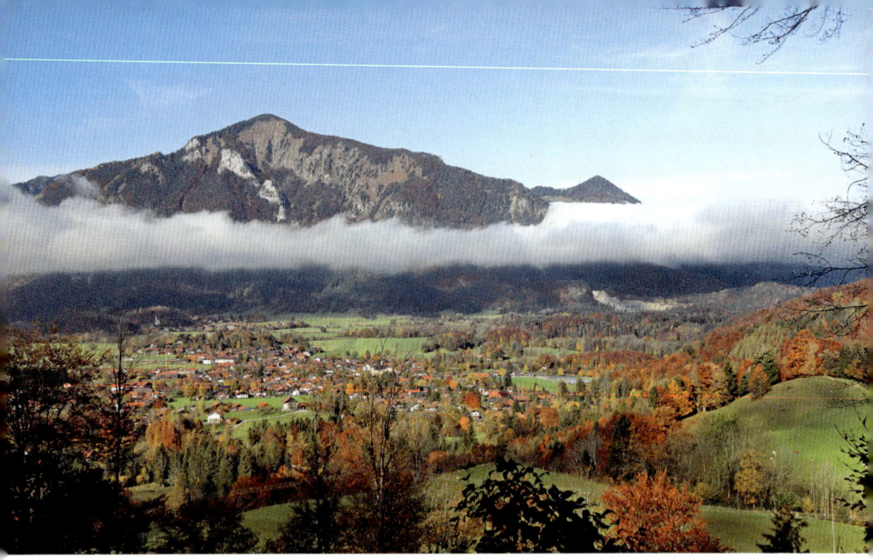

Oben : Unterwössen mit der Hochplatte im Hintergrund.
Rechts: Die Rechenbergalm – herrliche Aussichtslage inmitten der Chiemgauer Alpen.

Vom Wanderparkplatz bei **Unterwössen ❶** auf der Forststraße um eine Rechtskurve zu einer Verzweigung, wo wir mit Nr. 52 links ins Kaltenbachtal einschwenken. Die Fahrbahn verschmälert sich nach einer Weile, bleibt aber noch komfortabel und wechselt mehrfach die Bachseite. Später schließt sich ein Steig an, der rechts aus dem Graben herausführt, eine andere Forststraße kreuzt und allmählich in offenes Weidegelände ansteigt. Knapp oberhalb eines Geländesattels empfängt uns die **Jochbergalm ❷**, 1278 m, mit ihren beiden Jausenstationen. Vom erwähnten Sattelpunkt aus nimmt man die Fortsetzung an der Flanke des Kleinen Rechenbergs in Angriff. Route Nr. 58 quert eine ganze Weile durch dichten Wald, kommt dann zu einer Lichtung und zum hindernislosen Übergang in die freiere Südflanke, wo sich ein erdiger Steig zur **Rechenbergalm ❸**, 1163 m, hinabwindet. Talwärts folgen wir dem Güterweg mit seinen Kehren und Kurven, tauchen wieder in den Bergwald ein und schließen die Runde über Widholz zurück zum Parkplatz ❶.

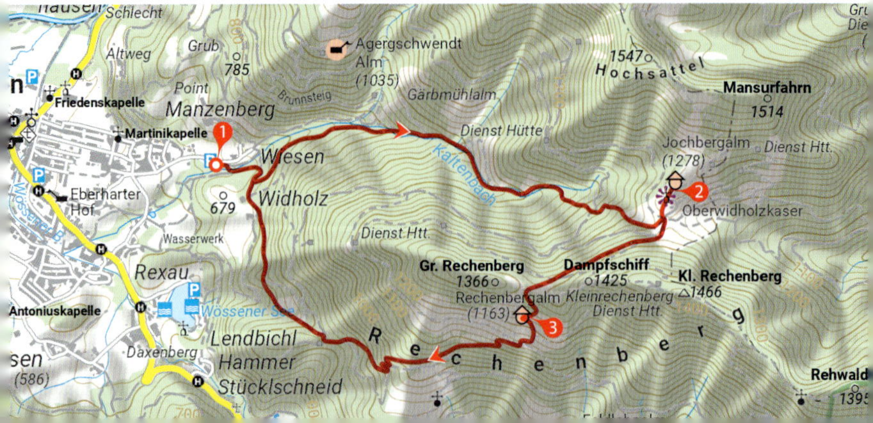

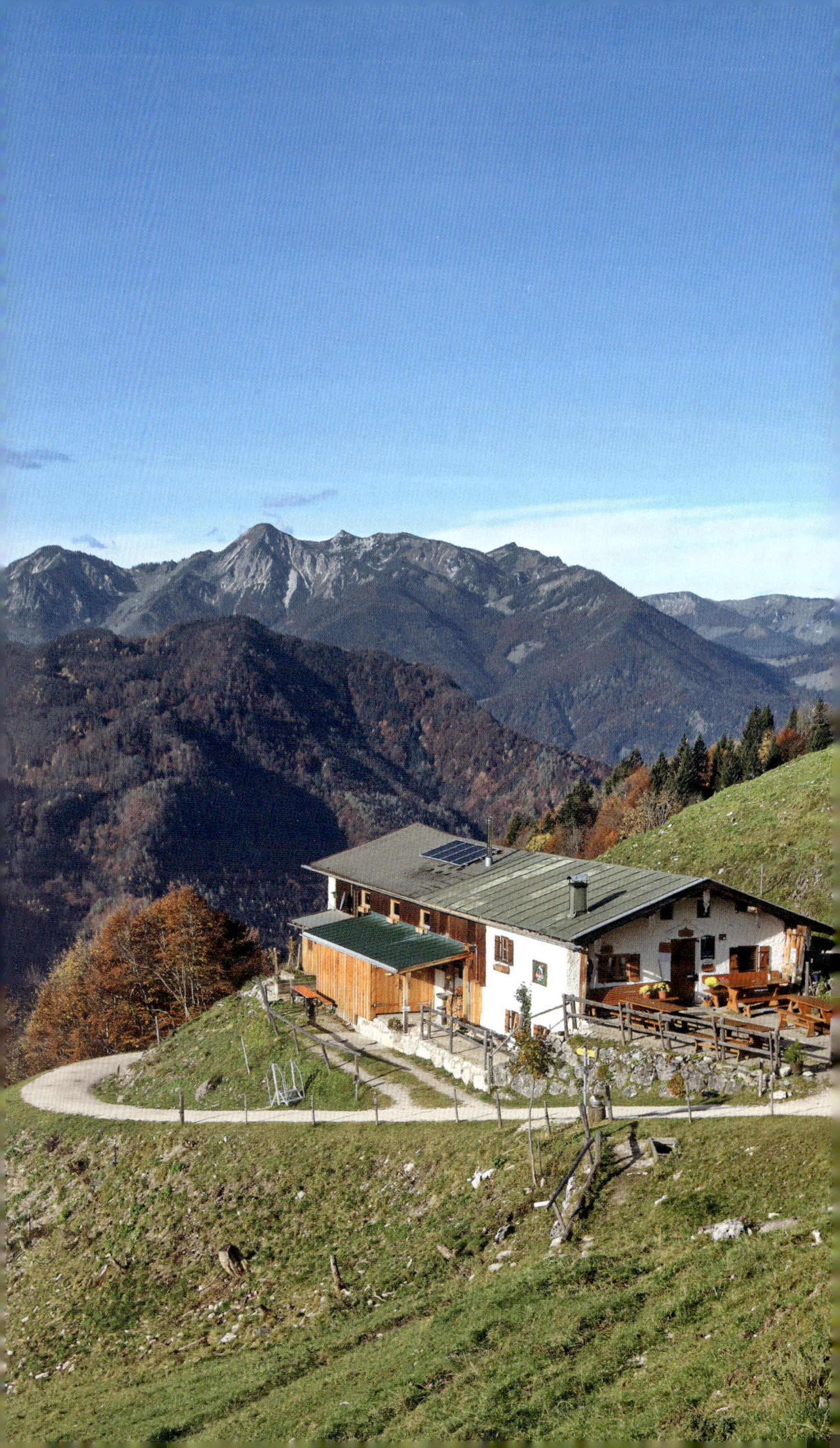

17 Taubensee, 1140 m

Von Hinterwössen zu Taubenseehütte und Chiemhauser Alm

4.10 Std. | 11,3 km | ↗ 700 m | ↘ 700 m

Schönster Bergsee der Chiemgauer Alpen?
Versteckt in einer Hochmulde, genau auf der Grenze zu Tirol, liegt der wundervolle Taubensee im Bereich eines Berggebiets, das den eigenartigen Flurnamen »Rauhe Nadel« trägt. Von bayerischer Seite aus erreichen wir dieses Kleinod entweder über den Luftbodensteig, der gar nicht so schwierig ist wie manchmal deklariert, oder über den Kroatensteig. Natürlich statten wir auch der nahen Taubenseehütte einen Besuch ab, blicken von dort auf die Umgebung des schroffen Kaisergebirges und können die Runde später am schönsten über die Wiesenterrassen der Chiemhauser und Häusler Alm schließen.

Talort: Oberwössen, 650 m, bzw. Hinterwössen.
Ausgangspunkt: Wanderparkplatz, ca. 685 m, am Waldrand bei Hinterwössen. Busanschluss nur bis Oberwössen (Linie 9505 Prien – Reit im Winkl); von dort rund 2 km bis zum Startpunkt.
Anforderungen: T3-. Luftboden- und Kroatensteig verlaufen teilweise in ziemlich steilem Waldgelände; etwas Trittsicherheit angezeigt, für Geübte jedoch nicht schwierig. Später flache Wiesenwege und ein Forstweg im Abstieg.
Einkehr: Taubenseehütte, 1165 m, Mai bis Mitte November (Mo Ruhetag), in der Wintersaison am Wochenende, Übernachtungsmöglichkeit, Tel. +43 664 1246925. Chiemhauser Alm, 1034 m, Mitte/Ende Mai bis Mitte/Ende Oktober (Fr Ruhetag), Tel. +49 8649 1354.
Karten: AV-Karte BY17 und BY18; F&B WKD 5203.

Vom Parkplatz bei **Hinterwössen ❶** geht es im Tal des Schlierbachs phasenweise recht kräftig, wenn auch nicht durchgängig, bergauf. Hinter einer Kehre setzt auf gut 950 Metern der **Luftbodensteig ❷** an. Er schraubt sich an einem steilen Waldhang empor, ist aber gut angelegt, sodass mit grundlegender Trittsicherheit keine Probleme auftreten sollten. Zwischendurch zweigt eine Verbindung zur Sauermöser- und Stoibenmöseralm ab. Wir halten uns indes rechts und haben kurzfristig holprigere und auf dem letzten Stück bis zum Übergang sogar noch

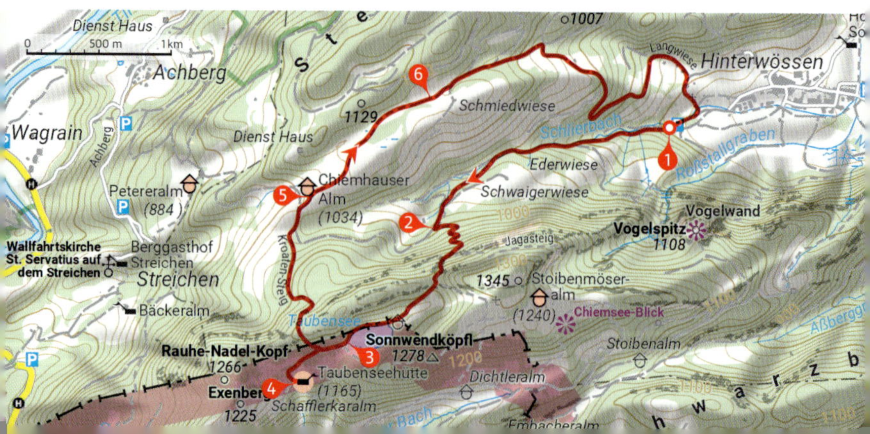

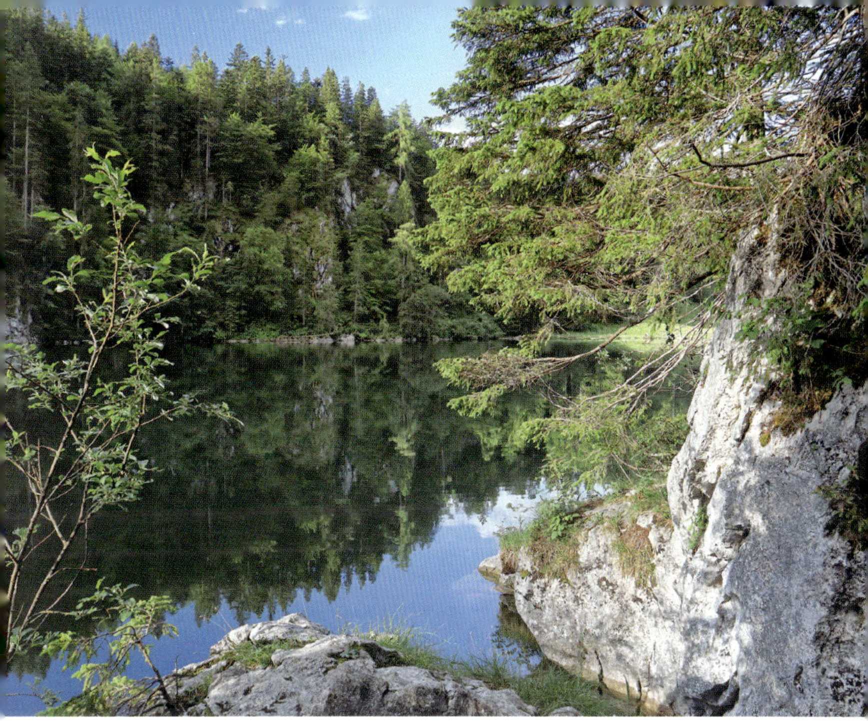

Der Taubensee gilt als schönster Bergsee der Chiemgauer Alpen.
Im Westen erstreckt sich der Geigelsteinkamm.

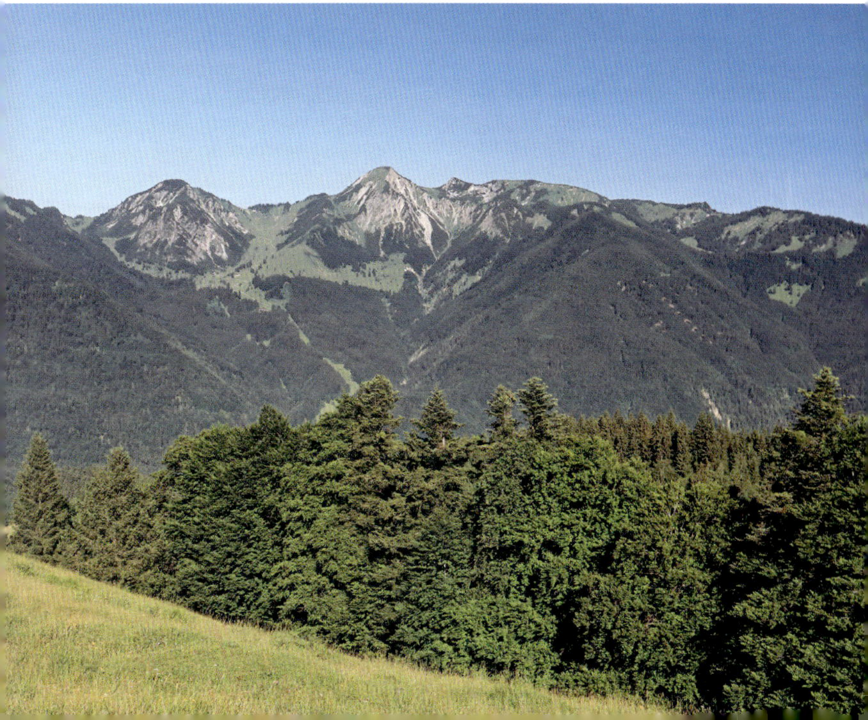

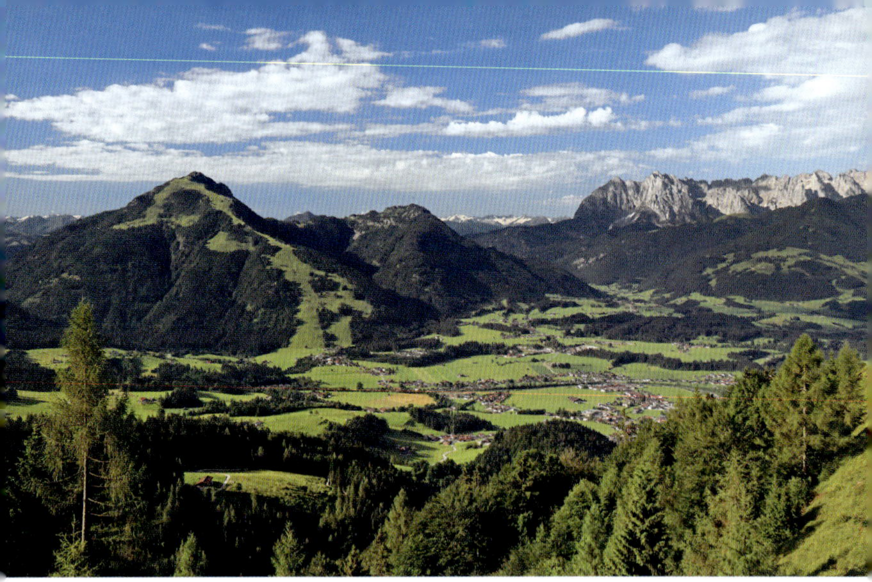

Bei der Taubenseehütte öffnet sich der Blick über den Tiroler Kaiserwinkl.

etwas felsdurchsetzte Passagen zu bewältigen. Man erreicht eine Höhe von gut 1200 Metern und muss zum Taubensee wieder ein paar Minuten absteigen, wobei der Untergrund hier etwas rutschig ausfallen kann. Bei der Traverse des Nordufers geht es buchstäblich über Stock und Stein (Wurzeln und Blöcke), ehe wir auf der anderen Seite des **Taubensees** ❸, 1140 m, einen schönen Rastplatz mit Infotafel finden. Ein Stück weiter können wir in der **Taubenseehütte** ❹, 1165 m, einkehren – hier wird auch der Blick nach Süden frei: hinein nach Tirol.

Der **Kroatensteig** zweigt hingegen schon vorher ab. Dabei will zunächst wieder die Kammhöhe überstiegen werden, was uns eine kleine Gegensteigung abverlangt. Auf der Nordseite geht es anfangs mit erhöhter Vorsicht steil, später dann gemäßigter bergab. Kurz bevor man auf die Forststraße trifft, ergibt sich links von einer Weide aus ein herrlicher Geigelsteinblick. Dann weiter zur nahen **Chiemhauser Alm** ❺, 1034 m, die Brotzeiten offeriert, und entlang einer weitläufig offenen Geländeterrasse über eine seichte Anhöhe hinweg zur nicht bewirtschafteten **Häusler Alm** ❻, 1060 m. Im Wald kommen wir auf einen befestigten Weg, halten uns bei der Gabelung rechts, passieren die Wegmannalm im Bereich der Ederwiese und wandern mit einigen Kurven hinunter ins Tal bei **Hinterwössen**. Zuletzt noch kurz nach rechts zum Parkplatz ❶.

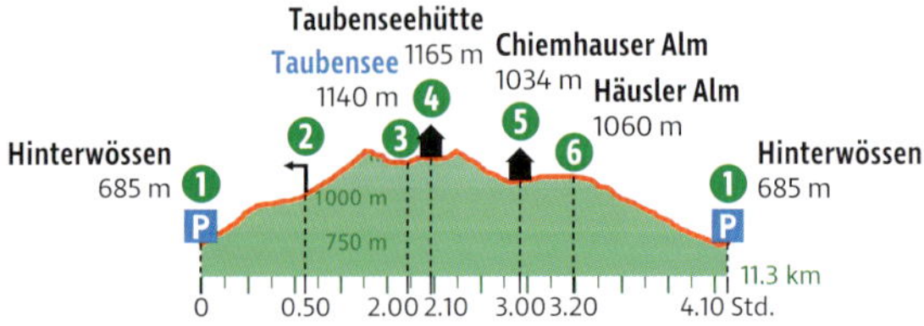

Rund um Reit im Winkl
Mit dem Wetterkreuz-Aussichtspunkt

18

4.20 Std. | 13,4 km | ↗ 520 m | ↘ 520 m

TOP

Vielseitige Perspektiven auf den bekannten Luftkurort
Reit im Winkl ist die am weitesten südlich gelegene Gemeinde des Chiemgaus, eingebettet in ein heiter anmutendes Wiesental, das geografisch schon zum Tiroler Kaiserwinkl orientiert ist, umrahmt von Waldbergen ohne allzu strenge Züge. Der Ort wirkt recht stattlich, gilt aber seit jeher als gute Adresse für erholsame Ferien – sommers wie winters. Wir wollen Reit im Winkl aus verschiedensten Perspektiven kennenlernen und einmal drumherum wandern, was auf der vorgeschlagenen Route immerhin ein Pensum von fast 14 Kilometern bedeutet. Und ordentlich in die Höhe geht es dabei durchaus, denn die Aussicht vom Wetterkreuz sollte man unbedingt einmal genossen haben. Hier liegt nicht nur der metrische, sondern sicher auch der emotionale Höhepunkt der Tour. Diese greift schließlich noch etwas südlich des Loferbachs aus, wo es nette Spazierwege gibt.

Talort: Reit im Winkl, 696 m.
Ausgangspunkt: Parkplatz bei Gasteig, 675 m, im Süden von Reit im Winkl (Blindauer Straße, jenseits der Loferbrücke). Reit im Winkl besitzt Busverbindungen von Prien, von Traunstein über Kössen sowie von Ruhpolding/Inzell. Der Ortsbus hält nahe dem Ausgangspunkt (»Steinbachweg«).
Anforderungen: T2–3 (maximal), oft T1. Gemischte Wegarten, in den etwas höheren Bereichen streckenweise wurzlige Steige (speziell zum Wetterkreuz etwas Trittsicherheit vorteilhaft), sonst befestigte Flur- und Forstwege bzw. auch mal Straßen.

Vom Wetterkreuz bietet sich die schönste Perspektive auf Reit im Winkl.

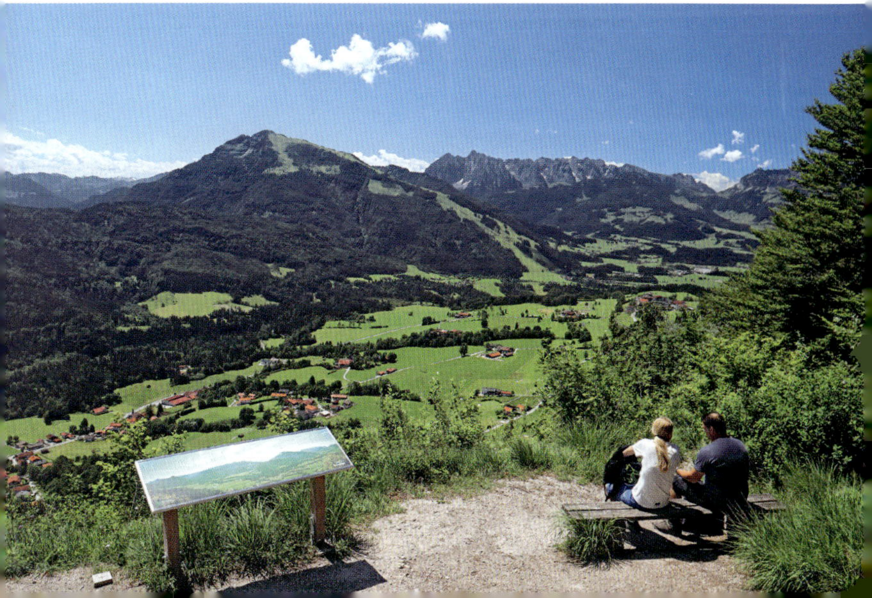

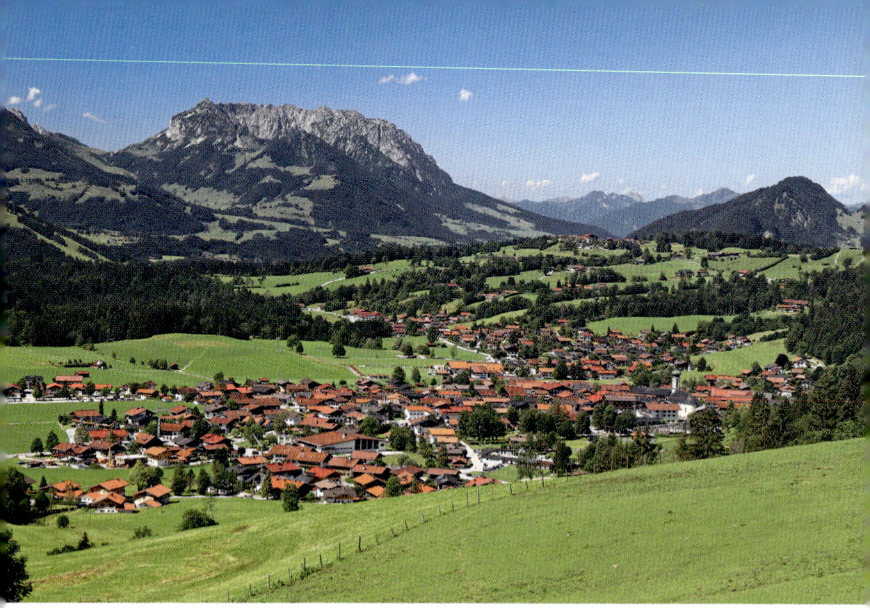

Die heitere Lage von Reit im Winkl gegen das Tiroler Kaisergebirge im Hintergrund.

Einkehr: Zahlreiche Möglichkeiten im Ortsbereich, nahe an der Route liegt das Restaurant »Stoaner Alm« im Ortsteil Birnbach.
Variante: Das dichte Routennetz erlaubt Abwandlungen und auch eine verkürzte Tour (etwa aus der Ortsmitte). Ausgelassen werden könnte beispielsweise der »Chiemseeblick«, indem man gleich zur Eckkapelle abbiegt.
Karten: AV-Karte BY18; F&B WK 301 oder WKD 5203.

Vom Parkplatz im Ortsteil **Gasteig** ❶ folgen wir einem Sträßchen ostwärts (das Steinbach-Hotel bleibt oberhalb) und überschreiten die Schwarzlofer zur Alpenstraße (B305) hin. Knapp rechts versetzt aufwärts Richtung Entfelden, aber in Kürze rechts abzweigend auf einen Steig, der die Weißlofer begleitet. Nachdem diese überschritten ist, kommen wir bei der **Entfeldmühle** ❷ zur Chiemseestraße (ebenfalls B305). Linker Hand geht es in Kürze am Hang aufwärts zum Jederer, dann links querend zur Gabelung Eckkapelle bzw. **Chiemseeblick** ❸, ca. 950 m, den wir in 20 Minuten fortgesetzten Bergaufs erreichen. Über den Rücken des Walmbergs steigen wir westwärts wieder ab, und nehmen den Verbindungsweg zur **Eckkapelle** ❹, 869 m, auf. Hier kommen auch Zugänge aus dem Ortszentrum sowie von Entfelden herauf. Weiter geht es nun auf einer Forststraße, allmählich leicht aufwärts bis zur **Klapfalm** (Glapfalm).

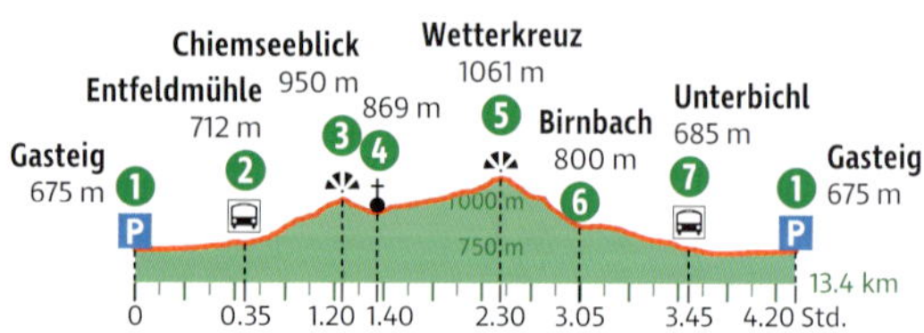

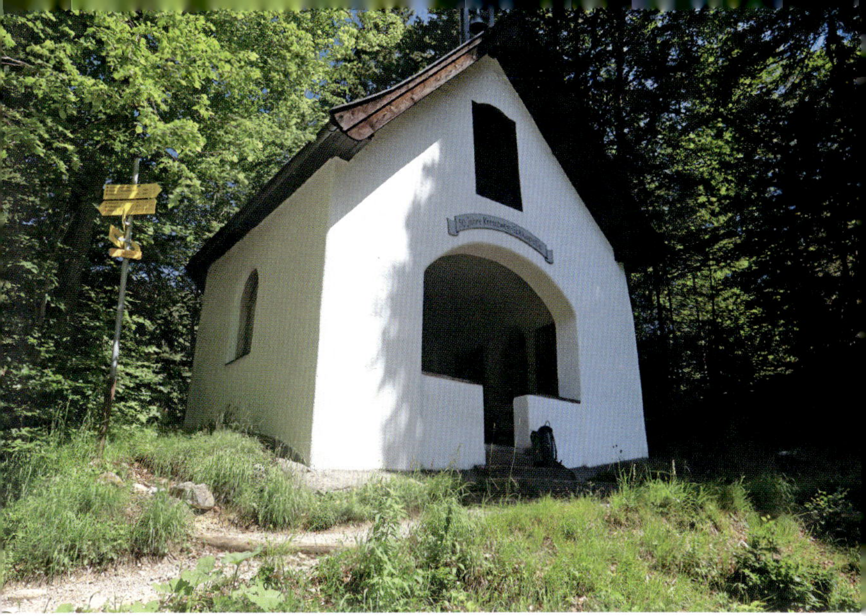

Versteckt am Südhang: die Eckkapelle.

Zum Wetterkreuz sind mehrere Möglichkeiten ausgewiesen – wir wählen die kürzeste Route, die sich zum Südhang orientiert, zweimal scharf abbiegt (erst rechts, dann links) und zuletzt mit einem kurzen Stich den Aussichtspunkt am **Wetterkreuz** ❺, 1061 m, erreicht. Herrlicher Blick über die gesamte Talschaft!
Beim folgenden Abstieg geht es zunächst identisch zurück, dann mit einer Abwärtsquerung am Hang sowie am Rande einer Wiese hinab in den Ortsteil **Birnbach** ❻, ca. 800 m. Hier rechts, durch das Golfplatzareal und anschließend via Oberbichl auf dem Bergsträßchen hinunter nach **Unterbichl** ❼. Bei der Bushaltestelle an der Durchgangsstraße wenden wir uns noch etwas weiter abwärts in die Loferauen, nehmen den zweiten Weg nach links und wechseln bei nächster Gelegenheit auf die Südseite des Flusses. Rund ein Kilometer flache Talwanderung beschließt den Kreis zurück nach **Gasteig** ❶.

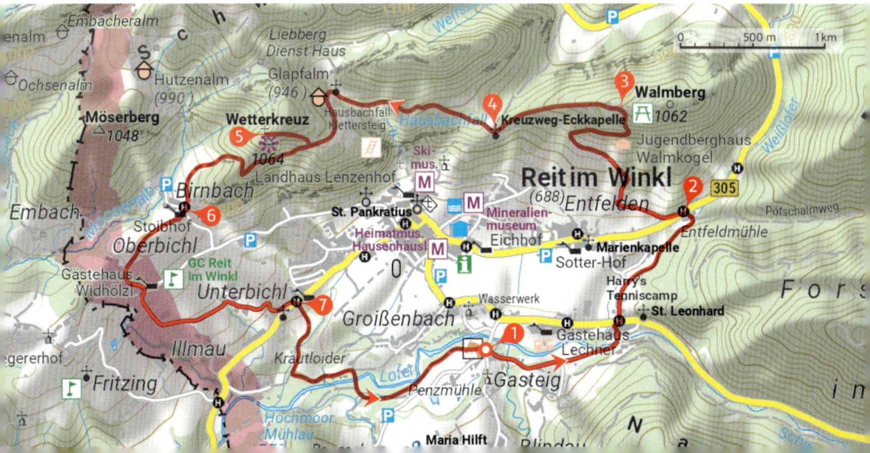

19 Straubinger Haus, 1558 m

Vom Seegatterl über die Hemmersuppenalm

4.45 Std. | 14,9 km | ↗ 800 m | ↘ 800 m

Der Nordzustieg zur Alpenvereinshütte am Fellhorn

Das Straubinger Haus hat seinen Standort bereits auf Tiroler Boden, umstanden von den Kasern der Eggenalm. Gleichsam sternförmig führen eine Handvoll Wege dorthin: eine schöne Panoramawanderung vom Parkplatz Steinplatte aus, die Nordzugänge vom Seegatterl (hier beschrieben) respektive von Blindau, der Güterweg von der Hagerbrücke sowie die anspruchsvollste Route von Erpfendorf via Gernkogel. Wer nicht so weit wandern mag, kann sich mit der Hemmersuppenalm begnügen, wer hingegen noch einen Gipfel draufsetzen möchte, findet mit dem aussichtsreichen Fellhorn das i-Tüpfelchen. Damit kommen allerdings volle 1000 Höhenmeter zusammen und die Tour wird ziemlich tagfüllend.

Talort: Reit im Winkl, 696 m.
Ausgangspunkt: Seegatterl, 763 m, große Parkplätze an der B305 östlich von Reit im Winkl. Buslinie 9506 zwischen Reit im Winkl und Ruhpolding/Inzell.
Anforderungen: T2. Anfangs Forststraße, später normale Bergwege ohne problematische Stellen, aber nicht ganz kurz.

Einkehr: Nattersbergalm, 936 m, ganzjährig bewirtschaftet (Di/Mi Ruhetag), Übernachtungsmöglichkeit, Tel. +49 8640 8430 oder +49 1575 2229688. Sulzner Kaser (Hemmersuppenalm), 1239 m, im Sommer einfach bewirtschaftet, Tel. +49 8663 2488 oder +49 170 5427970. Straubinger Haus, 1558 m, Mitte Mai bis Mitte Oktober, Übernach-

Zu den Gebäuden der Eggenalm gesellt sich das Straubinger Haus.

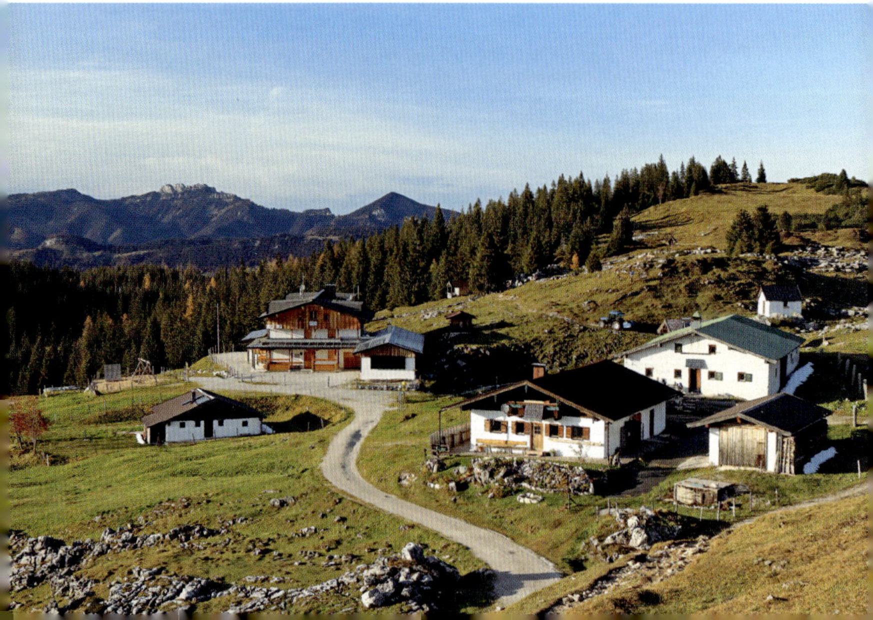

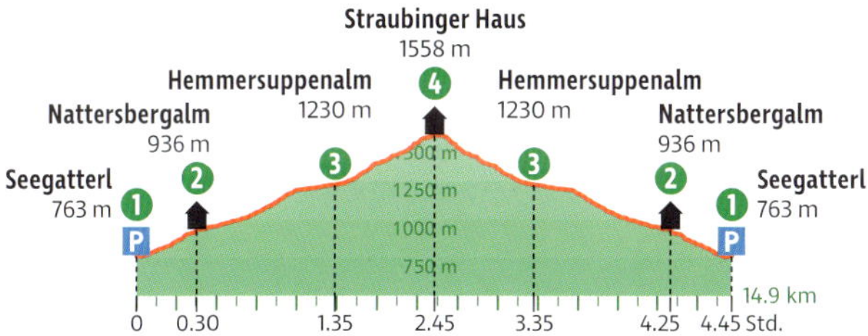

tungsmöglichkeit, Tel. +43 5375 6429 oder +43 664 3516194.

Varianten: 1. Das aussichtsreiche Fellhorn lässt sich in 45 Min. ab Straubinger Haus über seine unschwierige Nordwestabdachung besteigen (T2).
2. Für den Rückweg kann weiter westlich über das Hindenburghaus ausgeholt werden, dann auf der Forststraße Richtung Nattersbergalm oder aber Abstieg nach Blindau, Ortsteil von Reit im Winkl.

Karten: AV-Karte BY18; F&B WK 301 oder 393.

Der Aufstieg beginnt beim **Seegatterl** ❶ vom westlichen Parkplatz aus zunächst auf einer Forststraße. Im Bereich der vierten Kehre sollten wir die Abkürzung über die **Nattersbergalm** ❷, 936 m, beachten, die am Rande einer größeren Lichtung liegt. Oberhalb geht es vorübergehend nochmal auf der breiten Fahrbahn weiter, ehe wir uns rechts halten und neben dem Klausgraben ins Gebiet der **Oberen Hemmersuppenalm** ❸ aufschließen. Dort ist eventuell der Sulzner Kaser geöffnet (etwas abseits). Bei der hinteren Gabelung wandern wir links weiter ins lichtbewaldete Rührhübeltal. Nach oben hin wird unser Weg steiniger. Man überschreitet schließlich die Geländeschwelle zur Eggenalm und steht damit auch schon vor dem **Straubinger Haus** ❹, 1558 m. Der Abstieg verläuft vorbehaltlich der angegebenen Variante gleich.

Das Duo von Gurnwandkopf und Hörndlwand steht im nördlichen Blickfeld.

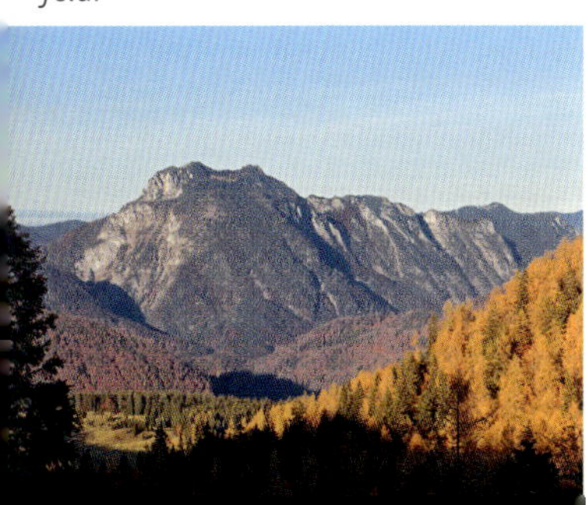

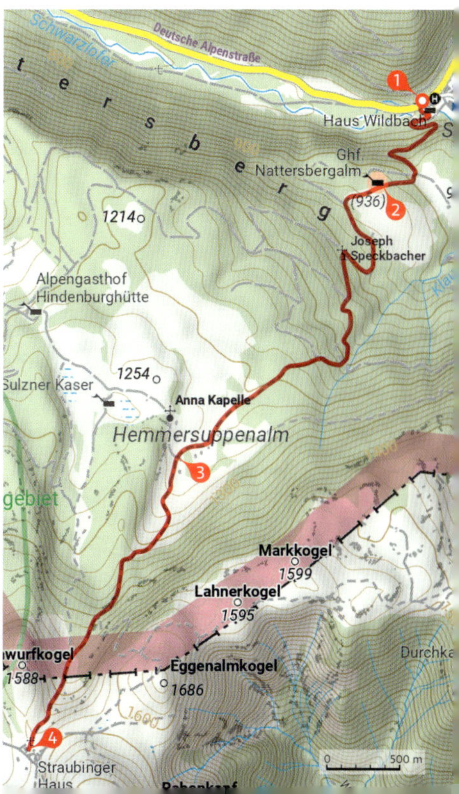

20 Dürrnbachhorn, 1776 m
Überschreitung von der Winklmoosalm

3.20 Std. | 8,2 km | ↗ 650 m | ↘ 650 m

Panoramaschau hoch über dem Tal der Seetraun

Auf Wanderer und Ausflügler, winters natürlich auch auf Skifahrer, entfaltet die Winklmoosalm eine starke Anziehungskraft. Für eine Gipfeltour bietet sich hier in erster Linie das Dürrnbachhorn an, ein Berg mit zwei Gesichtern. Während südseitig ein Mosaik von Wiesen, Wald und Latschen einen eher durchschnittlich voralpinen Eindruck hinterlässt und auch keine größeren Hürden für den Gipfelstürmer aufbaut, bricht die andere Seite wildzerschlissen und kaum gangbar ins Tal der Seetraun ab. Quasi aus der Vogelperspektive entdecken wir die Reihe von Lödensee, Mittersee und Weitsee im Herzen der waldgrünen Chiemgauer Alpen, während das Panorama sonst auch weit nach Österreich hineinreicht. Besonders eindrucksvoll präsentieren sich dort die Loferer Steinberge.

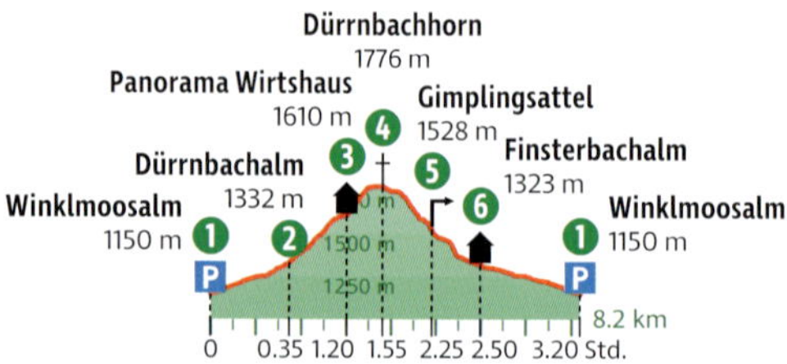

Auf der Winklmoosalm gibt es einige Gastbetriebe.

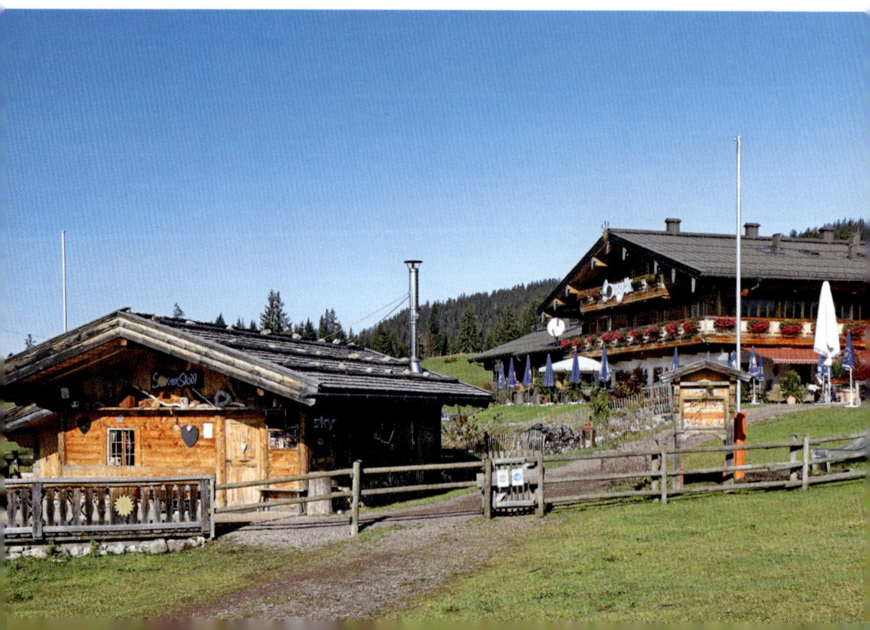

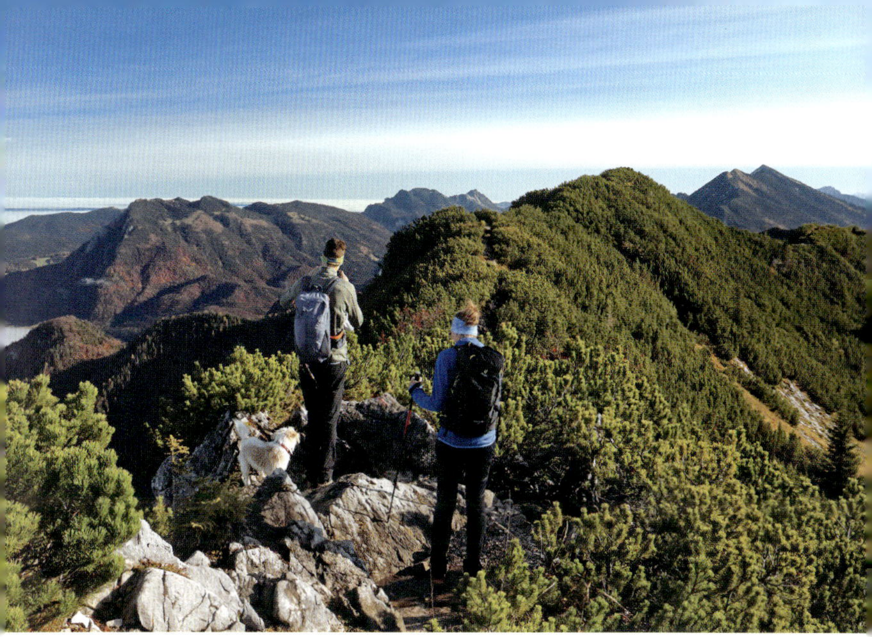

Der spannendste Abschnitt führt am Gipfelgrat entlang.

Talort: Reit im Winkl, 696 m.
Ausgangspunkt: Winklmoosalm, ca. 1150 m, erreichbar über eine mautpflichtige Zufahrt vom Seegatterl. Busverkehr vom Seegatterl (Anschluss an die Linie zwischen Reit im Winkl und Ruhpolding/Inzell); im Winter allerdings obligatorisch mit der Seilbahn, im Sommer optional.
Anforderungen: T2–3. Mittelsteile Bergwege, teils im Wiesengelände, teils durch Wald und Latschen. Die erdigen Trassen können bei Nässe rutschig werden, sonst ohne besondere Hindernisse.
Einkehr: Panorama Wirtshaus Dürrnbachhorn, 1610 m, Mai bis Anfang November, Tel. +49 8640 8148. Finsterbachalm, 1323 m, Anfang Juni bis Ende September (Mo Ruhetag), Tel. +49 8663 5941. Mehrere Gastbetriebe auf der Winklmoosalm (Almstüberl, Sonnenalm, Hotel Winklmoosalm, Traunsteiner Hütte).
Variante: Nutzt man von der Winklmoosalm den Nostalgie-Sessellift, reduziert sich der Gipfelaufstieg auf ein Minimum und die gesamte Tour auf lediglich 2.00 Std.
Karten: AV-Karte BY18; F&B WK 393 oder WKD 5203.

Auf der **Winklmoosalm** ❶ orientieren wir uns zu Fuß zum oberhalb gelegenen Parkplatz bei der Nostalgiebahn (reserviert für Liftnutzer) und weiter auf der asphaltierten Zufahrt Richtung **Dürrnbachalm** ❷, 1332 m. Kurz davor können wir uns schon für den »Waldweg« entscheiden oder von der Hütte aus für den offeneren »Wiesenweg«, der weiter links verläuft. Unterhalb der

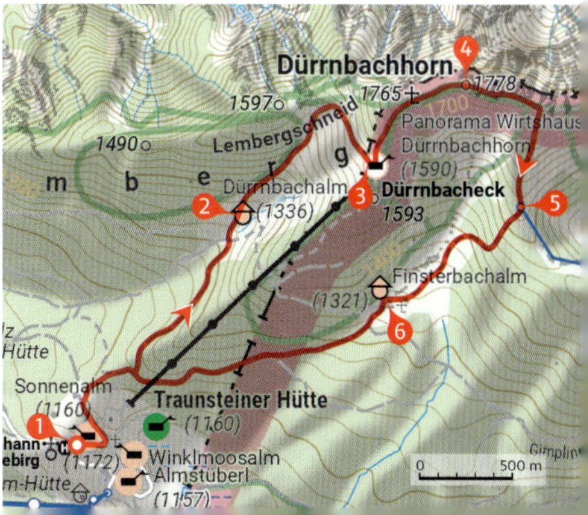

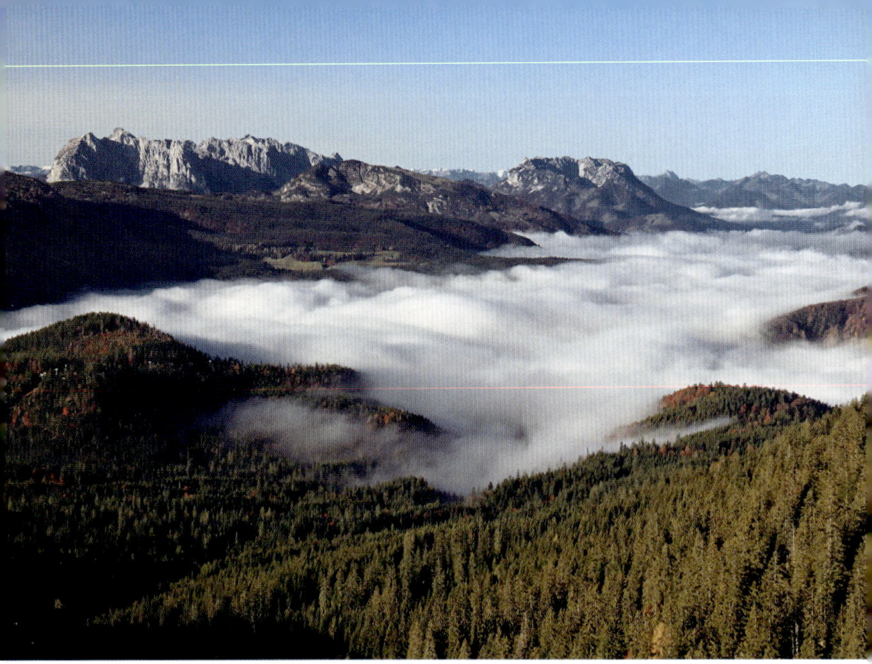

Frühnebel erfüllt die Täler, während die Berge bereits im Sonnenlicht strahlen. Im Hintergrund ist das Kaisergebirge zu erkennen.

Auf der Südseite des Dürnbachhorns liegt die Mulde der Finsterbachalm.

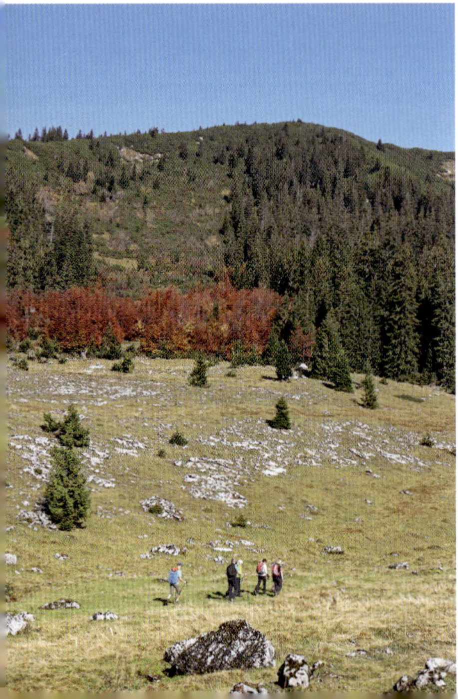

Lembergschneid vollzieht man einen markanten Bogen nach rechts und steuert damit die Bergstation des Sessellifts mit dem **Panorama Wirtshaus** ❸, 1610 m, an. Wer es ganz bequem mag, steigt hier erst in die Tour ein. Das letzte Stück hinauf zum Gipfelkamm führt durch Latschengassen und ist mit vielen Holzstufen trassiert. Der beste Rastpunkt am **Dürrnbachhorn** liegt bei P. 1767, die höchste Stelle etwas weiter östlich bei P. 1776 ❹. Wir folgen dahinter noch ein paar Minuten dem Kammverlauf, bis uns die Markierung auf den südwärts abstreichenden Rücken lenkt. In lichtem Wald steigt man zum **Gimplingsattel** ❺, 1528 m, und dann rechts haltend ins Gebiet der sommers bewirtschafteten **Finsterbachalm** ❻, 1323 m, ab. Von dort auf dem sachte fallenden Forstweg zurück zum Sträßchen und zur **Winklmoosalm** ❶.

Vier-Seen-Wanderung

Von Seehaus zum Seegatterl

2.30 Std. | 10,1 km | ↗150 m | ↘130 m

Durchs Tal der Seetraun mit seiner Kette blauer Perlen

Zwischen der Gruppe um Hörndlwand und Gurnwandkopf auf der einen und dem Dürrnbachhorn auf der anderen Seite liegt eines der charismatischsten Chiemgauer Bergtäler, auf weiter Strecke nahezu unbesiedelt. Glanzpunkte darin sind die vier Seen, angefangen mit dem relativ kleinen Förchensee bei Seehaus und später mit der Trilogie von Löden-, Mitter- und Weitsee, die sommers viele Badelustige und Sonnenanbeter anziehen. Im Frühjahr und Herbst geht es hier wesentlich urtümlicher zu – und selbst im Winter ist diese Wanderung durchaus von Reiz. Sie endet nach zehn Kilometern bei der Talstation der Winklmoosbahn am Seegatterl.

Talort: Ruhpolding, 656 m, bzw. Reit im Winkl, 696 m.
Ausgangspunkt: Seehaus, ca. 740 m, an der B305 zwischen Ruhpolding und Reit im Winkl (auch Bushalt).
Endpunkt: Seegatterl, 763 m (bei der Winklmoosalmbahn); ebenfalls Bushaltestelle der Linie 9506 zwischen Inzell/Ruhpolding und Reit im Winkl.
Anforderungen: T1. Fast durchgängig breite, befestigte Wege ohne größere Steigungen, damit für jedermann problemlos begehbar, sogar bei zweifelhaftem Wetter.
Einkehr: Gasthaus Seehaus (am Ausgangspunkt), Tel. +49 8663 41319. Evtl. Mitterseehütte. Seegatterl Alm (am Endpunkt), Tel. +49 8640 7962470.
Karten: AV-Karte BY18; F&B WK 393 oder WKD 5203.

Das größte Exemplar ist der Weitsee.

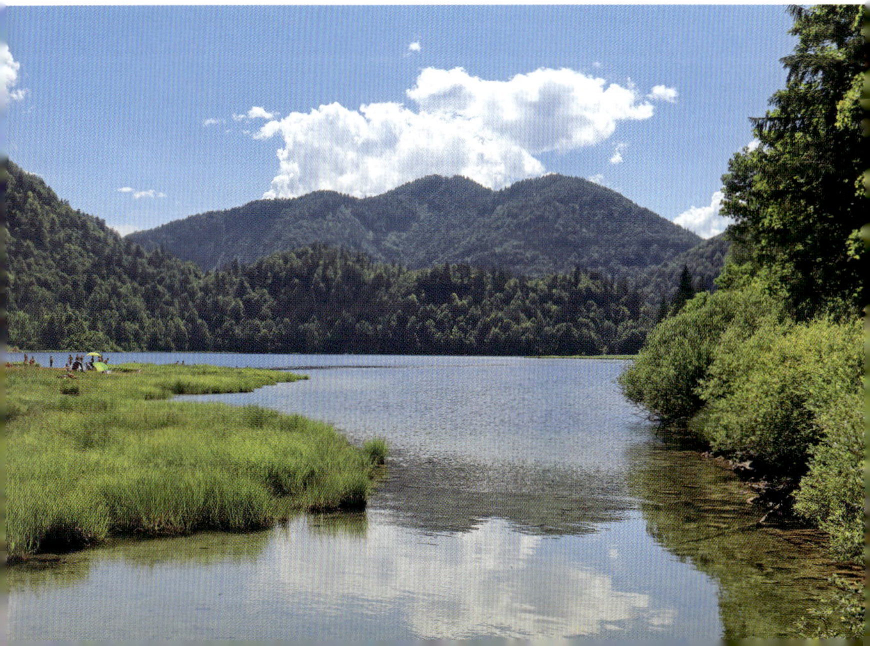

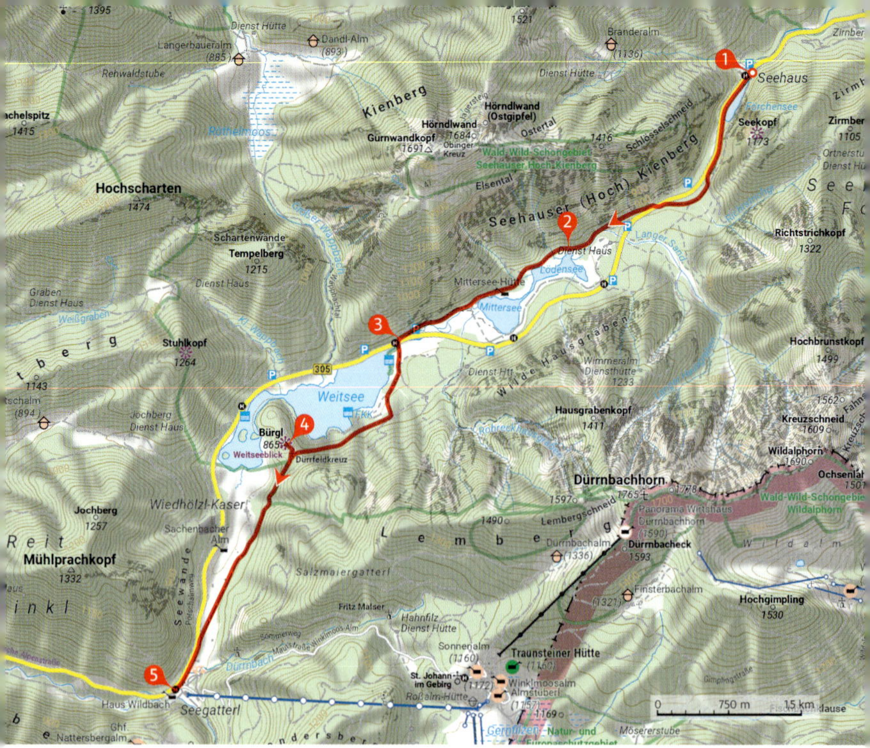

Von **Seehaus** ❶ geht es sofort am Förchensee entlang und weiter parallel zur Straße, vorübergehend links in ein Waldstück ausweichend. Nach einer knappen halben Stunde wechseln wir durch eine Unterführung auf die andere Seite und steuern auf dem ehemaligen Bahndamm den **Lödensee** ❷ an. Dieser wird wie auch der anschließende **Mittersee** nordseitig abgelaufen. Man kommt zu einem Parkplatz und biegt dahinter von der Straße nach links ab, auf die Forstbrückwiesen östlich des **Weitsees** ❸. Am Seefischerkaser vorbei zu einer Forststraße, die über dem Südufer allmählich ansteigt. Vom Eck beim Dürrfeldkreuz können wir einen kurzen Abstecher zum erhöhten **»Weitseeblick«** ❹ unternehmen. Danach geht es praktisch schnurstracks gen Südwesten, und zwar noch knapp drei Kilometer bis zum Zielpunkt am **Seegatterl** ❺.

Der Mittersee wird sommers gern von Badelustigen aufgesucht.

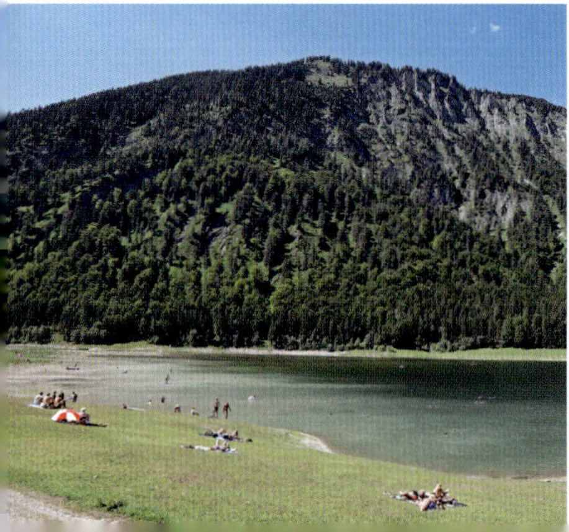

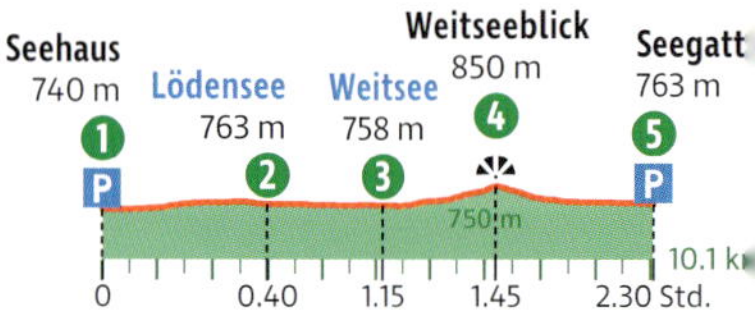

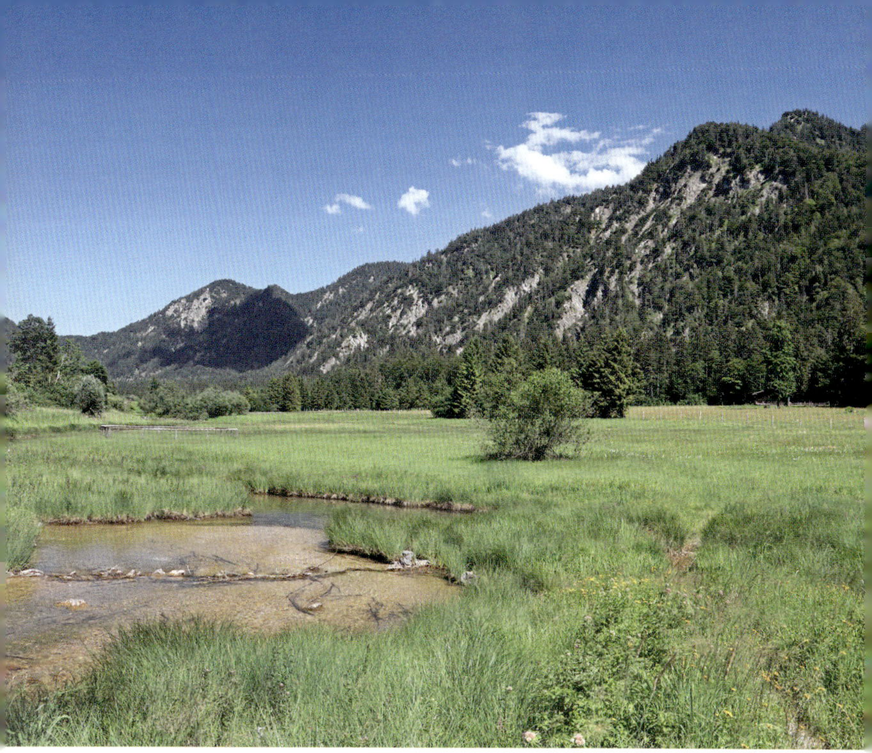

Oben: Im Frühsommer hat das Grün wieder Besitz von der Landschaft ergriffen.
Unten: Herbstmelancholie im Tal der Seetraun.

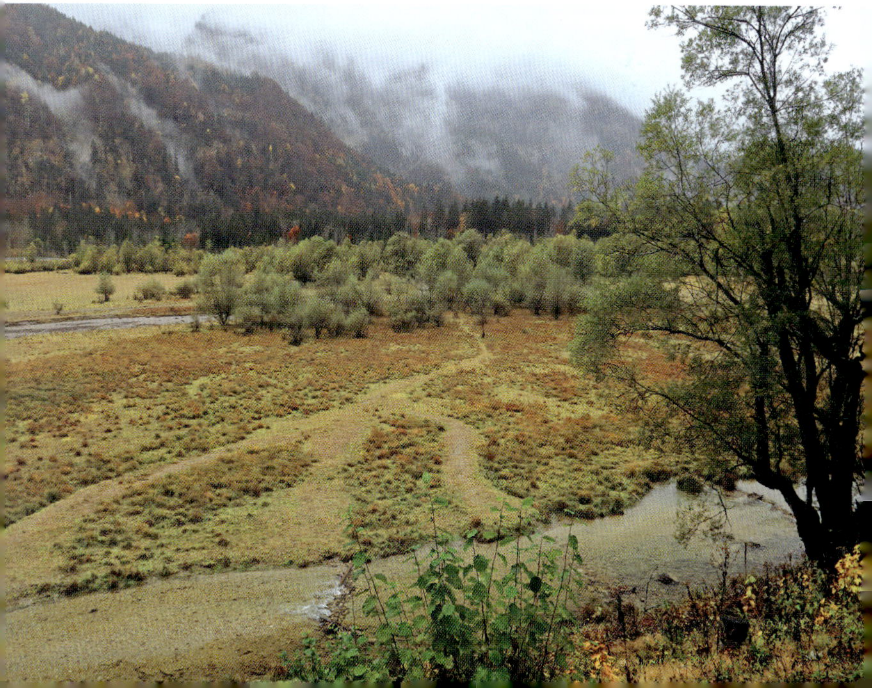

22 Röthelmoosalm, 876 m
Auf dem Bergwald-Erlebnisweg

2.15 Std. | 7,7 km | ↗ 250 m | ↘ 250 m

Zur größten Alm von Ruhpolding
Mit 70 Hektar Lichtweide und über 900 Hektar Waldweide, auf denen derzeit rund 110 Stück Vieh sömmern, ist das Gebiet der Röthelmoosalmen ziemlich ausgedehnt – das größte der Gemeinde Ruhpolding. Und doch liegt es recht versteckt im Herzen der Chiemgauer Alpen, denn es wird fast ringsum von Bergen abgeschirmt und ist von keinem Tal aus zu sehen. Die üblichen Zugänge kommen von Urschlau im Ruhpoldinger Hinterland sowie vom Weitsee. Speziell für Familien ist ein Bergwald-Erlebnisweg ausgewiesen, den wir hier kennenlernen.

Talort: Ruhpolding, 656 m.
Ausgangspunkt: Parkplatz Urschlau, 767 m. Zufahrt von Ruhpolding am Freizeitpark vorbei bis zum Endpunkt der öffentlichen Straße, saisonal auch mit der Buslinie 9532.
Anforderungen: T1. Mehrheitlich breite, teils auch befestigte Trassen, nur zwischendurch auch mal Fußwege, nirgends steil. Auch konditionell wenig anspruchsvolle Tour.
Einkehr: Dandlalm, 893 m, und Langbaueralm, 885 m, beide gelegen auf der Röthelmoosalm, etwa Mitte Mai bis Mitte Oktober bewirtschaftet, Tel. +49 8663 5723 bzw. +49 8633 309458.
Karten: AV-Karte BY18; F&B WK 393 oder WKD 5203.

Vom Parkplatz **Urschlau** ❶ bleiben wir taleinwärts zunächst auf dem Sträßchen, um in Kürze den Bach nach links zu überschreiten (Hinweis

Herbstzauber auf der Röthelmoosalm …

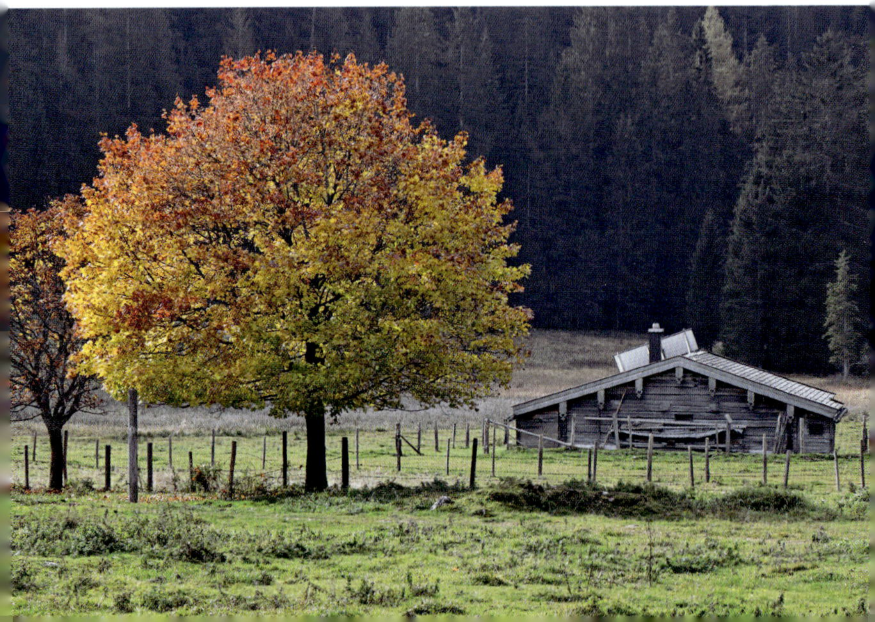

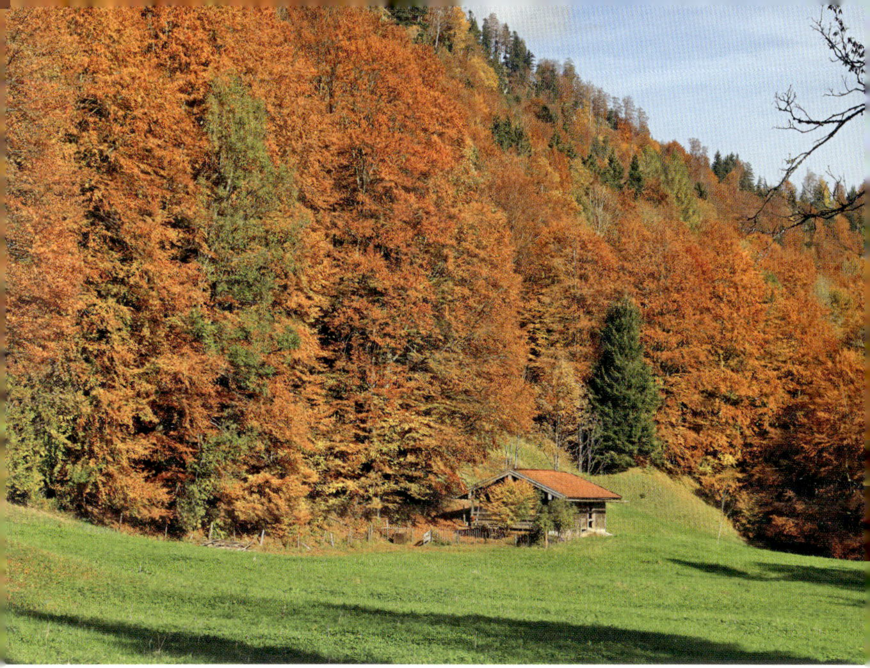

... und bei Urschlau im Tal.

»Röthelmoosalm über Öfen«). Ein Stück weit verläuft die Route noch in der Talsohle, ehe sie am Waldhang anzusteigen beginnt. Nach einigen Schleifen kommen wir in eine höher gelegene Senke, vollziehen einen Linksbogen und erhaschen einen ersten Blick in den Almgrund von Röthelmoos. Kurz darauf wird im Bereich **Sulzenmoos** ❷, ca. 975 m, bei einer Forststraßengabelung die maximale Höhe gewonnen. Mit Querung eines Grabens setzen wir zum gemütlichen Abstieg an und treten damit ins ausgedehnte Almgebiet ein. Rechter Hand liegt die Dandlalm als Jausenstation, unweit der Hauptkreuzung ❸, 876 m, die **Langbaueralm**. An dieser Kreuzung geht es für uns rechts (nordwärts) weiter und rechts eindrehend oberhalb der Röthelmoosklamm entlang. Es ergeben sich einige spannende Schluchtblicke. Eine Forststraße leitet zurück ins Tal, wo wir den Wanderweg abseits der Straße nutzen, die Gründberghütte (Erlebniszentrum) passieren und zurück nach **Urschlau** ❶ gelangen.

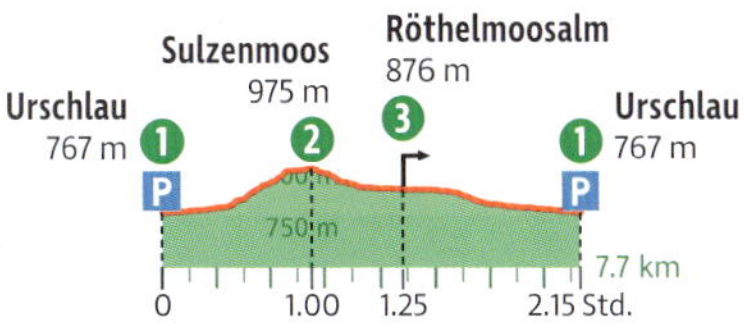

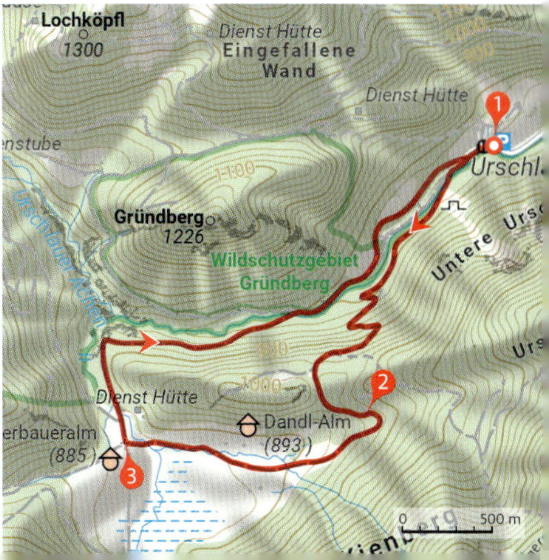

23 Hochfelln, 1671 m
Über die Bründlingalm

4.00 Std. | 10,9 km | ↗700 m | ↘700 m

Zu Fuß auf den großen Chiemgauer Seilbahnberg
Der Hochfelln zählte schon immer zu den populären Chiemgauer Aussichtsbergen, erhebt er sich doch prominent in der ersten Reihe über dem Alpenvorland. Der Bau einer Seilbahn vor gut 50 Jahren steigerte den Besuch dann nochmals ganz erheblich – tagsüber bei Schönwetter ist der ganze Gipfelbereich von Ausflüglern und Wanderern in Beschlag genommen, wuselt es ganz ordentlich rund um Hochfellnhaus, Gipfelkapelle und dem sieben Meter hohen Kreuz. Wer zu Fuß aufsteigt, hat freilich mehr von der Sache und sich das fantastische Panorama mit dem Chiemsee als Blickfang redlich verdient. Relativ gesehen am kürzesten ist die Route von der Steinbergalm.

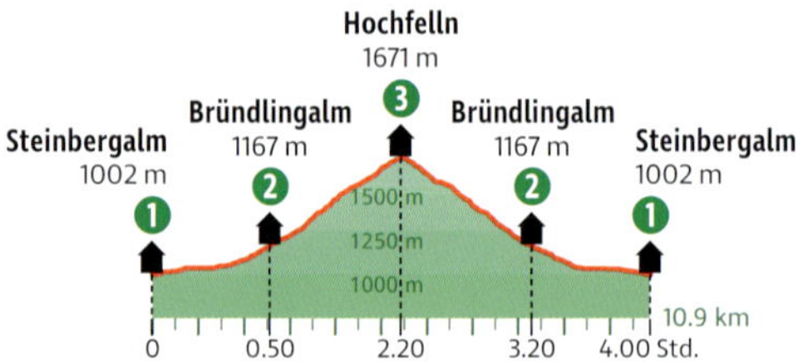

Talort: Ruhpolding, 656 m, bzw. Bergen, 553 m.
Ausgangspunkt: Steinbergalm, 1002 m; erreichbar auf einer Bergstraße von Ruhpolding (ohne Linienbusanschluss).
Anforderungen: T2–3. Bis oberhalb der Bründlingalm Fahrwege, anschließend gut angelegter Steig, streckenweise steindurchsetzt, eventuell auch

Auf der Nordseite des Hochfelln durchstreifen wir die Bründlingalm.

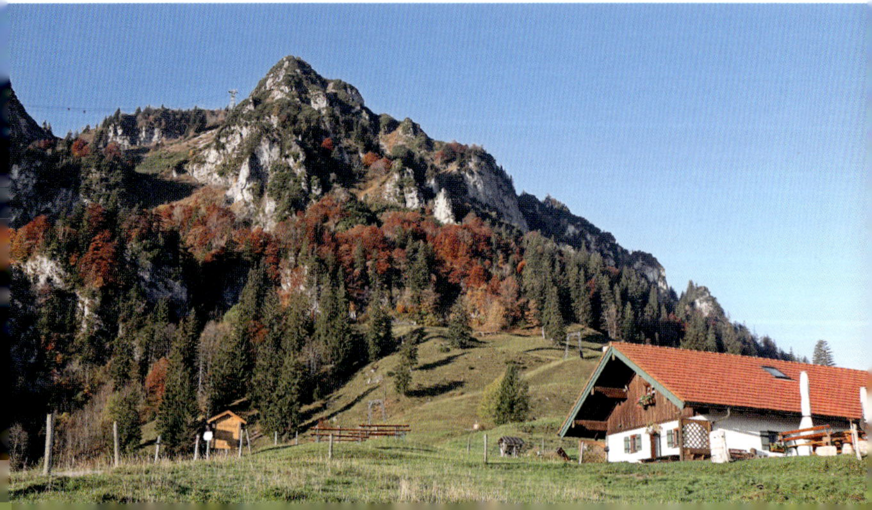

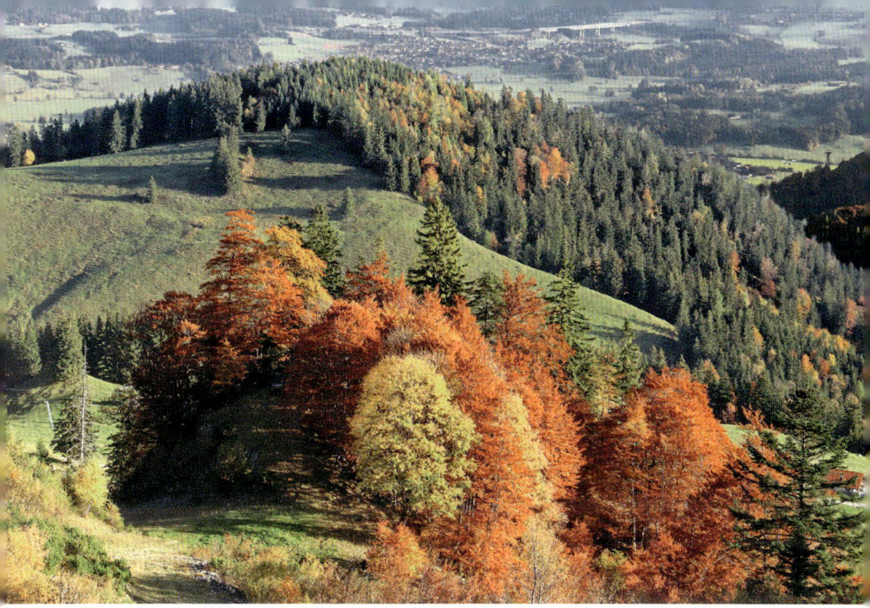

Dank seines Farbencocktails gilt der Herbst als schönste Bergwanderzeit.

rutschige Stellen (Schattseite beachten), aber nirgends übermäßig steil.
Einkehr: Berggasthaus Steinbergalm, 1002 m, Tel. +49 8663 1720. Bachschmiedkaser, 1130 m, Anfang Mai bis Mitte Oktober, Tel. +49 8642 1483. Bründlingalm, 1167 m, ganzjährig, Ruhetage im Sommer Mo (außer in den Ferien), im Winter Mo/Di, Übernachtungsmöglichkeit, Tel. +49 8662 8231. Hochfellnhaus, 1669 m, während der Seilbahnbetriebszeiten geöffnet, Tel. +49 8662 8233 oder +49 170 3232926.
Variante: Per Seilbahn von Bergen zur Mittelstation, 1054 m, damit reduziert sich das Pensum auf ca. 3 Std. Natürlich kann man auch bis zur Bergstation fahren bzw. nach dem Aufstieg bequem zu Tal schweben.
Karten: AV-Karte BY18; F&B WKD 5203.

Auch die Fernsicht ist dann meist bestechend, hier vom Hochfelln gen Osten zu Staufenzug, Untersberg und Rauschberg.

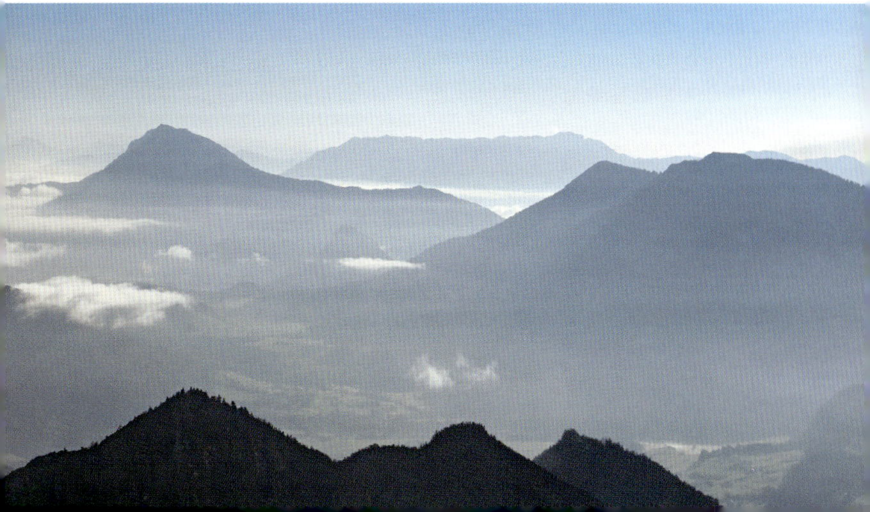

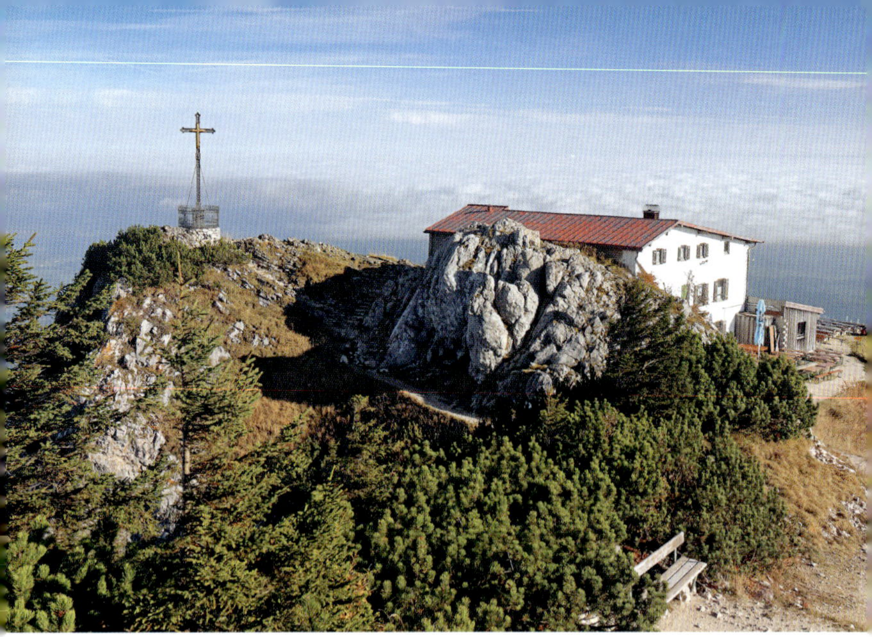

Am Gipfel empfängt uns das Hochfellnhaus.

Von der **Steinbergalm** ❶ auf einem nahezu ebenen Spazierweg durchs Weidegelände in die Nähe der Hocherbalm (Sennerei und Einkehrmöglichkeit), dann zweimal links haltend auf die Verbindung ins Almgebiet auf der Nordseite des Hochfelln. Dort befindet sich am unteren Rand auch die Mittelstation der Seilbahn von Bergen. Mit zwei Bögen kommen wir zu mehreren Jausenstationen, zunächst zum **Bachschmiedkaser** und kurz darauf zur **Bründlingalm** ❷, 1167 m. Der Öderkaser nebenan war jüngst geschlossen. Die Fortsetzung des breiten Almweges leitet rechts aufwärts und vollzieht nahe dem kreuzgeschmückten Bründlingköpfl, 1221 m, eine markante Kehre. Auf einem Steig quert man nun in steilerem Gelände, zieht hinüber bis unter die Tröpflwand und mit einem scharfen Knick auf die gegenüberliegende Seite des kleinen Kessels. Einige Kehren sowie ein Linksbogen bringen uns zu einer Lücke an der Strohnschneid, wo sich ein eleganter Wechsel auf die sonnige Südostseite ergibt. Bis in den Gipfelbereich folgen schließlich weitere Serpentinen. Der höchste Punkt am **Hochfelln** ❸, 1671 m, ist mit der Kapelle überbaut; das Gipfelkreuz steht auf einer nordwestwärts orientierten Felsenkanzel, gleich darunter das **Hochfellnhaus** und kaum 100 Meter entfernt die Bergstation der Seilbahn. Für den Rückweg zur **Steinbergalm** ❶ ist die gleiche Route vorgesehen.

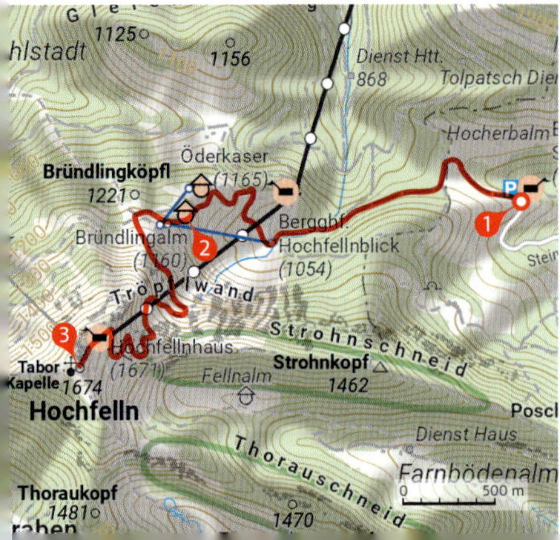

Rauschberg, 1671 m, und Streicher 1594 m

Verbindung über den Kienbergsattel

24

4.10 Std. | 13,1 km | ↗ 350 m | ↘ 1250 m

Auf den Ruhpoldinger Hausberg

Am Rauschberg dürfte es in nächster Zeit viel stiller als gewohnt zugehen, denn bis zum Neubau der Seilbahn gehört der Berg allein den Wanderern und Mountainbikern. Das verlangt ein Bergauf von rund 1000 Höhenmetern; in Kombination mit dem östlich gelegenen Streicher (der sich bereits Richtung Inzell orientiert) muss sogar noch etwas draufgelegt werden. Eigentlich konditionell etwas zu happig für unsere eher leichten Genusstouren, aber man sieht am Horizont ja schon die neue Ära am Rauschberg kommen und deshalb hat sich der Verfasser entschieden, diese Tour nicht aus dem Portfolio zu eliminieren. Mit Seilbahnhilfe schwelgt man quasi ab dem ersten Schritt in herrlichen Panoramen, entdeckt »Adams Hand« auf einer sekundären Bergkuppe und steuert dann den etwas vernachlässigten Hinteren Rauschberg an – tatsächlich der höchste Punkt. Bevor wir talwärts einen großen, nordseitigen Bogen um das Massiv schlagen, soll auch der Streicher noch eingebunden werden – trotz respektabler Felsabbrüche an seinen Flanken ohne Probleme beim Anstieg über den harmlosen Südrücken.

Talort: Ruhpolding, 656 m.
Ausgangspunkt: Talstation der Rauschbergbahn, 709 m. Busverbindung vom Bahnhof Ruhpolding.
Hinweis: Die Rauschbergbahn hat bis auf Weiteres ihren Betrieb eingestellt, da sie neu projektiert wird. Bis zur Wiedereröffnung kann der Aufstieg ab Laubau, 692 m, erwogen werden (siehe Tour 25). Über Sackgrabenalm und

Adams Hand – überdimensionales Kunstwerk am Rauschberg.

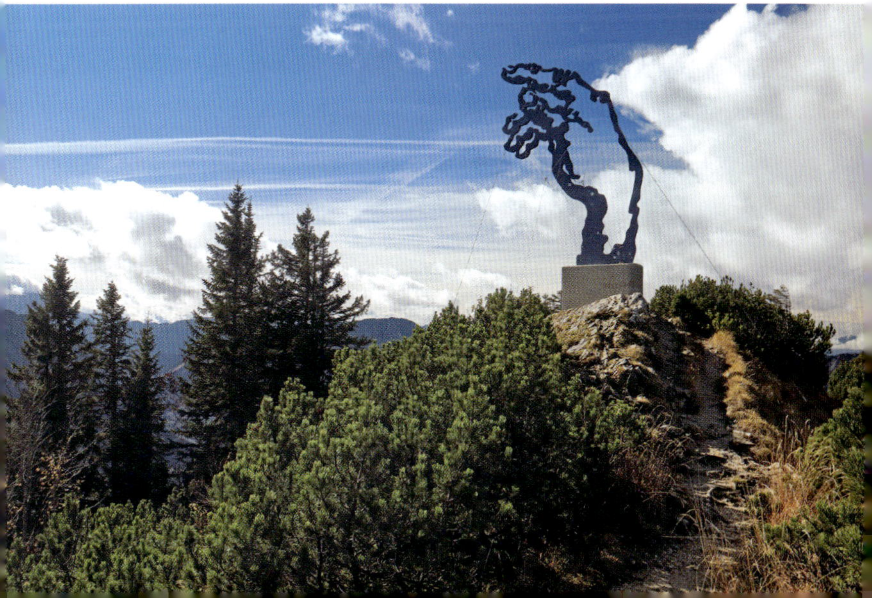

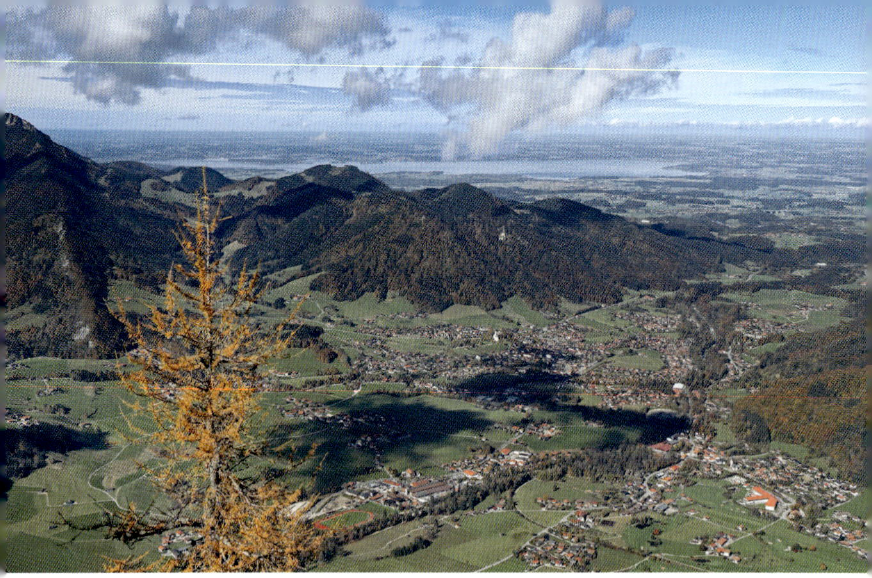

Vom Rauschberg genießen wir eine Idealperspektive auf Ruhpolding.

Südflanke erreicht man in ca. 2.45 Std. den Vorderen Rauschberg.
Anforderungen: T2–3 (und leichter). Am Hinteren Rauschberg Wurzelpfad in Latschenfeldern, am Streicher eher leichtes Gelände. Sonst ohnehin unproblematische Güterwege.
Einkehr: Das alte Rauschberghaus wird im Zuge der Seilbahn-Modernisierung ebenfalls abgerissen.
Variante: Ab Talstation bzw. Parkplatz »Ramsler« kann auch über den Hutzenauersteig aufgestiegen werden. Dieser ist aber schmal gepfadet und verläuft streckenweise in abschüssigen Hängen (T3). Nach Waldaufstieg und Querung einer Reiße gewinnt man bis zu einer Aussichtskanzel an Höhe und quert anschließend in der Südflanke zum breiten Weg, der von Laubau über die Sackgrabenalm heraufkommt. Dieser leitet dann kehrenreich, aber hindernisarm gegen den Gipfelbereich hinan.
Karten: AV-Karte BY19; F&B WK 393 oder WKD 5203.

Von der Bergstation der **Rauschbergbahn ①** ist es nur ein Katzensprung zum Kreuz am **Vorderen Rauschberg**, 1645 m. Ein Pfad führt weiter längs des Kammrückens, an »Adams Hand« vorbei und dahinter abwärts zur breiten Trasse, die hoch in der Südseite quert. Es folgen einige Infotafeln, dann wird daraus ein Wurzelsteig, der sich zum stark von

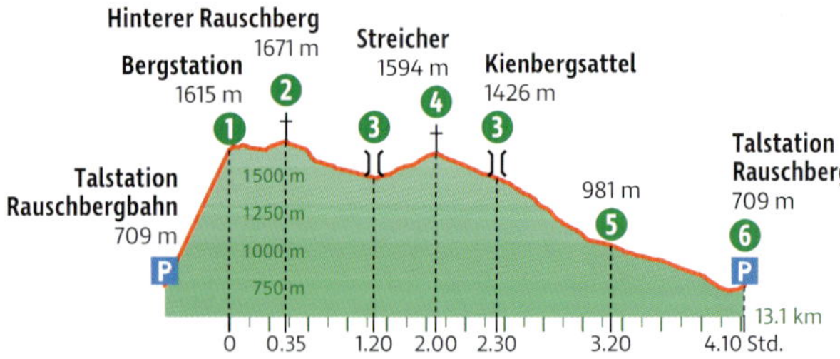

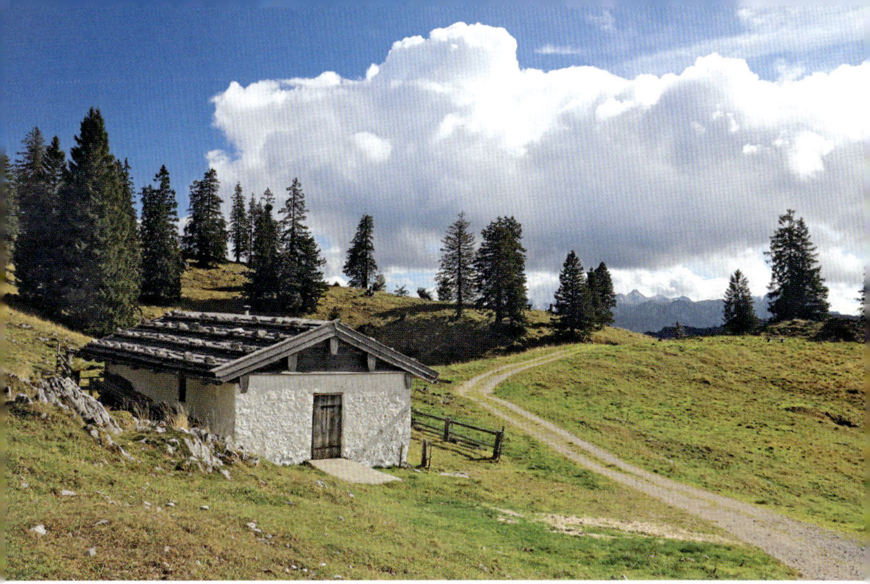

Beim Weiterweg zum Kienbergsattel passieren wir die Rauschbergalm.

Krummholz eingehüllten **Hinteren Rauschberg** ❷, 1671 m, hinaufwindet. Nach diesem Abstecher kann man vom Ansatz des Steiges eine effektive Abkürzung hinunter zur Almstraße nutzen. Dort passieren wir die Rauschbergalm und wandern leicht abwärts gen Osten bis zum **Kienbergsattel** ❸, 1426 m. Wer noch zum Streicher möchte, hält sich rechts Richtung Kienbergalm und folgt dann dem breiten Geländerücken, der sich überwiegend grasig präsentiert. An der Inzeller Skihütte vorbei durch eine kleine Senke (hier kommt der Zugang von Inzeller Seite herauf) bis auf den **Streicher** ❹, 1594 m. Vom Kienbergsattel leiten die Schleifen des Güterwegs hinab in den Kessel zwischen dem Rauschberg-Nordostsporn und der auffälligen Weißen Wand am Streicher. Dort am Rossgassenboden abflachend zu einer Forststraßenkreuzung ❺, wo wir die untere Trasse wählen. Schon nahe dem Tal links haltend wieder minimal aufwärts, dann in die Nähe des Parkplatzes »Ramsler« und schließlich zur **Talstation** ❻ oberhalb des Taubensees.

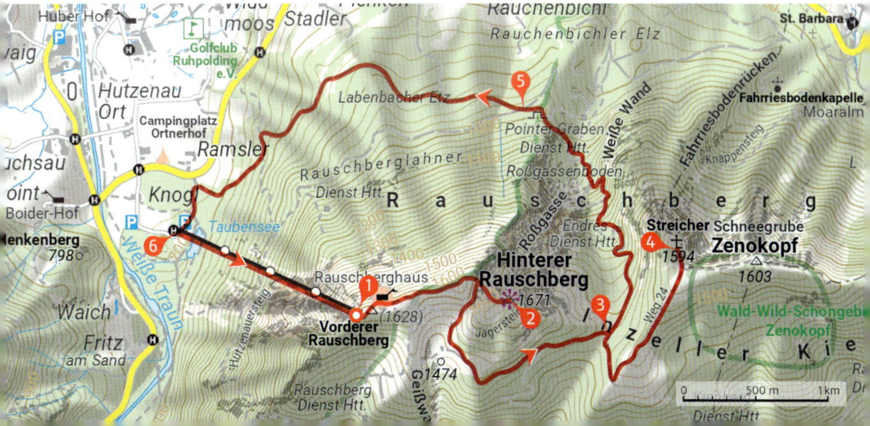

25 Kaitlalm, 970 m

Von Laubau über den Sackgrabensteig

3.30 Std. | 11,9 km | ↗ 380 m | ↘ 380 m

Am Südfuß des Rauschberges

Die Kaitlalm im Schwarzachental südlich des Rauschberges besteht mindestens seit dem 13. Jahrhundert und zählt damit zu den ältesten nachgewiesenen Almen Bayerns. In dem urigen Blockhaus, das in der jetzigen Form schon über 400 Jahre auf dem Buckel hat, wird man sich gern eine deftige Brotzeit schmecken lassen. Alternativ auch beim Rückweg auf der Schwarzachenalm, die ihrerseits mit einer historischen Besonderheit aufwartet: In der Nähe wurde 1835 der letzte Bär in Bayern geschossen (den eingewanderten »Bruno«, der 2006 sein Leben ließ, ausgenommen ...).

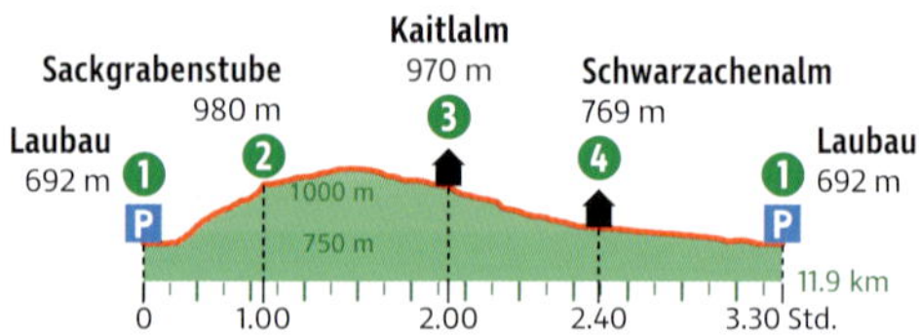

Talort: Ruhpolding, 656 m.
Ausgangspunkt: Laubau, 692 m, gebührenpflichtiger Parkplatz beim Holzknechtmuseum. Haltestelle der Buslinie 9506 von Inzell bzw. Ruhpolding nach Reit im Winkl.
Anforderungen: T1–2. Mehrheitlich Forststraßen, aber auch Abschnitte auf Steigen, ohne nennenswerte Schwierigkeiten. Etwas Ausdauer sollte mitgebracht werden.
Einkehr: Kaitlalm, 970 m, Anfang Mai bis Ende Oktober täglich geöffnet, Tel. +49 172 8639365. Schwarzachenalm, 769 m, Mitte Mai bis Mitte Oktober (Fr Ruhetag), Tel. +49 8663 9240. Alpengasthof Laubau, 692 m, Di Ruhetag, Tel. +49 8663 5908.
Karten: AV-Karte BY19; F&B WK 393 oder WKD 5203.

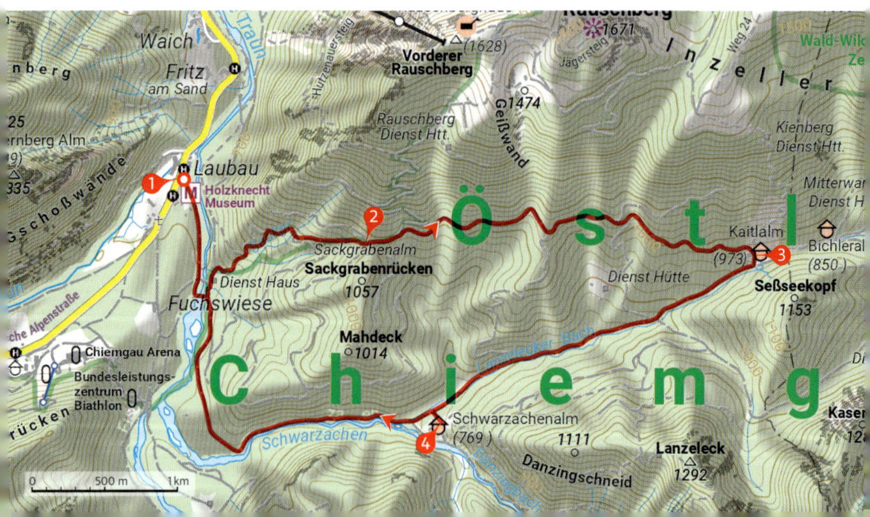

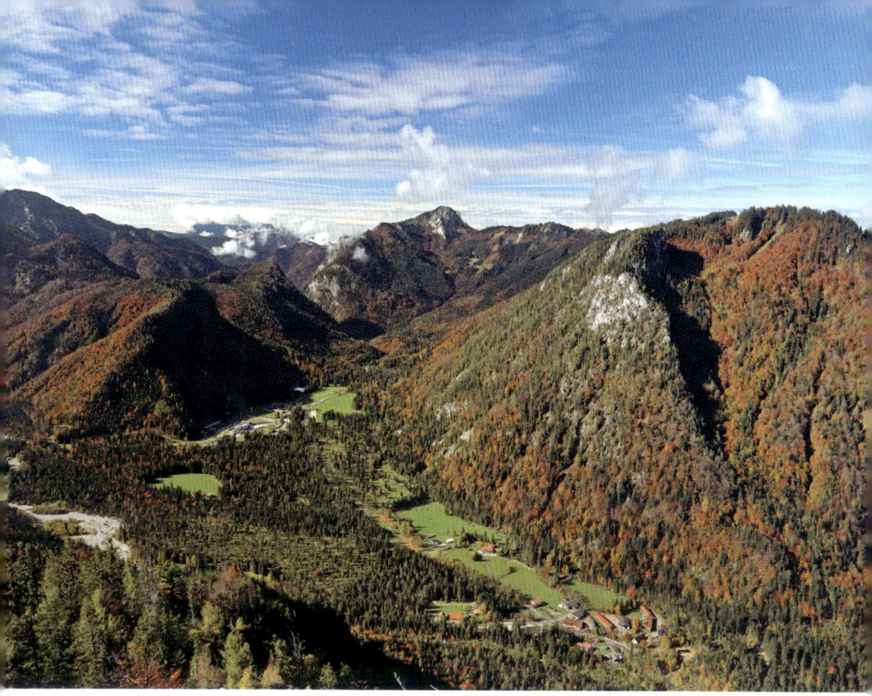

Panoramablick oberhalb von Laubau: Rechts der Unternberg mit der Kammverbindung zur Hörndlwand; links geht es ins Schwarzachental.

Von **Laubau ①** folgen wir ca. 10 Minuten der Forststraße südwärts, überschreiten die Fischbachbrücke nach links und halten uns nach wenigen Schritten nochmals links. Gleich nachdem der Sackgraben passiert ist, können wir rechter Hand den unbeschilderten Bergweg aufnehmen. Es handelt sich um eine Abkürzung, die nur kurzfristig etwas steiler anzieht. Nach der Vereinigung mit dem Hauptweg folgen einige Schleifen, eine Grabenquerung und die Fortsetzung des Steiges zur Sackgrabenalm. Etwas höher gelangen wir zur Kreuzung bei der **Sackgrabenstube ②**, 980 m, und wählen hier den fast horizontal verlaufenden Forstweg in Ostrichtung. Dieser führt durch die bewaldete Südflanke des Rauschberges und geht dabei einige Geländestrukturen aus. Später achten wir auf den Abzweig nach unten und queren in Kürze auf einem Steig weiter Richtung **Kaitlalm ③**, 970 m. Der Rückweg erfolgt komplett auf einem Fahrweg durchs Tal der Schwarzache. Auf halber Strecke besteht linker Hand noch die Einkehrmöglichkeit auf der **Schwarzachenalm ④**, 769 m, bevor die Route im letzten Teil markant nach rechts (nordwärts) eindreht und flach hinaus nach **Laubau ①** führt.

Uriges Nest: die Kaitlalm.

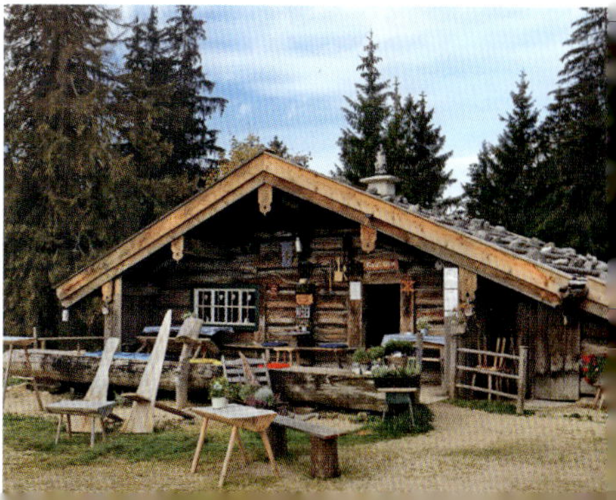

26 Falkenstein-Runde

Zum Falkensee bei Inzell

1.45 Std. | 6,8 km | ↗ 50 m | ↘ 50 m

Eine Tour für jede Gelegenheit

Man glaubt gar nicht, wie viele Wanderer längere Aufstiege tatsächlich scheuen. Aber auch für sie hält die Chiemgauer Bergwelt Möglichkeiten bereit, etwa rund um Inzell, das in seiner Talweitung zwischen Teisenberg, Staufenzug, Rauschberg und Zinnkopf ziemlich viel Raum hat. Am nächsten rückt der Falkenstein an den Ort heran, und dieser lässt sich in einem sieben Kilometer messenden Rundkurs locker umwandern. Dabei kommt man am idyllischen Falkensee vorbei.

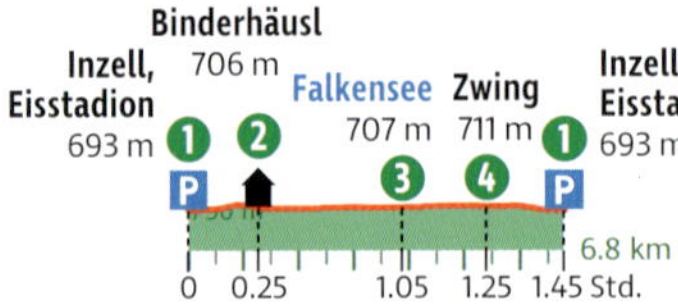

Talort: Inzell, 693 m.
Ausgangspunkt: Eisstadion »Max-Aichner-Arena« in Inzell. Bushaltestelle »Zwingsee/Eisstadion« an der Linie 9526 zwischen Traunstein und Weißbach/Bad Reichenhall.
Anforderungen: T1. Flache Wanderung auf breiten Wegen, völlig problemlos und recht kurz.
Einkehr: Restaurant Massimo (beim Eisstadion), Mo/Di Ruhetag, Tel. +49 8665 7017. Binderhäusl, Mi Ruhetag, Tel. +49 8665 461. Weitere abseits der Route im Ortskern von Inzell.
Karten: AV-Karte BY19; F&B WK 393 oder WKD 5203.

Vom Parkplatz ganz im Süden von **Inzell 1** geht man am Zwingsee vorbei und hinter dem Eisstadion entlang nordwärts, beim Tennisplatz ins Gehölz und nach diesem Abschnitt in den Ortsteil Hausmann mit dem

Je nach Lichteinfall zaubert der Falkensee unterschiedliche Stimmungen.

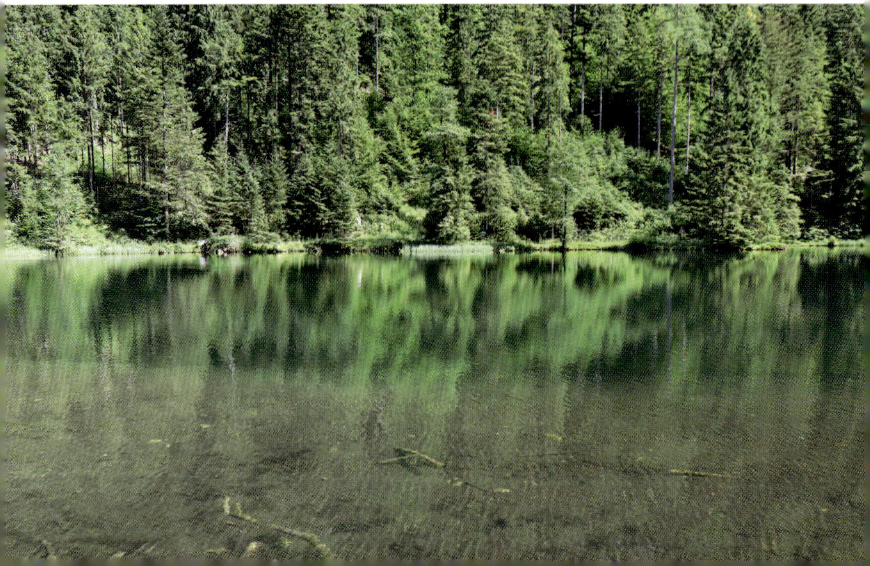

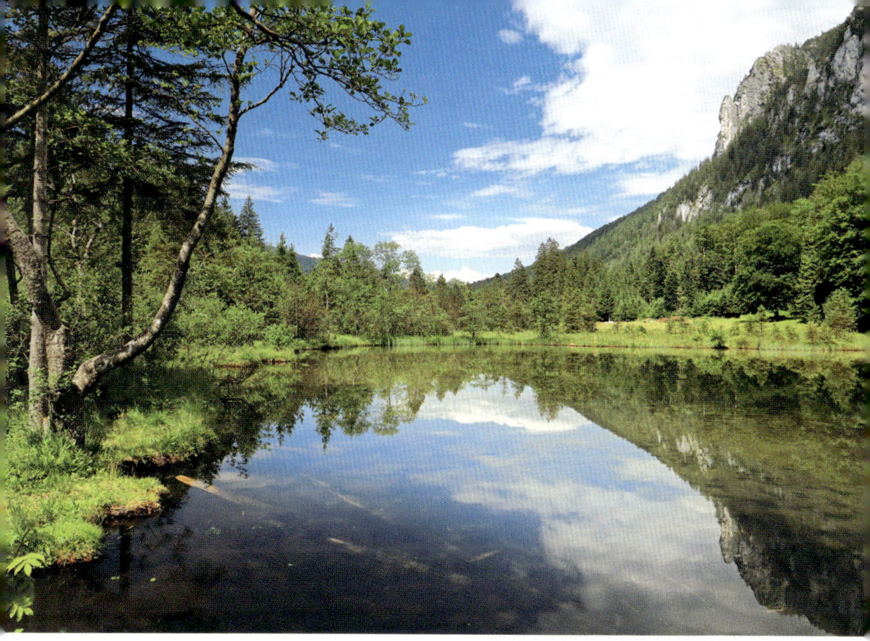

Die Tour zum malerischen Falkensee besitzt Spaziergangcharakter.

Hotel **Binderhäusl** ❷. Bald darauf biegen wir rechts ab und tangieren den Söldenberg, welcher dem Falkenstein nördlich vorgelagert ist. Bei einer Bachbrücke wird der Zugang zum Krottensee ausgewiesen (möglicher Abstecher). Der Hauptweg kreuzt den Bach später ein zweites Mal und nähert sich nun dem **Falkensee** ❸, 707 m. Am Steg befindet sich das schönste Fleckchen der Tour. Die Fortsetzung bringt uns am Rande einiger Wiesen südwärts, ehe man sich bei einer Kreuzung rechts Richtung **Zwing** ❹ hält. Ein kleines Stück muss jetzt neben der rege befahrenen B305 zurückgelegt werden, ehe sich der Kreis zum Zwingsee und zum Eisstadion in **Inzell** ❶ schließt.

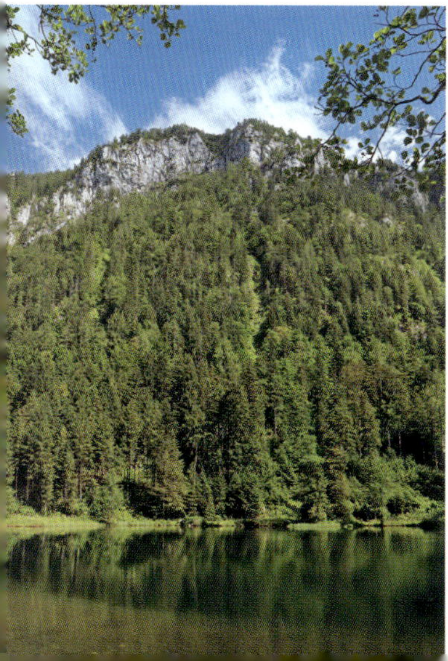

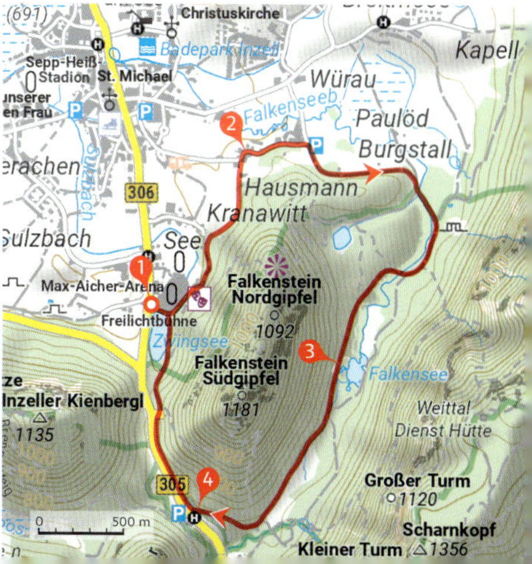

27 Stoißer Alm, 1272 m
Von Adlgaß auf den Teisenberg

4.00 Std. | 13,7 km | ↗ 620 m | ↘ 620 m

Waldiger Vorbau der Chiemgauer Alpen

Der Teisenberg bildet als ausladender Waldrücken den nordöstlichen Rand der Chiemgauer Alpen. Zentraler Anlaufpunkt ist dort die Stoißer Alm, nur wenig unterhalb des höchsten Punktes auf der Sonnseite gelegen. Man blickt bereits bis ins Salzburger Land hinein und sonst vor allem zum Staufenzug mit den Berchtesgadener Alpen im Hintergrund. Für Ausgangspunkt und Route hat man reichlich Auswahl, wobei oft breite Forstwege begangen werden. Unser Vorschlag vollzieht eine Rundtour von Adlgaß aus.

Talort: Inzell, 693 m.
Ausgangspunkt: Parkplatz Adlgaß, ca. 790 m, erreichbar auf einer Stichstraße von Inzell über Würau – Eck (auch mit Busanschluss, Linie 9481 vom Inzeller Busbahnhof).
Anforderungen: T1 im Aufstieg, T2 im Abstieg. Beim Hinweg fast ausschließlich Forststraßen, retour abschnittsweise auch Bergwege, die bei Nässe aufgeweicht und matschig sein können, sonst ohne Schwierigkeiten.
Einkehr: Stoißer Alm, 1272 m, Mai bis Oktober, Übernachtungsmöglichkeit, Tel. +49 175 6166267. Bäckeralm, 1067 m, Anfang Mai bis Mitte Oktober, Tel. +49 8665 7015. Forsthaus Adlgaß, 805 m, Mo/Di Ruhetag, Tel. +49 8665 483.
Karten: AV-Karte BY19; F&B WKD 5203.

Vom Parkplatz **Adlgaß ❶** nehmen wir die Forststraße nordwärts auf, gehen bei der ersten Gabelung links und allmählich aufwärts zur **Inzeller**

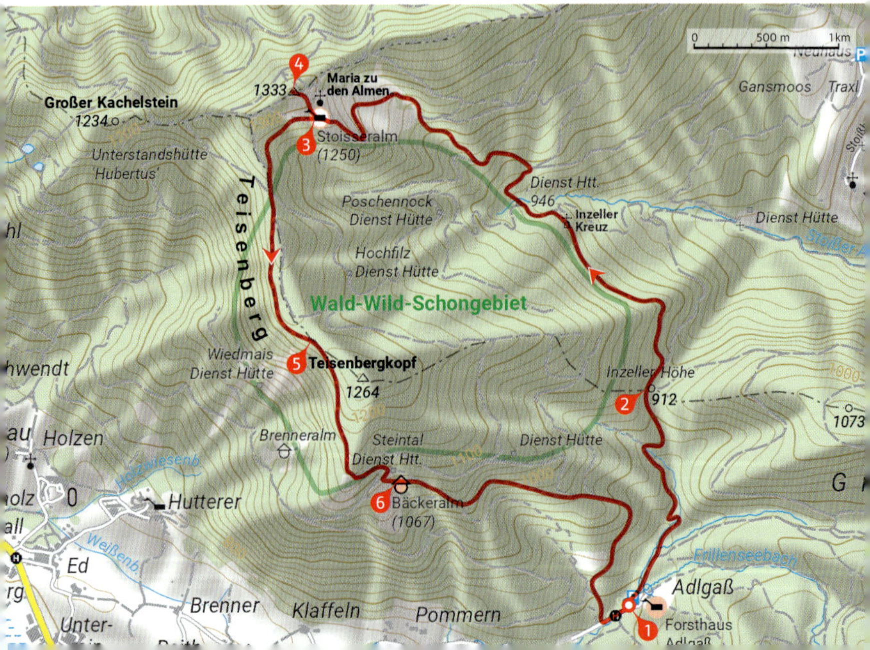

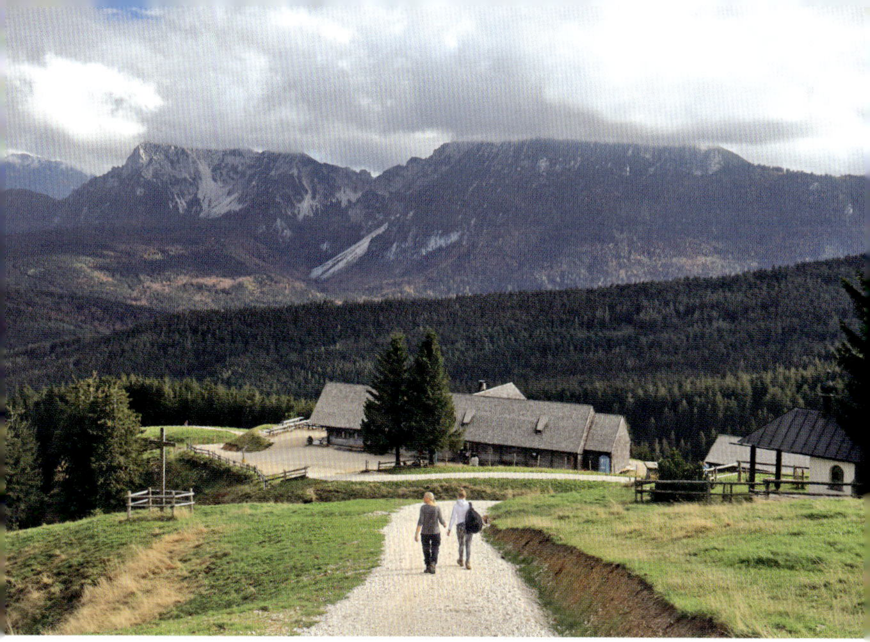

Die stattliche Stoißer Alm wird aus diversen Richtungen angesteuert.

Höhe ❷, 912 m. Wiederum links haltend tangieren wir fast höhengleich bei der nächsten Kreuzung das Inzeller Kreuz. Nun wird die Steigung spürbar. Nach mehreren Kurven kommt man ins Weidegebiet voran und gelangt mit einem markant nach links ausholenden Bogen hinauf zur **Stoißer Alm ❸**, 1272 m, am freien Südhang. Von dort verbleiben noch einige Gehminuten über den Wiesenhang bis zum höchsten Punkt am **Teisenberg ❹**, 1333 m, der auch als Schneid bezeichnet wird.

Von der Stoißer Alm lässt sich westwärts der Rückweg einleiten. Man erreicht eine Art Sattel und nimmt dort den relativ schmal ausgetretenen Flankenweg, der bei Nässe etwas unangenehm sein kann (Radlverbot). Mit nur wenig Höhenverlust erhält man Anschluss zu einer deutlich abfallenden Forststraße ❺. Entweder bleiben wir komplett auf dieser oder scheren zwischenzeitlich aus, um noch der kleinen **Bäckeralm ❻**, 1067 m, einen Besuch abzustatten. Von dort führt ein Pfad ostwärts allmählich wieder hinüber zur Forststraße, mit der die Wanderung talwärts nach **Adlgaß ❶** vollendet wird. Zuletzt nur noch ein paar Schritte aufwärts, falls man sein Fahrzeug zuhinterst abgestellt hat.

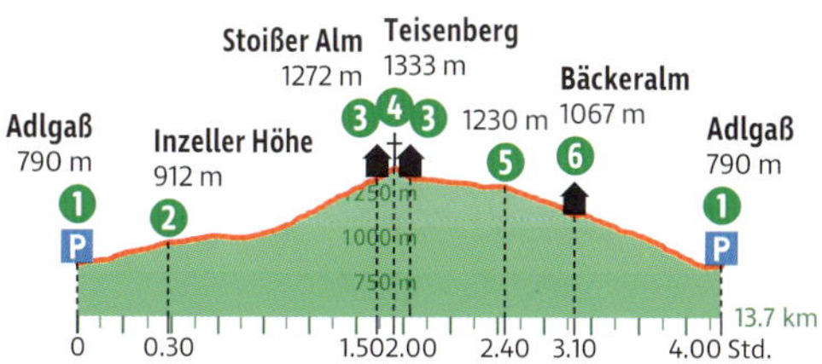

28 Frillensee, 922 m, und Steiner Alm, 1027 m

Über das Bayerische Stiegl

TOP | 3.30 Std. | 10,9 km | ↗500 m | ↘500 m

Idyllische Kessel auf der Nordseite des Hochstaufen

Der mehrgipflige Staufenzug besitzt wohl das alpinste Antlitz in den Chiemgauer Alpen. Im Einzugsbereich von Bad Reichenhall sind vor allem die Südanstiege viel besucht, von Norden lockt der Pidinger Klettersteig die Experten auf den Plan. Die gemächlichere Wanderfraktion findet in dem waldreichen Vorgelände ein weites Tummelfeld. Dort sind die reizvollsten Plätze auf einer Karte schnell ausgemacht: Es sind dies der Frillensee sowie die urige Steiner Alm, die sogar unter Denkmalschutz steht. Mit etwas Esprit können wir sie verbinden, anfangs auf dem vor allem für Familien interessanten Bergwald-Erlebnisweg.

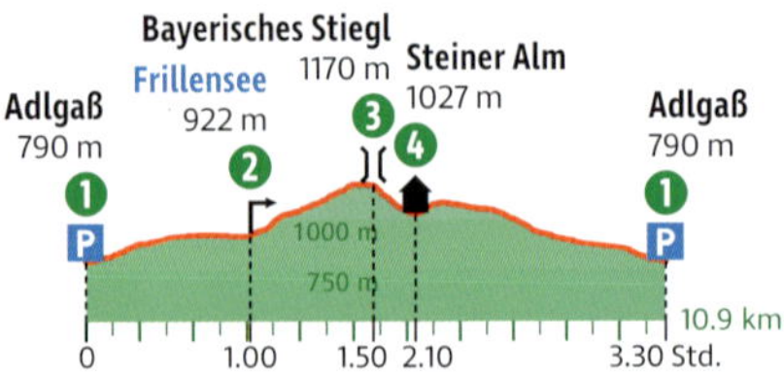

Talort: Inzell, 693 m.
Ausgangspunkt: Parkplatz Adlgaß, ca. 790 m, erreichbar über eine Stichstraße von Inzell über Würgau – Eck (auch Busanschluss, Linie 9481 vom Inzeller Busbahnhof).
Anforderungen: T2. Wege unterschiedlicher Beschaffenheit, meist gut ausgebaut bzw. befestigt, beim Abstieg vom Bayerischen Stiegl zur Steiner Alm allerdings ziemlich erdig und bei Nässe stellenweise rutschig.
Einkehr: Forsthaus Adlgaß, 805 m, Mo/Di Ruhetag, Tel. +49 8665 483. Steiner Alm, 1027 m, Anfang Juni bis Anfang Oktober, Tel. +49 8652 4404.
Variante: Am Frillensee kann man auch links bleiben oder den Bohlenweg am Nordufer überschreiten. Im Schlussabschnitt ebenfalls verschiedene Routenlinien denkbar.
Karten: AV-Karte BY19; F&B WKD 5203.

Vom Parkplatz **Adlgaß ①** kurz zum Gasthaus hoch und hier auf den Bergwald-Erlebnisweg, der bald am Frillenseebach entlangführt. Sachte

Bohlenweg am Frillensee.

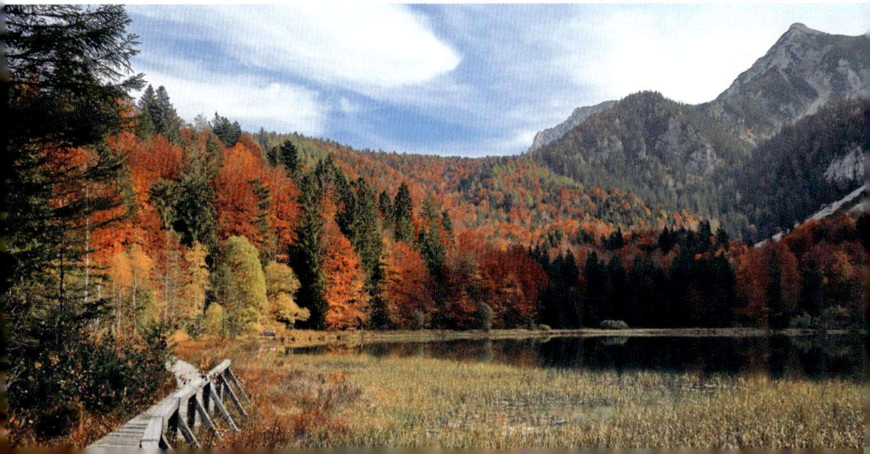

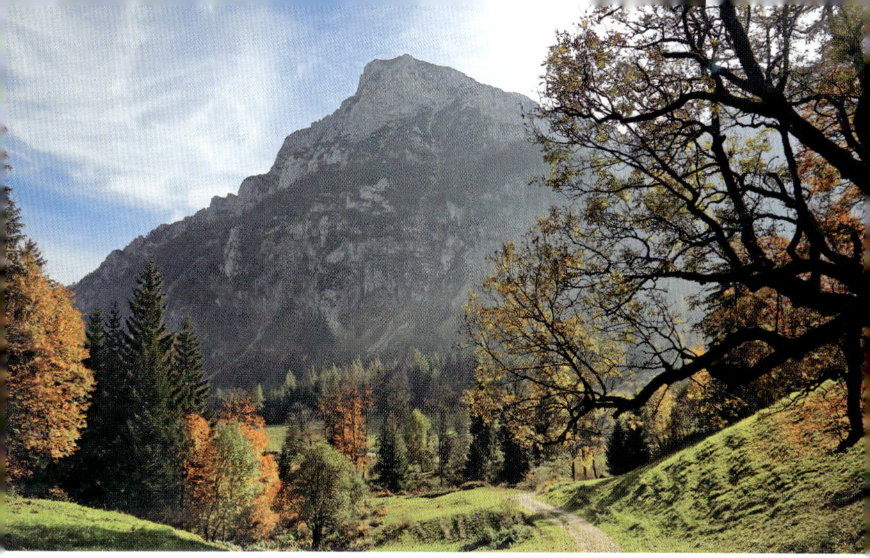

Direkt über der Steiner Alm ragt der Hochstaufen in den Himmel.

aufwärts zu einer Forststraße und entweder geradeaus weiter zum Ostufer oder rechts im Bogen zum Westufer des **Frillensees**, 922 m. Von dort kann man noch einen etwas längeren Bogen schlagen, ehe im hinteren Bereich ein Bergweg abzweigt ❷. Er leitet in Kehren über eine Forststraße hinweg zu einer weiteren, der wir aufwärts folgen. Später links haltend zum **Bayerischen Stiegl** ❸, ca. 1170 m, wo auch die Nordwestroute zum Hochstaufen ansetzt. Wir überwinden allerdings den Zaun und steigen in den Wiesenkessel der **Steiner Alm** ❹, 1027 m, ab. In der kleinen Rupertuskapelle wird jährlich am 3. Oktober eine Bergmesse gefeiert. Am Gegenhang müssen nochmals fast 70 Höhenmeter gewonnen werden, ehe gleich jenseits der Geländeschwelle Anschluss zu einer Forststraße besteht. Die Abzweige nach Aufham ignorierend, wandern wir bis zu einer T-Kreuzung und haben dort nahezu gleichwertige Möglichkeiten nach rechts und links zur Auswahl. Rechts führt die Forststraße mit einem Bogen in den Graben des Großwaldbachs hinunter und zurück nach **Adlgaß** ❶.

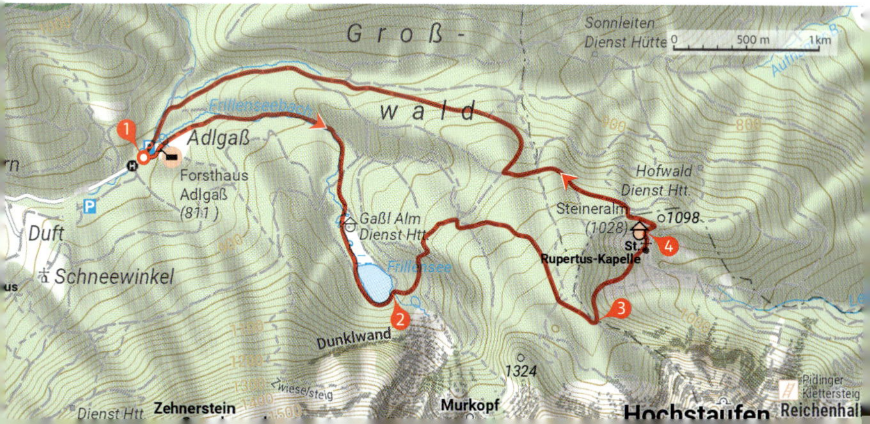

29 Zwiesel, 1782 m
Von Jochberg über die Zwieselalm

4.15 Std. | 9,8 km | ↗ 900 m | ↘ 900 m

Auf den höchsten Punkt des Staufenzugs

Die Nordseite des Reichenhaller Talbeckens wird vom markanten, mehrgipfligen Kammzug des Staufen beherrscht. Doch nicht der Hochstaufen trägt, wie viele vielleicht denken, dessen Kulminationspunkt, sondern der Zwiesel weiter westlich. Ein bisschen Trittsicherheit kann nicht schaden, aber schwierig ist der Aufstieg dorthin nicht. Der Gipfelrundblick zählt ob der Höhe wohl zu den besten in diesem Band. Und auf gut halbem Wege lädt mit der Zwieselalm eine altehrwürdige Einkehrstätte zur Rast. Das angegliederte, nach Kaiser Wilhelm II. benannte Unterkunftshaus kann derzeit allerdings nicht genutzt werden.

Talort: Weißbach an der Alpenstraße, 612 m.
Ausgangspunkt: Parkplatz Jochberg, ca. 880 m; erreichbar über eine öffentliche Bergstraße von Weißbach (ohne Busanschluss).
Anforderungen: T2–3. Prinzipiell gut ausgebauter Steig, bis zur Zwieselalm mehrheitlich im Wald, gipfelwärts oft Latschen. Trotz des steindurchsetzten Geländes bei guten Verhältnissen relativ leicht, bei Nässe stellenweise rutschig.
Einkehr: Zwieselalm, 1386 m, Mitte Mai bis Mitte Oktober (Mo/Di Ruhetag), im Winter manchmal an Wochenenden geöffnet, Tel. +49 171 5833676.
Variante: Trittsichere können eine Überschreitung zum Gamsknogel, 1750 m, unternehmen und über die Kohleralm zum Parkplatz zurückkehren. Am Grat Anforderungen bis T3+, Gesamtdauer 5.00 Std.
Karten: AV-Karte BY19; F&B WK 393 oder WKD 5203.

Auf gut halber Höhe empfängt uns die Zwieselalm.

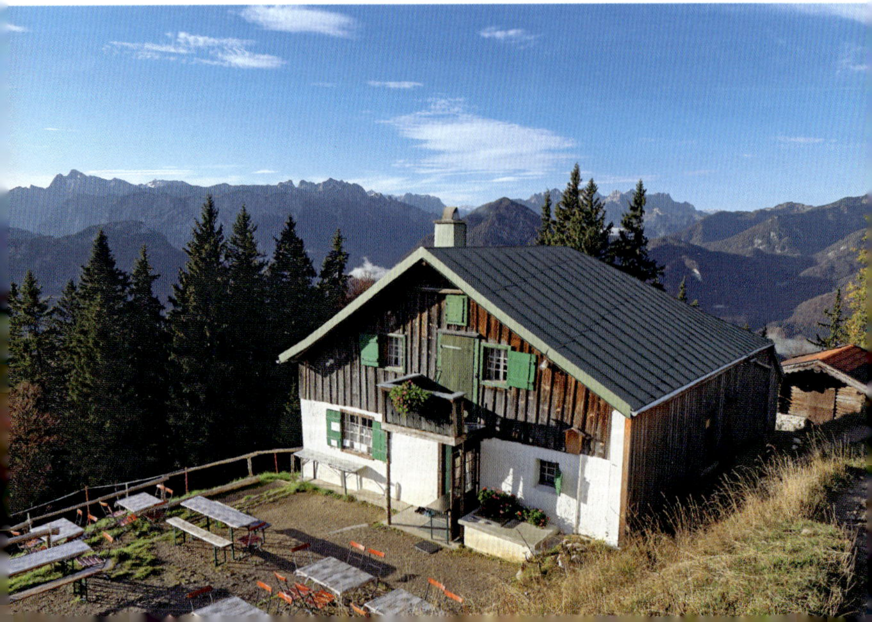

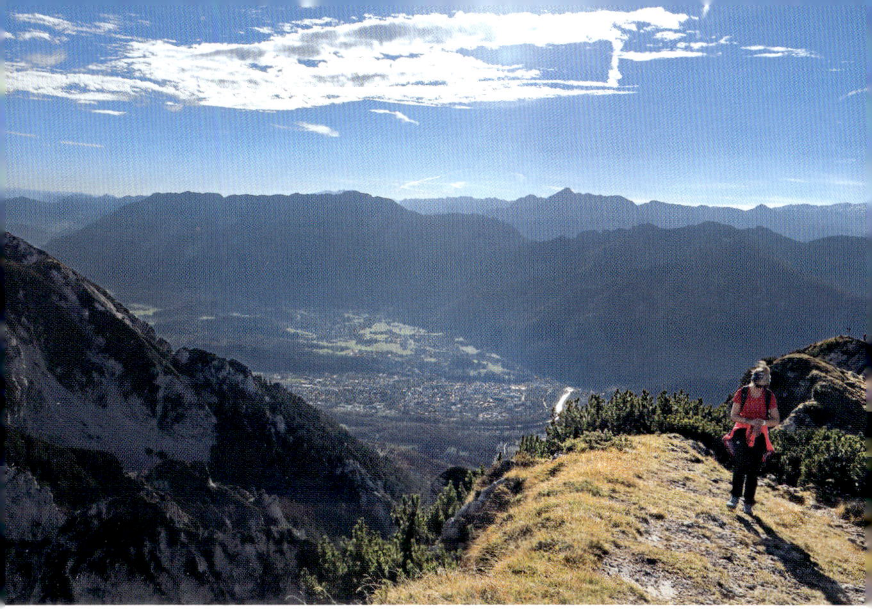

Nach zweieinhalb Stunden ist der Aufstieg geschafft; tief unten im Tal liegt Bad Reichenhall.

Wir starten ab Parkplatz **Jochberg** ❶ auf einer Forststraße, einen kurzen Schlenker abkürzend, bald aber ohnehin den Mulisteig nutzend, der in zahlreichen Kehren am Waldhang Höhenmeter sammelt. Weiter oben links haltend zu den ersten freien Durchblicken und mit einem Rechtsknick zur **Zwieselalm** ❷, 1386 m, mitunter auch Zwieselhaus bzw. Kaiser-Wilhelm-Hütte genannt. Hier lässt es manch einer schon gut sein. Die Gipfelroute führt oberhalb ins Krummholz hinein, das mal lichter, mal dichter steht. Der Untergrund wird etwas steiniger, allerdings ohne eigentliche Hürden. An der Südabdachung des Berges orientiert man sich nach rechts, steuert am besten zuerst den etwas abgesetzten Vorgipfel namens **Zennokopf**, 1756 m, an und steht wenige Minuten später am Gipfelkreuz des **Zwiesel** ❸, 1782 m. Der Abstieg erfolgt auf derselben Route.

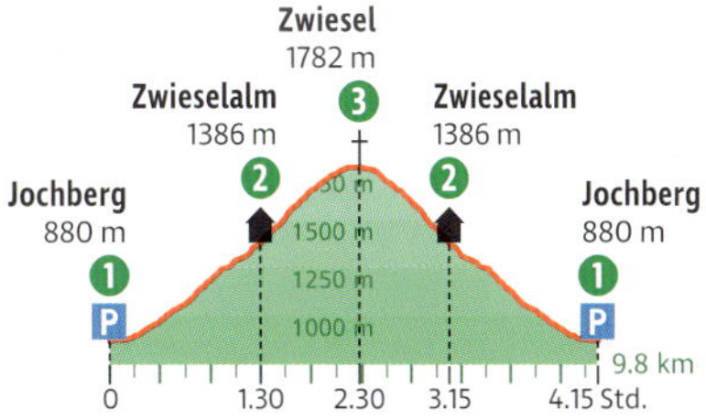

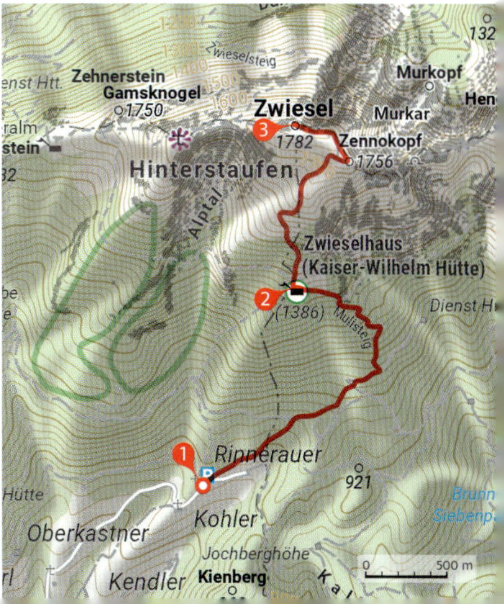

30 Harbachalm und Reiteralm, 945 m

Mit Bäckinger- und Hientalklause

3.45 Std. | 12,9 km | ↗500 m | ↘500 m

Drei-Almen-Rundweg bei Weißbach

Westlich von Weißbach finden wir eher unspektakuläres, von tiefen Gräben durchzogenes Waldgelände. Hier dienen einige schlichte Almen als Anlaufpunkte, teilweise in Verbindung mit dem Klausenrundweg. Man vernimmt das wohltuende Flair relativer Abgeschiedenheit.

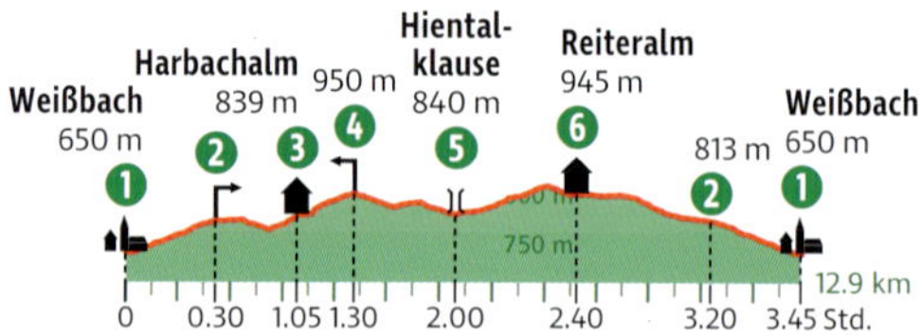

Talort: Weißbach an der Alpenstraße, 612 m.
Ausgangspunkt: Parkplatz Reiterbrücke, ca. 650 m, am nordwestlichen Ortsrand von Weißbach. Nächste Bushaltestelle »Weißbach, Dufterwirt« der Linie 9526 zwischen Traunstein/Inzell und Bad Reichenhall.
Anforderungen: T1. Größtenteils Forststraßen mit einigen kürzeren unbefestigten Abschnitten, daher selbst bei schlechterem Wetter unproblematisch. Allerdings recht ordentliche Marschstrecke.

Markantes Profil: der Falkenstein.

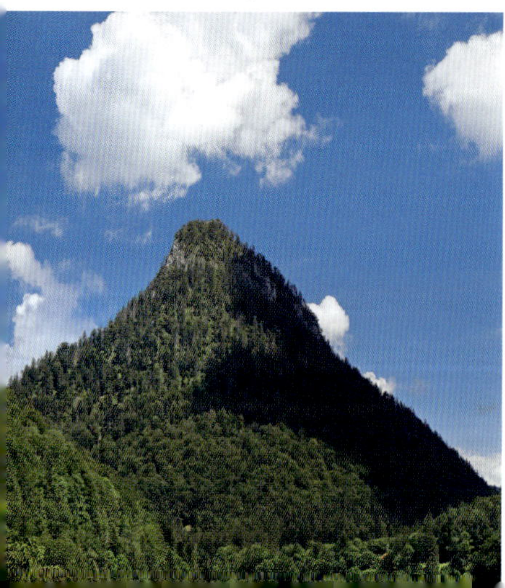

Einkehr: Harbachalm, 839 m, Mai bis Oktober (Mi Ruhetag), Tel. +49 8665 7675. Bichleralm, 850 m, einfache Brotzeiten, zuletzt allerdings geschlossen. Reiteralm, 945 m, Anfang Juni bis Ende September (Mo Ruhetag), Tel. +49 8665 200.
Variante: Hinter der Harbachalm kann man auf kleinem Pfad zur Forststraße auf der gegenüberliegenden Seite abkürzen, ebenso eine nach rechts ausholende Forststraße beim Abstieg von der Reiteralm. Vom WP4 aus lässt sich binnen 10 Minuten auch die Kaitlalm, 970 m, einbeziehen, indem man dort geradeaus geht (vgl. Tour 25).
Hinweis: Der Waldbahnweg durch die Schwarzenbachklamm ist bis auf Weiteres gesperrt!
Karten: AV-Karte BY19; F&B WK 393 oder WKD 5203.

Vom Parkplatz bei **Weißbach** ❶ wandern wir auf einer Forststraße um den Maisenberg herum aufwärts. Nach einer halben Stunde verzweigen sich die Zugänge zur Reiteralm links und zur Harbachalm rechts ❷. Ein Stück weiter geht es

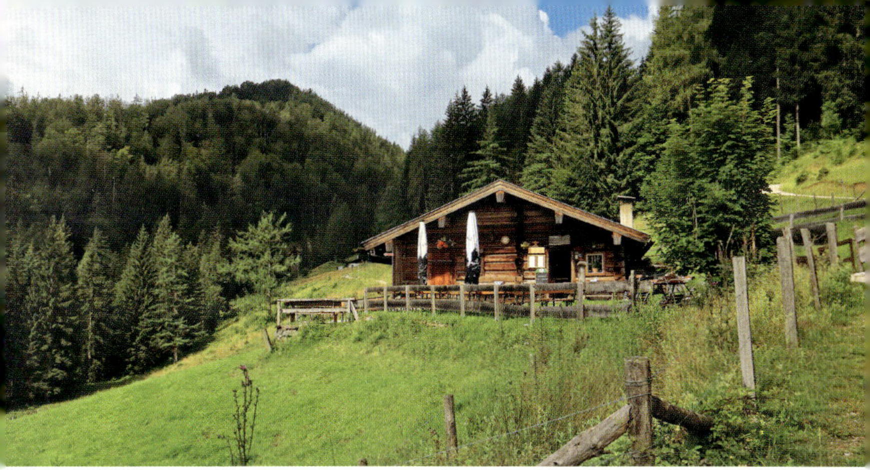

Die Harbachalm hat ihren Standort auf der Südseite des Inzeller Kienbergs.

rechter Hand abwärts in die Nähe der Bäckinger Klause, wo einst die »Waldbahn« verlief. Momentan ist die Schluchtstrecke gesperrt! Ein spürbarer, aber eher kurzer Anstieg bringt uns nun zur **Harbachalm** ❸, 839 m; nur wenige Gehminuten dahinter befindet sich die **Bichleralm**, 850 m, deren Öffnung zuletzt ungewiss war. Die Forststraße zur Kaitlalm verläuft knapp oberhalb und wird über einen Pfad rasch wieder aufgenommen. Eine Viertelstunde später biegen wir allerdings mit dem Hinweis »Reiteralm« scharf links ab ❹. Diese Forststraße vollzieht im weiteren Verlauf etliche Bögen und Kurven quer durch das von großen Gräben durchbrochene Gelände und kommt mit relativ wenig Auf und Ab aus. Wer über die **Hientalklause** ❺ gehen möchte, muss sich zwischendurch links ausklinken und einen Zwischenabstieg in Kauf nehmen, ist aber womöglich doch etwas schneller auf der anderen Seite (dort scharf rechts auf die ansteigende Forststraße einbiegen). Über eine kleine Geländeschwelle wird schließlich die **Reiteralm** ❻, 945 m, angesteuert. Für das finale Bergab steht der zugehörige Wirtschaftsweg zur Verfügung, eventuell mit einer pfadartigen Abkürzung und später ❷ wieder auf dem Hinweg zurück nach **Weißbach** ❶.

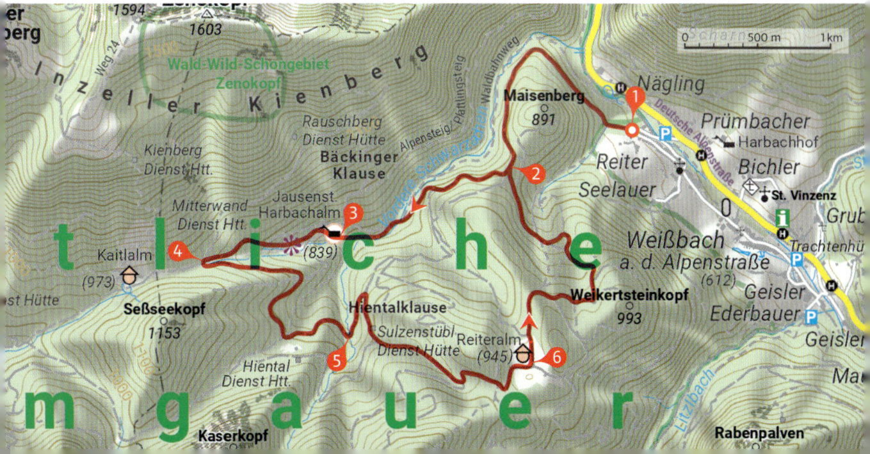

31 Sellarnalm, 1124 m
Normalaufstieg von Melleck

2.30 Std. | 8,0 km | ↗ 530 m | ↘ 530 m

Zu einer urtümlichen Alm am Ristfeuchthorn
Die denkmalgeschützte Sellarnalm liegt im Bereich der Gemeinde Schneizlreuth, wird aber von einem Bauernhof im Bischofswiesener Tal aus bestoßen, und zwar noch in ganz traditioneller Weise. Touristen nehmen nur gelegentlich Notiz davon, denn der große Wanderverkehr findet rund ums Ristfeuchthorn nicht statt. Was dem Fleck natürlich eine gewisse Ursprünglichkeit bewahrt! Wer solch ein stilles Flair schätzt, wird die Sellarnalm gern einmal aufs Programm setzen, um dort frische Almprodukte zu kosten.

Talort: Schneizlreuth, 516 m.
Ausgangspunkt: Parkplatz an der Abzweigung Melleck, ca. 594 m; von Schneizlreuth kommend kurz vor dem Steinpass (Ausfahrt vor dem Tunnel). Hier auch Haltestelle der Österreichischen Postbus-Buslinie 260 zwischen Salzburg bzw. Bad Reichenhall und Zell am See.
Anforderungen: T1. Problemlose Wanderung auf einem Güterweg.
Einkehr: Sellarnalm, 1124 m, im Sommer einfach bewirtschaftet (ohne Ruhetag). Gasthof Motzenwirt in Melleck-Ristfeucht, Tel. +49 8651 2278.
Variante: Andere Zugänge kommen von Schneizlreuth, normalerweise nur begangen im Rahmen einer Besteigung des Ristfeuchthorns, sowie von Weißbach durch das Tal des Scharnbachs.
Karten: AV-Karte BY19 oder BY20; F&B WK 393 oder WKD 5203.

Stilles Bergwandern oberhalb der Sellarnalm.

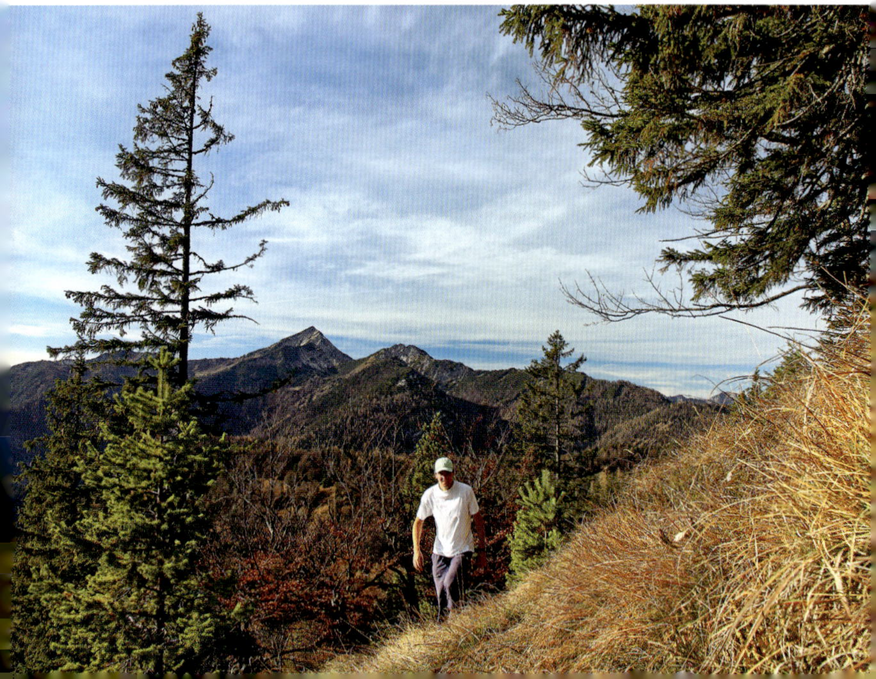

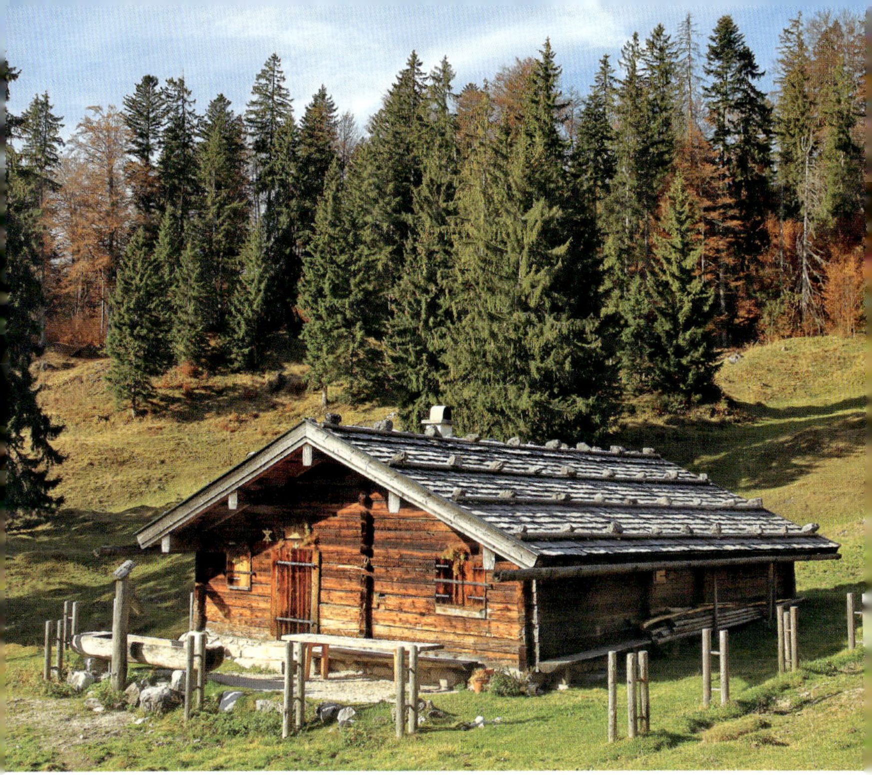

Auf der Sellarnalm herrscht ein rustikales Ambiente.

Vom Abzweig bei **Melleck** ❶ orientieren wir uns zum Motzenwirt im Weiler Ristfeucht und steigen dort in den Pernauer Graben ein. Der Wirtschaftsweg zieht speziell im unteren Teil merklich an und vollzieht einige, dem Gelände angepasste Kurven. Auf gut 1000 Metern erfolgt ein markanter Rechtsschwenk – dann ist es auch nicht mehr allzu weit, bis sich die Weideböden der **Sellarnalm** ❷, 1124 m, öffnen. Für den Rückweg wird üblicherweise dieselbe Route gewählt. Bei einem Übergang Richtung Weißbach wäre man auf den Bus angewiesen und müsste in Schneizlreuth umsteigen.

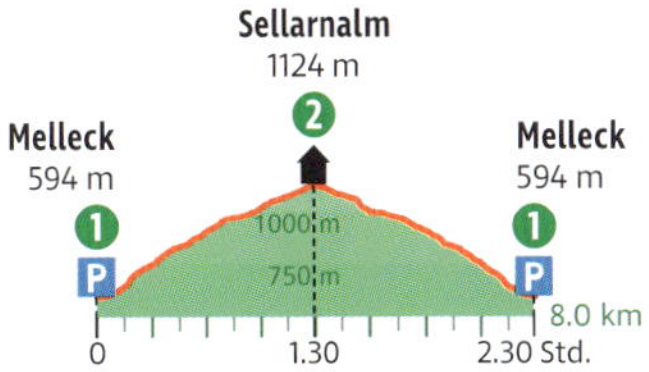

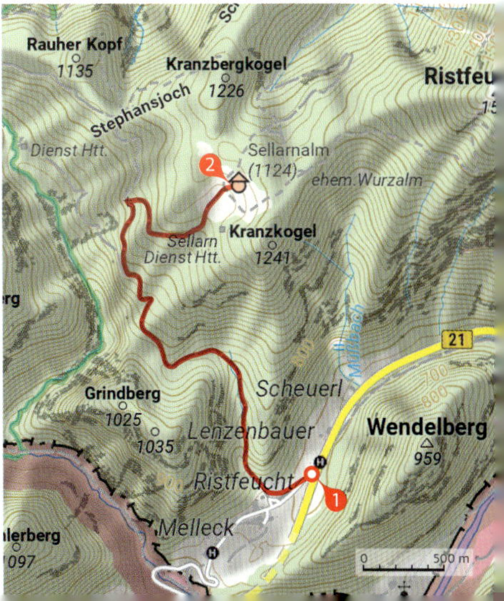

32 Sonntagshorn, 1961 m

Normalweg aus dem Heutal

TOP | 4.45 Std. | 10,6 km | ↗ 960 m | ↘ 960 m

Auf den höchsten Berg der Chiemgauer Alpen

Als höchster Gipfel der gesamten Chiemgauer Alpen ist das Sonntagshorn naturgemäß ein begehrtes Ziel. Wer es von der Nordseite erblickt, wird allerdings kaum an eine leichte Besteigbarkeit glauben. Durch die Kraxenbachtäler führen zwar zweifellos interessante Routen, aber halt nur für Versierte. Anders auf der weitaus weniger grimmigen Südseite. Dort erstreckt sich das anheimelnde Heutal in einer Durchschnittshöhe von rund 1000 Metern – aus den umliegenden Haupttälern kaum zu erahnen. Über die Hochalm und den Südhang wird dann der hindernisarme Aufstieg vollzogen. Immense Fernblicke sind zuoberst der Lohn …

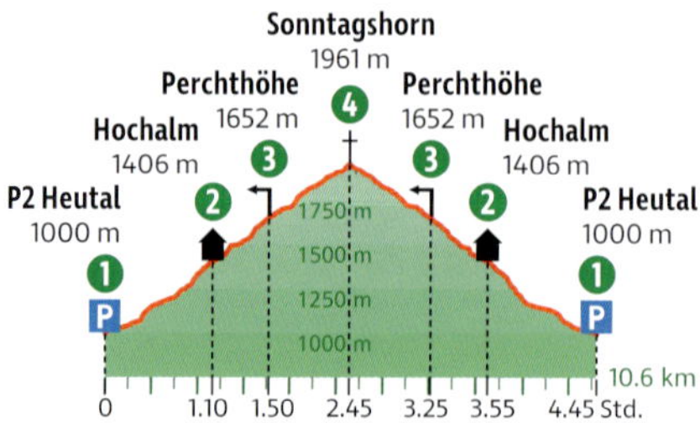

Talort: Unken, 563 m, im Salzburger Saalachtal.

Ausgangspunkt: Parkplatz P2 im Heutal, ca. 1000 m. Zufahrt von Unken auf einer gut ausgebauten Bergstraße.

Anforderungen: T2. Meist gut ausgebauter, niemals besonders steiler Bergweg, am Gipfelhang viele Serpentinen. Wegen des Höhenunterschiedes gewisse Kondition vonnöten.

Einkehr: Hochalm (Klaus' Hütte), 1406 m, Anfang Juni bis Ende Oktober (Di Ruhetag) sowie Weihnachten bis Ostern, Tel. +43 664 4533666.

Variante: Von Unternehmungslustigen wird beim Rückweg mitunter noch das Peitingköpfl, 1720 m, mitgenommen.

Karten: AV-Karte BY19; F&B WK 393 oder WKD 5203.

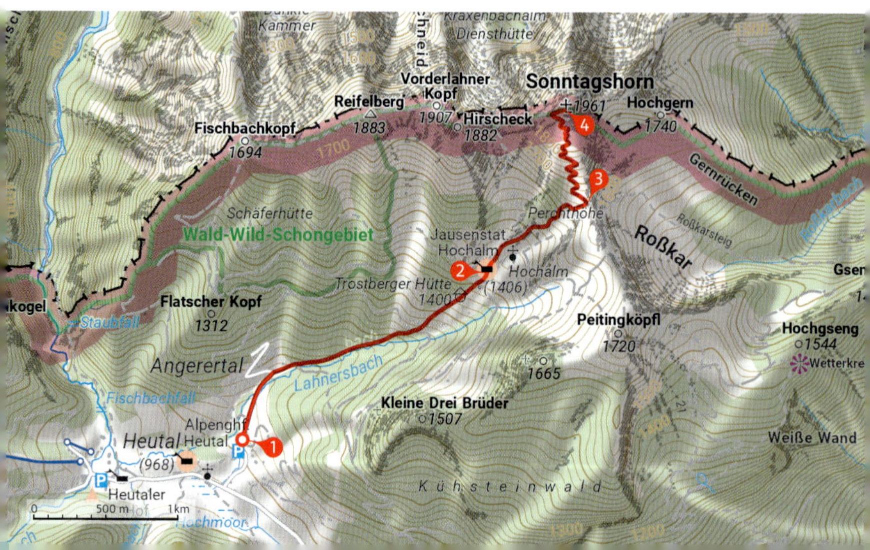

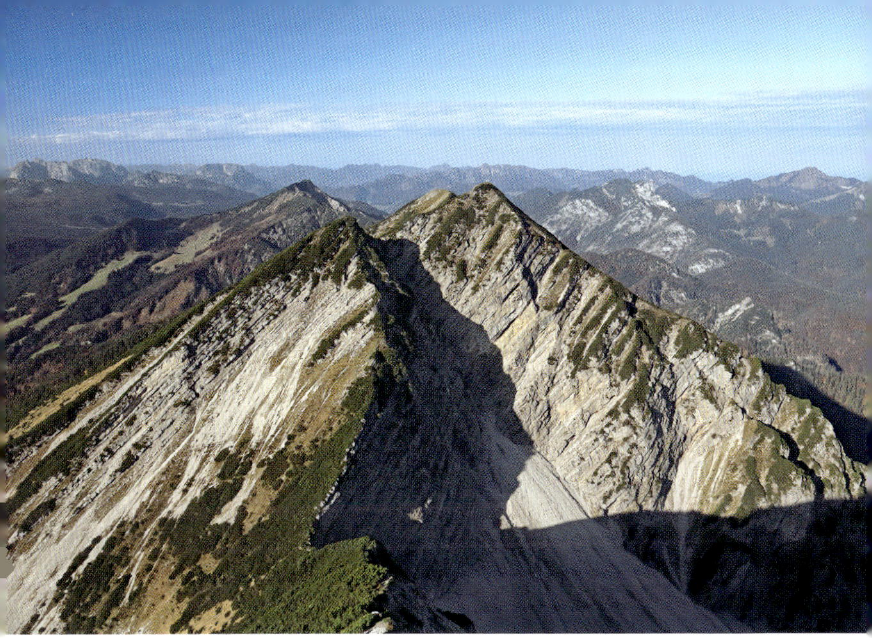

Blick vom Sonntagshorn über den westwärts ausstreichenden Grat.

Vom Parkplatz 2 im **Heutal ➊** geht es anfangs auf dem Sträßchen ins sekundäre Angerertal einwärts, abgelöst durch einen Wanderweg, der ein Stück weit den Lahnersbach begleitet und abwechselnd durch Gehölz und über freie Wiesen zur auf gut 1400 Metern gelegenen **Hochalm ➋** hinaufzieht. Hier folgen wir vorübergehend einem Fahrweg; rechter Hand befindet sich die Jausenstation. In einer Rechtskehre unweit der Kapelle schert man bergwärts aus. Unser Steig wendet sich bald etwas nach links und nähert sich durch aufgelockerte Bewaldung der **Perchthöhe ➌**, ca. 1652 m, mit einer Gabelung knapp unterhalb der Kammlinie. Hier wiederum nach links in die teils grasige, teils von Latschenfeldern bedeckte Gipfelflanke und mit einer Reihe komfortabel angelegter Kehren, zuletzt am oberen Westgrat entlang, bis aufs **Sonntagshorn ➍**, 1961 m. Der Abstieg verläuft gleich.

Während des Aufstiegs besticht der benachbarte Vorderlahnerkopf.

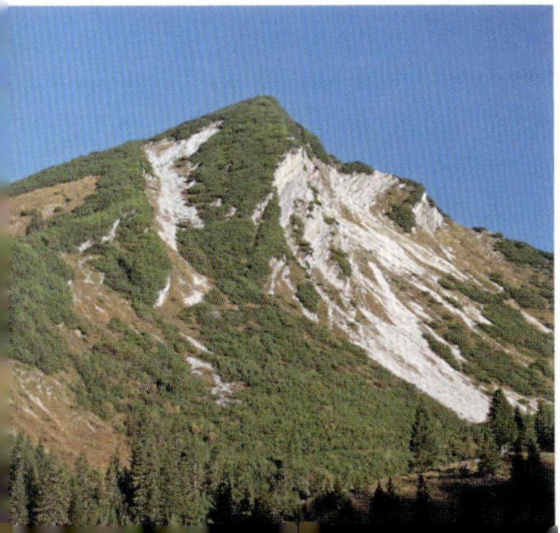

Die Hochalm – gleichsam ein Sonnenbalkon des Sonntagshorns.

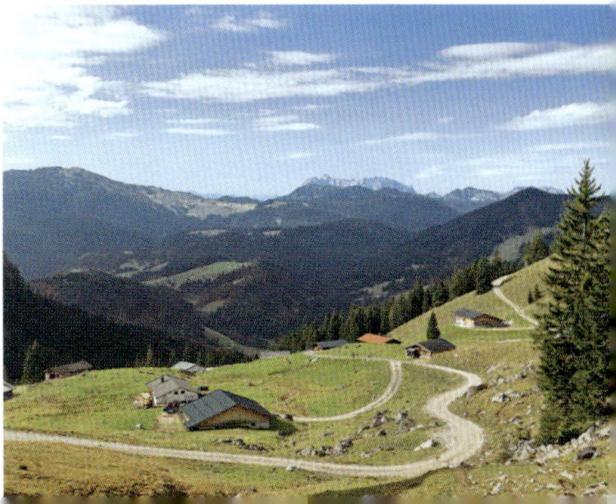

33 Zwischen Heutal und Winklmoosalm

Über den Gimplingsattel

4.00 Std. | 12,6 km | ↗ 620 m | ↘ 620 m

Zwei große Lichtungen im Chiemgauer Waldgebirge

Im südlichen Teil der Chiemgauer Alpen versprühen die Winklmoosalm im Einzugsbereich von Reit im Winkl sowie das auf österreichischer Seite gelegene Heutal bei Unken einen ganz besonderen, nachgerade heiteren Charme inmitten weitgeschwungener Waldgebirge. Der touristische Druck ist freilich nicht zu unterschätzen, vor allem im Fall der Winklmoosalm. Vielleicht stößt es auf Interesse, diese beiden Plätze einmal zu verbinden. Man kann für den Hinweg eine obere Route via Gimplingsattel, retour dann den bequemen Landweg nehmen. Einkehrmöglichkeiten bestehen reichlich.

Talort: Unken, 563 m, im Salzburger Saalachtal.
Ausgangspunkt: Parkplatz P4 im Heutal, 960 m. Zufahrt von Unken auf einer gut ausgebauten Bergstraße.
Anforderungen: T2. Beim Aufstieg zum Gimplingsattel oft über Wiesen, weithin auch entlang einer Liftschneise, jenseits zunächst Wurzelweg, dann wieder Almwiesen. Rückweg von der Winklmoosalm auf einer Forststraße.
Einkehr: Wildalm, 1260 m, im Sommer und Winter geöffnet, Tel. +43 681 20655682. Finsterbachalm, 1323 m, Anfang Juni bis Ende September (Mo Ruhetag), Tel. +49 8663 5941. Winklmoosalm, 1157 m, mit diversen Gaststätten (Sonnenalm, Almstüberl, Hotel Winklmoosalm, Traunsteiner Hütte). Heutal (Gasthaus Almrose, Di Ruhetag).
Variante: Ab Gimplingsattel weiterer Aufstieg zum Dürrnbachhorn möglich (vgl. Tour 20); knapp 1.00 Std.
Karten: AV-Karte BY18; F&B WK 393 oder WKD 5203.

Vom hinteren Parkplatz 4 im **Heutal** ❶ geht es über die nahe Brücke nach links und ein paar Minuten auf dem nicht öffentlichen Sträßchen (Landweg) aufwärts, bis rechts der Wiesenweg zur Wildalm abzweigt. Wir bewegen uns auf Grasnarbe durch breite Pistenschneisen und

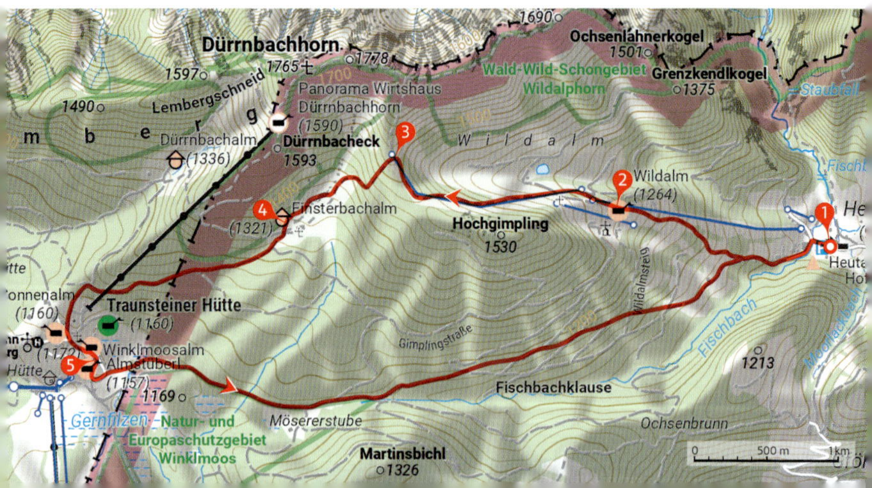

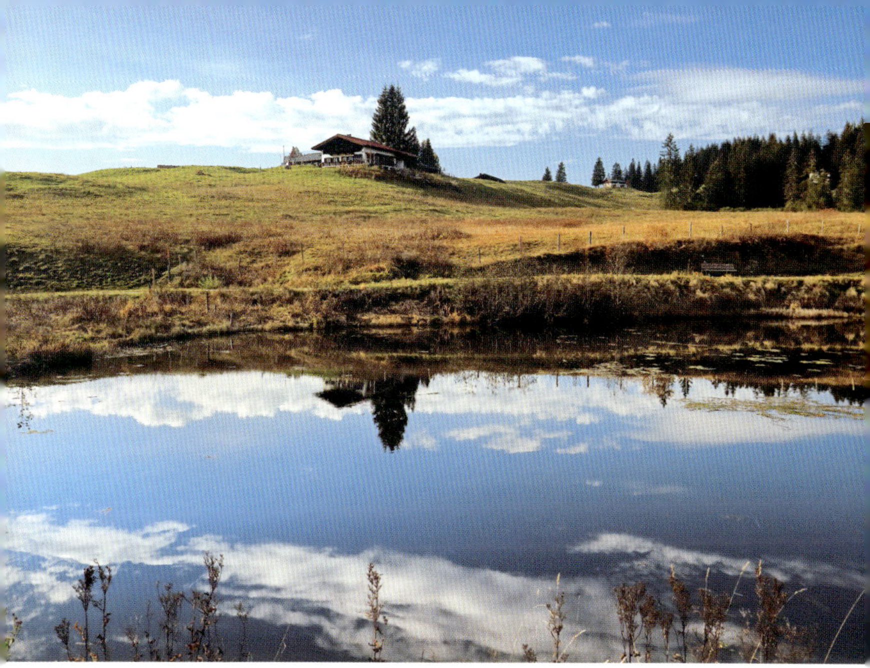

Kleines Seeauge am Rande der Winklmoosalm.

erreichen nach einer knappen Stunde den Absatz mit der Jausenstation **Wildalm ❷**, 1260 m. Dahinter vorerst auf einem Fahrweg weiter, dann jedoch links abzweigend auf einen unbefestigten Weg, der entlang einer alten Lifttrasse eine Weile schnurgerade verläuft, und zwar an der Nordflanke des Hochgimpling entlang. Im oberen Teil drehen wir rechts ab zum Übergang am **Gimplingsattel ❸**, 1528 m. Jenseits des Geländerückens tritt man ins Gehölz ein, folgt dem wurzligen Weg hinunter auf die Wiesenböden und zur **Finsterbachalm ❹**, 1323 m. Dort schließt sich ein Fahrweg an, der uns zum ausgedehnten Komplex der **Winklmoosalm ❺**, 1157 m, mit seiner reichhaltigen Infrastruktur bringt. An der Südseite beginnt bei einer Gabelung der **Landweg**, die direkte Verbindung zurück ins Heutal. Vorläufig hält man noch die Höhe (sogar minimaler Gegenanstieg), passiert bei den Gernfilzen das ganzjährig geschützte Auerhahngebiet, lässt hin und wieder einen Forststraßen-Abzweig hinter sich und wandert in allmählichem Gefälle – zuletzt am Herbstkaser vorbei – Richtung Ausgangspunkt im **Heutal ❶**.

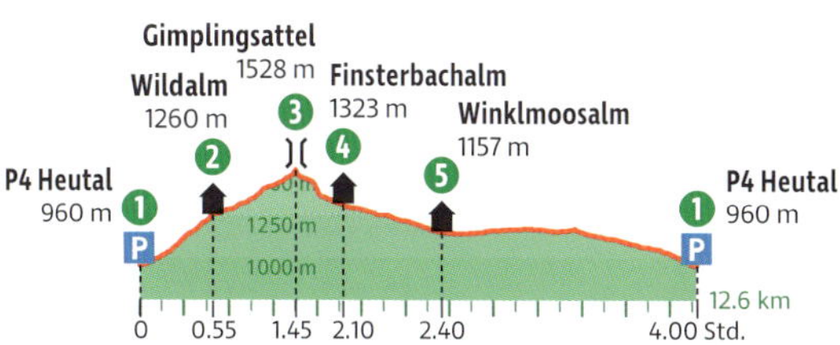

34 Schwarzeck, 1565 m

Vom Unkenberg am Dietrichshorn vorbei

4.20 Std. | 11,6 km | ↗700 m | ↘700 m

Aussichtspunkt im Gebiet der Loferer Alm

Ähnlich wie Winklmoosalm oder Steinplatte trägt auch die Loferer Alm reichlich Infrastruktur für den harten Wintertourismus. Die Idylle steht darob ein wenig auf verlorenem Posten, obwohl es auch heute noch etliche schmucke Kaser zu entdecken gibt. Wer schon beim Daxbauern am Unkenberg aufbricht, lernt ohnehin andere Facetten kennen, etwa die botanisch wertvollen Unkenberger Mähder oder das Streuhütten-Ensemble der Thälernalm beim Rückweg. Die umfassendste Aussicht erwartet uns freilich im höchsten Bereich um Kechtalm und Schwarzeck, wo neben einer Skiliftstation eine Panorama-Plattform errichtet wurde.

Talort: Unken, 563 m, bzw. Lofer, 626 m.
Ausgangspunkt: Parkplatz Daxbauer, 926 m, am Unkenberg. Zufahrt über eine Bergstraße von Unken (ohne Busanschluss).
Anforderungen: T1–2. Längere Abschnitte auf Forst- und Almwirtschaftswegen, zuweilen Abkürzungen und bei der Thälernalm ein Steigabschnitt, ohne besondere Schwierigkeiten.
Einkehr: Kechtalm, 1530 m, in der Sommer- und Wintersaison bewirtschaftet, Tel. +43 676 6974990.
Varianten: 1. Kürzester Zugang mithilfe der Seilbahn auf die Loferer Alm möglich; von der Bergstation bis zum Gipfel nur 30 Min.
2. Das auffällige Dietrichshorn, 1542 m, kann über drei verschiedene Gipfelsteige eingebunden werden, keiner davon ist jedoch leicht.
Karte: F&B WK 393.

Vom Parkplatz **Daxbauer** ❶ führt eine Forststraße mit anfänglichen Abkürzungen Richtung **Unkenberger Mähder** ❷, wo sich herrliche Bergwiesen und ein Panorama der Chiemgauer Alpen öffnen. Eine weit

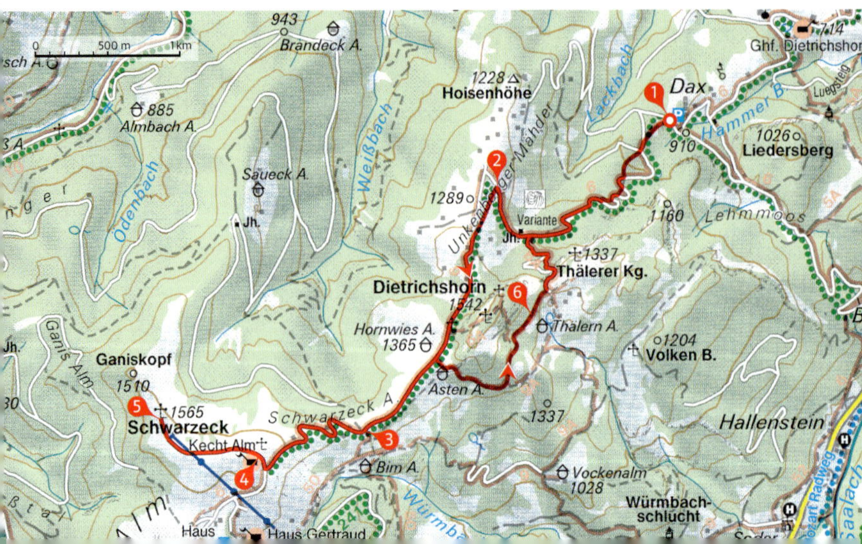

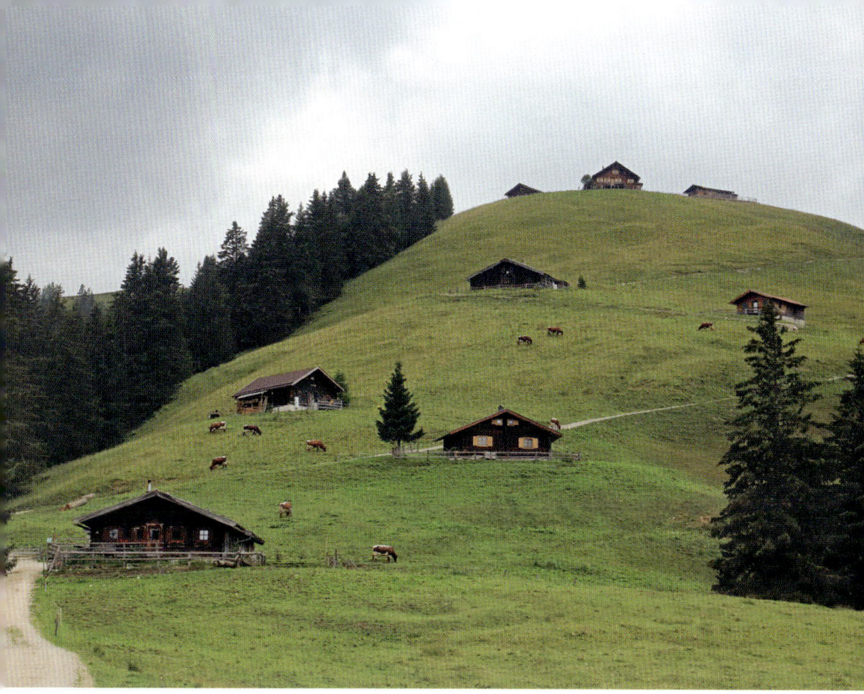

Die Kaser der Schwarzeckalmen staffeln sich am Hang.

ausholende Serpentine lässt sich auf einer Pfadspur abkürzen, womit man südwärts schwenkt und das markante Dietrichshorn mit seiner Felswand westseitig passiert. Mit minimalem Höhenverlust durchs Gebiet der Hornwies- und Astenalm zu den Schwarzeckalmen, wo uns zuerst der **Götzkaser** (3), 1357 m, empfängt. Darüber staffeln sich weitere Hütten. Nach einigen Kehren schließen wir zur **Kechtalm** (4), 1530 m, auf, die sich als modernes Almgasthaus im Skigebiet erweist. Ein paar Gehminuten weiter gelangt man zu einer Liftstation und der Aussichtsplattform auf dem **Schwarzeck** (5), 1565 m.

Der Rückweg ist bis über den **Götzkaser** (3) hinaus identisch, dann wählen wir zur Abwechslung eine Alternative, indem wir an der nahen Astenalm vorbei das Dietrichshorn nun ostseitig umwandern. Bis zur **Thälernalm** (6), ca. 1285 m, bewegen wir uns dabei auf einem kleineren Weg. Über die Anhöhe hinweg kommen wir später wieder zurück auf die bekannte Forststraße und folgen dieser (bzw. den Abkürzern) zurück zum Ausgangspunkt (1).

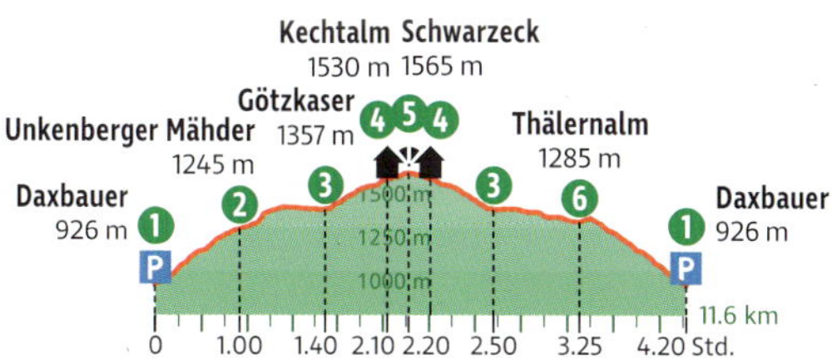

35 Seisenbergklamm

Von Weißbach zum Gasthaus Lohfeyer

1.45 Std. | 4,2 km | ↗ 250 m | ↘ 250 m

Wilde Wasser im Pinzgauer Saalachtal

Die Seisenbergklamm bei Weißbach ist eine der großen Natursehenswürdigkeiten, die das Pinzgauer Saalachtal seinen Besuchern propagiert. Seit der letzten Eiszeit, die vor rund 12.000 Jahren zu Ende ging, hat sich der Bergbach hier tief in den Untergrund hineingefräst. Erstmals gangbar gemacht wurde die Seisenbergklamm 1831 mit einem Triftsteig für die Holzknechte. Im 20. Jahrhundert erfolgte dann der touristische Ausbau, und zwar quasi etappenweise, denn zwischendurch wurden die Anlagen mehrfach durch die Unbilden der Natur wieder zerstört. Ein Gang durch die Seisenbergklamm ist ein spannendes Erlebnis für die ganze Familie. Infotafeln vermitteln Wissenswertes über die Entstehung. Gern wird der Ausflug mit einer Einkehr beim Lohfeyer abgerundet.

Talort: Weißbach bei Lofer, 665 m.
Ausgangspunkt: Parkplätze direkt im Ort, Bushaltestelle (Linie 260 Salzburg – Zell am See) an der Durchgangsstraße (B311).
Anforderungen: T2. Aufwendig mit Stegen und Treppen ausgebauter Klammsteig, als Touristenattraktion solide abgesichert.
Einkehr: Landgasthof Seisenbergklamm in Weißbach, Tel. +43 6582 8348. Klammstüberl, Tel. +43 660 3820833.

Unter den Füßen donnert die Gischt talwärts.

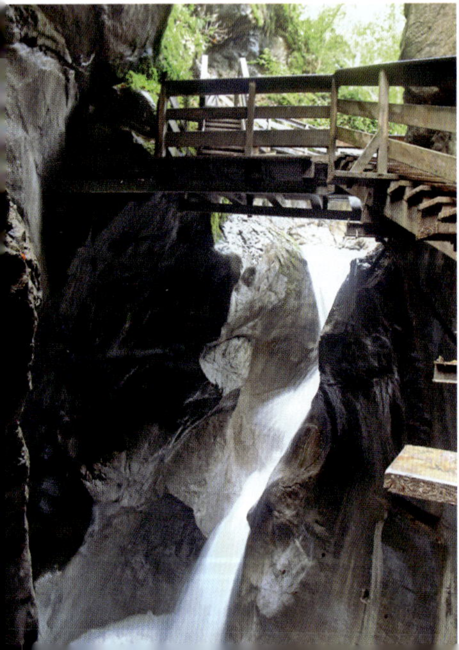

Die hölzernen Stege erlauben ein gutes Vorankommen.

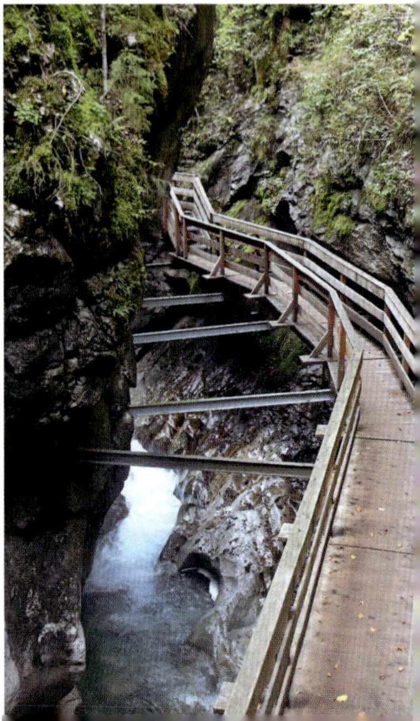

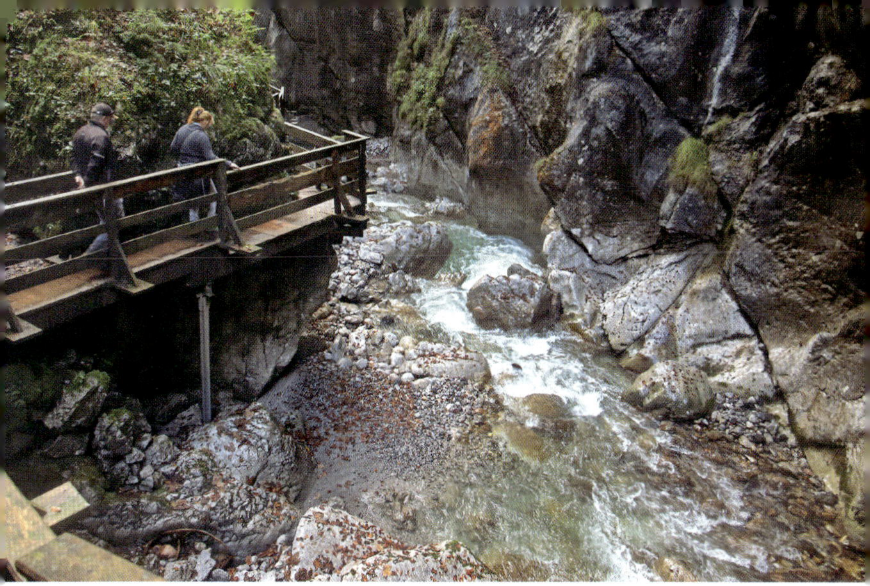

Die Seisenbergklamm – ein Naturschauspiel der besonderen Art.

Berggasthof Lohfeyer, ca. 900 m, Tel. +43 6582 8355.
Variante: Rückweg über einen Weg parallel zur Hirschbichlstraße möglich (ab Lohfeyer anfangs auf dieser, dann links abzweigend). Oder man nimmt ganz bequem den Almerlebnisbus zurück ins Dorf.
Hinweis: Die Seisenbergklamm ist ab Anfang Mai täglich von 8.30 bis 18.30 geöffnet, zwischen Mitte September und Ende Oktober von 9 bis 17 Uhr. Der Eintritt kostet für Erwachsene 6,80 €, für Kinder 4,50 €. Es gibt auch eine Kombikarte für den Besuch von Vorderkaserklamm, Seisenbergklamm und Lamprechtshöhle.
Karte: F&B WK 393.

In **Weißbach** ❶ orientieren wir uns zum Eingang in die Seisenbergklamm, die mit der Vorderklamm zunächst noch einen vergleichsweise freundlichen Eindruck erweckt. Die Route ist natürlich klar vorgegeben und kann nicht verlassen werden. Das größte Spektakel erwartet uns in der wilden Dunkelklamm, wo das Wasser durch enge Kolke und über Kaskaden gischtet, und man ob der dräuenden Felswände etwas konzentrierter gehen muss. Vom Ende der eigentlichen Klamm, in der mehrmals die Seite gewechselt wird, wandern wir linksseitig noch bis zum **Gasthof Lohfeyer** ❷, ca. 900 m, hinauf. Für den Rückweg ist dieselbe Strecke natürlich die weitaus eindrucksvollste Option. Auch ändert sich dabei ja die Perspektive.

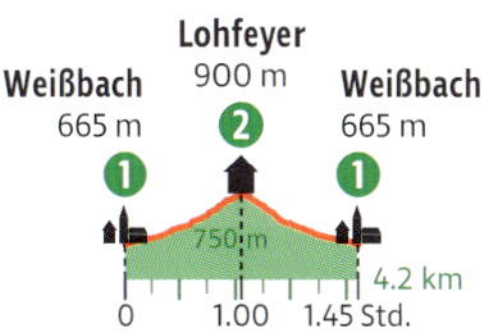

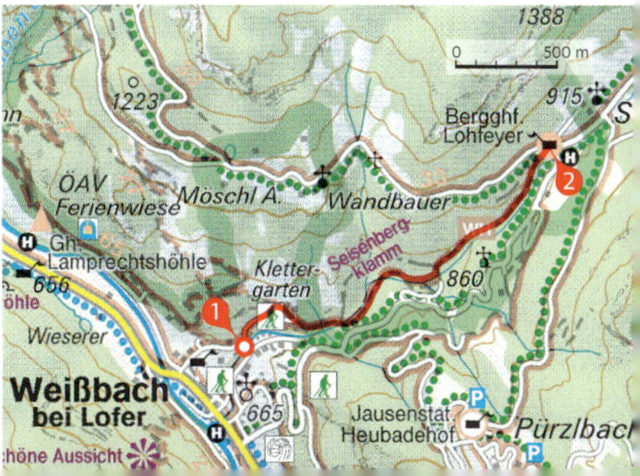

36 Kallbrunnalm, 1454 m

Rund um den Hochkranz

4.00 Std. | 13,6 km | ↗ 600 m | ↘ 600 m

Zur größten Alm in den Berchtesgadener Alpen

Alte Verträge bedingen, dass Bauern aus der bayerischen Ramsau heute noch ihr Vieh auf die im österreichischen Pinzgau gelegene Kallbrunnalm auftreiben dürfen. Es handelt sich um eine der schönsten Almen weit und breit, beeindruckend schon aufgrund ihrer schlichten Größe von mehr 250 Hektar. Und die Umgebung mit dem weiten, südoffenen Horizont ist einfach herrlich. Über sechs Jahrhunderte ist die Almwirtschaft hier schon nachweisbar. Heutzutage kommt eine touristische Komponente dazu, und angesichts der zahlreichen Wanderer und Mountainbiker rentiert sich die Jausenstation allemal. Gipfelstürmer nehmen Hochkranz, Seehorn oder den Großen Hundstod aufs Korn.

Talort: Weißbach bei Lofer, 665 m.
Ausgangspunkt: Parkplatz Waltlmühlsäge, 979 m, an der Hirschbichlstraße von Weißbach herauf. Hier auch Haltestelle (»Kallbrunnalm«) des Almerlebnisbusses, der in der Sommersaison mehrmals täglich zwischen Weißbach und Hintersee pendelt.
Anforderungen: T1. Größtenteils breite Wirtschaftswege bzw. Bergstraßen, insofern unkompliziert. Etwas Marschtüchtigkeit angezeigt.
Einkehr: Wieserkaser auf der Kallbrunnalm, 1454 m, Mitte Mai bis Mitte/Ende Oktober, Tel. +43 664 2357419. Jausenstation Heubadehof in Pürzlbach, ca. 1000 m, Tel. +43 6582 8297 oder +43 650 5428968.
Variante: Wer von Weißbach aus mit dem Bus zum Ausgangspunkt fährt, wird später von Pürzlbach direkt in den Ort absteigen.
Karten: F&B WK 393; AV-Karte Blatt 9 »Loferer und Leoganger Steinberge«.

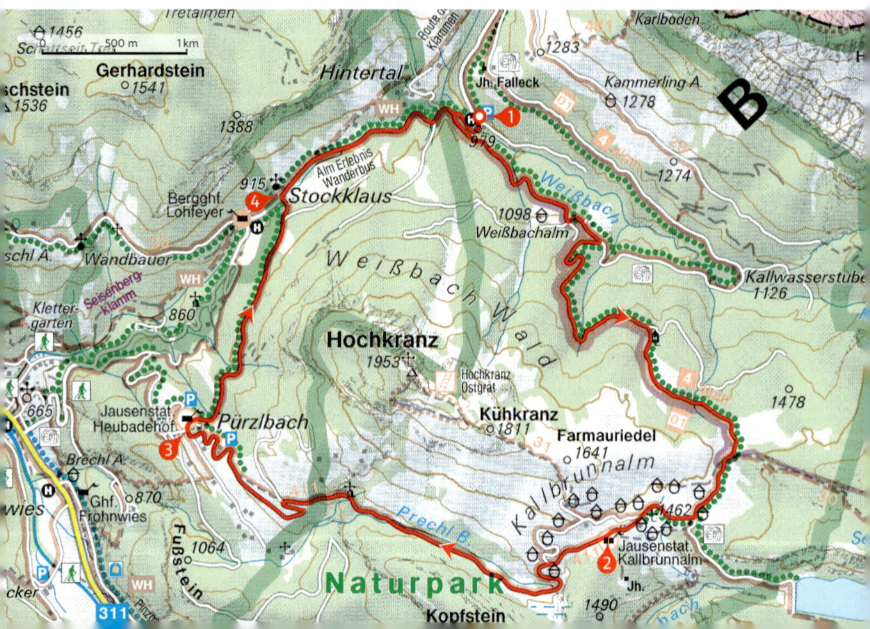

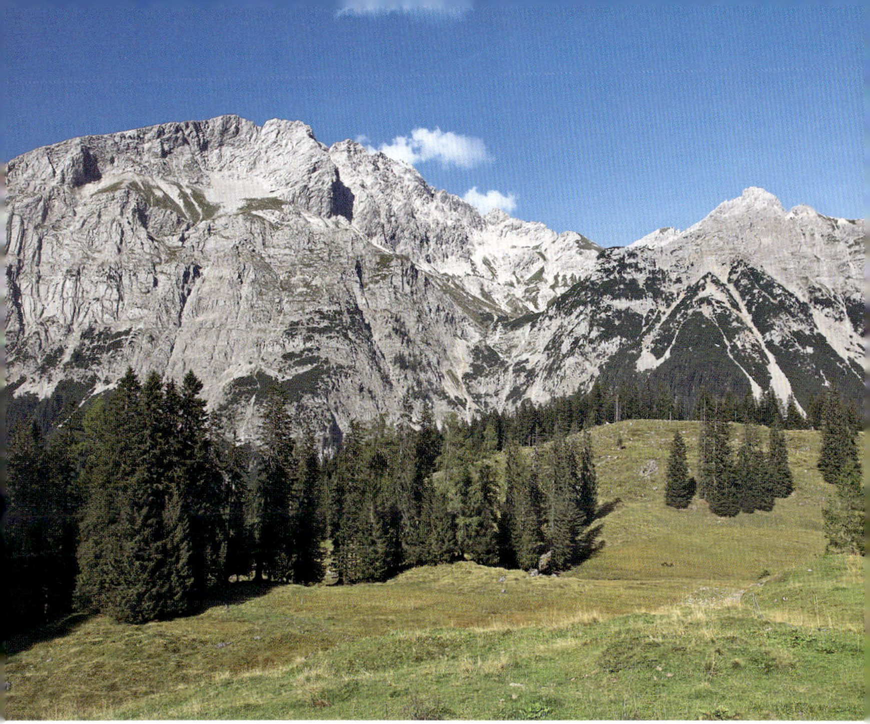

Oben: Kammerlinghorn und Alpelhorn schirmen unser Almgebiet gegen das Berchtesgadener Land ab.
Unten: Blockhütte mit dem Seehorn im Hintergrund.

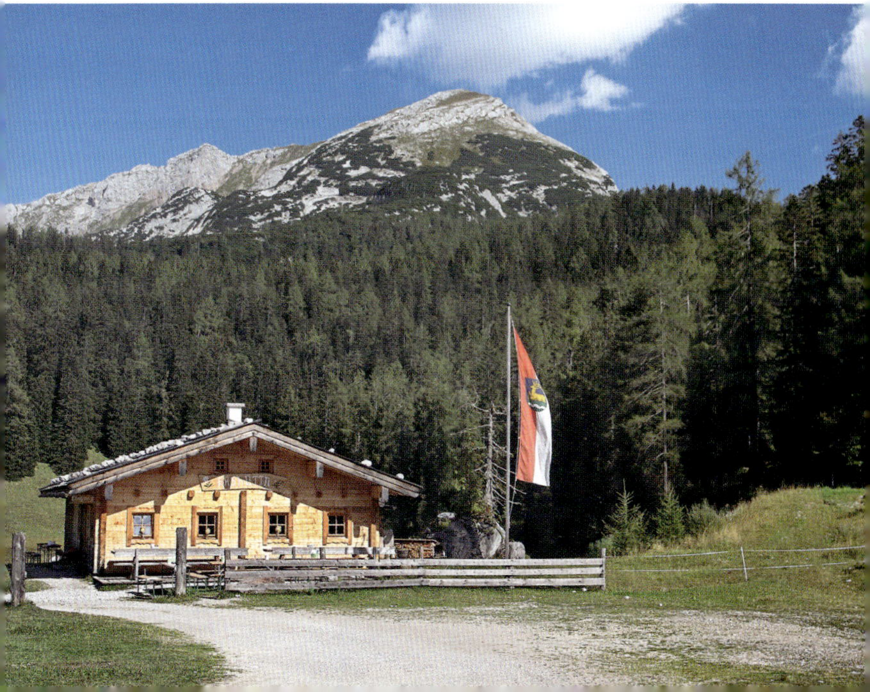

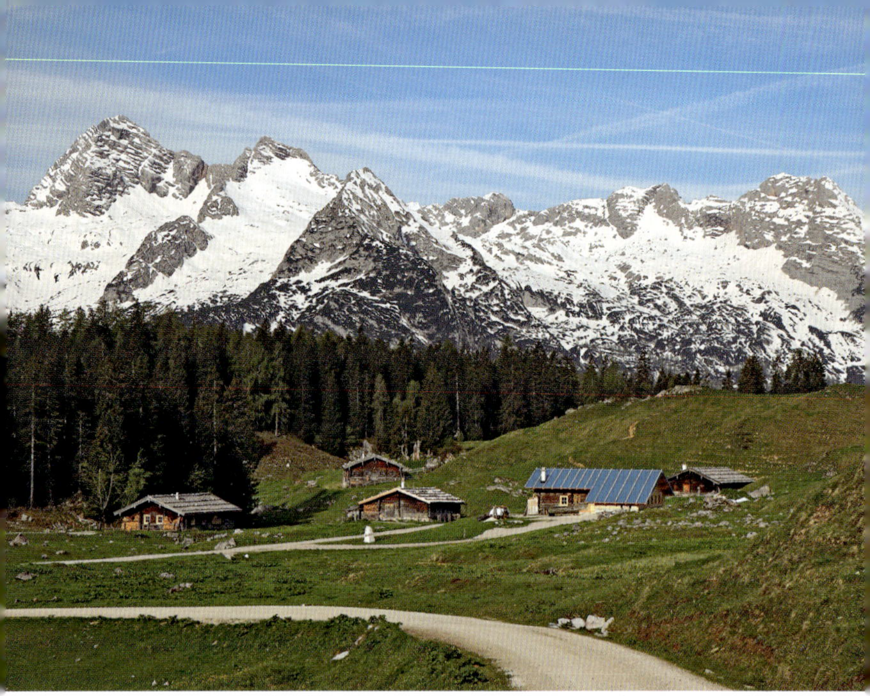

Die Kallbrunnalm vor der noch verschneiten Kulisse der Leoganger Steinberge.

Vom Parkplatz **Waltlmühlsäge** ❶ ca. 100 Meter auf der Straße zurück, dann links hoch auf die abgeschrankte Forststraße. Diese führt nun sehr weit aufwärts, über die Lichtungen der Weißbachalm, der Ehmahd Reit und der Farmau, weiter oben im Bogen um den Farmauriedel herum ins Gebiet der **Kallbrunnalm**. Hinter einer Geländeschwelle zeigen sich zahlreiche Kaser verstreut über die ausgedehnten Wiesenflächen. Bei einer Gabelung halten wir uns rechts zur Jausenstation **Wieserkaser** ❷, 1454 m (links ginge es zum Dießbachstausee). Die Fortsetzung folgt der Almstraße Richtung Weißbach, wobei im oberen Teil eine Schleife etwas abgekürzt werden kann. Nach einer guten Stunde nähern wir uns dem Bergweiler **Pürzlbach** ❸, 1016 m, und biegen einige Kurven unterhalb des Parkplatzes scharf nach rechts auf eine Forststraße ab: die Verbindung nach **Stockklaus** ❹, 915 m, unweit des Gasthofs Lohfeyer an der Hirschbichlstraße. Um den Kreis zum Startpunkt ❶ zu schließen, muss auf der Straße leider noch ein halbstündiger Gegenanstieg absolviert werden (deshalb auch die Variante in Erwägung ziehen!).

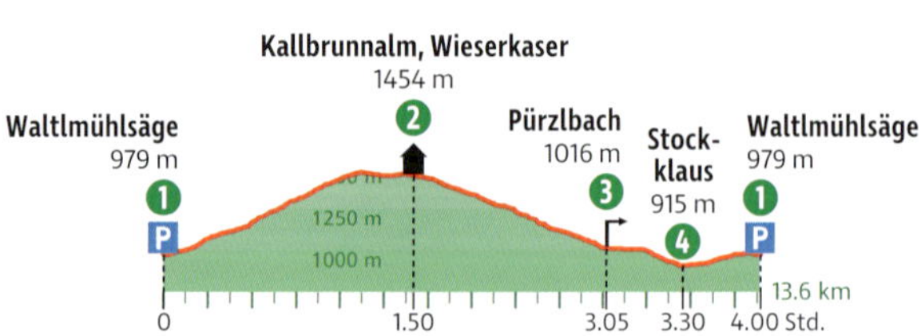

Litzlalm, 1320 m

Durch die Wildenbachschlucht Richtung Hirschbichl

37

4.45 Std. | 15,7 km | ↗700 m | ↘700 m

Bilderbuchalm über dem Pinzgauer Saalachtal

Kein Wunder, dass die Litzlalm schon als Film- und Fernsehkulisse auserwählt worden ist: Da weht ein Hauch von Romantik über die große Almlichtung im Angesicht der »Ramsauer Dolomiten«, wie die schroffen Südabstürze des Reiteralm-Massivs auch genannt werden, maßgeblich getragen von den zahlreichen Kasern, die über die ausgedehnte Weidefläche verstreut liegen. Derzeit werden sie von acht Bauern bestoßen, und Wanderer freuen sich besonders über die Einkehrmöglichkeit in einer der Hütten. Ungeachtet der Option eines Kurztrips vom Hirschbichl her sei hier der Aufstieg aus dem Saalachtal vorgestellt, der mit der Wildenbachschlucht beginnt. Diese wurde 1999 bei einem Hochwasser stark verwüstet und vermittelt ein landschaftliches Kontrasterlebnis zum idyllischen Almgebiet.

Talort: St. Martin bei Lofer, 633 m.
Ausgangspunkt: Obsthurn-Wildenbach, 653 m. Haltestelle an der Postbus-Linie 260 zwischen Salzburg/Bad Reichenhall und Zell am See.

Anforderungen: T1–2. Guter Bergweg durch die Wildenbachschlucht, anschließend Höfestraße, Karrenweg und Almgüterweg. Keinerlei Geländeschwierigkeiten, aber schon vergleichs-

Blick durchs Wildental ins Haupttal der Saalach, flankiert von den Loferer Steinbergen.

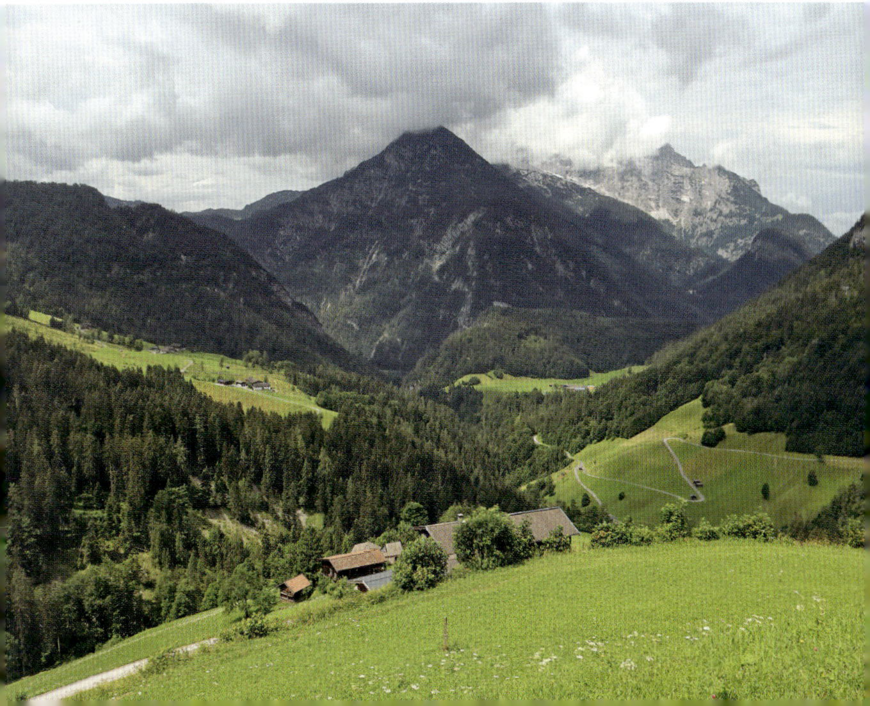

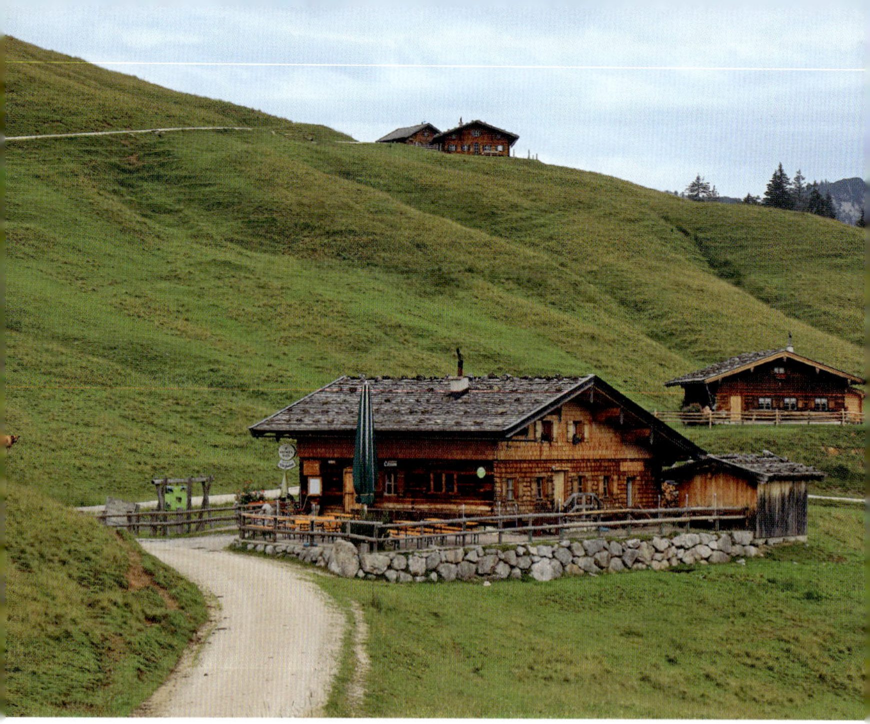

Auf der Litzlalm befindet sich auch eine Jausenstation.

weise lang.

Einkehr: Jausenstation Litzlalm, ca. 1320 m, im Sommer bis etwa Mitte Oktober bewirtschaftet (Mo Ruhetag), Tel. +43 664 3512143.

Varianten: 1. Ab WP2 kann man rechts über eine Forststraße weiter aufsteigen (Zusammenführung hinter der Eiblkapelle); zur Litzlalm ist direkt im Anschluss daran ein etwas höherer Bogen möglich. 2. Kürzester Zustieg zur Litzalm vom Hirschbichl, 1148 m, aus mithilfe des Almerlebnisbusses (verkehrt zwischen Hintersee und Weißbach). Ein mittelschwerer Gipfelsteig führt von Norden in 1 Std. auf den Litzlkogel, 1625 m.

Karten: F&B WK 393; AV-Karte BY20 (angeschnitten).

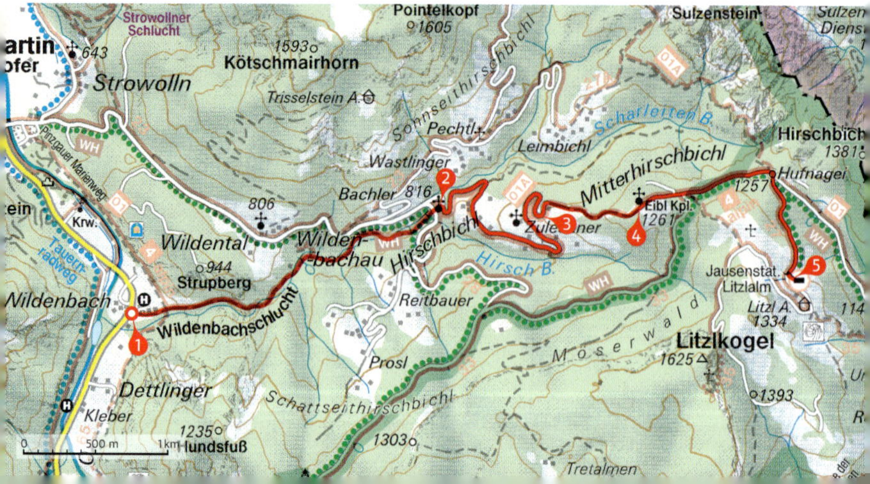

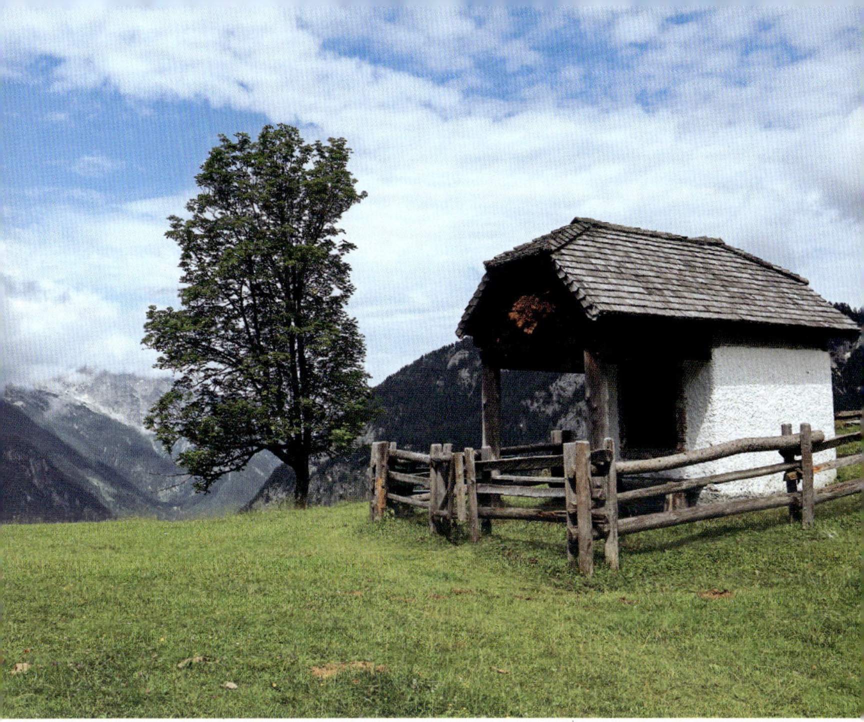

Bei der Eiblkapelle haben wir den Großteil des Höhenunterschieds bewältigt.

Von der Streusiedlung **Obsthurn ❶**, bei F&B als Ortsteil »Wildenbach« eingetragen, orientieren wir uns sogleich Richtung Wildenbachschlucht, die sich zunehmend verengt. Unwetter setzen ihr gelegentlich zu, doch der Weg hindurch ist ziemlich breit und normalerweise problemlos zu begehen. Bei der Örtlichkeit **»Mühlgraben« ❷** treffen wir auf die Wildentaler Höfestraße, der wir nun eine ganze Weile über etliche Kurven bis zum **Zulechner** (Zulehengut) **❸**, ca. 1090 m, folgen. Beim Hof schließt sich ein relativ steiler Karrenweg an. Über das Wald-Wiesen-Gelände am Mitterhirschbichl geht es zum Absatz mit der kleinen **Eiblkapelle ❹**, 1261 m, hinauf: ein feiner Rastplatz. Die Fortsetzung nutzt den breiten Wirtschaftsweg zum Kreuzungspunkt »Hufnagel«, von wo rasch der Grenzübergang Hirschbichl (mit Gasthaus) erreicht werden könnte. Wir ziehen indes rechts hinauf und steuern die Jausenstation auf der **Litzlalm ❺**, ca. 1320 m, an. Der Rückweg ist identisch.

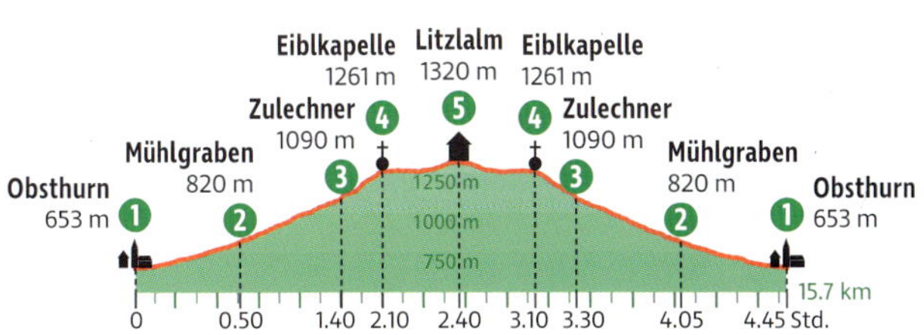

38 Aschauer Klamm

Durch die Schlucht bei Oberjettenberg

3.00 Std. | 9,6 km | ↗ 350 m | ↘ 350 m

Ein toller, wenig bekannter Naturpfad

Auf der Nordwestseite der Reiteralm hat sich der Aschauer Bach markant ins Gelände eingeschnitten. An diesem verläuft ein reizvoller Steig, der allerdings nicht so bekannt ist wie andere Schlucht- und Klammrouten in der Region. Vielleicht weil der Einstieg etwas versteckt liegt. Die Zufahrt von Schneizlreuth zum Haiderhof ist offiziell nicht gestattet und der Anmarsch zu Fuß als Ouvertüre wenig erbaulich. Vorteilhafter erscheint, vorab von Oberjettenberg abzusteigen. Der interessanteste Teil der Tour endet bei der Aschauer Klause – dort wird normalerweise der Rückweg via Rastnock eingeleitet, obwohl man theoretisch sogar bis Reit im Pinzgau weiterwandern könnte.

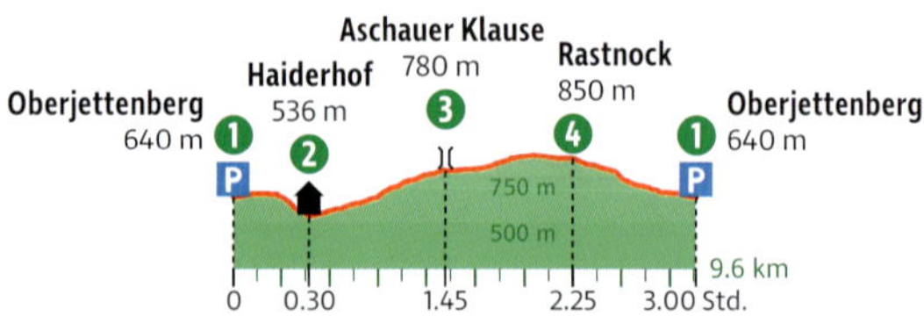

Talort: Schneizlreuth, 516 m.
Ausgangspunkt: Letzte Parkmöglichkeit vor Oberjettenberg, ca. 640 m, an der Stichstraße, die südlich von Unterjettenberg von der B305 Richtung Kaserne abzweigt. Bis in den Ort sowie auch von Schneizlreuth zum Haiderhof ist die Zufahrt nur Anrainern gestattet.

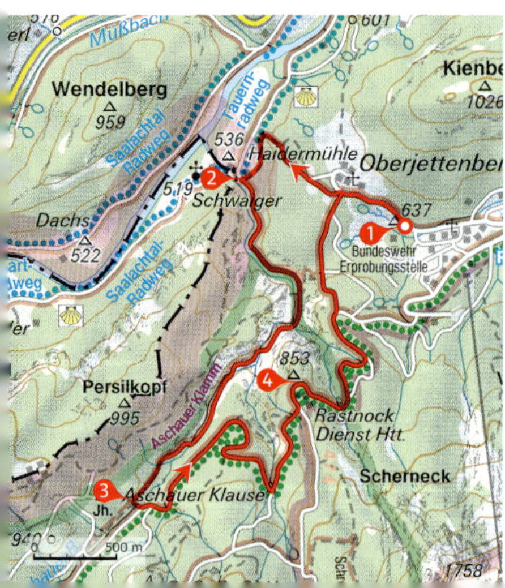

Anforderungen: T2–3 in der Aschauer Klamm, sonst leichter. Der Klammsteig ist oft holprig, mitunter felsdurchsetzt (vereinzelt Drahtseile an abschüssigen Stellen), aber doch gut angelegt. Elementare Trittsicherheit angezeigt. Im Anschluss überwiegend Forststraßen.
Einkehr: Haiderhof (Haidermühle), 536 m, Anfang Mai bis Anfang Oktober an Wochenenden und Feiertagen, Tel. +49 8651 767570.
Variante: Man kann bei Oberjettenberg auch den Forstweg südwärts aufnehmen und dann rechts abzweigend in die Aschauer Klamm gelangen. Haidermühle wird dann nicht berührt (etwas kürzer).
Karten: AV-Karte BY19 oder BY20; F&B WK 393 oder WKD 5203.

Vom Parkplatz vor **Oberjettenberg** ❶ folgen wir zunächst weiter der Straße und schlagen dann die Verbindung zum **Haiderhof** ❷, 536 m, ein, die im Wald rund 100 Höhen-

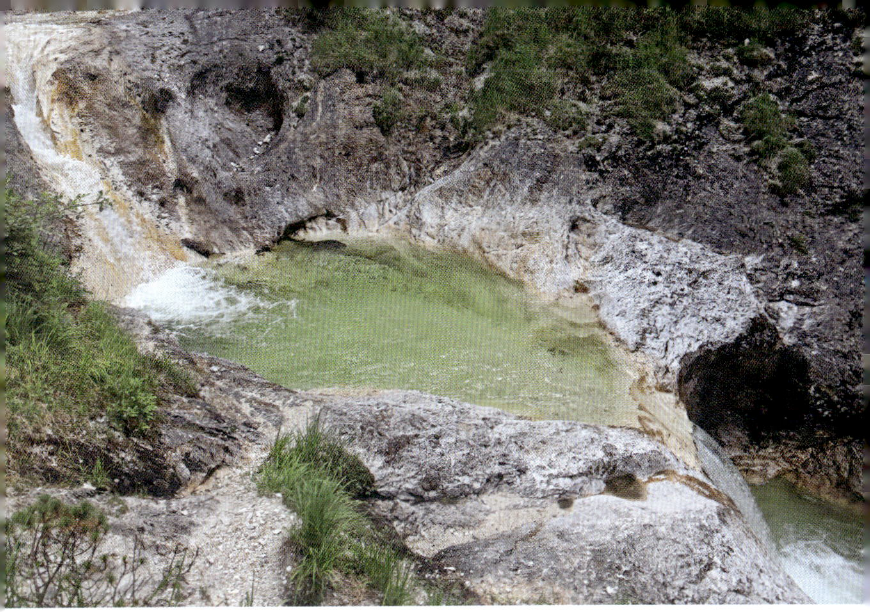

Der Aschauer Bach hat einen wildromantischen Einschnitt geschaffen.

meter verliert. Unten angekommen, begleiten wir den Aschauer Bach taleinwärts. Stets ufernah schlängelt sich der Pfad an Gumpen, ausgewaschenen Rinnen und Blockbachbetten entlang, wobei Flachpassagen und sachte Anstiege einander abwechseln. Fixseile entschärfen gelegentlich etwas ausgesetzte Traversen, die allerdings nicht abschrecken sollten. Eine Handvoll Male wird über Brücken auch die Seite gewechselt. Nach knapp anderthalb Stunden ab Haiderhof gelangt man zum Rastplatz bei der **Aschauer Klause** ❸, ca. 780 m. Jenseits der Brücke nehmen wir die Forststraße auf, kreuzen den Plattengraben und erhalten mit einigen Kurven sowie durch zwei kurze Tunnel Anschluss zum Schrecksteig, den wir auf Höhe des **Rastnock** ❹, ca. 850 m, erreichen. Damit geht es nun abwärts Richtung Oberjettenberg, den Abzweig zum Weiler beachtend und unten auf der Straße wieder kurz nach rechts zum Parkplatz ❶.

Darin verläuft ein spannender Schluchtsteig.

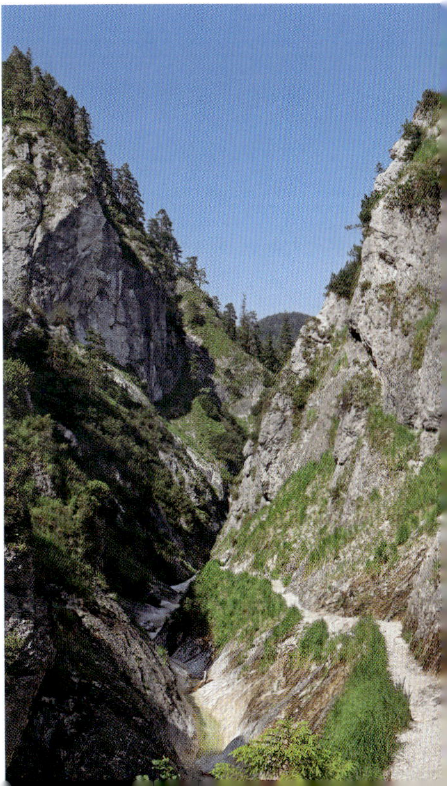

39 Großer Weitschartenkopf, 1979 m

Über den Schrecksteig zur Neuen Traunsteiner Hütte

8.30 Std. | 19,0 km | ↗ 1570 m | ↘ 1570 m

Leichtestes Gipfelziel auf der Reiteralm

Die Reiteralm ist der westlichste der großen Plateaustöcke des Berchtesgadener Landes und eine Welt für sich. Die steilen Randabstürze lassen kaum etwas erahnen von der welligen Hochmulde des Reitertrett im Innern der Gruppe, wo die Traunsteiner Hütte des Alpenvereins den zentralen Anlaufpunkt bildet. Alle Wege dorthin sind lang und relativ anstrengend, wenn auch wandertechnisch nicht unbedingt anspruchsvoll. Man hat im Wesentlichen die Wahl zwischen dem Schrecksteig von Oberjettenberg, dem Wachterlsteig von der Schwarzbachwacht und dem Alpasteig von Reit im Saalachtal. Erstgenannter ist wohl am besten ausgebaut und soll daher nachfolgend beschrieben werden.

Von der Traunsteiner Hütte können Gipfelstürmer zu verschiedenen Zielen ausschwärmen. In unserem Kontext sei am ehesten der Große Weitschartenkopf empfohlen, liegt er dem Stützpunkt doch am nächsten. Aus einer Höhe von fast 2000 Metern genießt man eine wunderbare Fernschau. Die komplette Tour (einschließlich Gipfel) sollte von Normalwanderern schon aufgrund ihrer Länge im Rahmen von zwei Tagen unternommen werden. Mit einer Übernachtung am Berg lassen sich zudem noch intensivere Eindrücke und Stimmungen einfangen – gerade weil die Traunsteiner Hütte so abgeschieden liegt.

Als Stützpunkt dient die Neue Traunsteiner Hütte.

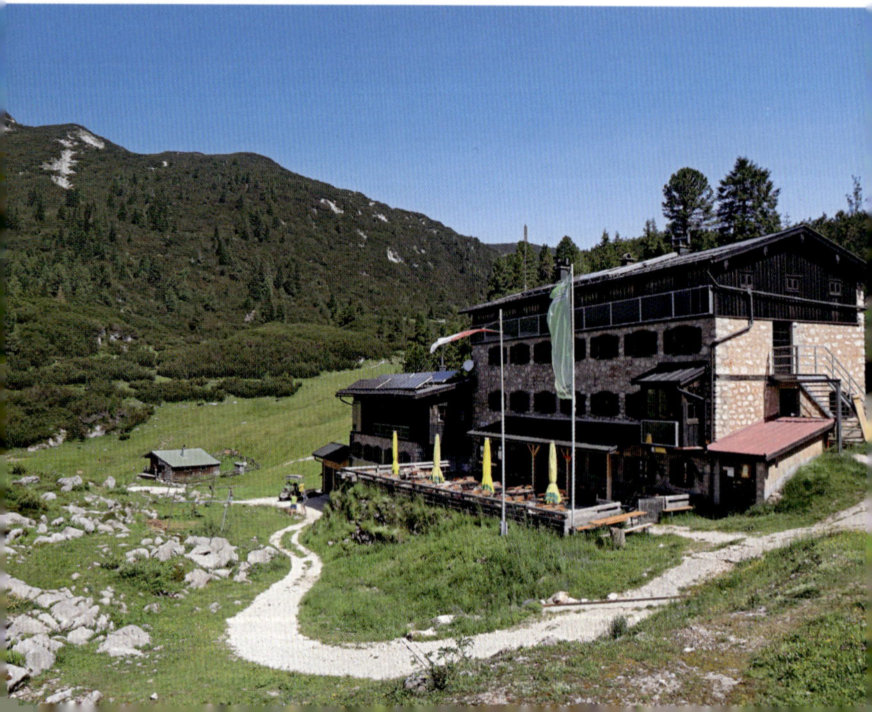

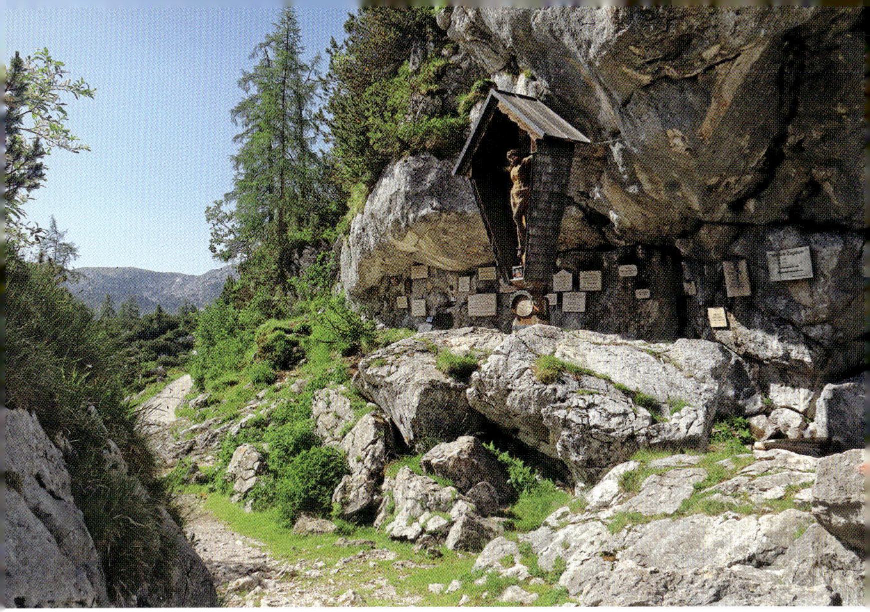

Am Schrecksattel ist die Schwelle zum Hochplateau erreicht.

Talort: Schneizlreuth, 516 m.
Ausgangspunkt: Wanderparkplatz, ca. 640 m, nahe des Bundeswehr-Standortes Oberjettenberg, wo Route Nr. 474 beginnt. Die Zufahrt zweigt südlich von Unterjettenberg von der B305 ab (ohne Busanschluss).
Anforderungen: T3 (Gipfelroute) bzw. höchstens T2–3 am Schrecksteig. Anfangs Forststraße, dann gut ausgebauter Bergweg bis zum Schrecksattel (sehr viele Stufen, keine nennenswerte Absturzgefahr), auf dem Hochplateau wieder breite, befestigte Trasse. Gipfelwärts mittelsteiler Steig im Rasen-Latschen-Gelände, nach oben hin felsdurchsetzt (grundlegende Trittsicherheit erforderlich).
Einkehr: Neue Traunsteiner Hütte, 1560 m, Anfang Juni bis Mitte Oktober, Übernachtungsmöglichkeit, Tel. +49 171 4378919.
Variante: Ohne Gipfel kommt man mit 1140 Hm und 6.15 Std. reiner Gehzeit aus, was sich für Ausdauernde noch im Rahmen einer Tagestour bewegt. Übergänge sind logistisch leider sehr umständlich.
Karten: AV-Karte BY20; F&B WK 393.

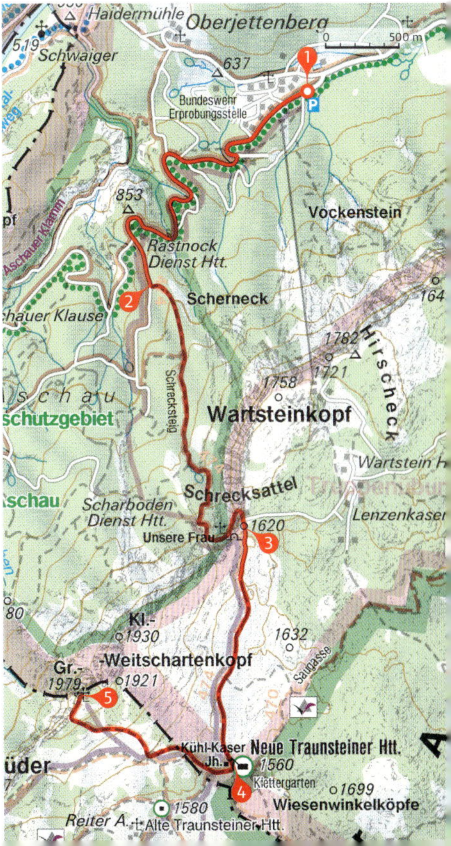

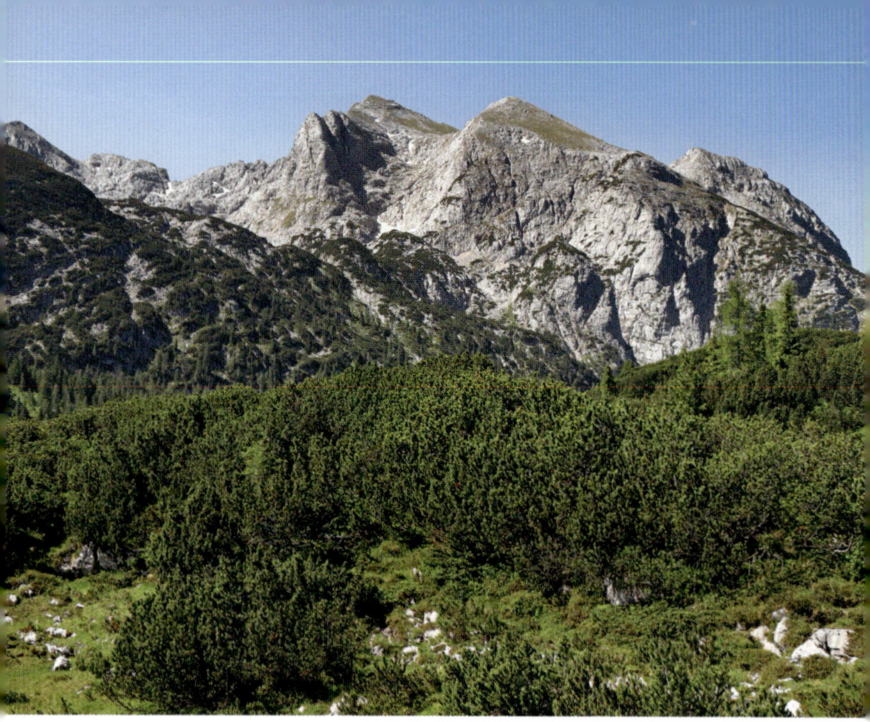

Die Häuselhörner markieren das Gipfelstockwerk auf der Reiteralm.

Der Schrecksteig verläuft unterhalb der Steilwand des Wartsteinkopfes.

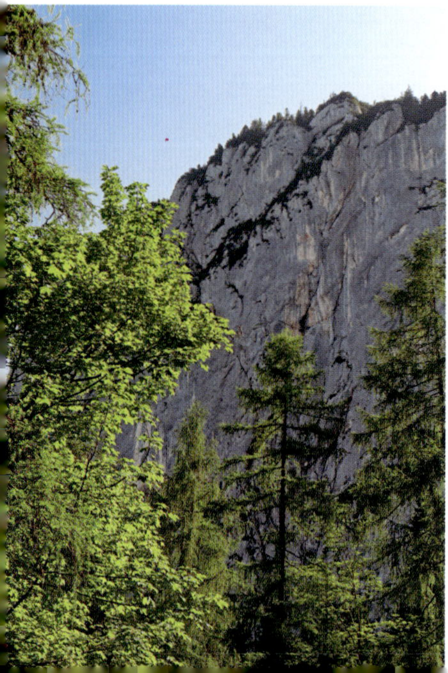

Vom Parkplatz bei **Oberjettenberg** ❶ geht es auf der Asphaltstraße bis zu den obersten Kasernengebäuden, wo ein Forstweg einsetzt. Mit gelegentlichen Abkürzungen hinauf zum Rastnock-Eck und knapp 15 Minuten später zum Abzweig des **Schrecksteiges** (Nr. 474) nach links ❷. Man könnte auch noch weiter der Forststraße folgen und würde dann nach einer Linkskehre und einer Rechtskurve in knapp 1100 Meter Höhe darauf stoßen. Beschattet von der Wand des Wartsteinkopfes zieht der Schrecksteig vorerst relativ sachte aufwärts, zwischendurch über Gräben entlang. Später folgen viele Windungen und zahllose verbaute Holzstufen. Im oberen Teil drehen wir links ab und gelangen an einer Felsnische vorbei sowie mit einer letzten Kehre hinauf zum Bildstock am **Schrecksattel** ❸, 1620 m: Eintritt

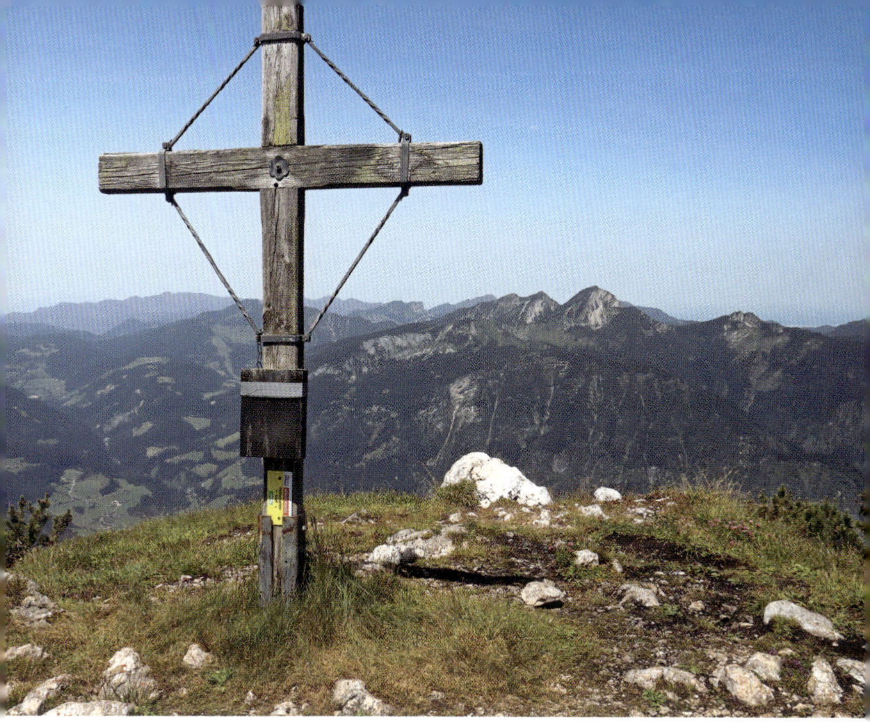

Aus der Gipfelhöhe von fast 2000 Metern schweift der Blick in die Ferne.

auf das Plateau der Reiteralm! Zwei Kilometer weiter südlich liegt am Rande der großen, begrünten Hochmulde die **Neue Traunsteiner Hütte** ❹, 1560 m, die in leichtem Auf und Ab (etwas mehr Gefälle) über einen befestigten Fahrweg erreicht wird.

Wer sofort zum Gipfel möchte, kann kurz vorher rechter Hand eine Abkürzung zum Kühkaser einschlagen, ansonsten nimmt man bei der Hütte westwärts die Route zum Weitschartenkopf und Großen Bruder auf. Sie gabelt sich oberhalb des Kühkasers an einem Rasenhang. Wir halten uns rechts, steigen teils offen, teils durch Latschengassen nicht übermäßig steil höher, nach oben hin dann aber durchaus etwas kerniger und schrofig bzw. felsdurchsetzt. Zuletzt auf dem Grat nach rechts zum Gipfel des **Großen Weitschartenkopfes** ❺, 1979 m. Der Rückweg verläuft identisch.

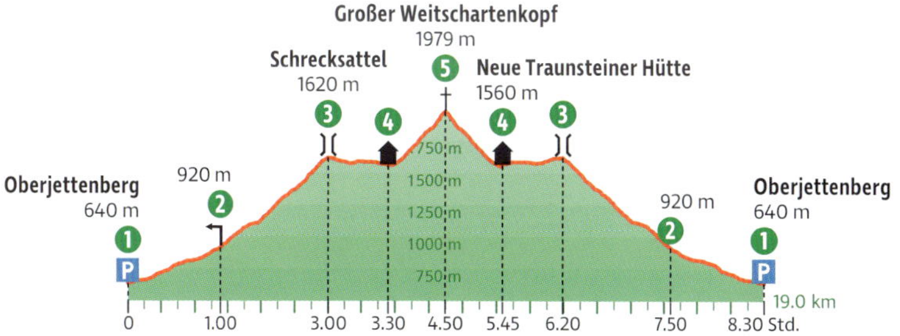

40 Von Karlstein zum Thumsee

Mit Kirchlein St. Pankraz und Ruine Karlstein

2.00 Std. | 6,7 km | ↗ 270 m | ↘ 270 m

Gemischte Ausflugsziele im Einzugsbereich von Bad Reichenhall

Im Westen von Bad Reichenhall lockt der Thumsee sommers als Badewanne und praktisch ganzjährig als Kulisse für einen schönen Spaziergang. Der Seerundweg ist allerdings reichlich kurz und sollte für Menschen mit gewissen Wanderambitionen unbedingt aufgepeppt werden. Dies tun wir mit Start in Karlstein und dem Besuch zweier leicht herausgehobener Geländepunkte, die auf die Kurstadt an der Saalach herabschauen: das exponierte, Ende des 17. Jahrhunderts erbaute Wallfahrtskirchlein auf dem Pankrazfelsen sowie die mittelalterliche Burgruine Karlstein. So kommen auf engem Raum vielseitige Impressionen aus Kultur und Natur zusammen.

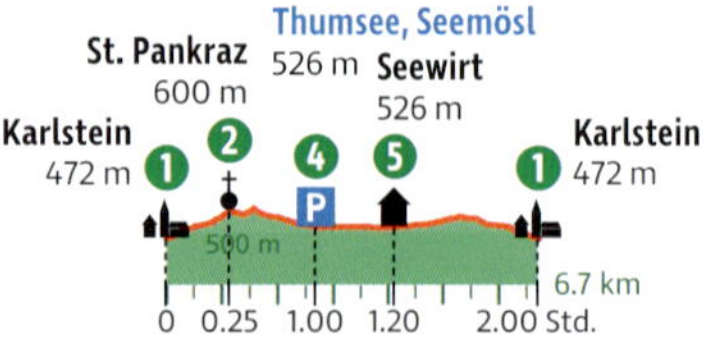

Talort: Bad Reichenhall, 473 m.
Ausgangspunkt: Karlstein, ca. 472 m, Parkmöglichkeiten in der Schmalschlägerstraße oder kurz dahinter beim Feuerwehrhaus. Bushaltestelle »Karlstein, Kaitl« (Linie 2 zum Thumsee bzw. überregional die Linie 9526 zwischen Bad Reichenhall und Traunstein).
Anforderungen: T2 (bei den Abstechern), sonst T1. Spazierwege und Nebenstraßen, also streckenweise Hartbelag, zur Kirche und Ruine etwas steilere, perfekt ausgebaute Stufenwege.
Einkehr: Gasthäuser Seewirt, Tel. +49

Auf einem Felssporn thront das Pankrazkirchlein.

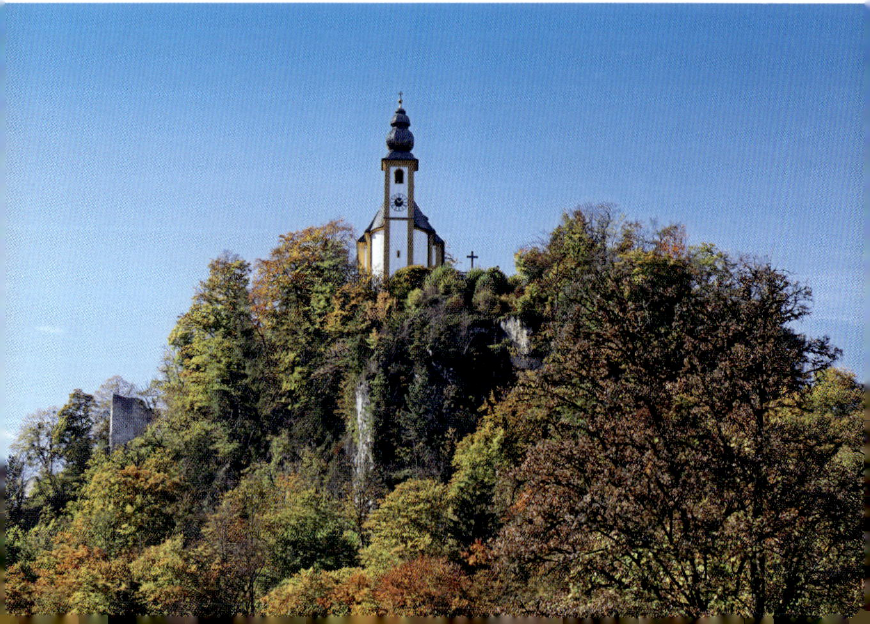

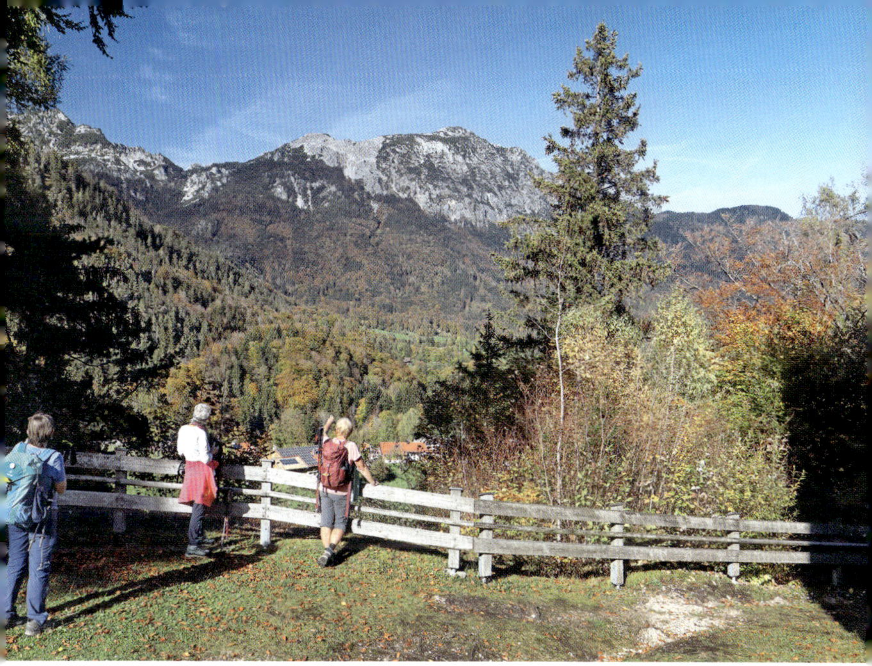

Von dort ergibt sich ein schöner Blick auf die Umgebung mit dem Hochstaufen.

8651 7688210, und Madlbauer, Tel. +49 8651 2296 (beide am Thumsee-Nordufer).
Variante: Einbindung der Soleleitung südlich der Straße am Thumsee. Dort gibt es ebenfalls Parkplätze, die als Ausgangspunkt infrage kommen.
Karten: AV-Karte BY19 oder BY20; F&B WK 393 oder WKD 5203.

Diese Tour verläuft hauptsächlich auf komfortablen Spazierwegen.

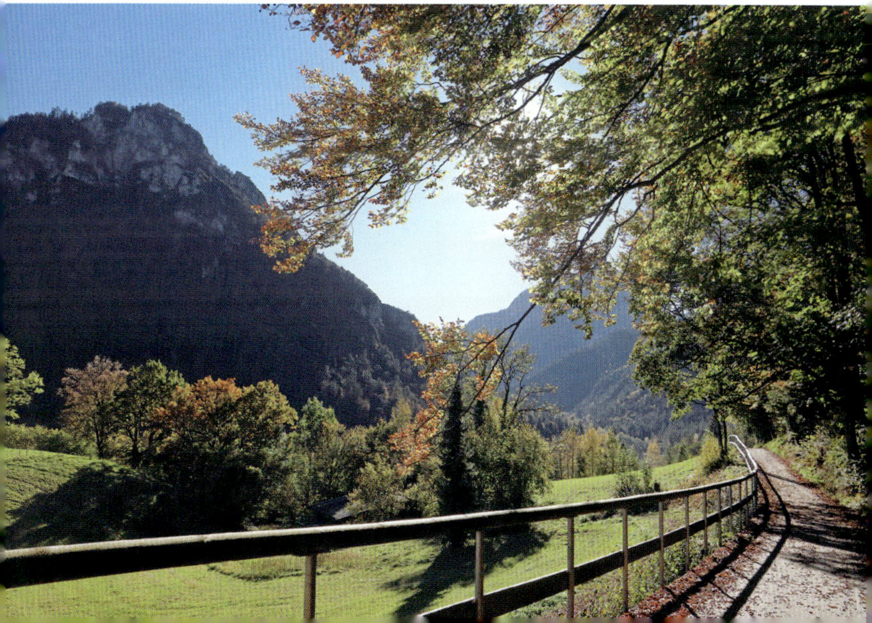

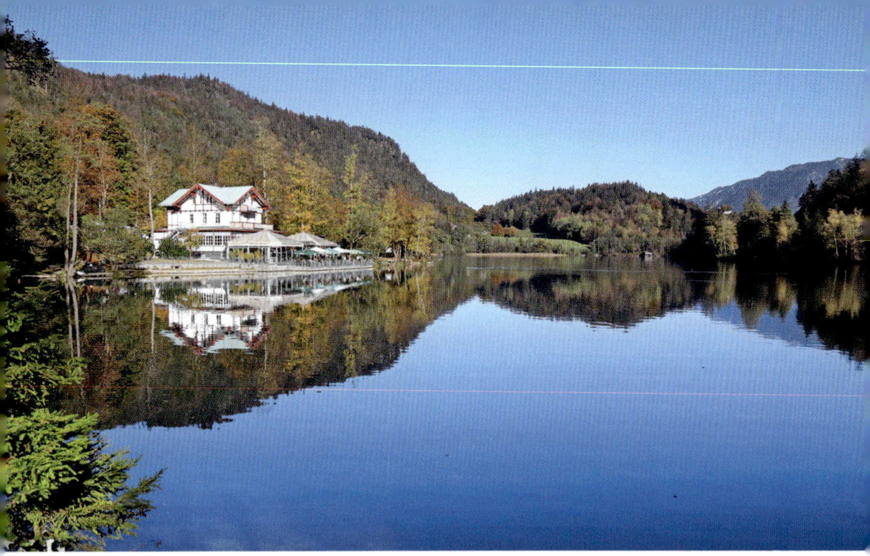

Glatt wie ein Spiegel liegt der Thumsee da.

In **Karlstein** ❶ folgen wir der Schmalschlägerstraße aufwärts, bei einer Gabelung links haltend (in Kürze ein kleiner Parkplatz, den man ebenfalls nutzen könnte) und zum Beginn der Aufstiege zu unseren kulturellen Zielen, die beide mit stufenreichen Kehrenwegen erschlossen worden sind. Viel mehr als 50 Höhenmeter müssen jeweils nicht überwunden werden. Wir besuchen also nacheinander das Kirchlein **St. Pankraz** ❷, ca. 600 m, sowie die **Ruine Karlstein** ❸, ca. 615 m – eine direkte Verbindung oben rüber existiert im Übrigen nicht! Zurück am Sträßchen geht man noch kurz aufwärts, ehe sich unser Weg der Straße anschmiegt und rasch zum »Wegezentrum 7« am **Thumsee** ❹, 526 m, führt. Wir wollen den See nun fast zur Gänze umrunden, treffen am Westeck auf einen weiteren Parkplatz, am Nordufer dann auf zwei stark frequentierte Gastbetriebe, den **»Seewirt«** ❺ sowie den **»Madlbauer«**. Nebenan eine große Liegewiese mit Freibademöglichkeit. Die Fortsetzung bedient sich eines nicht öffentlichen Sträßchens, das nach leichter Steigung in einen Forstweg übergeht. Schließlich müssen wir den scharfen Rechtsknick beachten, um durch die Streusiedlung wieder zurück zum Ausgangspunkt in **Karlstein** ❶ zu gelangen.

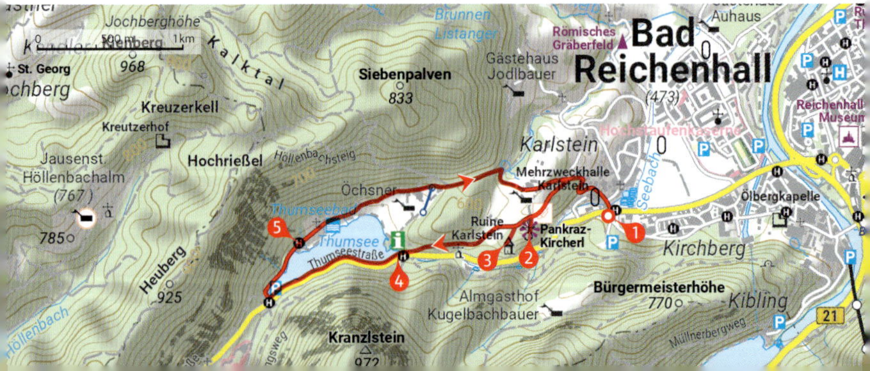

Müllnerberg-Runde

Über die Bürgermeisterhöhe zum Paul-Gruber-Haus

5.30 Std. | 12,9 km | ↗ 870 m | ↘ 870 m

Stillere Waldwege und ein abenteuerlicher Touch

In Konkurrenz zu Hochstaufen und Predigtstuhl, den alpinen Aushängeschildern über dem Reichenhaller Talkessel, steht der Müllnerberg wohl etwas im Schatten. Der waldreiche Bergzug beginnt mit der Bürgermeisterhöhe relativ bescheiden (wenn auch nicht total sanft) und wirft nach Südwesten einige felsige Gipfelköpfe auf, ehe das Gelände steil gegen das Tal bei Schneizlreuth abfällt. Hier können wir auch ohne konkrete Ziele eine ausschweifende Runde unternehmen und werden dabei unter Garantie in die Stille eintauchen. Weite Strecken sind wandertechnisch als problemlos zu bezeichnen, eine halbe Stunde lang gilt das allgemeine Attribut »leicht« aber keineswegs mehr, denn beim Bogen um das Rabensteinhorn müssen ziemlich steile Flanken auf verschlungenem Pfad gequert werden. Also ein deutliches Achtungszeichen! Für einen etwaigen Abstecher aufs Pflasterbachhörndl müsste sogar noch eine Schippe draufgelegt werden ...

Talort: Bad Reichenhall, 473 m.
Ausgangspunkt: Parkmöglichkeit bei der Predigtstuhlbahn, Bushaltestelle und Bahnhaltepunkt »Bad Reichenhall Kirchberg«.
Anforderungen: T3, über weite Strecken deutlich leichter. Im Bereich der Bürgermeisterhöhe Waldsteige, breiter Ziehweg bis Abzweig zum Pflasterbachhörndl, dahinter schmaler Pfad in abschüssigem Gelände (vereinzelt Drahtseile, Trittsicherheit unerlässlich, bei Nässe meiden!),

Auf dem ersten Abschnitt zur Bürgermeisterhöhe kommen wir durch den verwunschenen Bereich bei der Teufelshöhle.

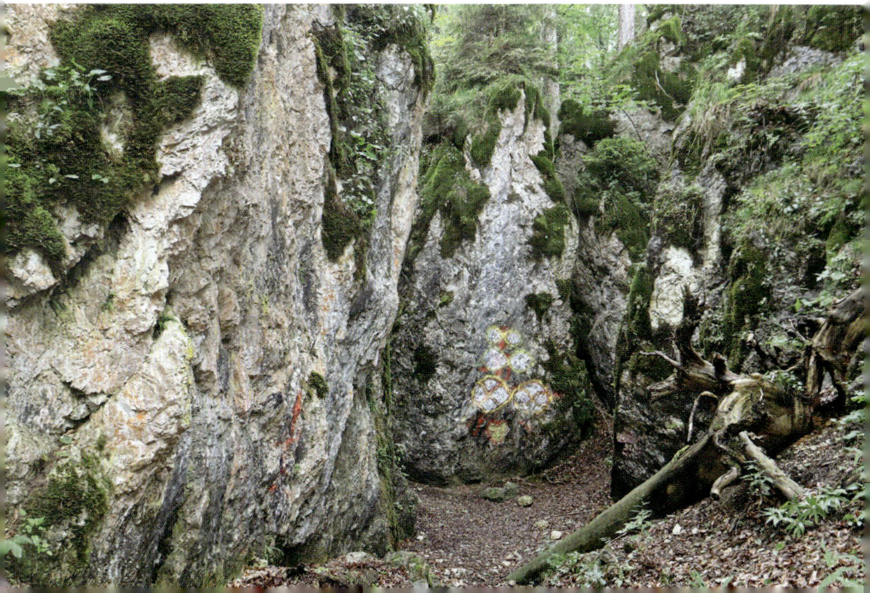

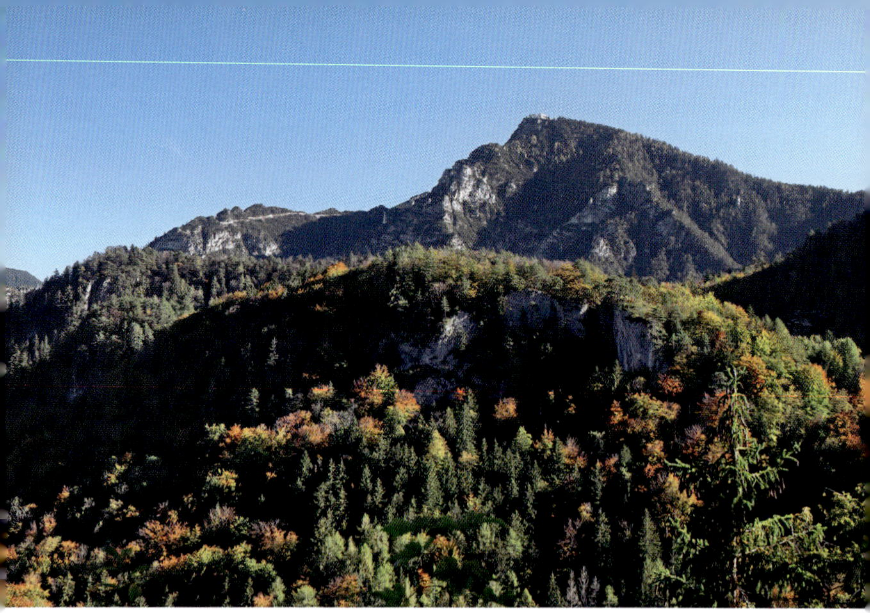

Der Buckel der Bürgermeisterhöhe erscheint gegenüber dem Predigtstuhl (im Hintergrund) bescheiden.

ab Gruberhaus wieder leicht auf Forstweg. Die gesamte Tour ist einigermaßen tagfüllend, daher auch Ausdauer nötig.
Einkehr: Paul-Gruber-Haus, 932 m, geöffnet etwa April bis Oktober, Selbstversorgerhütte mit Küche und Getränkevorrat, Übernachtungsmöglichkeit. Kugelbachbauer zuletzt nicht mehr regulär geöffnet, Tel. +49 8651 64292. Ansonsten in Bad Reichenhall.
Variante: Es ergibt sich eine Kurztour, wenn man sich bei Wegpunkt 3 links hält und zur Saalach absteigend rasch nach Bad Reichenhall zurückkehrt (oder auch über einen Waldsteig auf der Nordseite des Bergrückens).
Karten: AV-Karte BY19 oder BY20; F&B WK 393 oder WKD 5203.

In **Bad Reichenhall ❶** über die Kirchbergbrücke zur Predigtstuhlbahn und auf einem engen Fußweg zum oberen Parkplatz beim ehemaligen Gasthaus Schroffen, wo der eigentliche Waldsteig zur Bürgermeisterhöhe beginnt. Teils recht kräftig geht es über die Ostseite bergauf. Wo die Felsen nahe der Teufelshöhle auftauchen, ist ein kurzer Abstecher zur Kirchberg-Kanzel möglich. Bald darauf erreichen wir auch die dicht bewaldete Kuppe der **Bürgermeisterhöhe ❷**, 770 m, mit kurzem Stich zu einer Rastbank (Aussichtsfenster nur nach Norden). Ein Stück weiter ergibt sich nochmals ein Durchblick. Bis in den Bereich der sogenannten

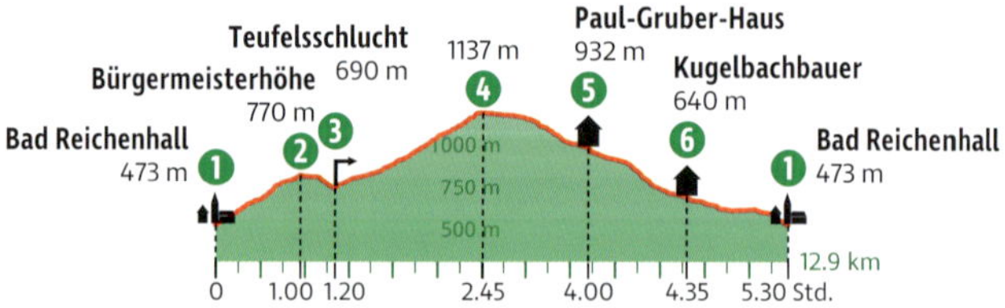

Teufelsschlucht, die man sich nicht zu grimmig vorstellen muss, verlieren wir nun einige Höhenmeter; der mögliche Abzweig auf die Nordseite ist nicht bezeichnet, während man südseitig etwas tiefer zum Saalachsee (Kibling) ausscheren könnte ❸ (siehe Variante).

Wir nehmen hingegen den breiten Ziehweg bergwärts auf. Über längere Zeit wird eine angenehme Steigung absolviert, zwischendurch mit zwei Kehren, ehe die Abzweigungen zum **Pflasterbachhörndl** ❹ auftauchen. Diese ignorierend folgen wir der fortan schmaler gepfadeten Fortsetzung der Hangroute. Zunächst handelt es sich noch um einen normalen Waldpfad, in der Südflanke des Rabensteinhorns wird es allerdings ziemlich abschüssig bei zuweilen leicht grasverwachsener Spur. Sie führt mitunter über Wurzeln bzw. einzelne Felsen und ist an ausgesetzten Stellen auch mal gesichert. Am Scharnrücken dreht unsere Route dann nordwärts ein und bringt uns – bald komfortabler trassiert – hinab zum **Paul-Gruber-Haus** ❺, 932 m,

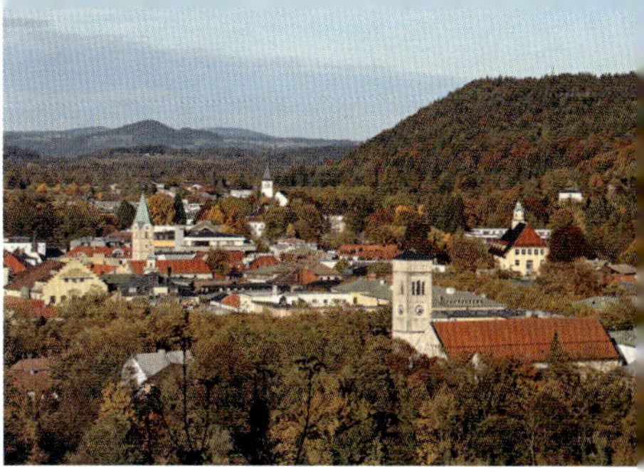

Diese Wanderung nimmt in Bad Reichenhall ihren Ausgang.

einer Selbstversorgerhütte der Naturfreunde.

Von dort geht es auf der Forststraße schnurstracks abwärts. Linker Hand befindet sich der **Kugelbachbauer** ❻, ca. 640 m, ehedem eine Jausenstation. Bei der nächsten Verzweigung wählen wir die kleinere Trasse rechts und haben etwas später nochmals die Wahl zwischen dem Rückweg über die Straße und dem schöneren »Zwergenweg« unterhalb der Bürgermeisterhöhe. Hier mit etwas Gegensteigung an einem Aussichtspunkt vorbei und anschließend via Schroffen hinab nach **Bad Reichenhall** ❶.

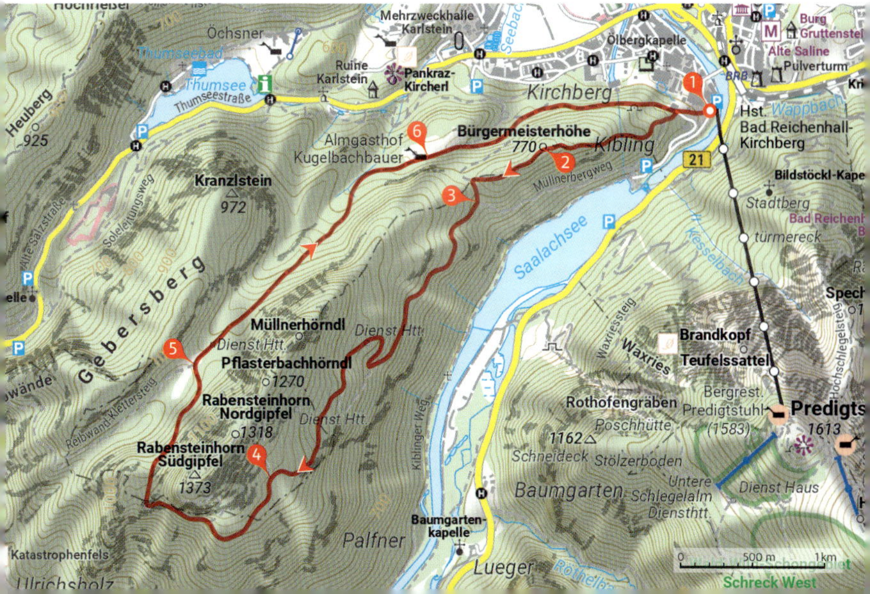

42 Karkopf, 1738 m
Mit der Predigtstuhlbahn

2.00 Std. | 5,3 km | ↗330 m | ↘330 m

Zum höchsten Punkt des Lattengebirges

Das Lattengebirge besitzt viele Gesichter (wie wir in den folgenden Kapiteln noch sehen werden) – touristisch erschlossen ist vor allem der Bereich um den Predigtstuhl, wo die älteste noch in Betrieb befindliche Kabinenbahn der Welt andockt (seit 1928). Mit dieser hohen Startrampe am Reichenhaller Hausberg ist die Besteigung des Karkopfes – seines Zeichens der höchste Gipfelpunkt im Lattengebirge – keine aufwendige Angelegenheit. Eine gute Stunde Höhenwanderung und man ist oben! Faszinierend zeigt sich das Panorama der großen Berchtesgadener Bergstöcke, aber auch in die Chiemgauer Alpen und hinaus ins Alpenvorland. Wer mag, kann die Tour mit dem benachbarten Dreisesselberg (1680 m) noch aufwerten.

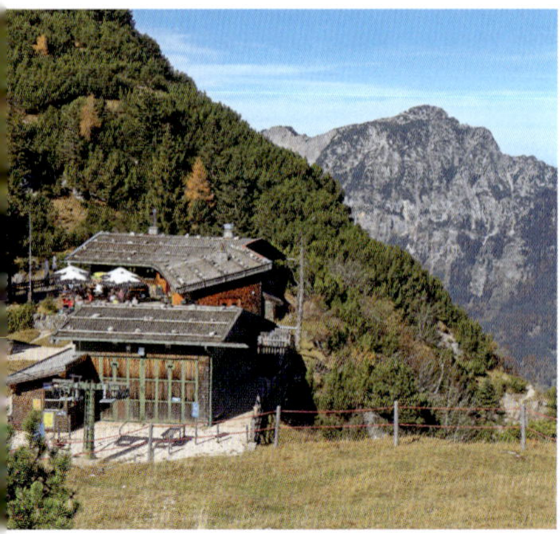

In der Schlegelmulde befindet sich eine Jausenstation; hinten der Hochstaufen.

Talort: Bad Reichenhall, 473 m.
Ausgangspunkt: Talstation der Predigtstuhlbahn in Bad Reichenhall; nächste Bushaltestelle und Bahnhaltepunkt »Bad Reichenhall Kirchberg«. Mit der Seilbahn zur Bergstation, ca. 1570 m. In der Sommersaison täglich ab 9 Uhr in Betrieb (letzte Talfahrt variiert je nach Tag), im Winter Mo/Di geschlossen.
Anforderungen: T2. Komfortabel ausgebauter Bergweg, teils Latschengelände, mit Seilbahnhilfe auch konditionell sehr moderate Tour.
Einkehr: Bergrestaurant Predigtstuhl, 1583 m; Almhütte Schlegelmulde, 1540 m, beide Tel. +49 8651 968514.
Karten: AV-Karte BY20; F&B WK 393 oder WKD 5203.

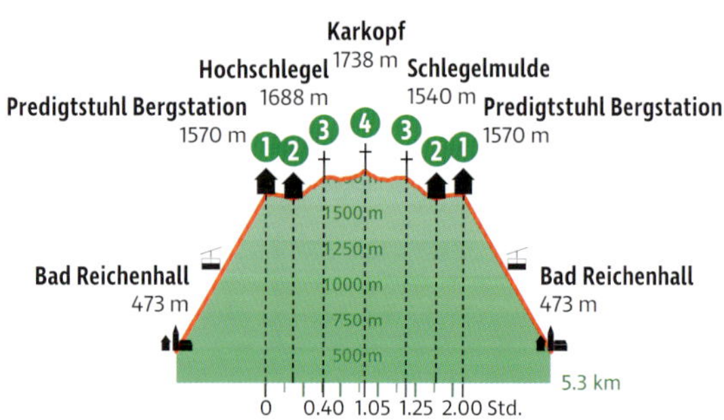

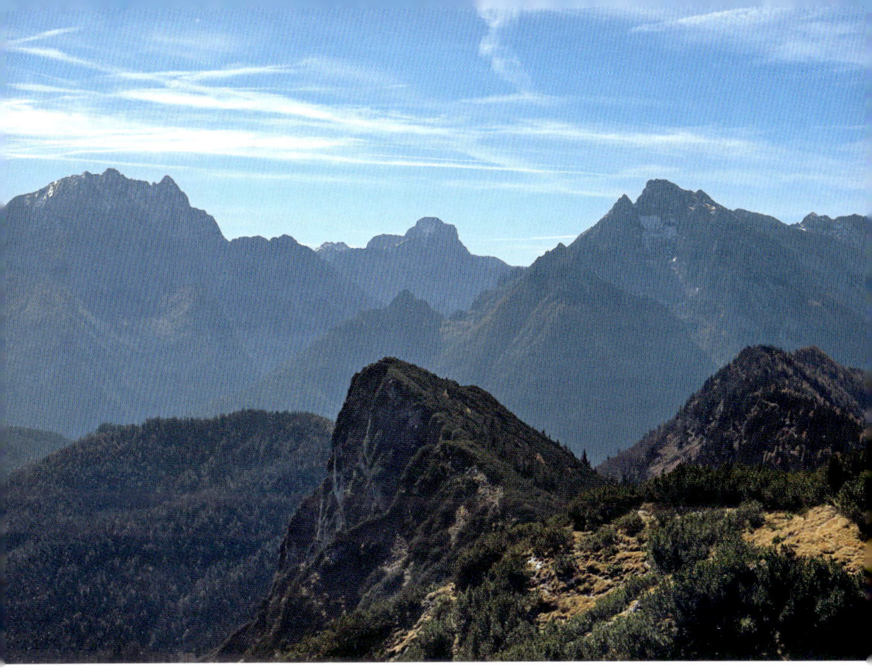

Großartige Fernschau über den Hauptkamm des Lattengebirges bis zu Watzmann und Hochkalter.

Nach der Bergfahrt von Bad Reichenhall hinauf zum **Predigtstuhl** ❶ nehmen wir den breit trassierten Höhenweg auf, der südlich um den Gipfel herumzieht und bereits nach kaum einer Viertelstunde zur Jausenstation in der **Schlegelmulde** ❷, 1540 m, gelangt. Der folgende Geländeaufschwung zum **Hochschlegel** ❸, 1688 m, wird auf einem bequem angelegten Kehrenweg bewältigt. Der betagte Sessellift nebenan ist nicht mehr in Gebrauch. Vom Gipfelkreuz am Hochschlegel geht es kammnah weiter, mit geringfügigem Zwischenabstieg rechtsseitig etwas ausweichend, am latschenbewachsenen Schreck vorbei und vom Kreuzungspunkt der Wege Nr. 477 und 479 in einem fünfminütigen Abstecher zum **Karkopf** ❹, 1738 m, hinauf. Retour ist nur dieselbe Route praktikabel, sofern man nicht ausschweifendere Überschreitungen im Sinn hat.

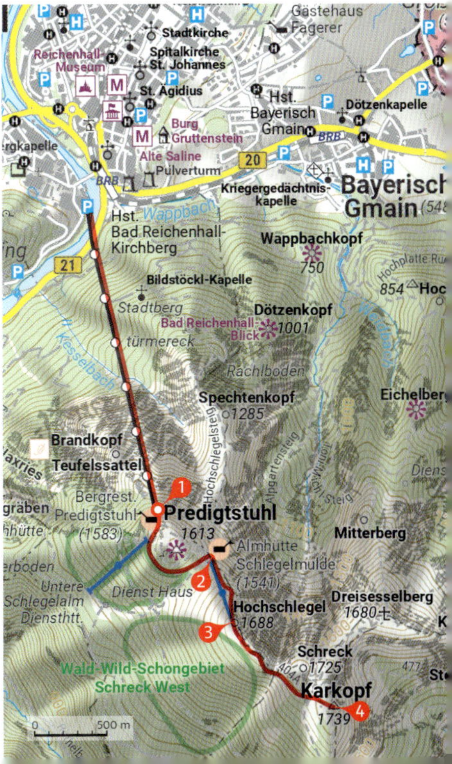

43 Dötzenkopf, 1001 m
Rundtour am Vorbau des Lattengebirges

3.00 Std. | 7,5 km | ↗ 650 m | ↘ 650 m

Ein Bad Reichenhaller Logenplatz

Bezüglich der absoluten Höhe ist der Dötzenkopf zweifelsohne untergeordnet, doch seine Lage am äußersten Nordrand des Lattengebirges stempelt ihn zu einem der besten Aussichtspunkte rund um die Kurstadt an der Saalach. Gegenüber erhebt sich der Staufenzug mit voller Breitseite. Zwei Zugänge können prima zu einer reizvollen Halbtagestour zusammengeschlossen werden. Auch die Einheimischen schätzen den Dötzenkopf als Trainings- oder Feierabendtour.

Talort: Bad Reichenhall, 473 m.
Ausgangspunkt: Parkmöglichkeit beim Festplatz (Zufahrt von der B21 knapp südlich der Abzweigung zur Predigtstuhlbahn bzw. des Bahnhofs Bad Reichenhall-Kirchberg). Dort Haltepunkt der Regionalbahn zwischen Freilassing und Berchtesgaden.
Anforderungen: T2–3. Überwiegend gut ausgebaute Wald- und Bergwege, die streckenweise allerdings durch abschüssiges Gelände führen. Deshalb elementare Trittsicherheit angezeigt.
Einkehr: Keine am Weg, ansonsten im Zentrum von Bad Reichenhall.
Variante: Kürzester Aufstieg vom Wanderzentrum in Bayerisch Gmain, ca. 1.15 Std.
Karten: AV-Karte BY20; F&B WK 393 oder WKD 5203.

Vom Festplatz in **Bad Reichenhall** ❶ steigen wir in den schattseitigen Waldhang ein, orientieren uns sofort nach links (ostwärts) und gewinnen die ersten Höhenmeter bis zur Stadtkanzel. Bergwärts geht es mit Serpentinen weiter. Wer die Bildstöcklkapelle mitnehmen möchte, muss auf den entsprechenden Hinweis achten, ansonsten bringen uns einige weit ausholende Schleifen am Stadtberg höher. Ein Abstecher zur

Der höchste Punkt des Dötzenkopfes bleibt vom Steig unberührt.

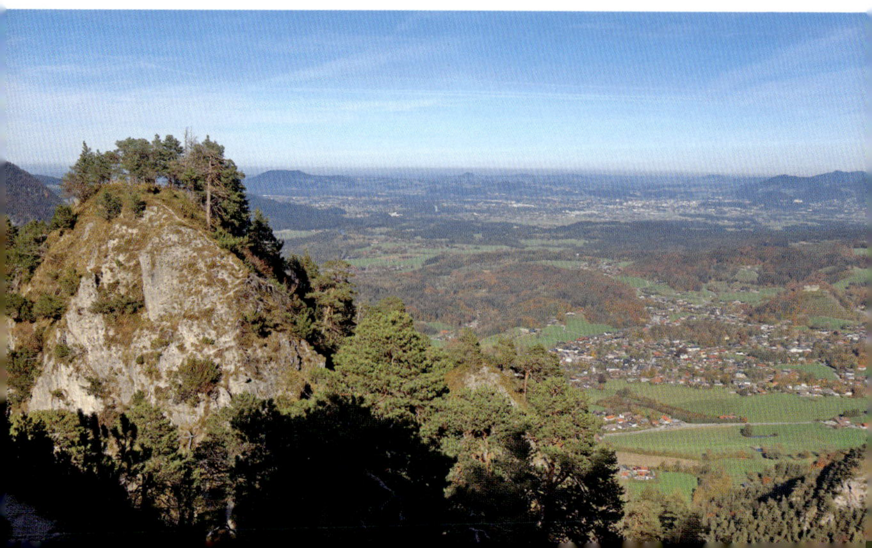

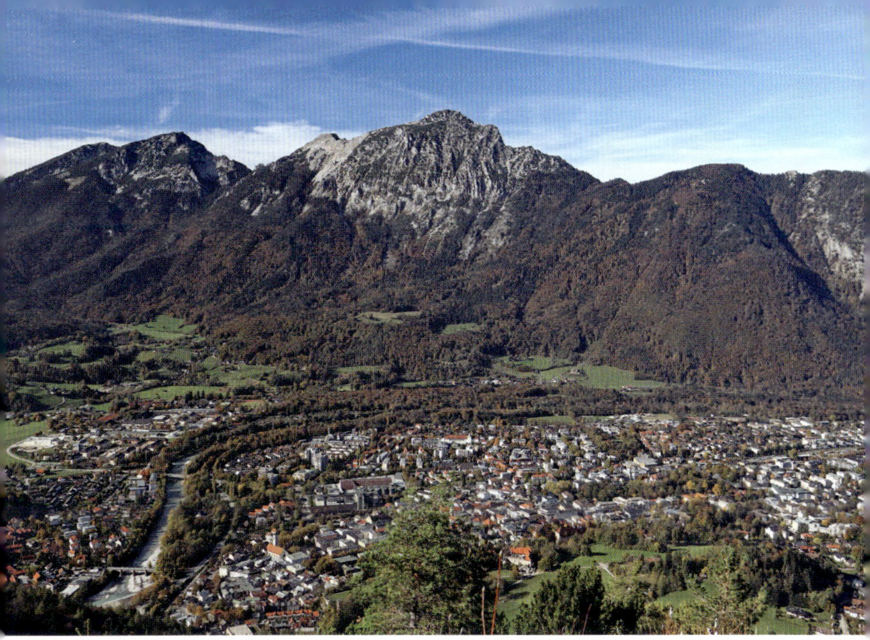

Bad Reichenhall mit Hochstaufen vom Dötzenkopf aus gesehen.

Aussicht vom **Türmereck** ❷ kostet nur wenige Minuten extra. Nach der nächsten Kehrenserie zieht die Route quer durch eine kesselartige Einbuchtung, die mit ihrem Felsgelände schon recht wild anmutet. Der Dötzenkopf ist vis-à-vis bereits auszumachen, doch müssen aus einer Rinne heraus nochmals ein paar Aufstiegsmeter gesammelt werden, ehe beim »Rachlboden« der Übergang dorthin erfolgen kann. Nach einer Traverse (inklusive Metallbrücke) in ein Schärtchen hinab und knapp am kotierten Punkt des **Dötzenkopfs** ❸, 1001 m, vorbei zum Kreuz und den Rastbänken.

Der ebenfalls gut angelegte Abstiegsweg leitet nordostwärts alsbald in den Bergwald hinein. Bevor sich die Hauptroute Richtung Bayerisch Gmain orientiert, können wir noch die kurze Gegensteigung zum **Wappbachkopf** ❹, 750 m, absolvieren und uns dort gen Westen wenden. Mit einer Links-rechts-Kombination auf einen breiteren Weg und im Schrägabstieg den Flotter Bach kreuzend zurück zur Stadtkanzel. Das letzte Stück ist vom Aufstieg her bekannt.

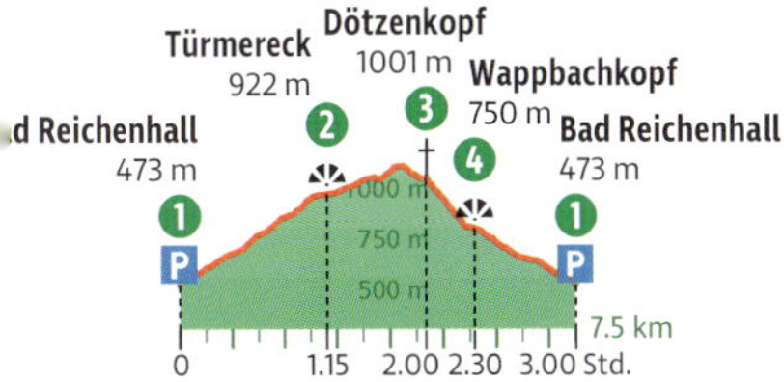

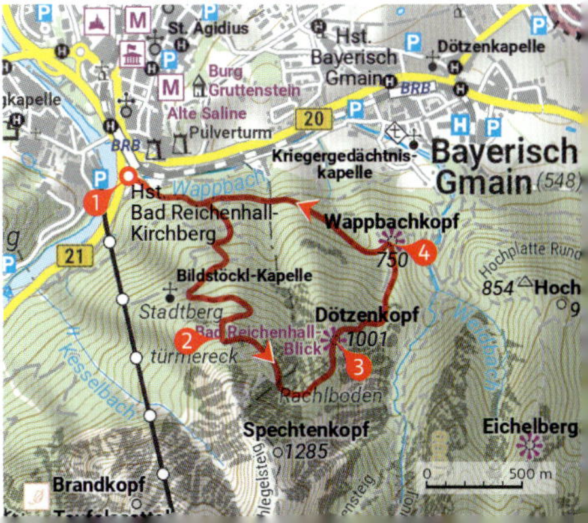

44 Steinerne Agnes, 1305 m
Von Hallthurm über die Schlafende Hexe

4.15 Std. | 9,4 km | ↗ 800 m | ↘ 800 m

Zu einem interessanten Geotop im Lattengebirge
Der bröselige Ramsaudolomit sorgt im Lattengebirge mancherorts für skurrile Erosionsformen. Im Großformat verblüfft die »Schlafende Hexe«, die aus gewissen Perspektiven mit ein wenig Fantasie als solche unverkennbar wirkt und die wir auf unserer Wanderung im Bereich der Rotofentürme fast unmerklich überqueren. Eigentliches Ziel ist aber das Felsgebilde der »Steinernen Agnes«, nur wenige Meter aus dem Bewuchs ragend und besonders markant geformt. Es ist zu einem wertvollen Geotop, das Einblicke in die Erdgeschichte vermittelt, erklärt worden.

Talort: Bayerisch Gmain, 548 m, bzw. Bischofswiesen-Winkl, 647 m.
Ausgangspunkt: Parkplatz ca. 0,5 km südlich des ehemaligen Bahnhofs Hallthurm, 690 m (dort hält der Linienbus 841 zwischen Bad Reichenhall und Berchtesgaden/Königssee).
Anforderungen: T2–3. Bis zum Rotofensattel guter Bergwaldweg, auf der Traverse Richtung Steinerne Agnes etwas schmaler und wurzliger gepfadet und beim Abstieg noch einige recht steile Abschnitte. Mit elementarer Trittsicherheit beherrschbar.
Einkehr: Keine.
Variante: Fortsetzung auf Route Nr. 477 zur Kammhöhe zwischen Dreisesselberg und Karkopf und weiter über den Hochschlegel zum Predigtstuhl (vgl. Tour 42), von der Steinernen Agnes etwa 2.30 Std.
Karten: AV-Karte BY20 oder BY22; F&B WK 393.

Der Vordere Rotofenturm spitzt aus dem schütteren Waldkleid.

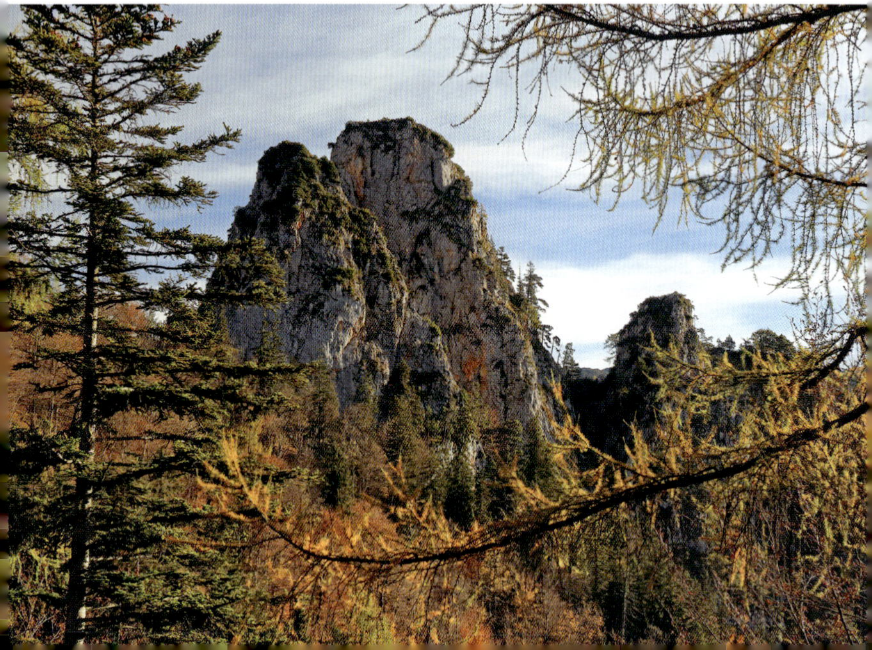

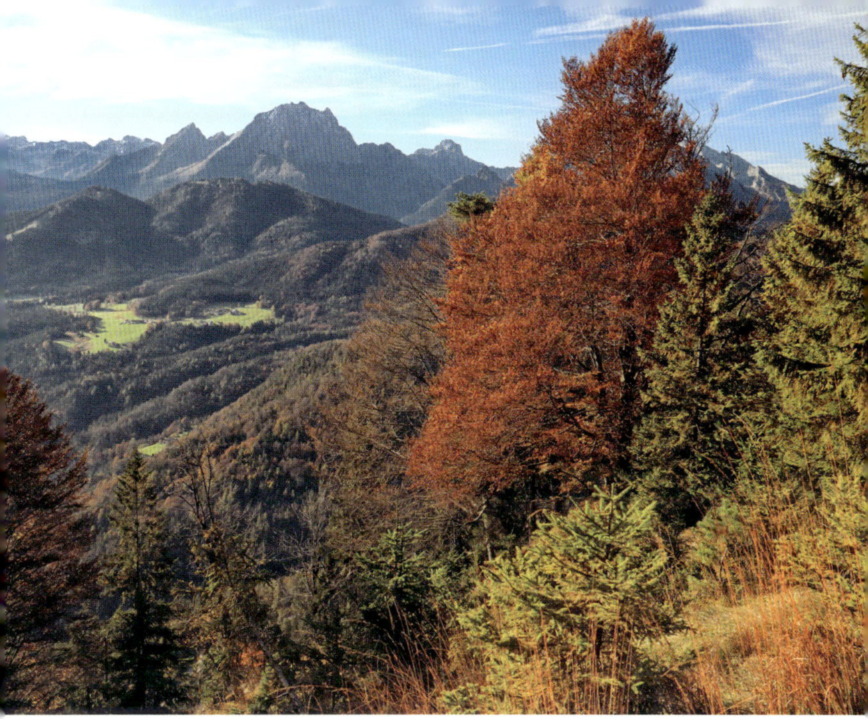

Oben: Zwischendurch öffnen sich Sichtfenster ins Herz der Berchtesgadener Alpen.
Unten: In pilzförmiger Gestalt trotzt die Steinerne Agnes dem Zahn der Zeit.

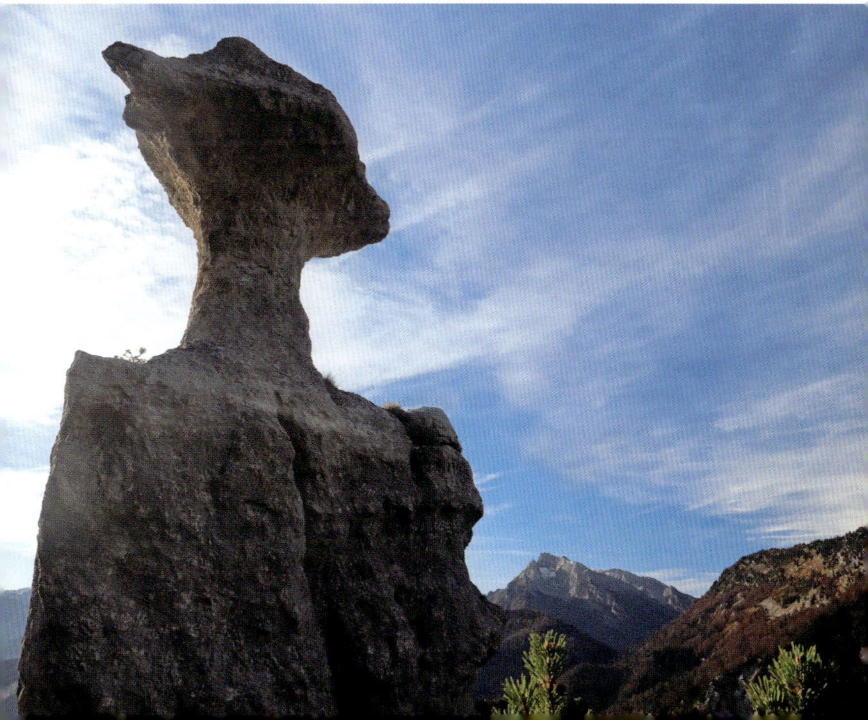

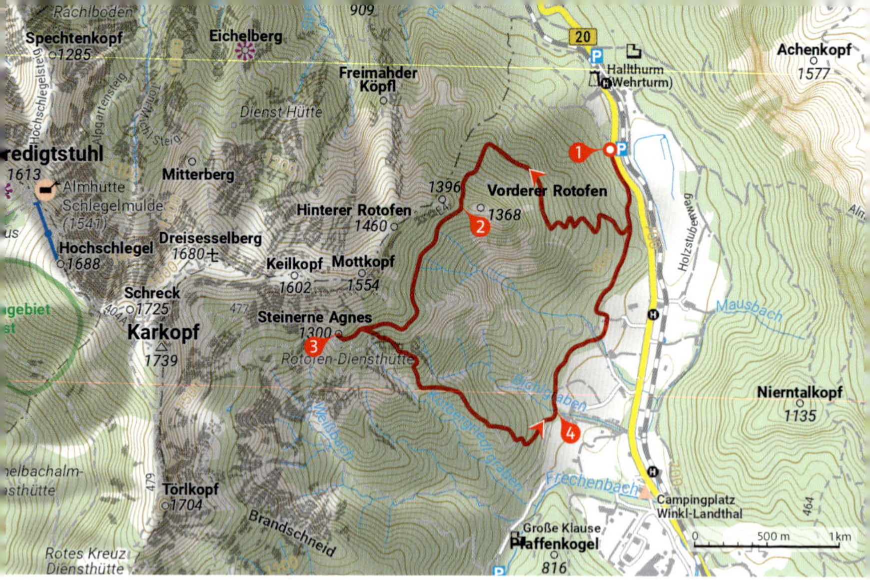

Vom Parkplatz an der B20 bei **Hallthurm** ❶ starten wir gen Süden zunächst auf einem Forstweg sachte ansteigend, ehe die Route Nr. 469 als Steig bergwärts abzweigt. Gut angelegte Schleifen leiten im dichten Wald höher. Später geht es deutlich nach rechts in die Nordflanke des Vorderen Rotofenturms, an einem Marterl vorbei und zu einer Felsrippe, die einen interessanten Ausblick ins Vorland gewährt. Am Steilhang setzt nun ein enger Kehrenkurs ein, der uns zum **Rotofensattel** ❷, ca. 1280 m, hinaufbringt. Jenseits büßen wir etwas an Höhe ein, allerdings kaum nennenswert, denn die Route vollzieht im Wesentlichen eine leicht verschlungene Traverse durch das relativ raue Gelände auf der Südseite der »Schlafenden Hexe«. Dabei um einen Hangvorsprung herum, am späteren Abzweig talwärts vorbei und kurz darauf von einer Infotafel auf einem Steilpfad rasch bis an den Fuß der **Steinernen Agnes** ❸, 1305 m. In Augenhöhe des bizarr geformten Felsaufbaus gelangt man allerdings nur mühsam und etwas ausgesetzt; die Erkletterung des »Pilzes« wäre selbst für Versierte gar ziemlich knifflig (Schwierigkeitsgrad V).

Für den Rückweg schlagen wir knapp östlich den bereits erwähnten Steig talwärts ein. Dieser wechselt bald auf die linke Seite des Kohlbergriedlgrabens, windet sich dort verhältnismäßig steil tiefer, wobei an einer Rückenstruktur jedoch auch flachere Passagen dabei sind. Unten kommt man in der Nähe des **Bichllehens** ❹, ca. 720 m, im Bischofswiesener Tal heraus. Nordwärts eindrehend kreuzt man den Bichlgraben sowie später den Schwarzengraben und wandert mit einer zwischenzeitlichen Steigung hinter dem Eisenrichterstein entlang zurück zum Parkplatz bei **Hallthurm** ❶.

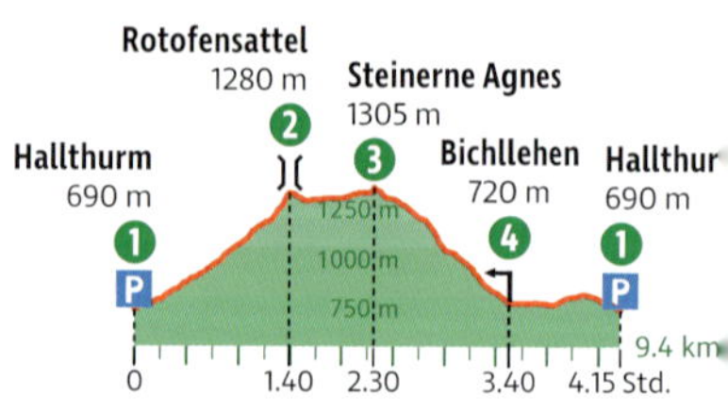

Maximilians-Reitweg

Von Hallthurm nach Berchtesgaden

3.30 Std. | 12,8 km | ↗ 250 m | ↘ 400 m

Gemütliche Wanderung durchs Bischofswiesener Tal

Von der Art her eher ein Spaziercharakter, hinsichtlich der Länge allerdings durchaus eine richtige Wanderung verspricht der Maximiliansweg, der ab Hallthurm das Bischofswiesener Tal bis nach Berchtesgaden durchmisst. Eine Unternehmung ohne jeglichen bergsteigerischen Anspruch und daher auch für schlechteres Wetter geeignet, wobei ganz klar gesagt werden muss: Bei Sonnenschein und klarer Luft kommt die Berchtesgadener Bergwelt mit Watzmann und Co. natürlich am besten zur Geltung und wir zu größeren Wanderfreuden. Es empfiehlt sich die Richtung südwärts. Und sommers lockt das »Aschi« zum Badevergnügen ...

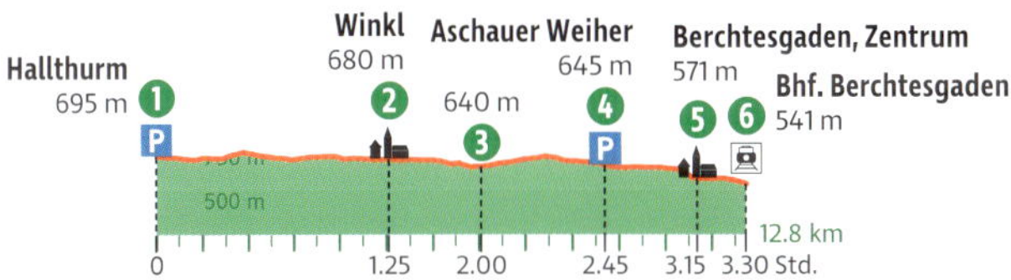

Talort: Berchtesgaden, 571 m.
Ausgangspunkt: Hallthurm, ca. 695 m. Parkplatz auf der Scheitelhöhe neben der Straße; in der Nähe die Haltestelle »Hallthurm Bahnhof« der Buslinie 841 zwischen Bahnhof Bad Reichenhall und Bhf. Berchtesgaden bzw. Königssee/Jennerbahn. Hinweis: In Hallthurm

Talweide bei Bischofswiesen.

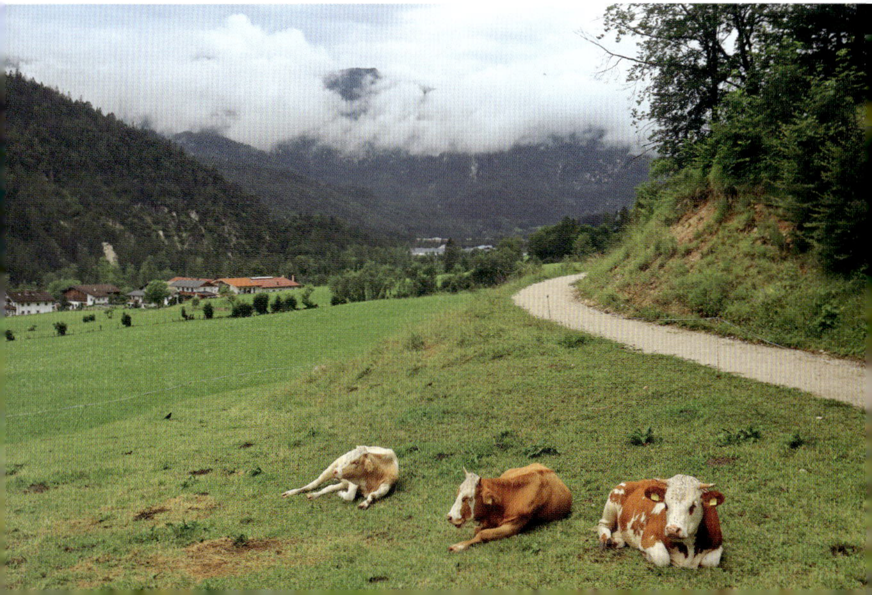

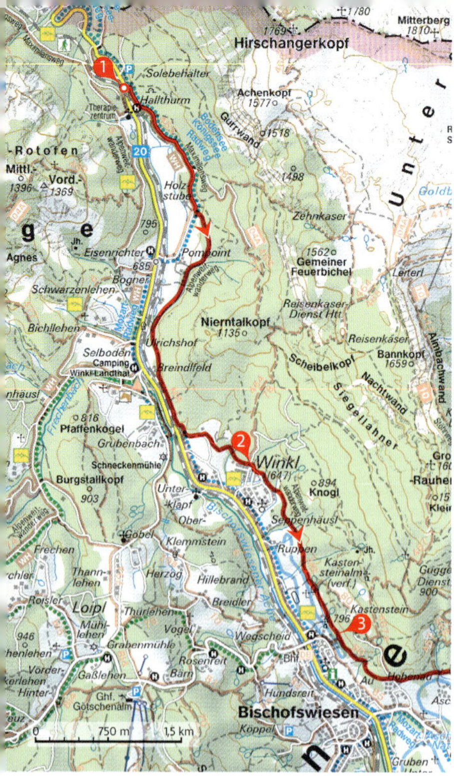

halten schon lange keine Züge mehr!

Endpunkt: Bahnhof Berchtesgaden, 541 m.

Anforderungen: T1. Bequeme, völlig hindernislose Talwege, in sämtlichen Belangen leicht, wobei aber doch ein wenig Auf und Ab zusammenkommt.

Einkehr: In den nahe gelegenen Ortschaften (z.B. Bischofswiesen), am Aschauer Weiher und zuletzt zahlreich in Berchtesgaden.

Tipp: Naturbad Aschauer Weiher, geöffnet etwa Mitte Mai bis Mitte September, täglich 8 bis 19.30 Uhr.

Karten: AV-Karte BY22; F&B WK 393.

Der Maximiliansweg wird bei **Hallthurm ❶**, unmittelbar nördlich der Bahnschranke, aufgenommen und führt in Grundrichtung Südost durchs Tal (von der Bushaltestelle muss man also zuerst einige Schritte entgegengesetzt dorthin). Der erste Abschnitt tangiert das ausgedehnte Hallthurmmoos, wobei auch kurze Anstiege dabei sind. Wir wandern

In Berchtesgaden können wir auch den Weg der Soleleitung nehmen.

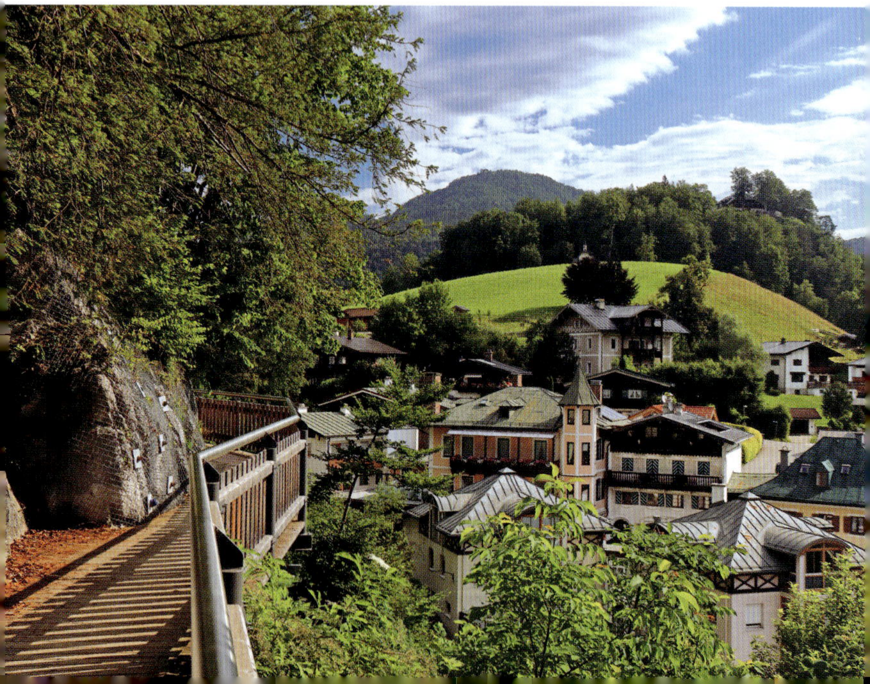

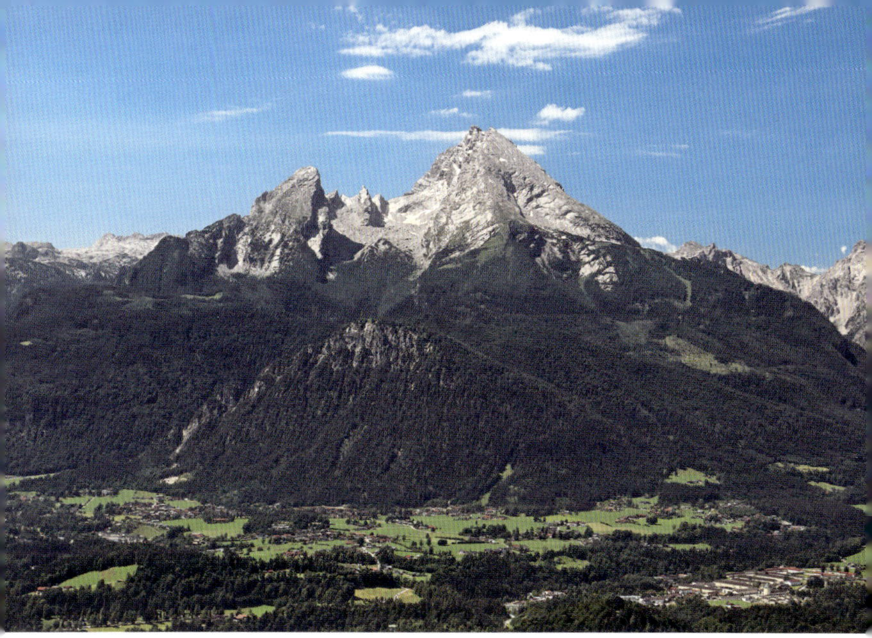

Der unverwechselbare Watzmann steht immer wieder Parade.

praktisch ständig im Bereich des Waldrandes am Bergsockel entlang, kommen zwischendurch der Bundesstraße und Bahnlinie nahe und passieren die Ortschaft **Winkl** ❷ bergseitig. Dahinter öffnet sich bald wieder eine Wiesenlandschaft. Wer ein bisschen Mehraufwand nicht scheut, kann auch einen Schlenker über die Kastensteiner Wand einstreuen – verbunden mit einem spürbaren Anstieg besteht dort Einkehrmöglichkeit. Ansonsten geht es unten auf dem Hauptweg am Abzweig ins Zentrum von **Bischofswiesen** ❸ vorbei und weiter in den Bereich von Hohenau und Aschau, zwei landwirtschaftlich geprägten Streusiedlungen. Derweil mit schönem Watzmann-Blick bis unter die Kahlwand und dann rechts schwenkend Richtung **Aschauer Weiher**. Wer dort baden möchte, hält sich nochmals rechts, andernfalls kreuzen wir die Straße bei einem kleinen Parkplatz ❹, orientieren uns Richtung Rostwald und nehmen Kurs auf **Berchtesgaden**. Innerorts geht es abwärts ins **»Historische Zentrum«** ❺, durch die Fußgängerzone sowie die Maximilianstraße und schlussendlich auf kürzestem Wege hinunter zum **Bahnhof/ZOB** ❻, den man von der Rückseite her erreicht (Unterführung).

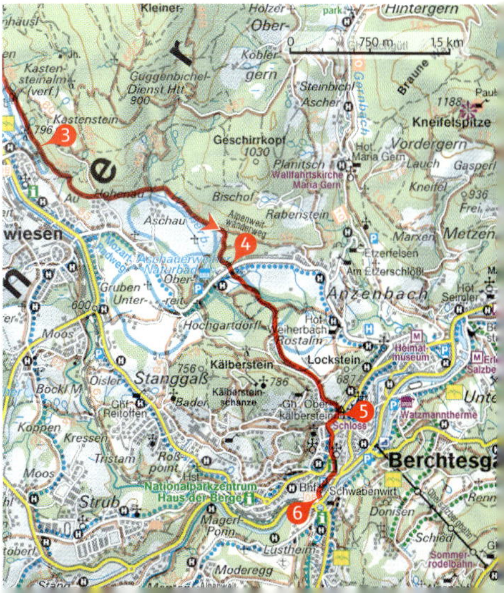

46 Toter Mann, 1392 m
Von Loipl über die Nordseite

3.00 Std. | 8,5 km | ↗ 570 m | ↘ 570 m

Unscheinbarer Waldbuckel mit verblüffender Aussicht

Der Tote Mann zählt zu den »kleinen Gipfelzielen« im Berchtesgadener Land, vorderhand eher unspektakulär in der waldreichen Umgebung zwischen Bischofswiesen und Ramsau. Doch zuoberst öffnet sich ein Panorama, das aller Ehren wert ist, wenn die stolzen Massive der Kalkhochalpen – allen voran Watzmann und Hochkalter – plötzlich wie auf dem Präsentierteller liegen. Der Tote Mann wird regelmäßig von drei Seiten erwandert: am kürzesten vom Hochschwarzeck (für die Bequemen sogar per Lift bis zum Hirschkaser), südseitig vom Soleleitungsweg her und nordseitig etwas stiller aus der Streusiedlung Loipl. Dieser Zugang soll nachfolgend beschrieben werden.

Talort: Bischofswiesen, 615 m, im Berchtesgadener Land.
Ausgangspunkt: Parkplatz bei den Götschenliften, ca. 870 m, unweit der Streusiedlung Loipl. Kein Busanschluss.
Anforderungen: T2. Im Prinzip gute Bergwege, je nach Witterung streckenweise vielleicht etwas erdig, jedoch ohne schwierige Stellen.
Einkehr: Hirschkaser, 1385 m, fast ganzjährig bewirtschaftet, Tel. +49 8657 481.
Variante: Vom Hochschwarzeck erfolgt der Zugang über eine schlichte Forststraße, im Aufstieg ca. 1 Std., mithilfe der Hirscheck-Sesselbahn gar nur wenige Minuten.
Karten: AV-Karte BY20 oder BY22; F&B WK 393.

Aus dem Skigebiet **Götschen** ❶ zunächst auf einer Forststraße gen Westen, dann mit Nr. 69 links abzweigend bergwärts. Im ansteigenden Waldgelände prägt sich ein Tälchen aus, dem wir fast bis zur Einsattelung (P. 1211) zwischen Götschenkopf und Totem Mann folgen.

Föhnstimmung über den Berchtesgadener Alpen.

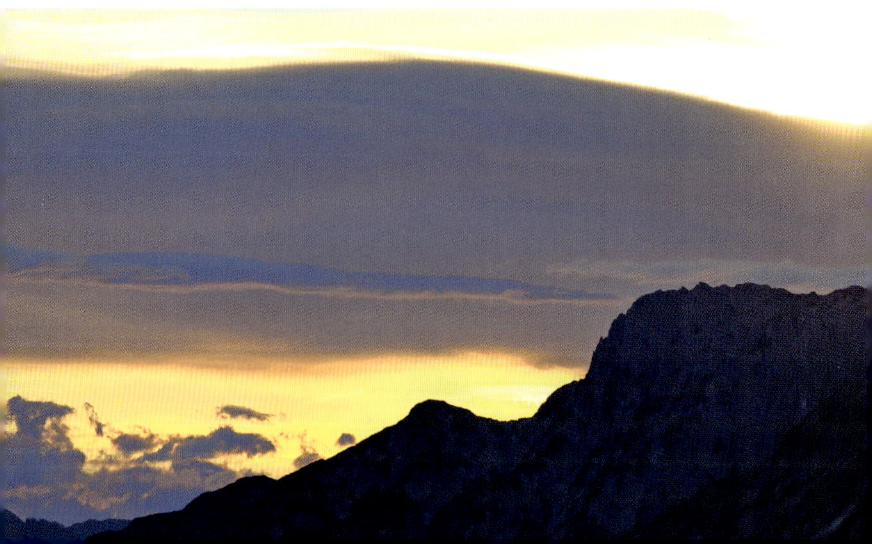

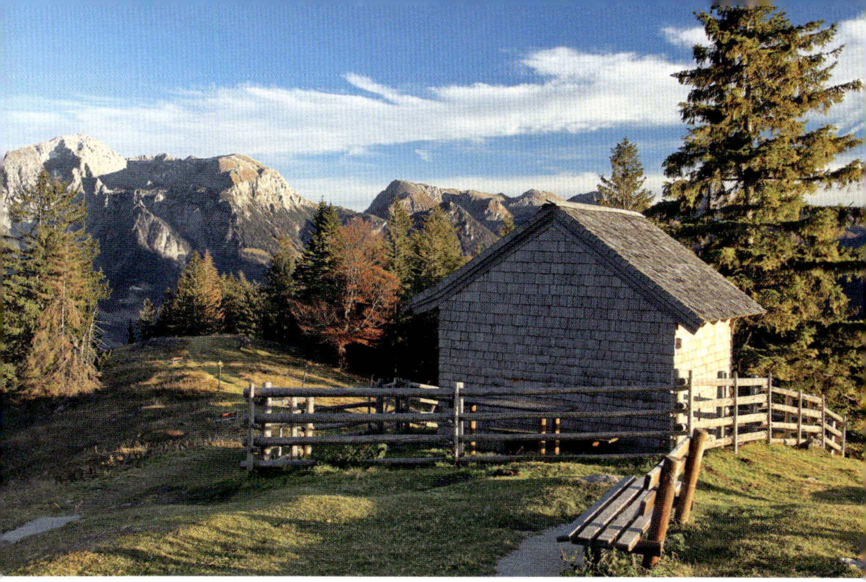

Auf dem Toten Mann steht die winzige Bezoldhütte.

Noch davor allerdings scharf nach rechts und schräg aufwärts zu einem weiteren Routenknick, der nach links in Gipfelnähe leitet. Auf der freien Kuppe des **Toten Mannes** ❷, 1392 m, empfängt uns die kleine Bezoldhütte als Unterschlupf.

Für den Rückweg halten wir uns auf den Wiesen zuerst südostwärts (Nr. 68), um fortan am **Breitriedel** abzusteigen. Auf knapp 1100 Metern aufpassen: Wo die Route Nr. 70 kreuzt ❸, schlagen wir diese nach links ein, queren um den nächsten Hangrücken herum und tangieren den Standortübungsplatz der Bundeswehr am Sillberg. Der Götschenkopf liegt nun linker Hand. Erst allmählich verlieren wir wieder an Höhe und wenden uns dann am besten zur Skipiste hin, denn über deren Schneise gelangt man auf direktestem Kurs zurück zum Parkplatz **Götschen** ❶. Ansonsten steht auch ein Fahrweg zur Verfügung, der zuletzt aber ein Stück weit nach rechts abrückt.

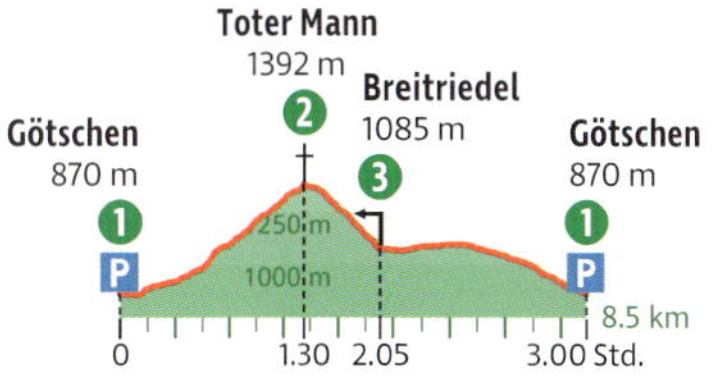

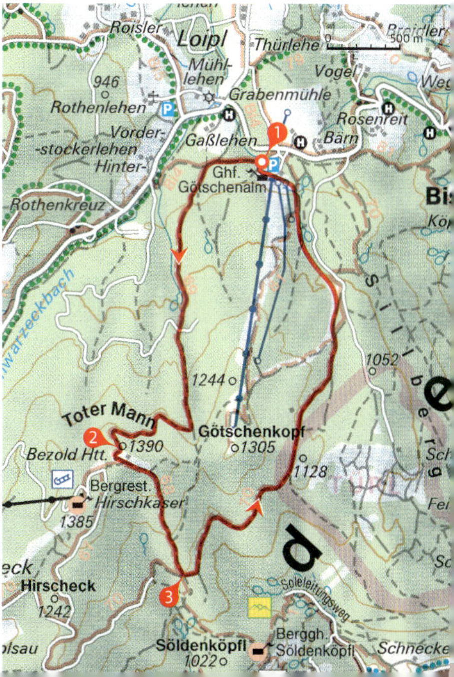

47 Soleleitungsweg

Klassische Wanderpromenade in der Ramsau

TOP | 2.40 Std. | 10,0 km | ↗60 m | ↘380 m

__Entlang der historischen Salz-Pipeline__

Um die flüssige Sole aus dem Salzbergwerk Berchtesgaden in die Saline Bad Reichenhall zu transportieren, wurde 1816/17 eine knapp 30 Kilometer lange Leitung über das Wachterl gebaut. Sie wurde aus unzähligen Holzröhren, sogenannten »Deicheln«, zusammengefügt und umfasste auch die legendäre Reichenbach'sche Wassersäulenmaschine zur Überwindung des Höhenunterschieds. Oberhalb der Pumpenstation konnte die Sole wieder der Schwerkraft folgend frei fließen. Die Leitung selbst ist nur noch stellenweise historisches Relikt, das Kernstück der Route lässt sich heutzutage aber genussvoll erwandern und zählt zu den beliebtesten Wegen im Berchtesgadener Land überhaupt. Dabei bewundern wir die schaurig-schönen Felskulissen von Reiteralpe, Hochkalter, Watzmann und Göll. An drei Stellen lässt sich auch einkehren.

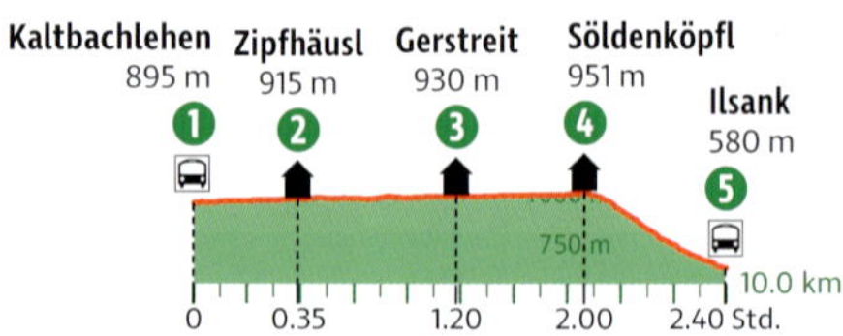

Talort: Ramsau bei Berchtesgaden, 670 m.

Ausgangspunkt: Kaltbachlehen, ca. 895 m, an der B305 von Ramsau Richtung Schneizlreuth, knapp 3 km vor der Schwarzbachwacht. Wanderparkplatz und Bushaltestelle (Linie 845 vom Bhf. Berchtesgaden Richtung Hochschwarzeck). Unbedingt vorher die Fahrpläne studieren; es verkehren

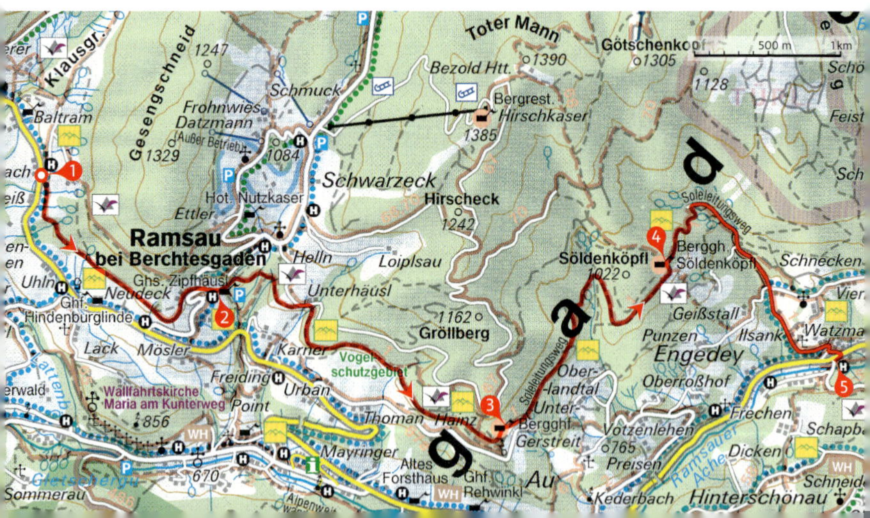

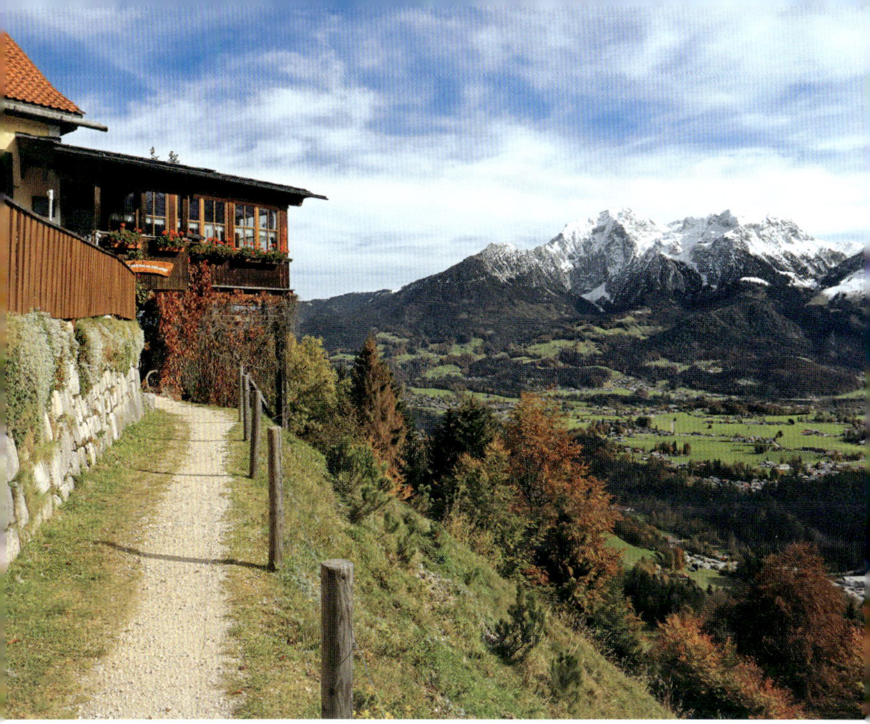

Oben: Am Gasthaus Söldenköpfl haben wir die dritte Einkehrmöglichkeit.
Unten: Der Watzmann präsentiert seine eher klobige Nordwestansicht.

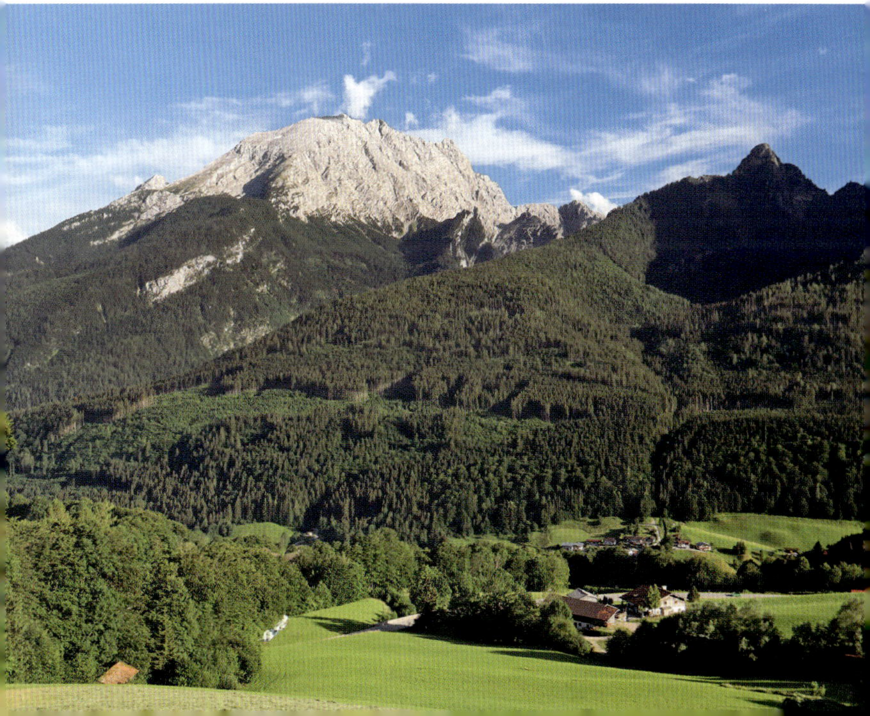

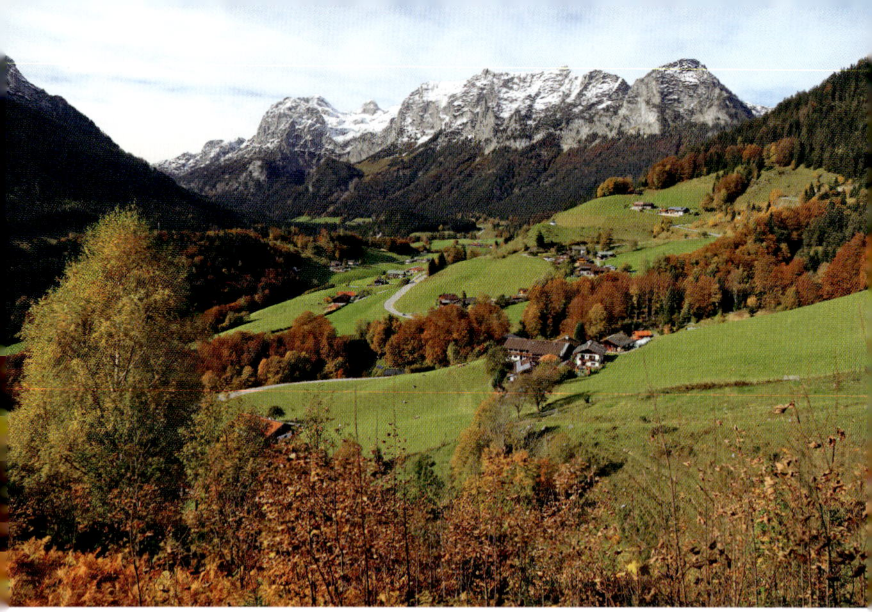

Dieses Kulissenbild der Reiteralm über der Ramsau beschert uns der Soleleitungsweg.

nur wenige Kurse täglich.
Endpunkt: Bushaltestelle Ilsank, ca. 580 m, an der B305 zwischen Berchtesgaden und Ramsau (Buslinie 846).
Anforderungen: T1. Durchgehend perfekt trassiert und praktisch ebener Verlauf quer durch die teils offenen, teils bewaldeten Hänge, am Schluss noch ein deutlicher Abstieg.
Einkehr: Berggasthof Zipfhäusl, Tel. +49 8657 278. Berggasthof Gerstreit, Tel. +49 8657 497. Berggaststätte Söldenköpfl, Tel. +49 8652 2383.
Variante: Wer von der nur sporadisch verkehrenden Hochschwarzeck-Buslinie unabhängig sein möchte, kann von Ramsau-Ortsmitte zum Soleleitungsweg zusteigen (beim Gasthof Hindenburglinde an der B305 etwa 200 m nach rechts versetzt weiter).
Karten: AV-Karte BY20 oder BY22; F&B WK 393.

Nahe dem **Kaltbachlehen ❶** nehmen wir den Soleleitungsweg auf und folgen seinem angenehmen Verlauf quer durch die sonnseitigen Hänge, ungefähr entlang der 900-Meter-Höhenlinie. Das erste Stück verläuft oberhalb der Streusiedlungen von Taubensee und Antenbichl, dabei haben wir Reiteralpe und Hochkalterstock voll im Blick. Hinter einem Eck kommen wir zum **Zipfhäusl ❷** an der Hochschwarzeck-Straße voran: die erste von drei Gaststätten. Der wohl schönste Abschnitt ist der mittlere, der uns wieder abwechselnd offen und bewaldet Richtung **Gerstreit ❸**, bringt. Auch »König« Watzmann schiebt sich jetzt immer stärker ins Panorama. Die Fortsetzung zum **Söldenköpfl ❹** verläuft mehrheitlich im Wald und geht derweil einen großen Hangeinschnitt aus. Beim Gasthof öffnet sich aber nochmals ein exzellenter Ausblick, jetzt neben Watzmann auch auf den weiter östlich aufragenden Göllstock. Beim finalen Bergab tauchen wir in den Bachmanngraben ein und folgen dem Anrainersträßchen hinunter zur Bushaltestelle **Ilsank ❺** an der Berchtesgadener Ache.

Mordaualm, 1194 m, und Moosenalm, 1405 m

48

Der AlmErlebnisweg

4.15 Std. | 11,3 km | ↗ 680 m | ↘ 680 m

Interessante Einblicke in traditionelle Wirtschaftsformen

Wo der Hauptkamm des Lattengebirges seinen südlichen Abschluss findet, liegen ostseitig das Gebiet der Mordaualm, westseitig Lattenberg- und Moosenalm. Die Verbindung wurde als »AlmErlebnisweg« deklariert und mit etlichen Infotafeln ausgestattet. Dabei lernt man eine Menge über die traditionelle Almwirtschaft, die im Berchtesgadener Land ihre größte Flurausdehnung im 15. Jahrhundert erreichte. Mittlerweile sind aufgrund der schwierigen und unrentablen Bewirtschaftung zwei Drittel der Hochalmen aufgelassen. In unserer Region bestehen kaum Genossenschaftsalmen (wie etwa im Allgäu), weshalb statt großer Ställe an einem Fleck meist mehrere kleine Kaser anzutreffen sind. Lehrreich sind auch die Ausführungen über Bauformen (etwa die Rundumkaser), Standortbedingungen, die Bedeutung von Tagweide, Nachtweide und Schneeflucht oder die Funktionen des Waldes.

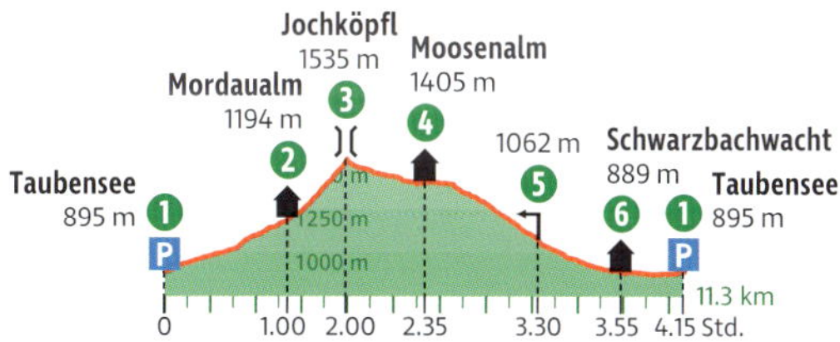

Lauschiges Fleckchen am Taubensee.

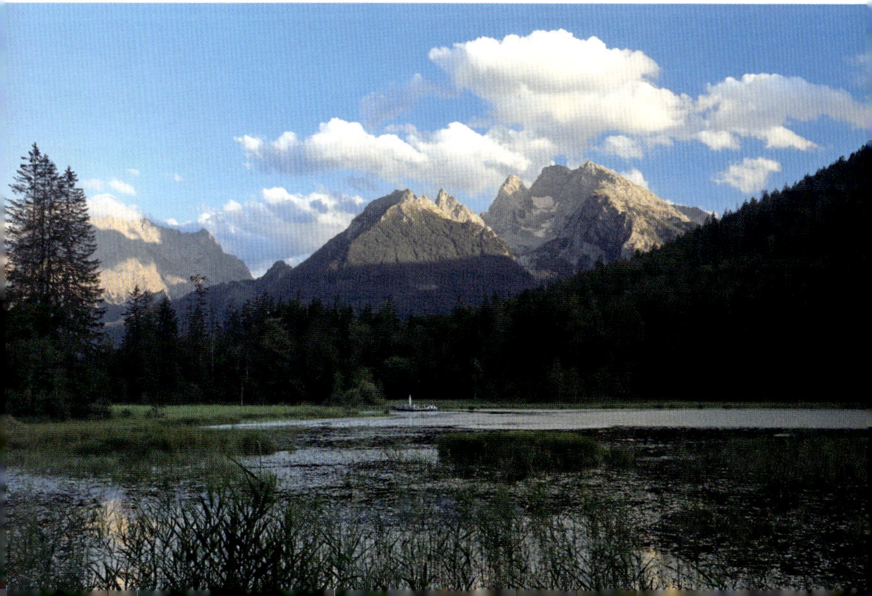

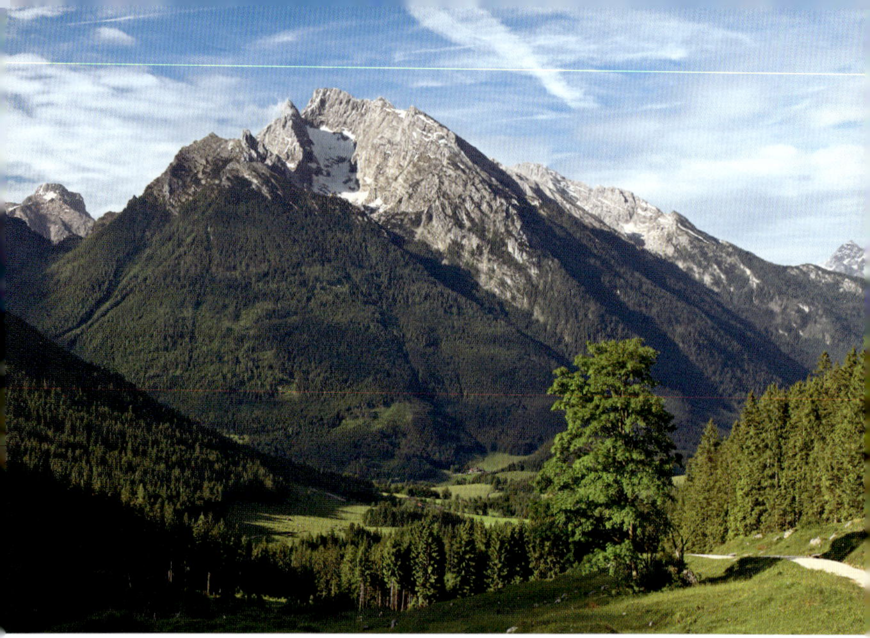

Das Hochkalter-Massiv aus dem Gebiet der Mordaualm gesehen.

Einladend …

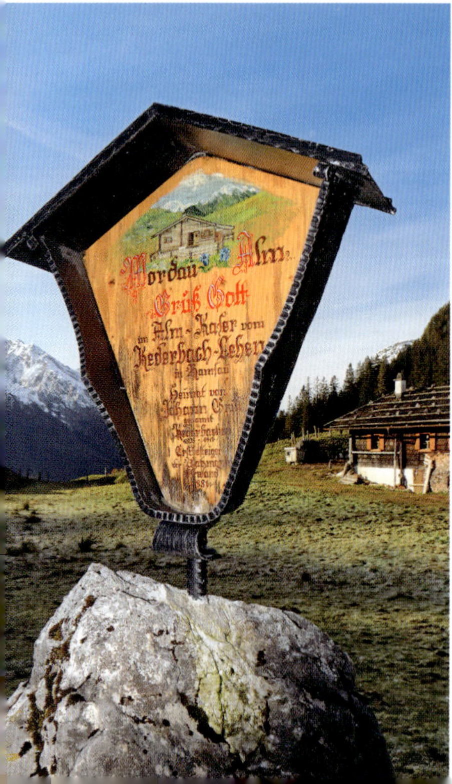

Talort: Ramsau bei Berchtesgaden, 670 m.
Ausgangspunkt: Parkplatz Taubensee, ca. 895 m, an der B305 zwischen Ramsau und Schneizlreuth, oder alternativ bei der Schwarzbachwacht, 889 m, ca. 1,2 km entfernt. Erreichbar auch mit der Linie 845 bzw. dem Rufbus (Fahrpläne beachten).
Anforderungen: T2. Zwei Abschnitte auf ordentlichen Steigen, einmal auch Grasnarbe, sonst breitere Forstwege. Bei gemäßigten Steigungen keine besonderen Schwierigkeiten.
Einkehr: Mordaualm, 1194 m, und Moosenalm, 1405 m, beide in der Sommersaison einfach bewirtschaftet. Wirtshaus Wachterl, Mo/Di Ruhetag, Tel. +49 8657 285.
Variante: Am Jochköpfl Abstecher zum Gipfelpunkt (auch Feuerspitz, 1575 m, genannt) auf verwachsener Pfadspur möglich; hin und zurück ca. 15 Min.
Karten: AV-Karte BY20; F&B WK 393.

Beim Parkplatz **Taubensee** ❶ nimmt man den breiten, mäßig steilen Wirtschaftsweg (Nr. 478) auf. Nach einem

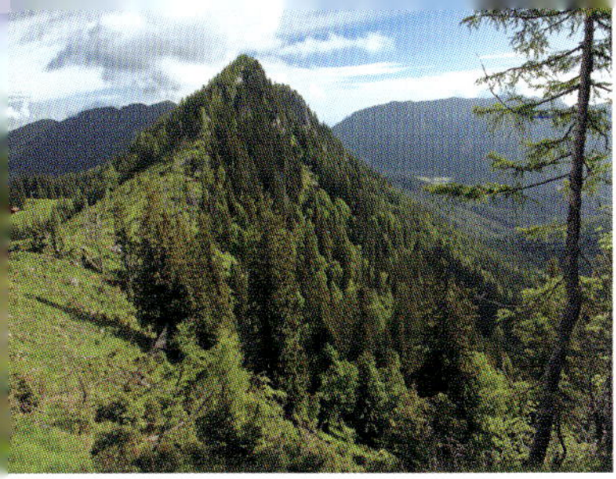

Am Jochköpfl passieren wir auch den etwas höheren Karspitz.

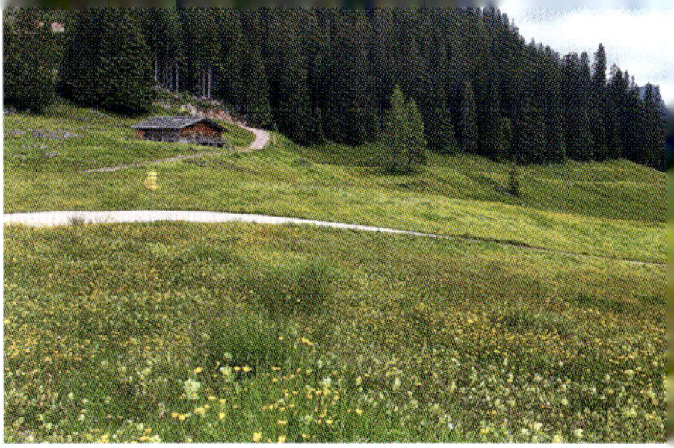

Reizvolle Jahreszeit: Frühsommer auf der Moosenalm.

Linksbogen und einer Rechtskehre kommen wir ins Weidegebiet der **Mordaualm** ❷, 1194 m, voran und wenden uns gleich beim ersten Kaser mit Nr. 475 nach links. Dieser Steig wird im Wald ein wenig steiler und zieht in diagonaler Linie (zwischendrin zwei Kehren) zur Kammhöhe beim **Jochköpfl** ❸, 1535 m, hinauf. Dort öffnet sich der Blick nach Westen. Während zum südwärts abgesetzten Gipfelpunkt nur eine mickrige Spur erkennbar ist, dreht unser AlmErlebnisweg in die andere Richtung ab und verliert an Höhe. Rund zehn Minuten später passieren wir die Mulde mit der **Lattenbergalm**, folgen anschließend dem Güterweg und später einer Abkürzung über Wiesen zur **Moosenalm** ❹, 1405 m. Gleich vorn setzt die Fortsetzung der Tour südwärts an. Wir verlassen bald den Fahrweg und nehmen rechts hinab den geschickt in das Steilgelände trassierten Georg-Meister-Weg, der mit einigen weit ausholenden Schleifen praktisch hindernislos tiefer leitet. Weiter unten im Weißwandwald stoßen wir wieder auf eine Forststraße ❺ und wandern auf dieser hinaus zur **Schwarzbachwacht** ❻, 889 m, schlicht auch »Wachterl« genannt. Am Nordufer des bezaubernden **Taubensees** vorbei schließt sich der Kreis zum Parkplatz ❶.

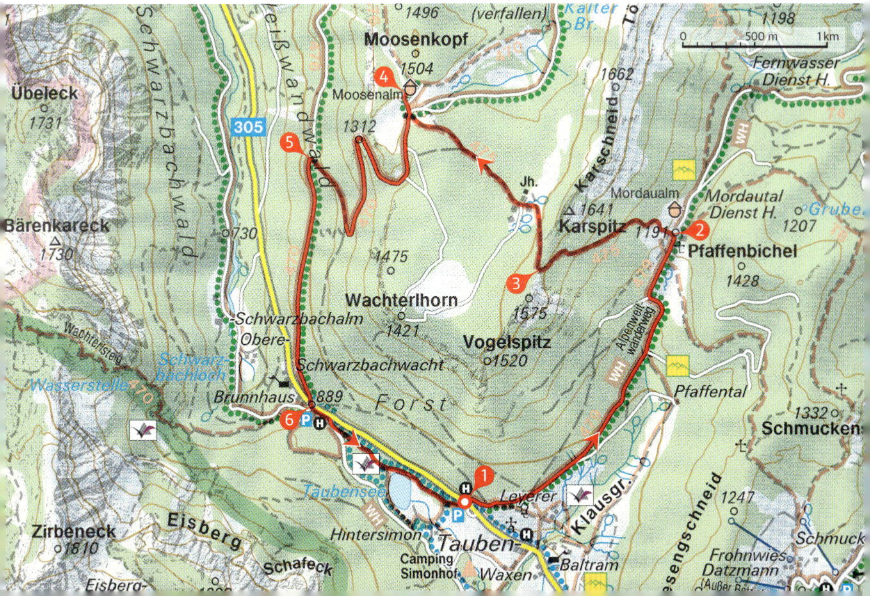

49 Ramsauer Malerweg

Zauberwald, Hintersee und Wartstein

TOP | 3.00 Std. | 9,3 km | ↗ 270 m | ↘ 270 m

Einige der schönsten Fleckchen im Tal der Ramsau

Ramsau gilt seit jeher als alpines Bilderbuchdorf; das klassische Motiv von Bachbrücke und Kirche vor der Hintergrundkulisse der Reiteralm zierte wohl schon unzählige Postkarten und Kalender und trug den Ruhm des Berchtesgadener Landes in die Welt hinaus. Vor ein paar Jahren wurde Ramsau auch zum ersten bayerischen »Bergsteigerdorf« gekürt – eine renommierte, ursprünglich vom Österreichischen Alpenverein lancierte Initiative. Im Angesicht solcher Bergprominenz absolut folgerichtig. Mit der hier vorgestellten Wanderung lassen wir die Höhen allerdings abseits und bleiben im Talbereich, wo es ebenfalls jede Menge zu entdecken gibt. Wir begleiten die Ramsauer Ache an Gletscherquellen und Marxenklamm vorbei in den urwüchsigen Zauberwald, umrunden den malerischen Hintersee mit seinen herrlichen Perspektiven und erklimmen mit dem Wartstein doch noch einen kleinen Aussichtspunkt mit Steilabbruch, ehe über die Streusiedlung Antenbichl und die Kunterwegkirche die Runde geschlossen wird. Die Vielzahl an pittoresken Motiven hat einst die Künstler der Romantik ins Ramsauer Tal gezogen – daher der Name »Malerweg«. Auf Wegweisern liest man streckenweise auch »Mühlsteinweg«.

Talort: Ramsau bei Berchtesgaden, 670 m.
Ausgangspunkt: Ramsau Ortsmitte, Bushaltestelle »Kirche« (Linie 846 zwischen Bhf. Berchtesgaden und Hintersee).
Anforderungen: T1. Problemlose Fußwege, kurzfristig auch mal Straßen, bei zahlreichen Verzweigungen gut aus-

Parademotiv aus der Ramsau: die Pfarrkirche an der Ramsauer Ache.

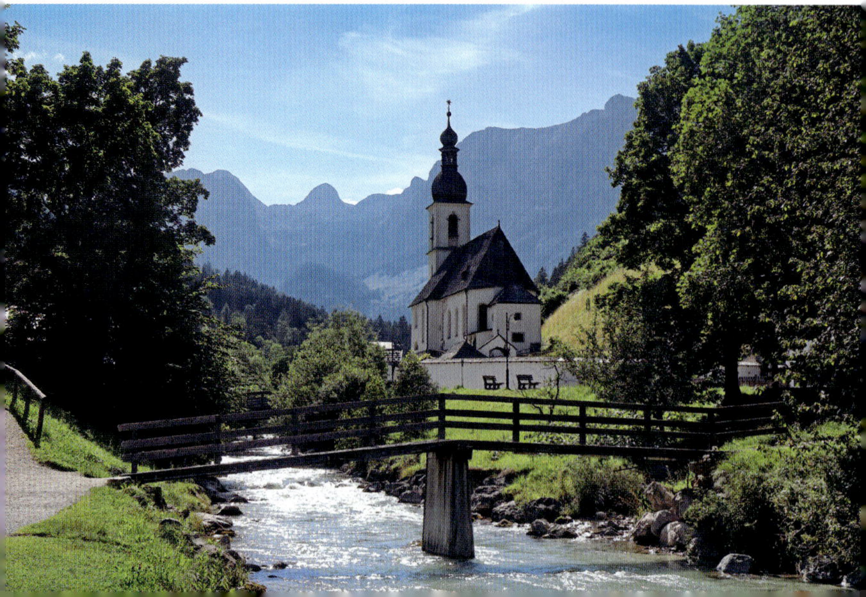

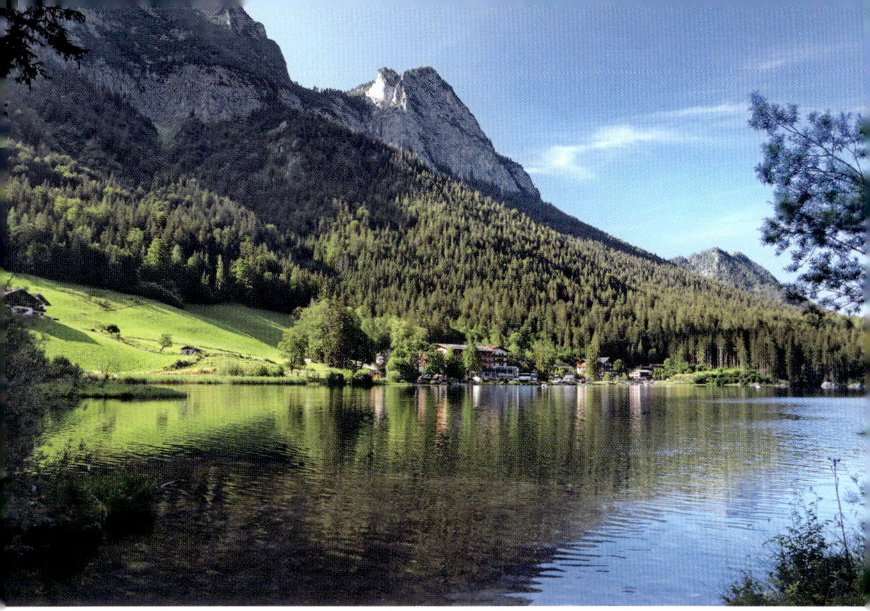

Der Hintersee zählt zu den schönsten leicht erreichbaren Naturplätzen im Berchtesgadener Land.

geschildert. Leichte Halbtagestour im Talbereich.
Einkehr: Kiosk Gletscherquellen, Wirtshaus im Zauberwald, diverse am Hintersee (z.B. Gasthaus Seeklause) und weitere im Ort Ramsau.
Variante: Abkürzung am Hintersee, indem man auf die Umrundung verzichtet.
Karten: AV-Karte BY20; F&B WK 393.

In **Ramsau** ❶ überschreiten wir zunächst die berühmte »Malerbrücke« und wandern anschließend links neben der Ramsauer Ache taleinwärts. Hinter dem Parkplatz »Pfeifenmacherbrücke« kommt man mit einem Rechtsabzweig zu den sogenannten **Gletscherquellen** ❷ voran – dort befindet sich auch eine kleine Imbissstation. Nach Kreuzen der Hinterseer Straße wird die **Marxenklamm** tangiert. Am Wirtshaus vorbei nähern wir uns nun dem **Zauberwald**, bleiben bei der nächsten Brücke zunächst linksseitig und überschreiten die darauf folgende

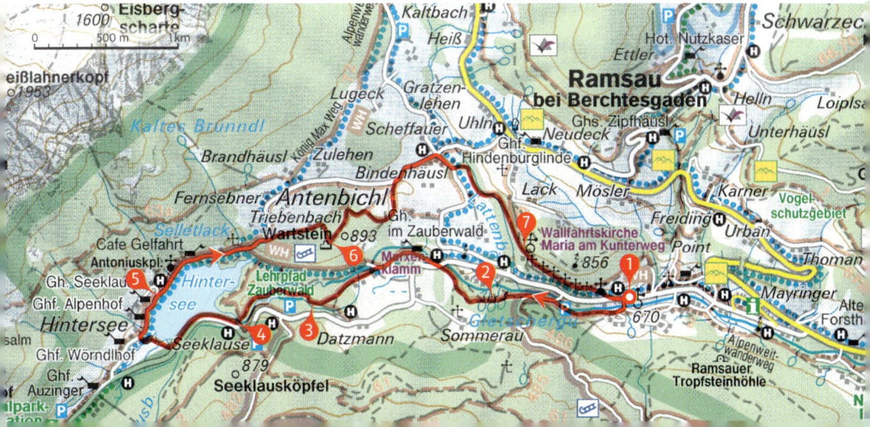

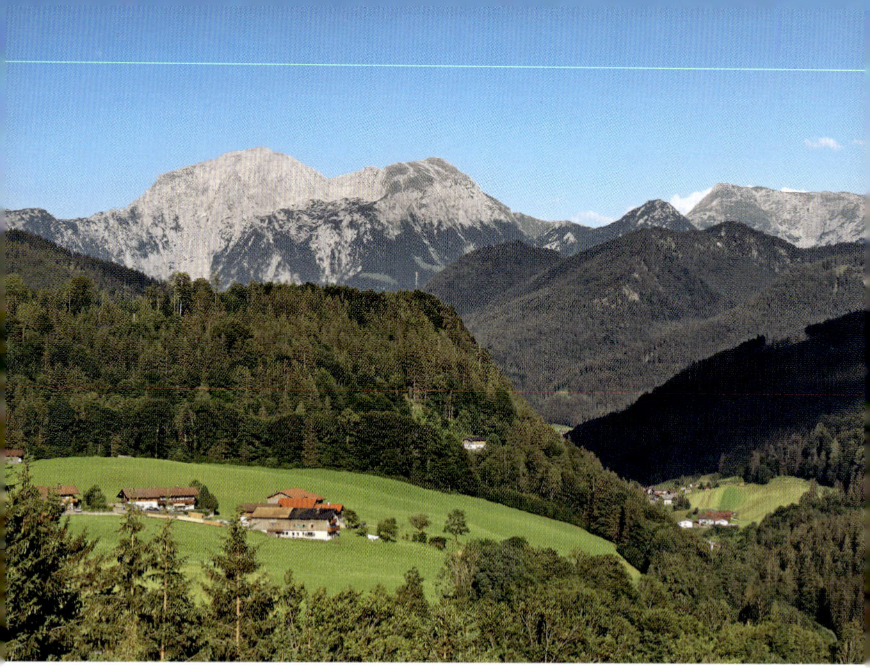

Oben: Streuhöfe bei Antenbichl mit dem Göllstock im Hintergrund.
Rechts: Am Fuße des Hochkalter-Massivs kann man auch eine Bootspartie unternehmen.

unmittelbar zu einer Gabelung ❸. Wir halten uns links weiterhin an den Verlauf der Ache, wo sich der Weg ziemlich urwüchsig dahinschlängelt und ein paar Höhenmeter bis zum Ufer des **Hintersees** ❹, 789 m, gewinnt. Von der kleinen, südöstlichen Bucht kann man rechter Hand abkürzen, doch lohnt sich die Umrundung im Uhrzeigersinn. Das erste Stück verläuft parallel zur Straße, dann folgt eine Querpassage zur gegenüberliegenden Seite, wo sich die touristische Infrastruktur (Gastbetriebe, Bootsverleih) befindet. Man passiert hier unter anderem das **Gasthaus Seeklause** ❺. Am Nordosteck rücken wir schließlich vom Hintersee ab und steigen Richtung **Wartstein** ❻, ca. 880 m, und Mariengrotte an – zuletzt mittels kurzen Abstechers. Ostwärts gelangt man wieder aus dem Wald heraus ins offene Areal um **Antenbichl**.

Über Wiesen zur Straße hin und beim »Bindenkreuz« rechts. Wenige Schritte weiter schlägt man links einen Waldweg ein, der durch einen Grabeneinschnitt zieht. Von der **Kunterwegkirche** ❼ leitet der Kreuzweg schlussendlich hinunter ins Dorf **Ramsau** ❶.

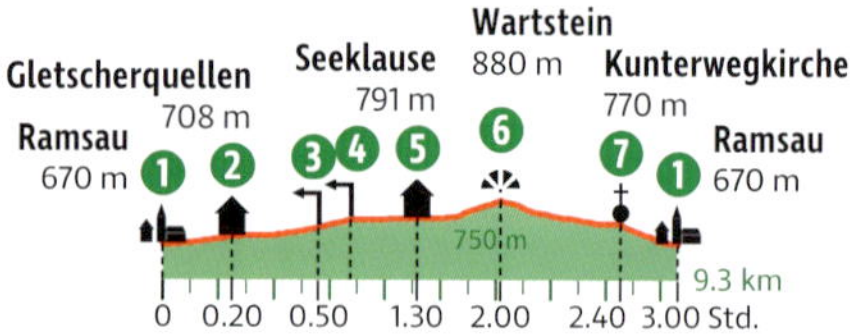

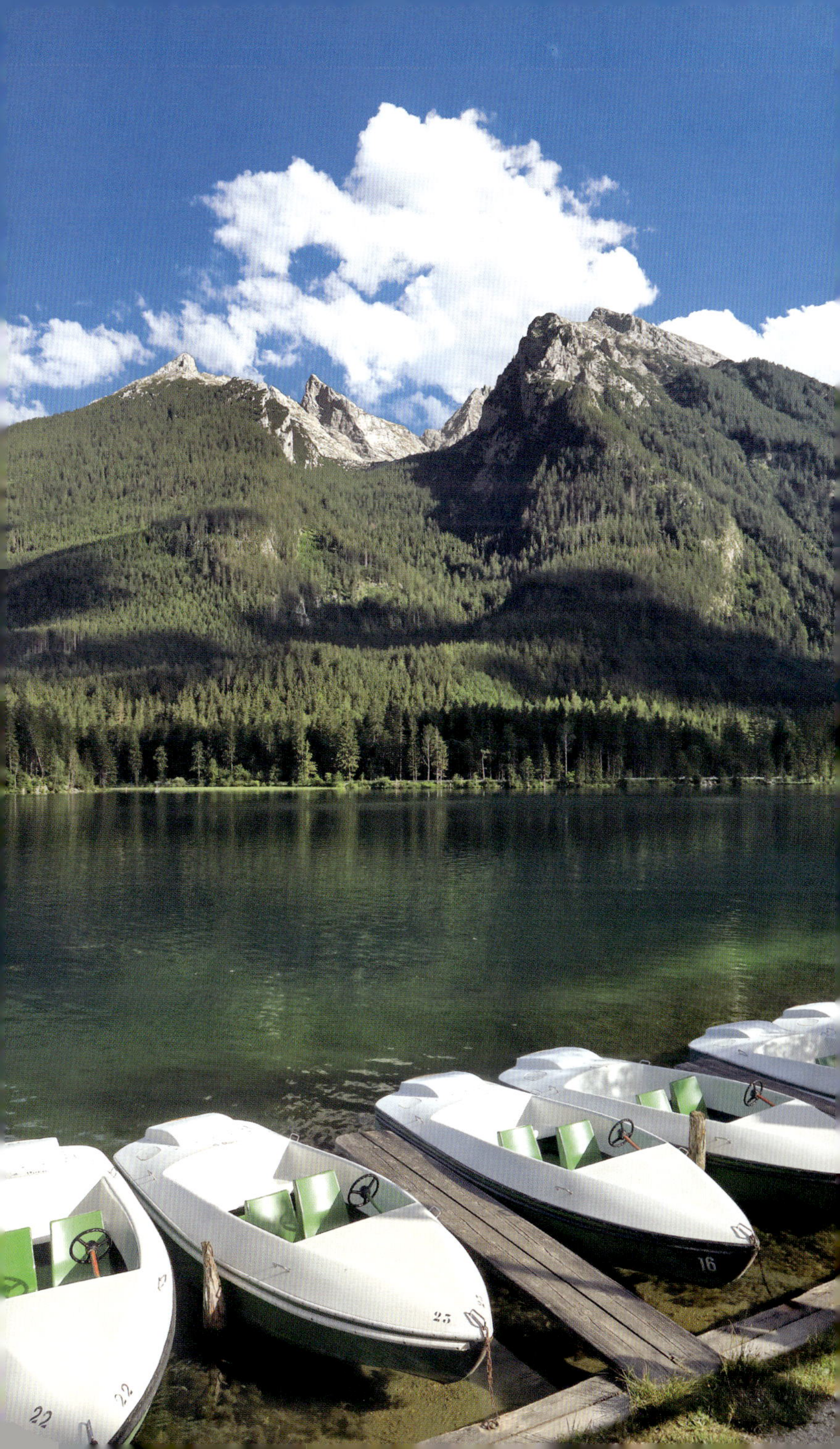

50 Halsalm, 1211 m
Rundtour über dem Hintersee

2.30 Std. | 6,5 km | ↗ 450 m | ↘ 450 m

Am Fuße der mächtigen Reiteralm

Zu den reizvollsten Almen des Berchtesgadener Landes zählt die Halsalm. Sie verströmt nicht nur ein urtümliches Flair, ihre sattelartige Lage wird beherrscht vom bollwerkartigen Reiteralm-Massiv, dessen Wände direkt über den Weidegründen jäh emporschießen. Vor allem das formgewaltige Knittelhorn hinterlässt einen starken Eindruck. Vom Hintersee aus lässt sich die Halsalm in einem schönen Rundkurs erwandern. Und eine schmackhafte Brotzeit gibt es während der Almzeit auch. In der Einfachheit und Rustikalität liegt hier oben das Besondere!

Talort: Ramsau bei Berchtesgaden, 670 m.
Ausgangspunkt: Parkplatz P4 am Hintersee, ca. 790 m. Per Bus mit der Linie 846 vom Bhf. Berchtesgaden bis zur Haltestelle »Hintersee«, am Beginn des eigentlichen Aufstiegs.
Anforderungen: T2. Im Aufstieg normaler Bergsteig mit mittelsteilen Passagen, ein wenig Trittsicherheit vorteilhaft. Die Abstiegsroute ist breiter ausgebaut.
Einkehr: Halsalm, 1211 m, in der Sommersaison (meist Juli bis Anfang Oktober) einfach bewirtschaftet. Gasthof Auzinger, 794 m, Do Ruhetag, Tel. +49 8657 230. Weitere direkt am Hintersee.
Karten: AV-Karte BY20 oder BY21; F&B WK 393.

Vom Parkplatz **Hintersee ❶** gehen wir kurz am Ufer entlang und wenden uns vor dem CVJM Aktivzentrum mit Nr. 63 schräg aufwärts. Im

Bäuerliche Landschaft am Fuße der Reiteralm.

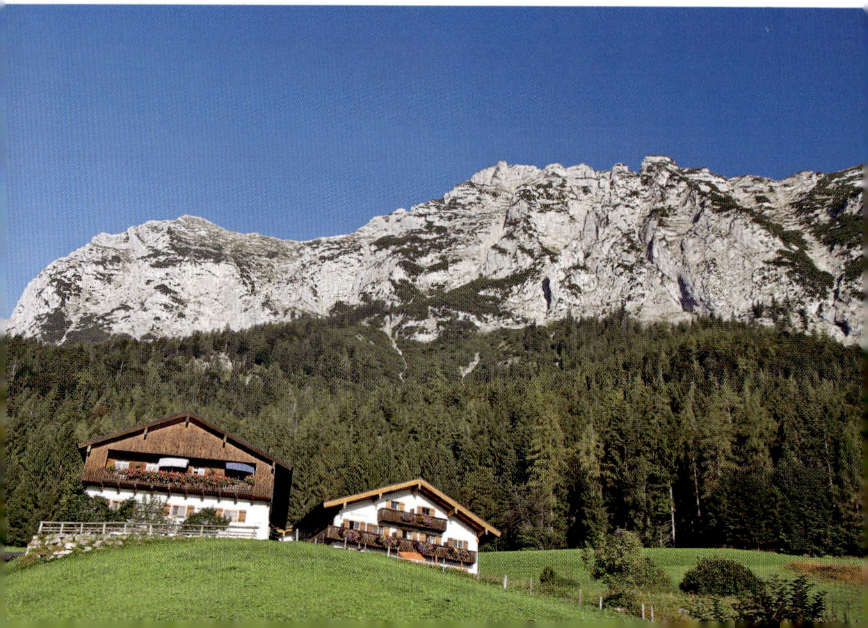

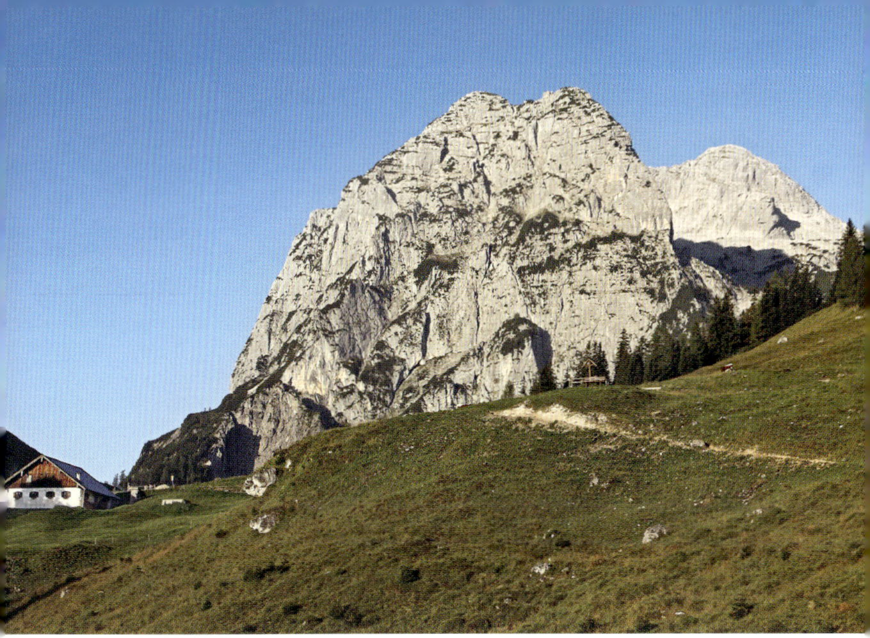

Die Halsalm, überragt vom Knittelhorn.

Bergwald vollzieht die Route einige größere Schleifen, wird zwischenzeitlich mühsamer und nimmt kurz vor Kreuzen des Toneckergrabens den Zugang vom Triebenbachlehen (Nr. 63A) auf ②. Wir orientieren uns deutlich nach links und kommen aus dem lichten Wald in das Almgebiet voran. Dort sind noch rund 100 Höhemeter zu bewältigen, ehe wir bei der **Halsalm** ③, 1211 m, Rast halten können.

Die Abstiegsroute ist in der Art eines Güterweges insgesamt merklich großzügiger ausgebaut. Zunächst muss noch die Anhöhe hinter dem Halskopf überschritten werden, bevor sich der Weg gegen die Halsgrube hinabwindet. Dort zweigt der Böslsteig (Nr. 472) ab, einer der wichtigen Zugänge aufs Hochplateau der Reiteralm. Wir drehen indes nach links ein und schreiten zügig talwärts. Man kommt auf einem flachen Anger im **Klausbachtal** ④, 805 m, heraus und läuft schließlich noch ein Weilchen am Klausbachhaus (Infostelle des Nationalparks) sowie am bekannten Gasthof Auzinger vorbei zurück zum Ausgangspunkt am **Hintersee** ①.

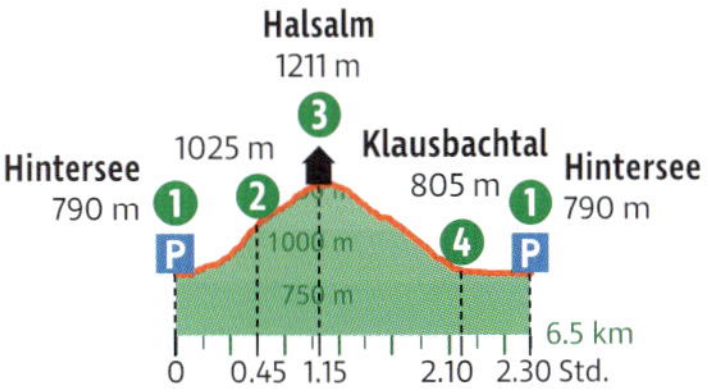

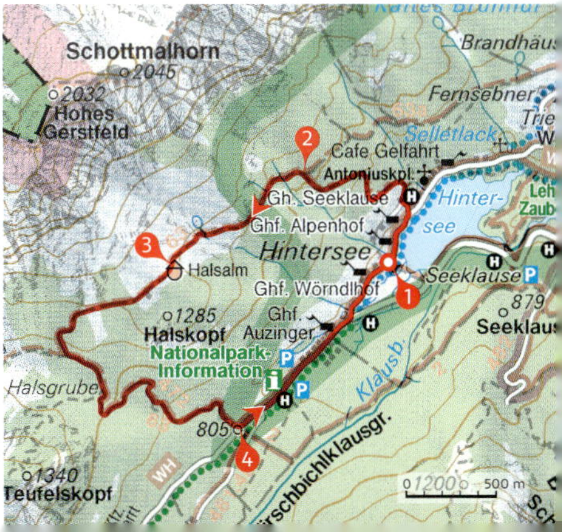

51 Bindalm und Hirschbichl, 1148 m

Durchs gesamte Klausbachtal

2.15 Std. | 7,0 km | ↗380 m | ↘30 m

Im Banne der Ramsauer Dolomiten

Drei große Talfurchen durchziehen das Berggebiet des Nationalparks Berchtesgaden: Auf der Ostseite des Watzmann ist es der Königssee, zwischen Watzmann und Hochkalter-Massiv das Wimbachtal und zwischen diesem und Reiteralm das Klausbachtal, welches auch einen leichten Übergang ins Pinzgauer Saalachtal ermöglicht. Der Almerlebnisbus pendelt während der ganzen Sommersaison zwischen Hintersee und Weißbach. Natürlich spielt das Klausbachtal seine Reize erst richtig aus, wenn wir es in Schrittgeschwindigkeit erkunden. Vielleicht ergibt sich sogar die Gelegenheit zur Adlerbeobachtung. Auch wenn die Wanderung denkbar einfach ist, entbehrt sie doch keineswegs dramatischer Akzente, hervorgerufen durch die schroffen, zerklüfteten Wände der Reiteralm. Die Abbrüche der Mühlsturz- und Grundübelhörner tragen den Beinamen »Ramsauer Dolomiten«, besonders eindrucksvoll anzuschauen von den Weiden der Bindalm. Die mustergültigen Rundumkaser dort stehen unter Denkmalschutz. Ein Stück weiter erreichen wir am Hirschbichl die Grenze zu Österreich und den Endpunkt unserer Tour durchs Klausbachtal.

Talort: Ramsau bei Berchtesgaden, 670 m.
Ausgangspunkt: Letzter Parkplatz P2 im Bereich des Hintersees, beim Klausbachhaus an der Hirschbichlstraße, ca. 800 m. Mit der Buslinie 846 vom Bhf. Berchtesgaden über Ramsau bis zur Haltestelle »Auzinger« (5 Min. zusätzlich).
Endpunkt: Hirschbichl, 1148 m, am

Die Hängebrücke über den Klausbach.

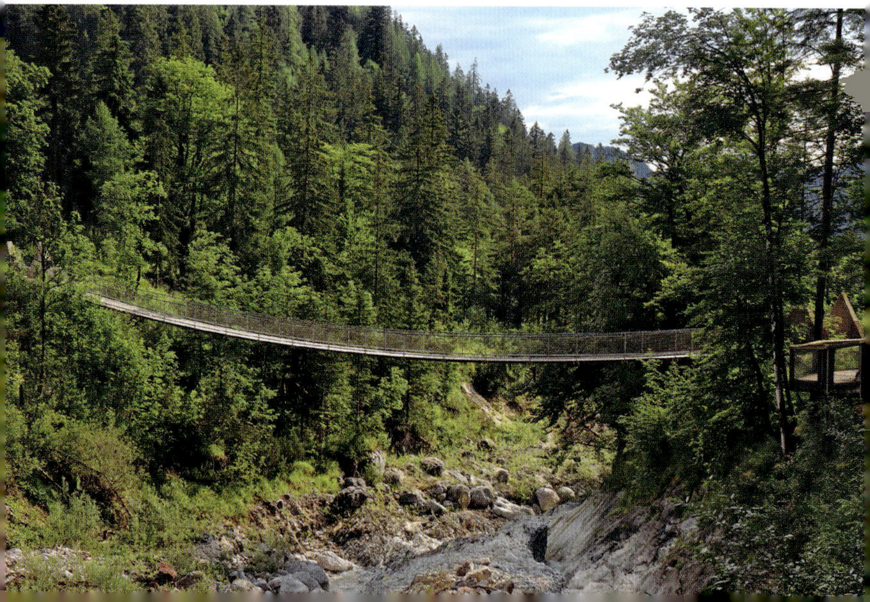

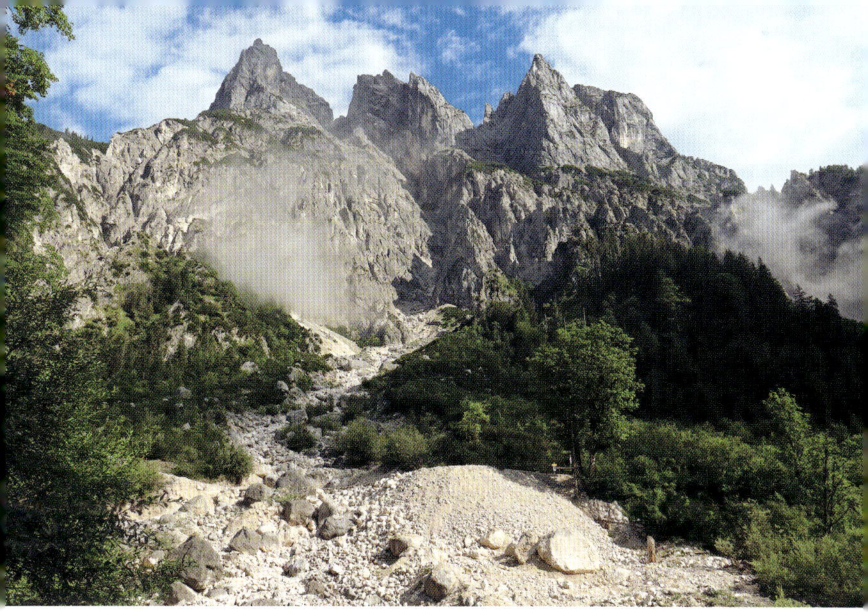

Sinnbild der »Ramsauer Dolomiten«: Eine gewaltige Reiße zieht von den Mühlsturz- und Grundübelhörnern zu Tal.

bayerisch-österreichischen Grenzpass. Mit dem Almerlebnisbus kann mehrmals täglich zurück Richtung Hintersee gefahren werden. Für Privatfahrzeuge ist die Hirschbichlstraße gesperrt!
Anforderungen: T1. Leichte Wanderung durch ein Hochtal, meist flach bis allenfalls mäßig steil ansteigend. Wer auch den Rückweg zu Fuß nimmt, braucht angesichts der doppelten Distanz entsprechende Ausdauer.
Einkehr: Gasthof Auzinger, Do Ruhetag, Tel. +49 8657 230. Bindalm, 1117 m, Juni bis Oktober bewirtschaftet. Alpengasthof Hirschbichl, 1148 m, Mitte/Ende Mai bis Anfang/Mitte Oktober (Di Ruhetag), Übernachtungsmöglichkeit, Tel. +43 6582 8347.
Tipp: Im Klausbachhaus kann man sich täglich zwischen 9 und 17 Uhr kostenlos über Belange des Nationalparks informieren.
Karten: AV-Karte BY20 oder BY21; F&B WK 393.

Vom Parkplatz nahe dem **Klausbachhaus** ❶ starten wir auf der Hirschbichlstraße, wechseln alsbald nach links auf den Wanderweg und laufen schnurstracks taleinwärts. Der Höhengewinn ist vorerst sehr gering. Im Bereich einer Weide passieren wir einen Info- und Adlerbeobachtungspunkt, danach die Abzweigung zum Hochkalter bei der **Lahnwald-Diensthütte** ❷, 829 m. In der Grundübelau wird die Steigung allmählich spürbar. Wo eine gewaltige Reiße vom Mühlsturzhorn bis zum Talboden durchzieht, überschreiten wir eine relativ neue **Hängebrücke** ❸ auf die linke Seite. Kurzzeitig wechselt man nochmals zurück nach rechts und bei der **Engert-Holzstube** ❹ erneut nach links.

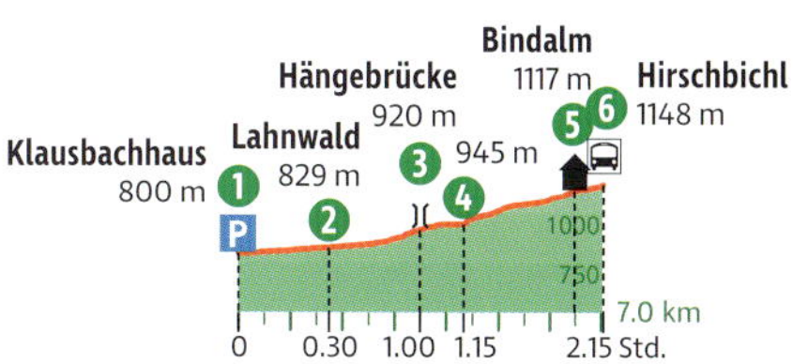

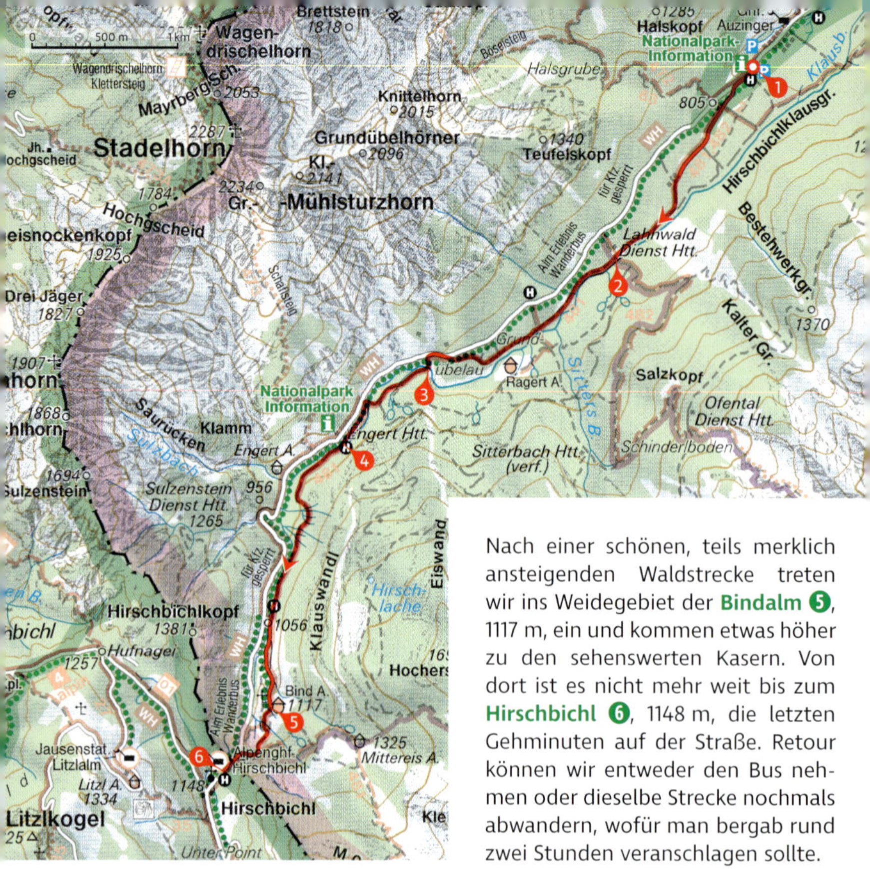

Nach einer schönen, teils merklich ansteigenden Waldstrecke treten wir ins Weidegebiet der **Bindalm** ❺, 1117 m, ein und kommen etwas höher zu den sehenswerten Kasern. Von dort ist es nicht mehr weit bis zum **Hirschbichl** ❻, 1148 m, die letzten Gehminuten auf der Straße. Retour können wir entweder den Bus nehmen oder dieselbe Strecke nochmals abwandern, wofür man bergab rund zwei Stunden veranschlagen sollte.

Die Kaser der Bindalm mit der Kulisse der »Ramsauer Dolomiten«.

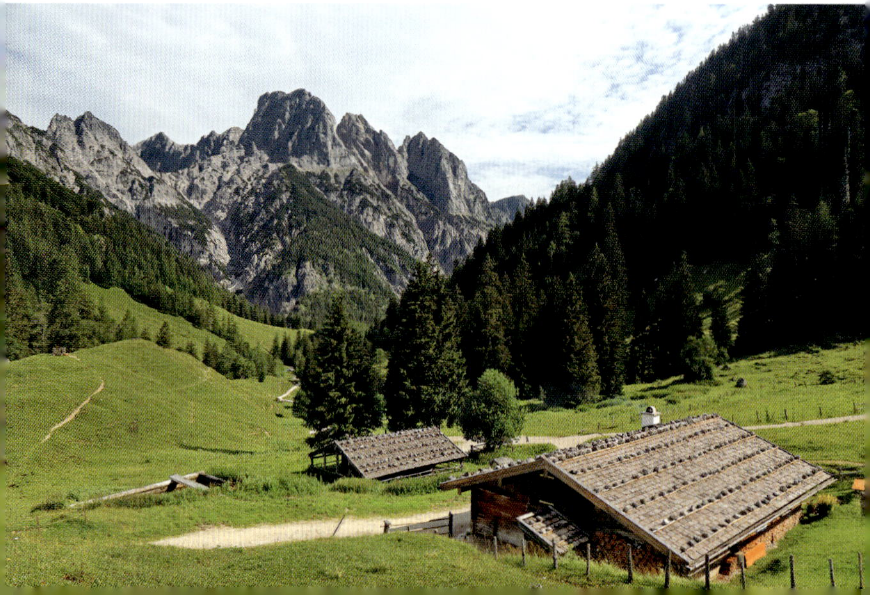

Blaueishütte, 1651 m

Über die Schärtenalm

4.15 Std. | 10,6 km | ↗900 m | ↘900 m

Zum Bergsteiger-Stützpunkt am Hochkalter

Das Blaueiskar gilt als einer der wildesten Winkel in den Berchtesgadener Alpen. Man ahnt es schon, wenn man von der Schwarzbachwacht oder vom Soleleitungsweg hinüberblickt, doch ist man letztlich wie ergriffen, sobald man das erste Mal mittendrin steht in diesem zyklopenhaften Felsenkessel. 1922 wurde hier der erste Stützpunkt errichtet, damals noch ein paar hundert Meter weiter oben im Kar. Doch an Silvester 1955 überbrachte kein Geringerer als Hermann Buhl die Schreckensnachricht: Die Blaueishütte, gerade erst erweitert, war von einer Staublawine weggefegt worden, kein Stein stand mehr auf dem anderen. Sieben Jahre lang musste man sich danach mit einer spartanischen Nothütte (heute Nebengebäude) als Übergangslösung begnügen, ehe in den frühen 1960ern das neue Haus fertiggestellt wurde. Ambitionierte Bergsteiger und Kletterer fühlen sich dort immer gut aufgehoben, und auch Tageswanderer kommen gern herauf, um sich von der eindrücklichen Felsszenerie gefangen nehmen zu lassen und eines der legendären Kuchenstücke zu genießen.

Talort: Ramsau bei Berchtesgaden, 670 m.
Ausgangspunkt: Parkplatz »Seeklause«, 789 m (von Ramsau kommend kurz vor dem Hintersee). Nächstgelegene Bushaltestelle »Hintersee Zauberwald« ca. 100 m entfernt, oder ebenso gut ab Haltestelle »Holzlagerplatz« aufsteigen (Linie 846 vom Bhf. Berchtesgaden).
Anforderungen: T2. Gut ausgebauter

Inmitten des Hochkalter-Massivs hat die Hütte am unteren Rand des Blaueiskars ihren Standort.

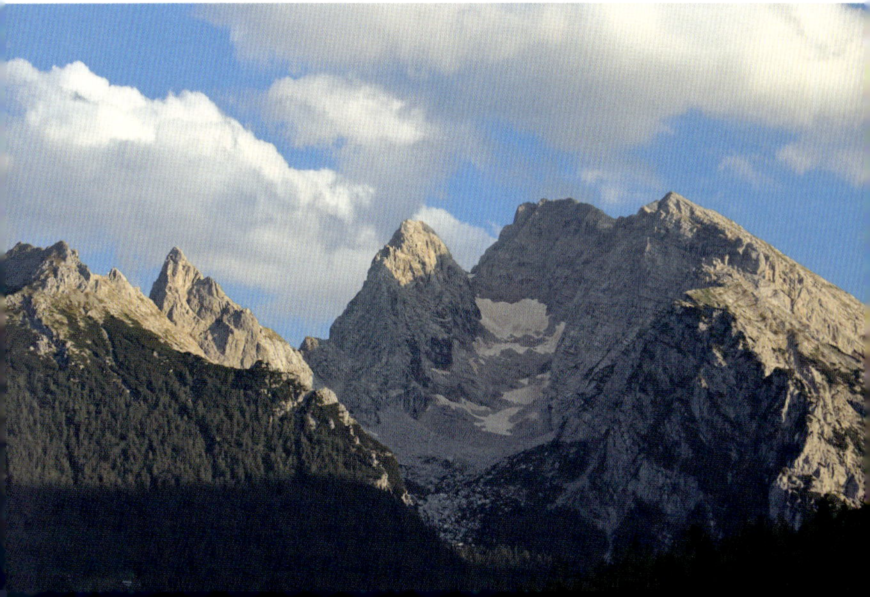

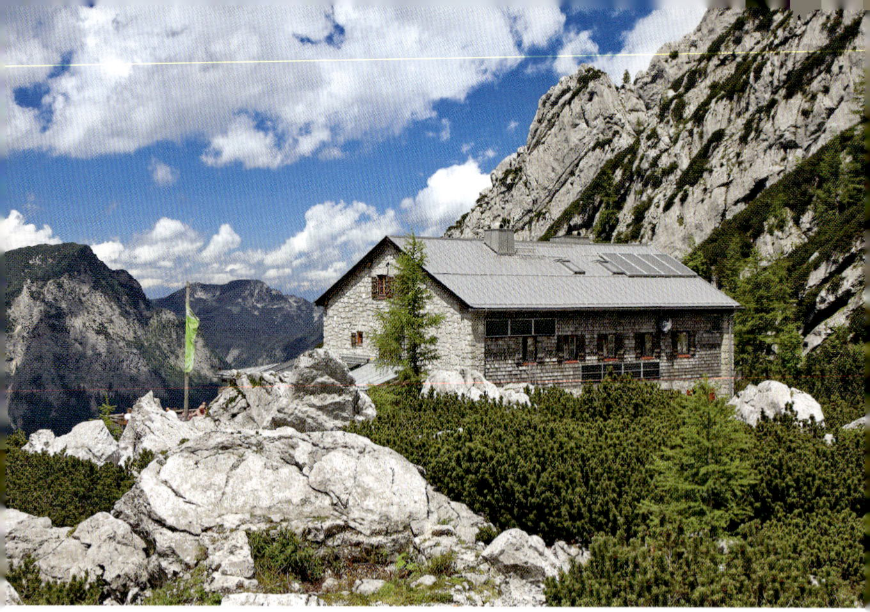

An der Karschwelle steht die Blaueishütte.

Bergwanderweg, bis zur Schärtenalm in Fahrbahnbreite, im oberen Teil etwas steilerer und mit vielen Holzstufen angelegter Steig.
Einkehr: Schärtenalm, 1362 m, Anfang Mai bis Anfang Oktober, Tel. +49 176 13420646 oder +49 8657 983585. Blaueishütte, 1651 m, Mitte Mai bis Anfang/ Mitte Oktober, Übernachtungsmöglichkeit, Tel. +49 8657 271.
Variante: Man kann auch beim Parkplatz »Pfeifenmacherbrücke« im hinteren Ortsbereich von Ramsau starten und komplett die Route Nr. 485 wählen. Sie verbindet sich knapp unterhalb der Schärtenalm mit dem anderen Zugang und ist etwas länger.
Karten: AV-Karte BY21; F&B WK 393.

Blick auf die sanfter gewellten Hügel nördlich der Ramsau.

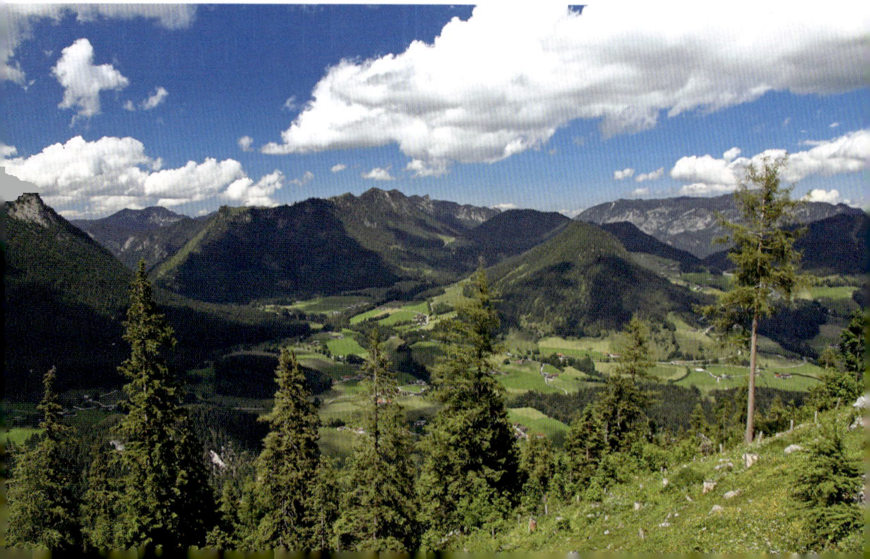

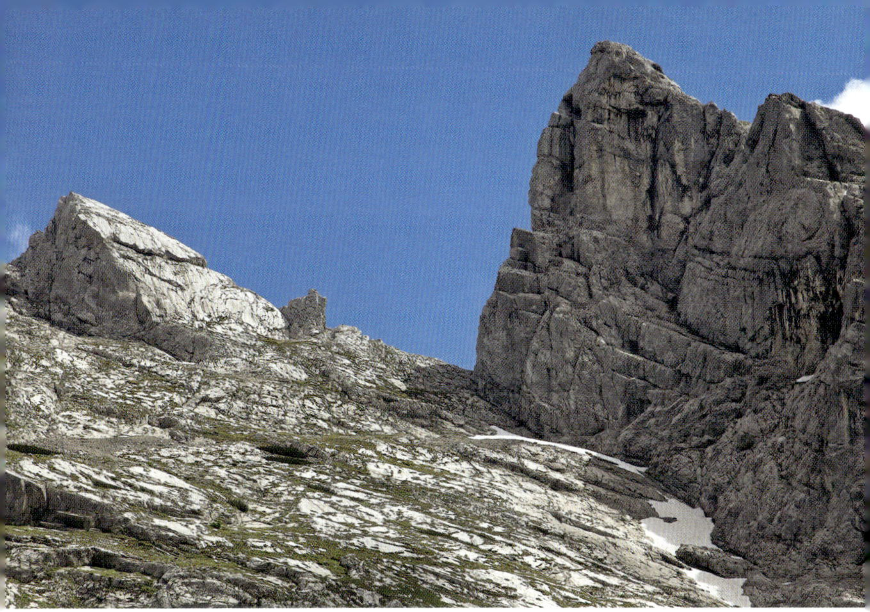

Aus gewissen Perspektiven wirkt die Schärtenspitze sehr markant.

Nach Start am Parkplatz **»Seeklause«** **1** treffen wir nach kurzer Zeit auf den Zugang vom Holzlagerplatz und folgen dem breit ausgebauten Weg Nr. 482 zur **Schärtenalm** **2**, 1362 m, die nach mehreren Schleifen (zuletzt gemeinsam mit Route Nr. 485) erreicht ist und uns aus dem zuvor dichten Bergwald bereits ein Aussichtsfenster öffnet. Es folgt ein Quergang bis hinter die vom Steinberg abstreichende Geländerippe, ehe sich das Bergauf am Sockel der Felsen zunächst zur Materialseilbahn und danach schmaler über einen mit zahlreichen Stufen angelegten, kehrenreichen Abschnitt im Blaueistal fortsetzt. Nach rund zweieinhalb Stunden treten wir schließlich über die Karschwelle und treffen bei der **Blaueishütte** **3**, 1651 m, ein. Riesige Felsblöcke liegen quasi vor der Haustür; sie stammen von einem gewaltigen Bergsturz, bei dem im Jahr 1908 der Gipfel des Hochkalter abbrach. Der Abstieg verläuft identisch.

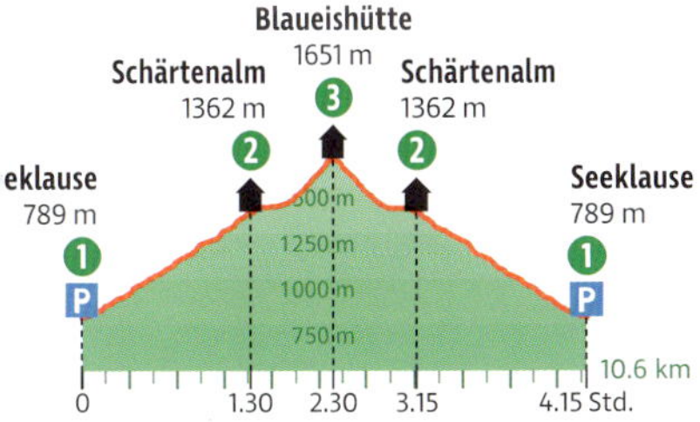

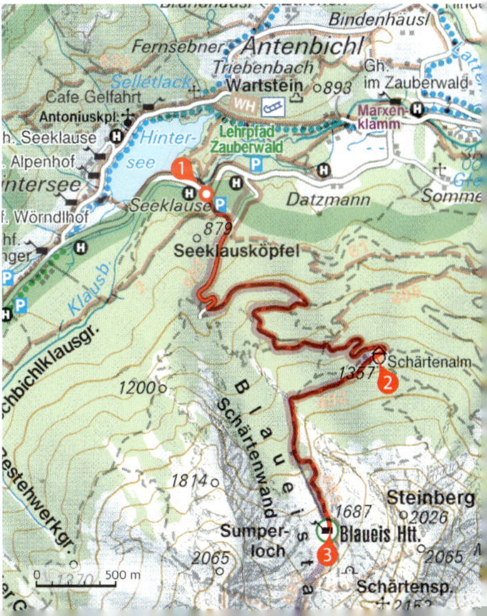

53 Wimbachgrieshütte, 1327 m

Durchs gesamte Wimbachtal

5.00 Std. | 16,9 km | ↗700 m | ↘700 m

Im urgewaltigen Herzen des Nationalparks

Laut geologischer Forschung bildeten Watzmann und Hochkalter einst eine gewaltige zusammenhängende Bergmasse, deren höchste Wölbung über dem heutigen Wimbachtal lag. Sie ist im Laufe der Zeit zu einem Graben eingebrochen, worauf die Erosionskräfte, vor allem die Gletscher der Eiszeit, den tiefen Trog des Wimbachtals ausschürften. Charakteristisches Landschaftselement ist der riesige, an manchen Stellen bis zu 300 Meter mächtige Schuttstrom. Dieser rührt vom spröden Ramsaudolomit her, der unter Witterungseinflüssen zu kleinen Stücken zerfällt und oft auch für bizarre Geländestrukturen an den Bergflanken und Gipfeln sorgt. Man schaue sich nur einmal die Palfelhörner im Talschluss an! Den Schuttpanzer zu ihren Füßen nennt man ganz plakativ »Gries«. Als geobotanische Besonderheit gedeiht darin die Spirke, eine aufrecht wachsende Form der Latsche, die bestens an die hiesigen Extrembedingungen, sprich das raue Klima und die häufigen Umwälzungen im Schuttstrom, angepasst ist. Denn bei Starkregenereignissen gerät das Material in Bewegung und beginnt regelrecht zu »fließen«, weshalb sich auch immer wieder veränderte Details in der Landschaft zeigen. Hier wird uns die ungeheure Dynamik, die geologischen Vorgängen innewohnt, anschaulich vor Augen geführt. Eine Wanderung durchs Wimbachtal bis zur Wimbachgrieshütte ist also nicht nur schlicht ein schöner Bergausflug, sondern gleichsam auch ein Gang durch die Erdgeschichte!

Kennzeichnend für das Wimbachtal ist der gewaltige Schuttstrom, dessen Material von den spröden Bergen der Umgebung abgetragen wird.

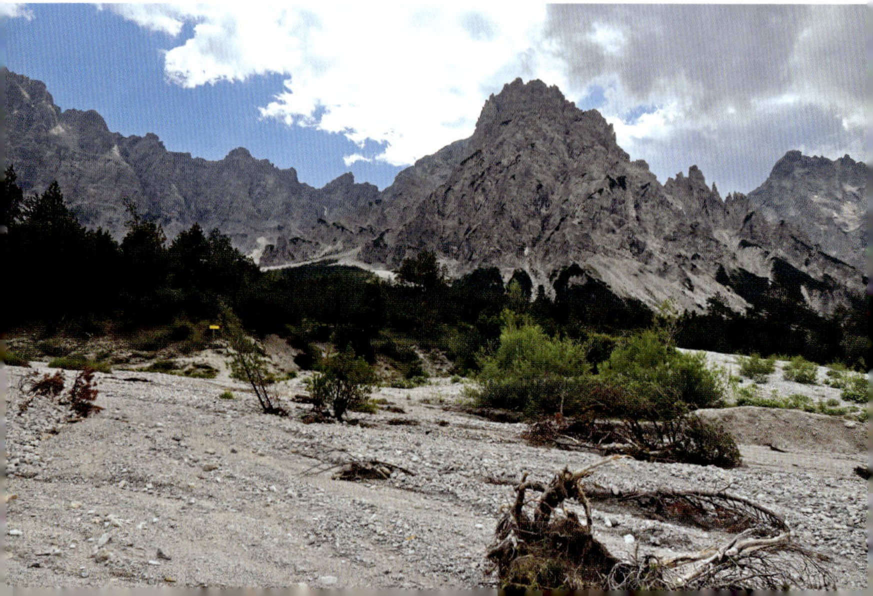

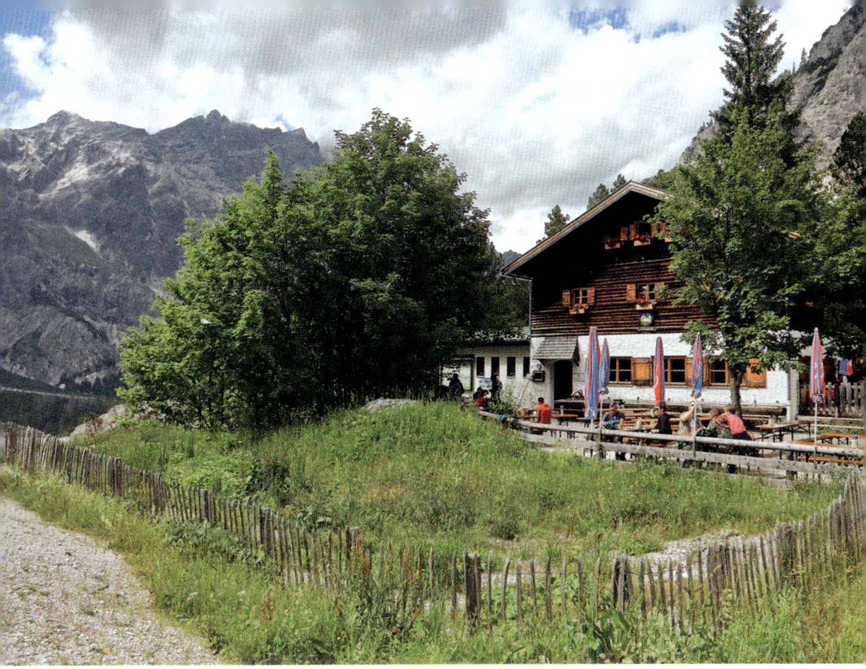

Im hinteren Bereich des Hochtals empfängt uns die Wimbachgrieshütte.

Talort: Berchtesgaden, 571 m, bzw. Ramsau, 670 m.
Ausgangspunkt: Wimbachbrücke, 634 m; Parkplätze und Haltestelle der Buslinie 846 zwischen Bhf. Berchtesgaden und Hintersee.
Anforderungen: T1. Problemloser, aber ziemlich weiter Weg bis ins Wimbachgries, abgesehen von der Querung des Schuttstroms zum überwiegenden Teil breit und befestigt. Die Klamm ist aufwendig ausgebaut.
Einkehr: Wirtshaus Hocheck (nahe dem Ausgangspunkt), Tel. +49 8657 1396024. Wimbachschloss, 937 m, Anfang Mai bis Anfang November, Tel. +49 171 2450764. Wimbachgrieshütte, 1327 m, Ende Mai bis Mitte Oktober, Übernachtungsmöglichkeit, Tel. +49 8657 7944001.
Hinweis: Die Wimbachklamm kann nur von unten nach oben durchwandert werden! Geöffnet von Mai bis Oktober, Wertmünzen am Automaten lösen.
Variante: Von der Wimbachgrieshütte über den Trischübl bis nach St. Bartholomä am Königssee. Dieser Übergang ist freilich lang und streckenweise recht ruppig, an der Sigeretplatte auch etwas ausgesetzt (T3). Gesamtgehzeit ab Wimbachbrücke mindestens 7.00 Std.
Karten: AV-Karte BY 20 oder BY21; F&B WK 393.

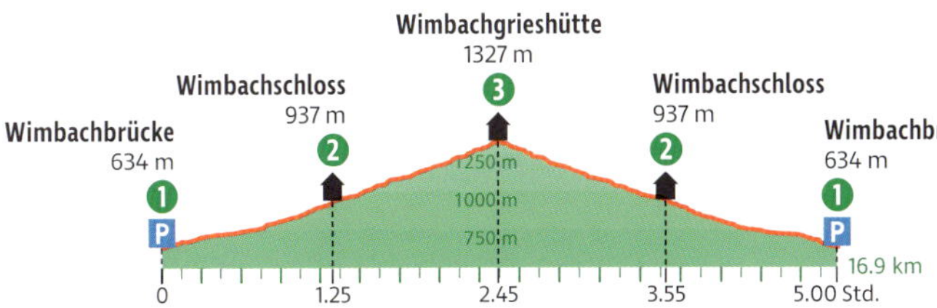

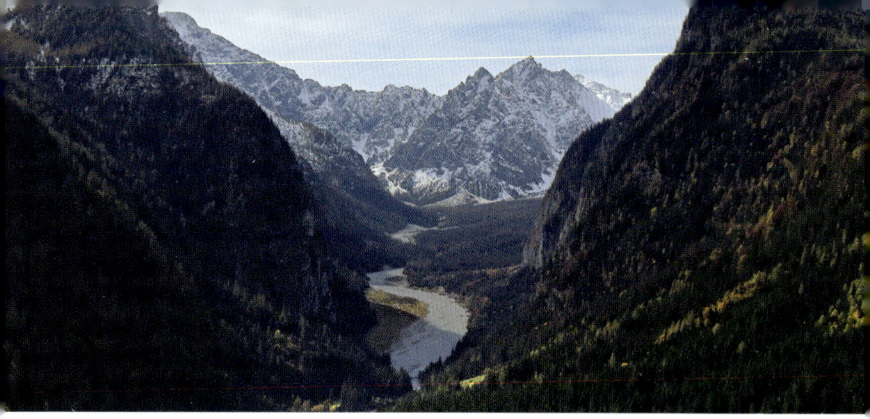

Die wilde Furche des Wimbachtals ist zwischen Watzmann und Hochkalter eingeschnitten.

Kurz nach Start an der **Wimbachbrücke ❶** und der ersten Steigung auf einem Asphaltsträßchen nimmt die Wanderung in der tief in den Untergrund eingeschnittenen Wimbachklamm einen furiosen Auftakt. Man

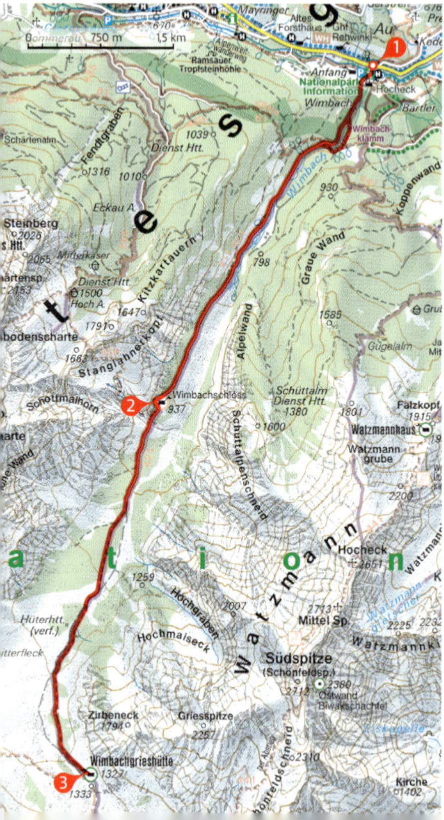

könnte sich die Gebühr auch sparen und sie auf breitem Weg umgehen, doch offenbart der enge Schlund die beeindruckende Gestaltungskraft des Wassers in unmittelbarer Weise. Die Klamm ist mit Stegen und Treppen hervorragend ausgebaut. Dahinter vereinigen sich die Wege wieder. Immer auf der rechten Seite des Wimbachs, der bald unter den mächtigen Schuttflächen verschwindet, geht es nun in moderater Steigung schnurstracks taleinwärts. Auf halbem Wege empfängt uns das 1784 als luxuriöse Jagdbehausung erbaute **Wimbachschloss ❷**, 937 m: bereits ein lohnendes Ziel für alle, die nicht den kompletten Weg auf sich nehmen wollen. Auf der Fortsetzung werden zunächst noch ausgedehnte Waldparzellen durchmessen (»Schneelahnerwald«). Weiter hinten bestimmt jedoch immer mehr die aufgelockerte Spirkenvegetation das Bild. Nachdem der große Schuttstrom einmal diagonal gequert ist, dreht die Route auf der linken Seite des Taleinschnitts allmählich zur **Wimbachgrieshütte ❸**, 1327 m, ein. Hier fühlt man sich von der urweltlichen Gegend ganz gefangen! Retour geht es auf der gleichen Route (mit Umgehung der Wimbachklamm).

Grünstein, 1304 m, und Archenkanzel, 1346 m

Von Schönau zur Kührointalm

54

5.45 Std. | 15,2 km | ↗1080 m | ↘1080 m

TOP

Am Vorbau des majestätischen Watzmann

Die nordöstlichen Ausläufer des Watzmannstocks bieten ein prima Wanderterrain, das mehrere lohnende Ziele aufwirft. Zunächst muss der Grünstein als Schönauer Hausberg gerühmt werden, denn sein Panorama zählt zu den erlesenen im Berchtesgadener Land. In wundervoller Anordnung zeigt sich die Umrahmung des Talkessels, in der anderen Richtung wirkt die siebenköpfige Watzmannfamilie besonders majestätisch. Unter dem formschönen Kleinen Watzmann erstreckt sich das Almplateau von Kühroint, ein gar liebreizendes Fleckerl Erde. Und ein Stück weiter wissen Kenner um einen der besten Königsseeblicke überhaupt: Von der Archenkanzel liegt uns die azurblaue Furche regelrecht zu Füßen, umgeben von den Bergeshöhen des Hagengebirges und des Steinernen Meeres. Der dort ansetzende Rinnkendlsteig hinab zum Königssee empfiehlt sich allerdings nur für Geübte!

Talort: Schönau am Königssee, 605 m.
Ausgangspunkt: Großparkplatz in Dorf Königssee, hierher auch mit der Buslinie 841/842 vom Bhf. Berchtesgaden.
Anforderungen: T2. Ordentliche Bergwanderwege, streckenweise breit trassiert, aber mit recht kräftigen Steigungen, vor allem anfangs zum Grünstein. Wandertechnisch noch eher leicht, als volles Tagesprogramm prädestiniert für Ausdauernde.
Einkehr: Grünsteinhütte, 1220 m, Mai bis Oktober, Tel. +49 171 8329328. Küh-

Auf dem Grünstein erleben wir den ersten Höhepunkt.

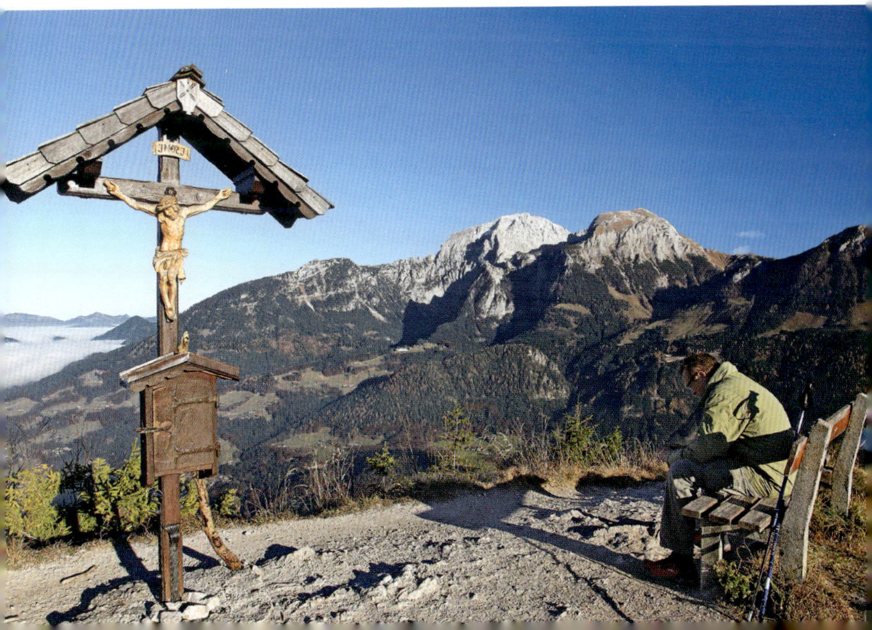

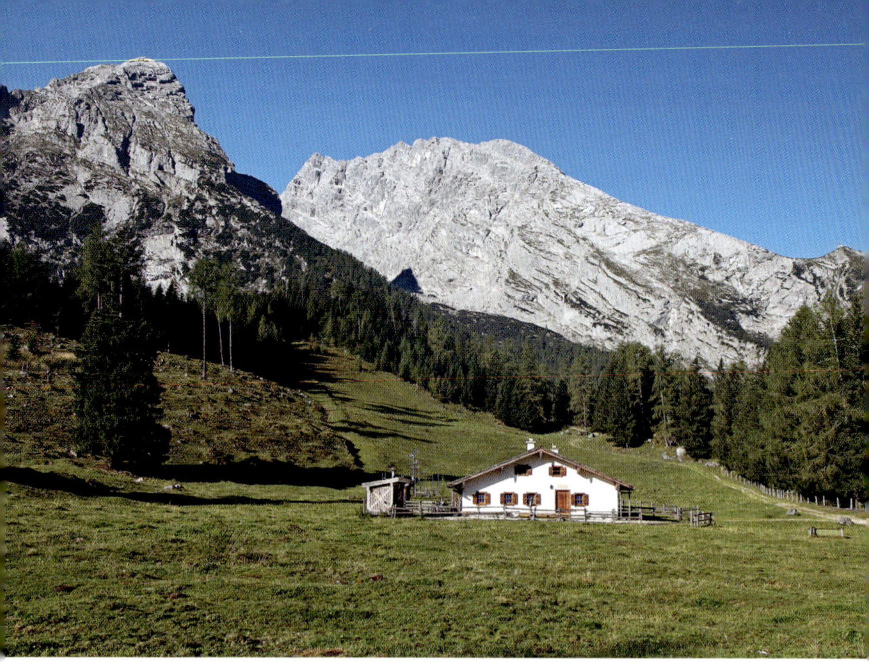

Oben: Hütte auf Kühroint, überragt vom Watzmann.
Rechts: Die Archenkanzel eröffnet einen Traumblick in die Königsseefurche.

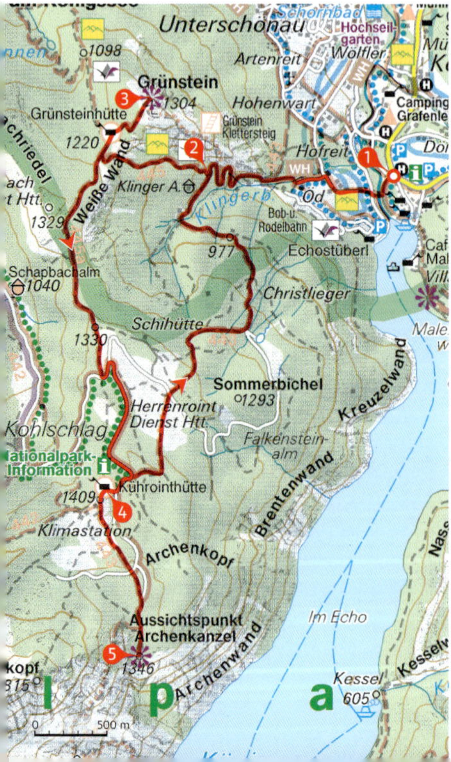

rointhütte, 1420 m, Mai bis Oktober (in der Nebensaison evtl. einzelne Tage geschlossen), Übernachtungsmöglichkeit, Tel. +49 171 3533369.
Variante: Die Tour kann auch vom Parkplatz Hammerstiel, ca. 760 m, angegangen werden, zunächst zum Grünstein, beim späteren Rückweg von Kühroint durchs etwas eintönige Schapbachtal.
Karten: AV-Karte BY21; F&B WK 393.

Vom Großparkplatz in **Dorf Königssee** ❶ gehen wir am Hotel Königsseer Hof vorbei zum äußersten Nordeck des Sees, wo die Königsseer Ache ausströmt. Auf der anderen Seite steigt der Weg zur Bob- und Rodelbahn an, die wir ein Stück weit begleiten. Gemeinsam mit einem Zugang von Unterschönau folgen ein paar Kehren. Wenige Schritte nach Abzweig zum Isidor-Klettersteig gabelt sich der Hauptweg ❷: Während Nr. 443 Richtung Kühroint zieht (von

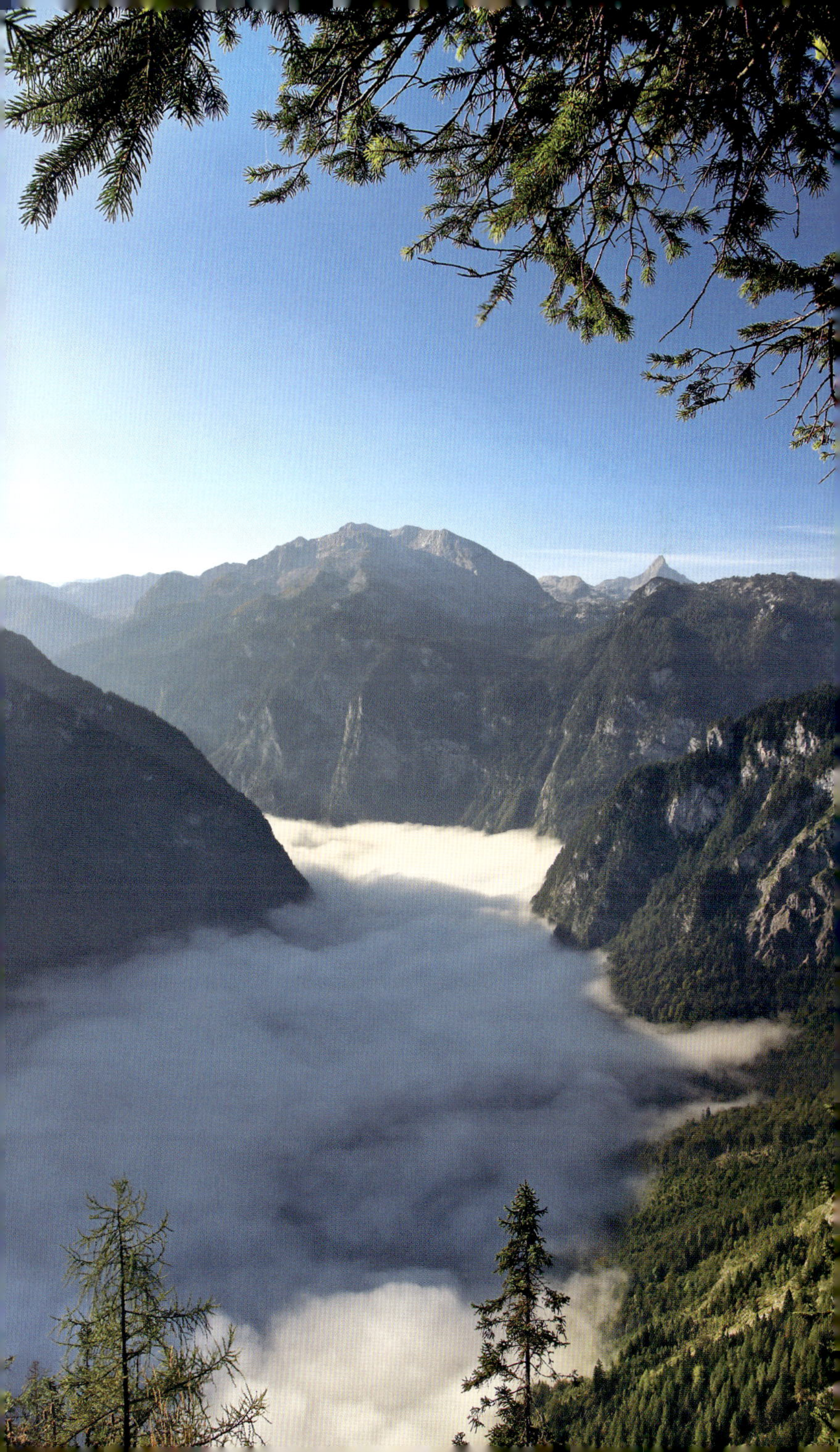

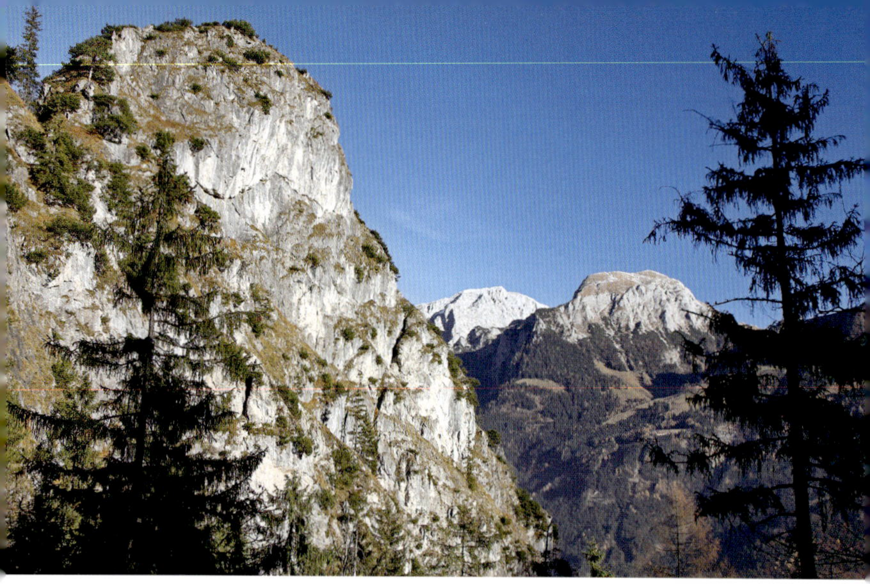

An den schroffen Grünsteinfelsen vorbei geht der Blick zum Göllstock.

dort werden wir später zurückkommen), bleiben wir mit Nr. 445 an den Hängen des Grünstein. Fast eine Stunde benötigt man noch bis auf den Bergrücken, wo man sich nach rechts wendet, in Kürze die **Grünsteinhütte** passiert und die letzten Meter zum aussichtsreichen Gipfel des **Grünstein** ❸, 1304 m, aufsteigt.
Für den Weiterweg ignorieren wir sowohl den Weg nach Hammerstiel als auch unsere Aufstiegsroute und nehmen mit Nr. 445a Kurs südwärts. Dieser schmiegt sich dem Schapbachriedel an; auf der linken Seite befindet sich unterhalb die Weiße Wand. Nach einer Weile auf Fußpfaden stoßen wir auf eine breitere Forststraße und folgen ihr mit einigen Kurven aufwärts bis zur **Kührointhütte** ❹, 1420 m, im gleichnamigen Almgebiet. Zur **Archenkanzel** ❺, 1346 m, behalten wir Südrichtung bei, jetzt mit Nr. 443 über eine kleine Anhöhe hinweg, dann jedoch leicht fallend bis zum Aussichtspunkt hoch über dem Königssee.
Zurück auf **Kühroint** ❹ (Gegesteigung) bleiben wir der Markierung Nr. 443 treu und wandern auf breitem Weg durch meist bewaldetes Gelände bergab, zwischendurch über eine Lichtung, anschließend am Sommerbichel vorbei. Kurz hinter dem Klingergraben wird die Klingeralm tangiert, ehe wir wieder auf die Aufstiegsroute stoßen ❷. Schließlich wie gehabt hinab zum **Königssee** ❶.

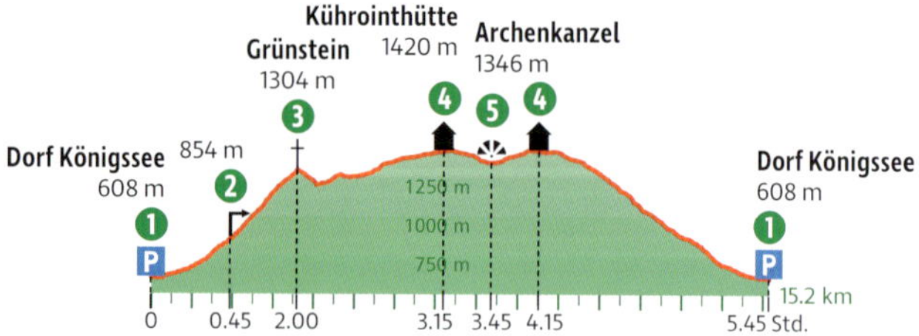

Eiskapelle, ca. 880 m

Von St. Bartholomä an den Fuß der Watzmann-Ostwand

2.15 Std. | 6,9 km | ↗300 m | ↘300 m

Urgewaltiger Gebirgswinkel mit permanentem Lawinenkegel

Wohl kaum ein Fleck des Berchtesgadener Landes ist bei Touristen so populär wie St. Bartholomä mit seiner Wallfahrtskirche auf einer Halbinsel am fjordartigen Königssee. Und das will in dieser Gegend schon was heißen! Den großartigen alpinen Rahmen dominiert die fast 2000 Höhenmeter in den Himmel ragende Watzmann-Ostwand – ihrerseits ein absoluter Bergsteiger-Mythos, der natürlich bis hinunter zum Seeufer und auf das allgemeine Publikum ausstrahlt. So wird manch einer animiert sein, dieser höchsten Wand in den Ostalpen mal ein bisschen näher zu rücken – so weit es halt möglich ist. An ihrem Fuß überdauert auf nicht einmal 900 Meter Meereshöhe auch im Sommer ein Lawinenschneefeld, mit charakteristischem »Maul«, aus dem das Schmelzwasser rinnt: die Eiskapelle. Da es sich um ein dynamisches Gebilde handelt, sind weder Aussehen noch die genaue Verortung fix. Um direkt bis zum »Gletschertor« zu gelangen, braucht es zuletzt etwas Geschicklichkeit in unwegsamem Geröllterrain. Aber bitte den Hohlraum nicht betreten: Einsturzgefahr!

Talort: Schönau am Königssee, 605 m.
Ausgangspunkt: St. Bartholomä, 604 m, erreichbar per Elektroboot über den Königssee (Infos zu Fahrplänen, Preisen etc. unter www.seenschifffahrt.de/de/koenigssee, Tel. +49 8652 9636-0). Großparkplätze und Bushaltestelle (Linien 841/842 vom Bhf. Berchtesgaden) befinden sich in Dorf Königssee, wenige Gehminuten von der Seelände entfernt.
Anforderungen: T2–3 im letzten

Die Watzmann-Ostwand von St. Bartholomä aus gesehen.

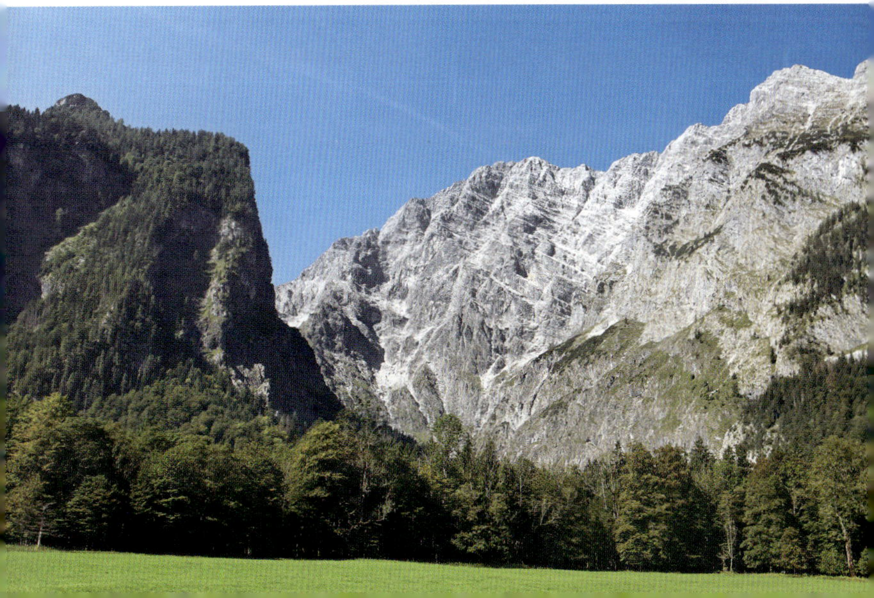

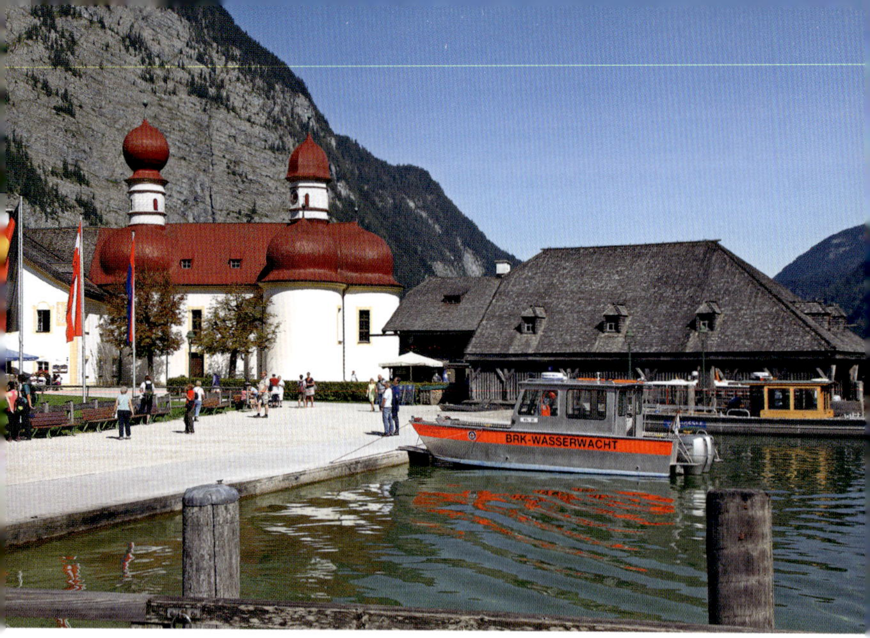

Vor der Wanderung wird St. Bartholomä per Schiff angesteuert.

Stück, sonst T1–2. Größtenteils normaler Bergwanderweg durch Wald, ab Ende der Ausbaustrecke allerdings deutlich beschwerlicher und alpiner über Geröll und Blockwerk, kurz vor dem Ziel eventuell von Wasser umspült und nicht ganz eindeutig im Routenverlauf. Etwas Trittsicherheit und Geschicklichkeit erforderlich.

Einkehr: Gaststätte St. Bartholomä, Tel. +49 8652 964937. Reichlich Gastronomie außerdem im Bereich der Seelände in Dorf Königssee.

Karten: AV-Karte BY21; F&B WK 393.

Vom Schiffsanleger **St. Bartholomä** ❶ passieren wir Kirchlein und Gaststätte und wenden uns bei der Nationalpark-Infostelle nach links. Durch ein Waldstück nähern wir uns dem Eisbach, wo uns auf der anderen Seite die Kapelle **St. Johann & Paul** ❷, ca. 650 m, empfängt. Ein gut angelegter Wanderweg windet sich nun bergwärts. Nachdem das Gelände wieder etwas abflacht, kommen wir zu einem Rastplatz ❸ am Ende der »Ausbaustrecke«. Der Blick auf die schier erdrückende Watzmann-Ostwand öffnet sich hier. Wir betreten den Geröllstrom des Eisgrabens auf der linken Seite, finden im Anschluss teilweise wieder einen Pfad, geraten jedoch weiter hinten noch in recht unwegsames Gelände. Im Bereich

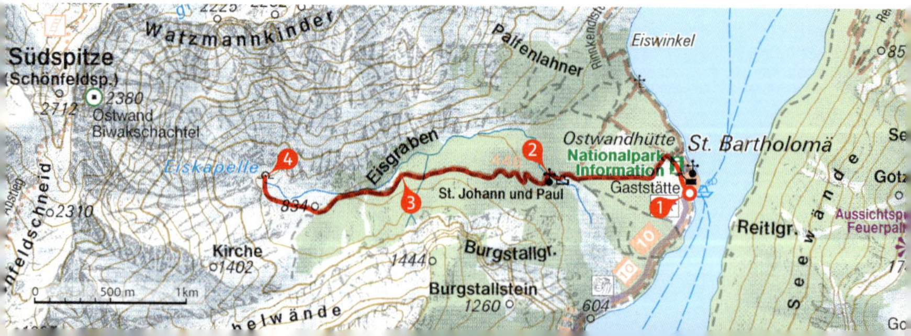

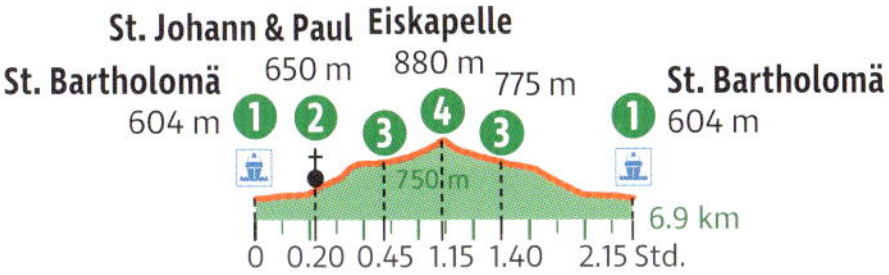

des Bachbetts wird die Route über Geröll und größere Blöcke meist individuell genommen, denn die Spuren verzweigen und verlieren sich hier. Doch hat man die **Eiskapelle** 4 mit dem ausströmenden Schmelzwasser ja bereits vor Augen ... Der Rückweg verläuft gleich.

Über den Schuttstrom nähern wir uns der Eiskapelle am Fuße der Ostwand.

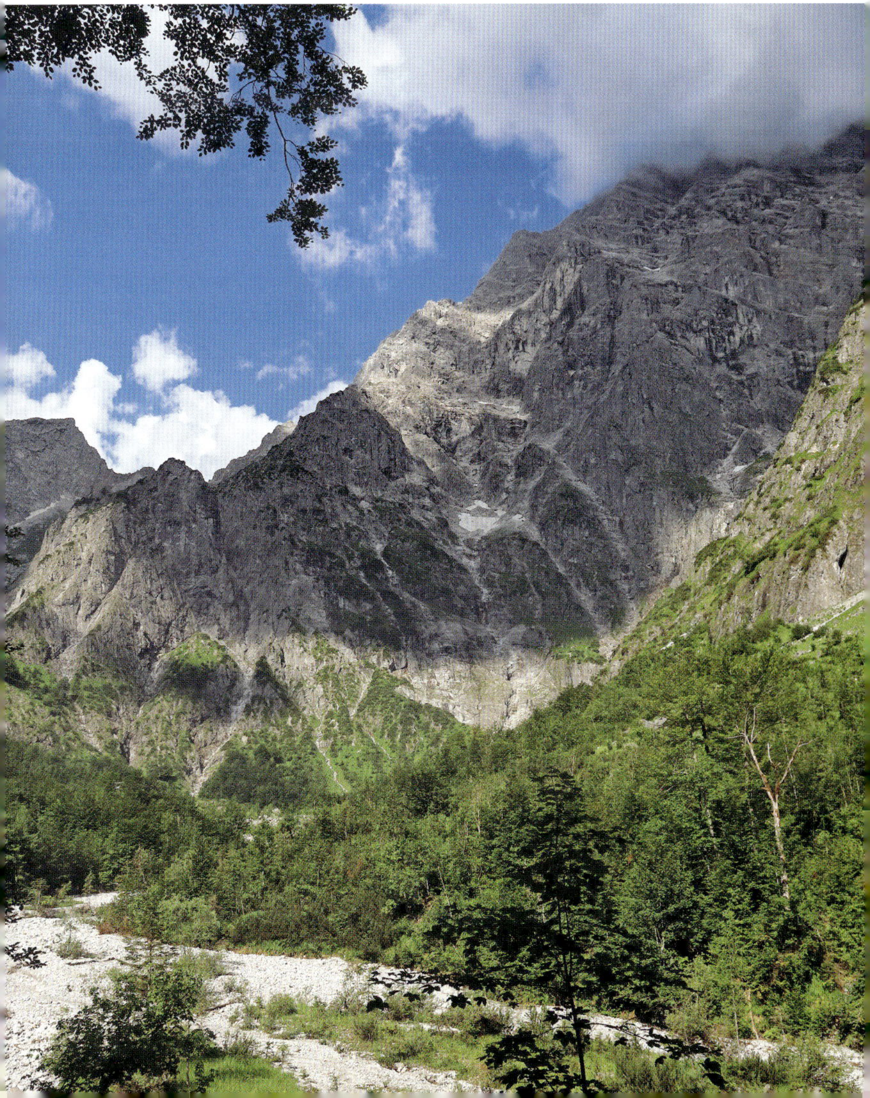

56 Obersee und Röthbachfall

Von Salet am Südende des Königssees

2.15 Std. | 7,7 km | ↗ 250 m | ↘ 250 m

In den abgeschiedenen Kessel der Fischunkelalm

Der berühmte Königssee hat mit dem Obersee noch einen kleinen Gefährten, der sich südlich zur Seite hin anschließt und fast ringsum von hohen Geländebarrieren eingekesselt ist. Unmittelbar jenseits hat die Fischunkelalm ihren Standort, verbunden mit einigen Kuriositäten: Sie liegt nämlich niedriger als der zugehörige Hof und wird über den Königssee versorgt. Auch »Almauf- und -abtrieb« finden also mittels Boot statt, denn das Vieh über die Berge bis in diesen entlegenen Winkel zu treiben, wäre ein allzu aufwendiges Unterfangen. Alle Wege in die Höhe – seien es Kauner- oder Sagerecksteig, Landtal- oder Röthsteig – sind ziemlich beschwerlich. Etwas weiter hinten schießt Deutschlands höchster Wasserfall über die Röthwand in den Trog: kumulierte Fallhöhe insgesamt 470 Meter!

Talort: Schönau am Königssee, 605 m.
Ausgangspunkt: Schiffsanleger Salet, 604 m, am Südende des Königssees. Bis hierher verkehren die Elektroboote; Infos zu Fahrplänen, Preisen etc. unter www.seenschifffahrt.de/de/koenigssee, Tel. +49 8652 9636-0. Großparkplätze und Bushaltestelle (Linien 841/842 vom Bhf. Berchtesgaden) befinden sich in Dorf Königssee, wenige Gehminuten von der Seelände entfernt.
Anforderungen: T2. Bei der Traverse des Obersees einige felsdurchsetzte Passagen mit Seilgeländer, aber im Prinzip kaum problematisch, anschließend wenig geneigtes Wald- und Wiesen-Terrain.
Einkehr: Saletalm, 605 m, Ende April bis Mitte Oktober, Tel. +49 8652 63007. Fischunkelalm, 620 m, im Sommer einfach bewirtschaftet. Weitere Einkehrmöglichkeiten bei Zwischenstopp in St. Bartholomä oder an der Seelände.
Karten: AV-Karte BY 21; F&B WK 393.

Vom Schiffsanleger **Salet** ❶ geht es an der Einkehrstation **Saletalm** vorbei auf breitem Weg Richtung **Obersee**. Wir passieren das rechte (südseitige) Ufer mit einer kurzen Steigungsstrecke, die an einer Fels-

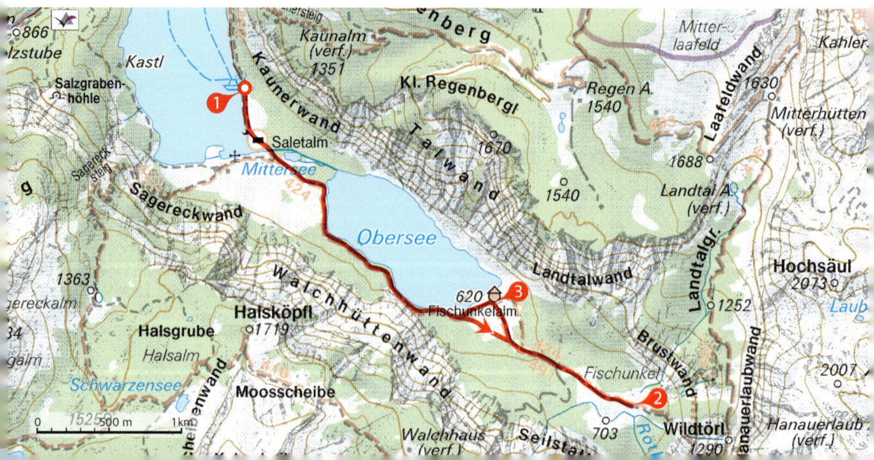

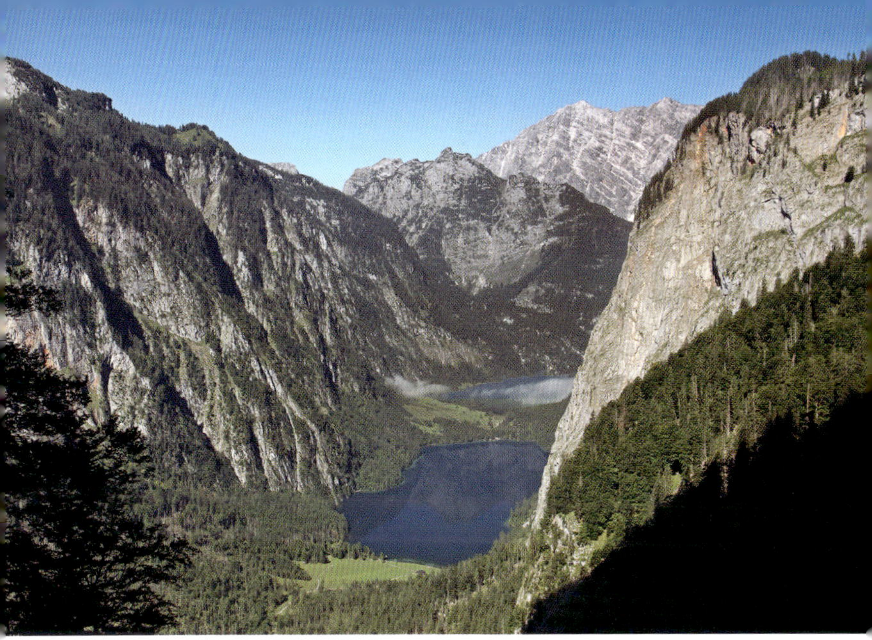

Aus erhöhter Perspektive wird die Kessellage des Obersees deutlich.

wand entlang teilweise mit Seilgelände abgesichert ist. In ähnlicher Weise mit Stufen gespickt verlieren wir die gewonnenen Höhenmeter wieder. Die Fischunkelalm wird zunächst links liegen gelassen. Wir entfernen uns vom Obersee, überschreiten auf dem Wiesenweg eine seichte Geländeschwelle und kommen in den von Brustwand, Röthwand, und Seilstattwand umkränzten Kessel hinein. Halbrechts stiebt der **Röthbachfall** zu Tal. Bei einer periodisch wassergefüllten Senke machen wir kehrt ❷ und binden auf dem Rückweg gern noch die urige **Fischunkelalm** ❸, 620 m, ein. Von diesem kleinen Schlenker abgesehen ist die Route identisch.

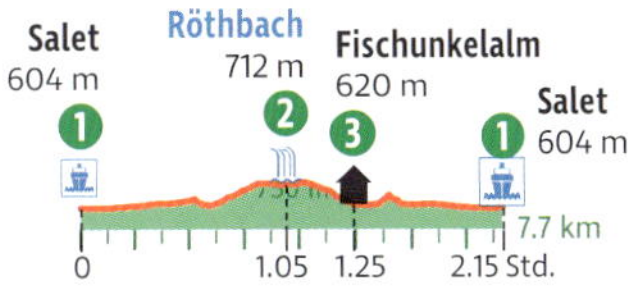

Der Röthbachfall schießt über steile Wände.

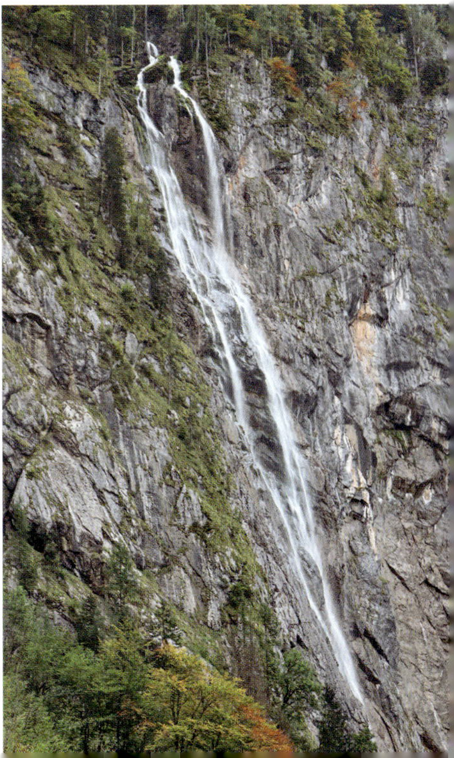

57 Gotzenalm, 1685 m, mit Feuerpalfen

Von Kessel hinauf, über die Königsbachalm retour

7.00 Std. | 20,3 km | ↗1350 m | ↘1350 m

Tausend Meter über dem Königssee

Die Westabdachung des Hagengebirges hinab zum Königssee wird auch als »Gotzenberge« bezeichnet – eine reizvoll modellierte Landschaft, die im mittleren Stockwerk von einem Almhorizont durchzogen ist. Das höchstgelegene dieser Areale ist die ausgedehnte Gotzenalm, nachweislich schon seit dem Frühmittelalter bestoßen und heute ein beliebtes Anlaufziel für Wanderer. Dafür müssen wir allerdings einigermaßen ausdauernd sein, denn »auf die Schnelle« gelangt man nicht dorthin. Vom Königssee aus gilt es mehr als 1000 Höhenmeter zu überwinden. Einen kleinen Abstecher sollte dabei niemand verpassen, denn der ultimative Königsseeblick mit der Watzmann-Ostwand vis-à-vis ergibt sich erst vom Feuerpalfen aus: einfach gewaltig! Wegen ihrer Länge sei empfohlen, diese Unternehmung auf zwei Tage zu entzerren. Frei von Leistungsdruck kann man die Atmosphäre auf der Gotzenalm auch zu ungewöhnlichen Tageszeiten so richtig genießen, ebenso den Rückweg via Gotzentalalm, Königsbachalm und Hochbahn.

Talort: Schönau am Königssee, 605 m.
Ausgangspunkt: Schiffsanleger Kessel, 605 m, erreichbar mit den Elektrobooten über den Königssee (Bedarfshaltestelle bitte anmelden). Infos zu Fahrplänen, Preisen etc. unter www.seenschifffahrt.de/de/koenigssee, Tel. +49 8652 9636-0. Großparkplätze und Bushaltestelle (Linien 841/842 vom Bhf. Berchtesgaden) befinden sich in Dorf

Eine dichte Nebeldecke verhüllt die Täler des Berchtesgadener Landes. Dessen ungerührt die »Schlafende Hexe« im Ostteil des Lattengebirges.

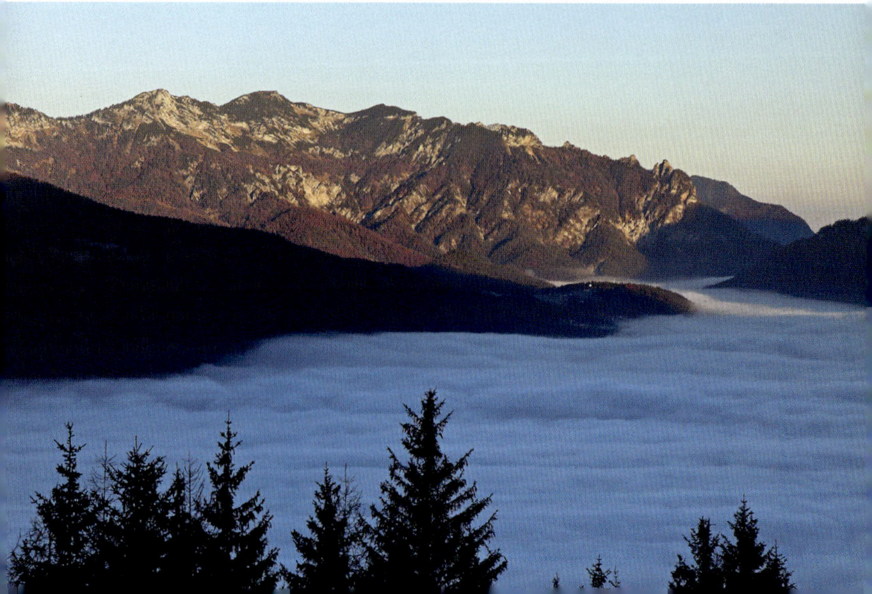

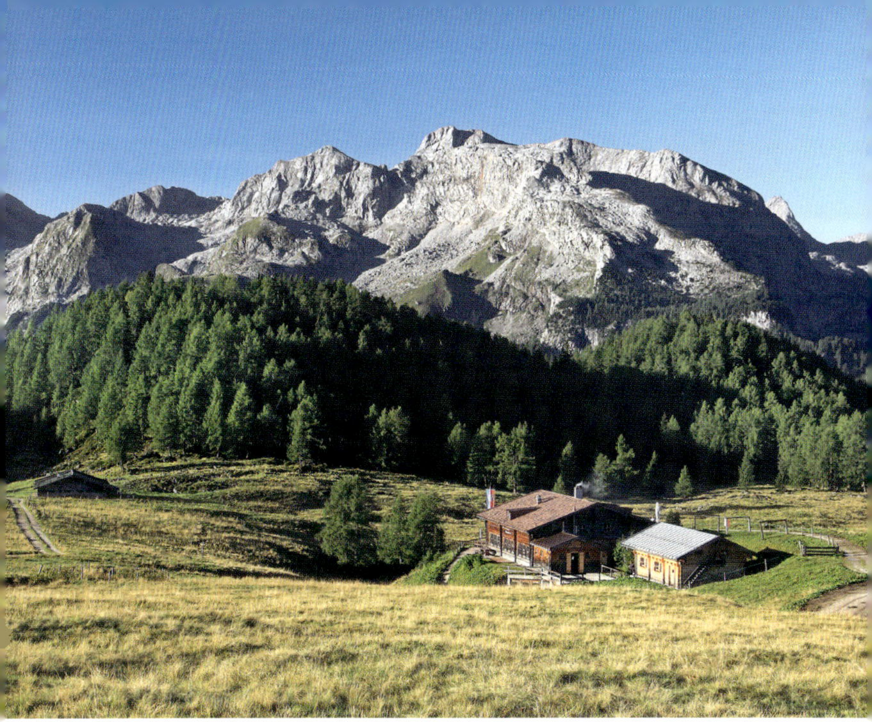

Oben: Von der Gotzenalm blickt man auch vorzüglich ins Steinerne Meer, hier mit dem breit ausladenden Funtenseetauern.
Unten: Ein weiteres attraktives Almgebiet ist die Königsbachalm.

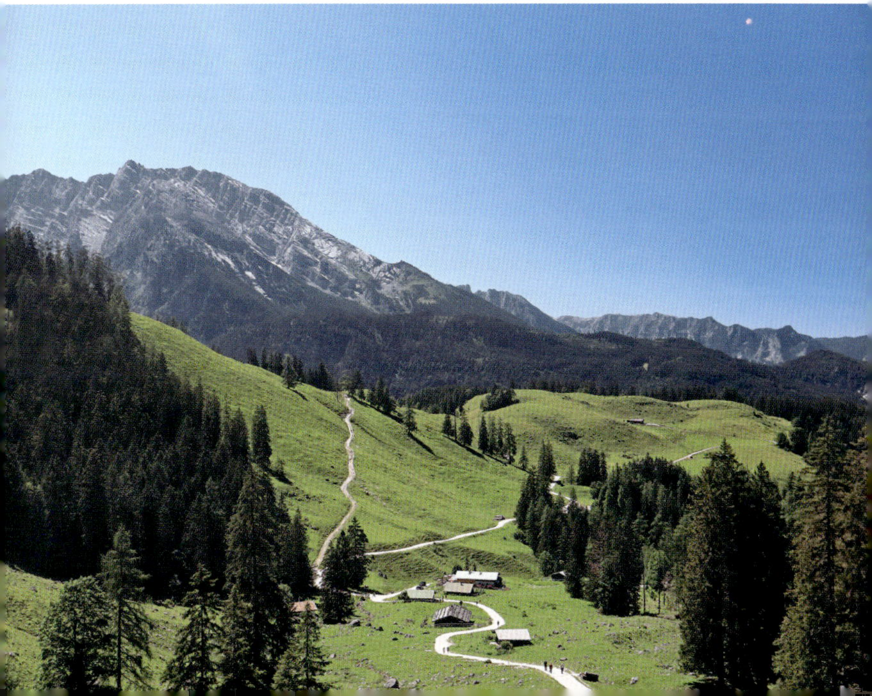

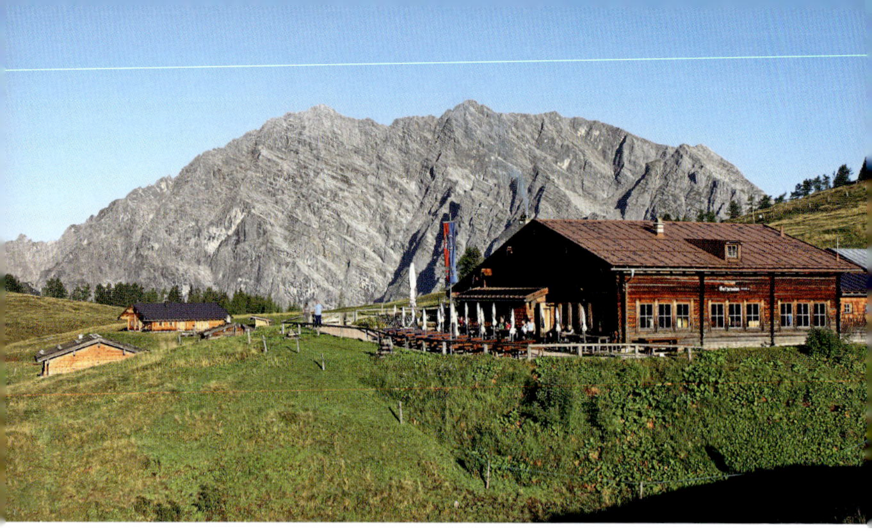

Der Springlkaser auf der Gotzenalm gegen die Watzmann-Ostwand.

Blick vom Feuerpalfen: Zu früher Stunde liegt der Königssee noch unter Nebel verborgen, während der Watzmann pralle Sonne erhält.

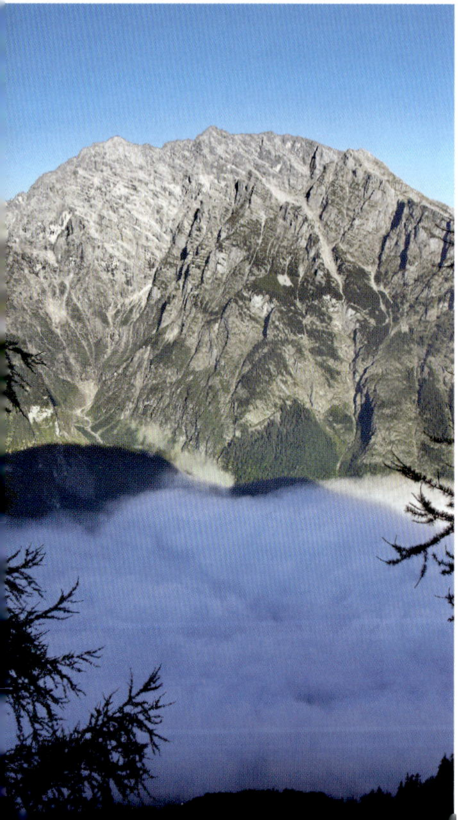

Königssee, wenige Gehminuten von der Seelände entfernt.

Anforderungen: T1–2. Durchwegs leichte, überwiegend auch breit trassierte Wege. Höhenunterschied und Distanz sind aber beträchtlich und nur von Konditionsstarken als Tagestour zu schaffen, also besser mit Übernachtung.

Einkehr: Gotzenalm (Springlkaser), 1685 m, Ende Mai bis Mitte Oktober, Übernachtungsmöglichkeit, Tel. +49 8652 9734016. Königsbachalm, 1200 m, Mitte Mai bis Mitte Oktober, Tel. +49 8652 5551 oder +49 171 14935637.

Variante: Man kann auch den Kaunersteig von Salet über die Regenalm einbeziehen, dieser ist aber steiler und mit vielen Stufen versehen, für Trittsichere empfehlenswert im Aufstieg (T3).

Karten: AV-Karte BY21; F&B WK 393.

Von der Bedarfshaltestelle **Kessel** ❶ nehmen wir den Reitweg (Nr. 494) auf und wandern an den westexponierten und daher vormittags lange schattigen Flanken zunächst diagonal nach rechts, dann mit etlichen Schleifen bergauf. Ohnehin ist der Wald meist dicht, bis wir in das Gelände der **Gotzentalalm** ❷, 1110 m, hinaustreten. Hier fädelt man in den breiten Wirtschaftsweg

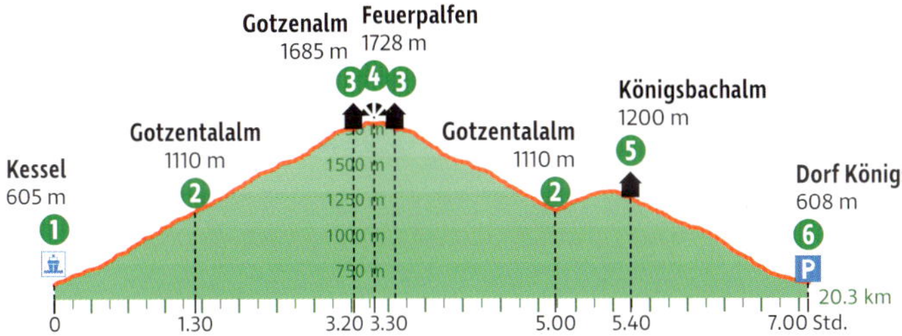

ein, der sich am Seeaukopf weiter hinaufschraubt, später in offeneren Bereichen bis zur Schwelle des Gotzenplateaus. Geringfügig tiefer empfängt uns inmitten der **Gotzenalm ③**, 1685 m, der bewirtschaftete Springlkaser – wer indes gleich zum **Feuerpalfen ④**, 1728 m, möchte, folgt dem Rücken übers Warteck bis zur Aussichtskanzel.

Der Rückweg ist bis zur **Gotzentalalm ②** identisch, wobei unweit der verfallenen Seeaualm auch rechts auf den Unteren Hirschenlauf abgezweigt werden könnte. Diese Traverse hinüber zur Priesbergalm verlangt jedoch Trittsicherheit. Auf der Gotzentalalm verlassen wir den breiten Güterweg und gelangen mit Nr. 493 nach längerer Aufwärtsquerung über einen Hangrücken hinweg. Dahinter dreht der Weg abwärts zur **Königsbachalm ⑤**, 1200 m, ein. In dem markanten Geländeeinschnitt hat sich eine der Hütten als Jausenstation eingerichtet. Hier nehmen wir für rund einen Kilometer wieder die fahrbare Trasse auf, ehe links auf die sogenannte Hochbahn ausgeschert wird (weiterhin mit Nr. 493 bezeichnet). In Kürze kommt man an einem Aussichtspunkt vorbei. Nach relativ flachen Abschnitten weist die Hochbahn später deutlicheres Gefälle auf und führt als Straße in den Ortsteil Toffen. Schließlich an der Jennerbahn vorbei zu den Parkplätzen in **Dorf Königssee ⑥**.

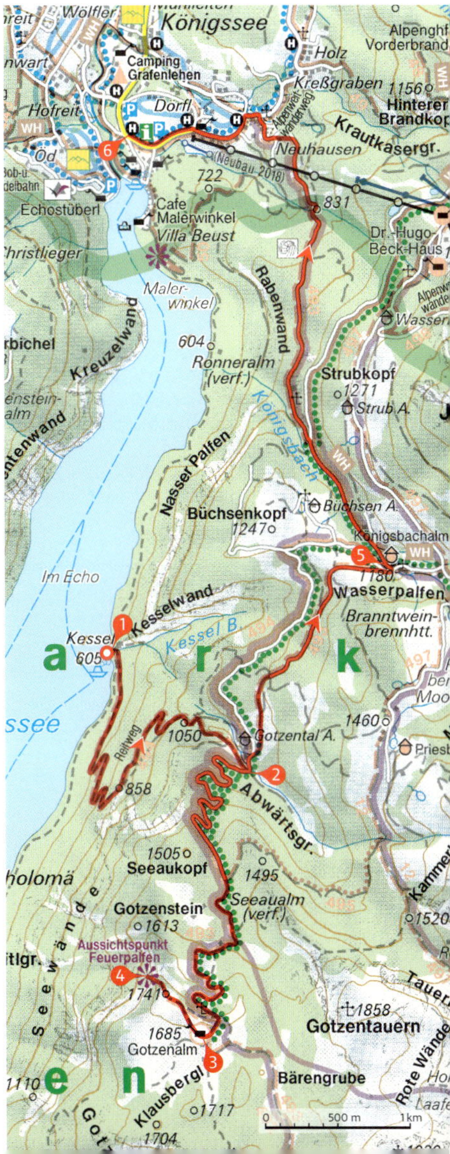

58 Rund um den Jenner
Via Schneibsteinhaus zur Priesbergalm

TOP | 4.40 Std. | 14,4 km | ↗ 800 m | ↘ 800 m

Vielseitige Almwanderung am Seilbahnberg des Berchtesgadener Landes
Wo zahlreiche Wanderer unterwegs sind, etablieren sich naturgemäß auch etliche Einkehrstationen. Deshalb ist rund um den Jenner die touristische Infrastruktur besonders umfangreich. Wir können die Seilbahn bis zur Mittelstation nutzen oder kostengünstiger am unweit gelegenen Parkplatz Hinterbrand starten, um den markanten Bergkegel auf problemlosen Wegen vollständig zu umwandern. Dabei muss am östlichen Kammrücken eine relativ hohe Geländeschwelle überwunden werden, bevor es in der zweiten Hälfte der Tour über bequeme Balkonwege dahingeht. Als besonderes Idyll sei die Priesbergalm empfohlen: Versunken in das Bild der Watzmann-Ostwand lässt sich dort eine authentische Almbrotzeit inklusive Enzianschnaps goutieren. Ein solcher wird nämlich auf traditionelle Weise ganz in der Nähe gebrannt.

Talort: Berchtesgaden, 571 m.
Ausgangspunkt: Parkplatz Hinterbrand, 1130 m, erreichbar von Berchtesgaden Richtung Obersalzberg und weiter über die Scharitzkehlstraße bis zu deren Endpunkt. Auch per Bus vom Bhf. Berchtesgaden (Linie 838).
Anforderungen: T2. Überwiegend breit ausgebaute Wanderwege, lediglich ein Aufwärtsstück zur Mitterkaseralm verläuft auf kleinerem Wiesensteig. Die Marschstrecke erfordert etwas Ausdauer.
Einkehr: Mitterkaseralm, 1530 m, Mai bis Oktober (Mo Ruhetag), im Winter zeitweise bewirtschaftet, Tel. +49 8652 5100 oder +49 160 92686523. Schneibsteinhaus, 1668 m, Mitte Mai bis Ende Oktober, Übernachtungsmöglichkeit,

Beim anfänglichen Aufstieg schweift der Blick über Berchtesgaden zum Untersberg.

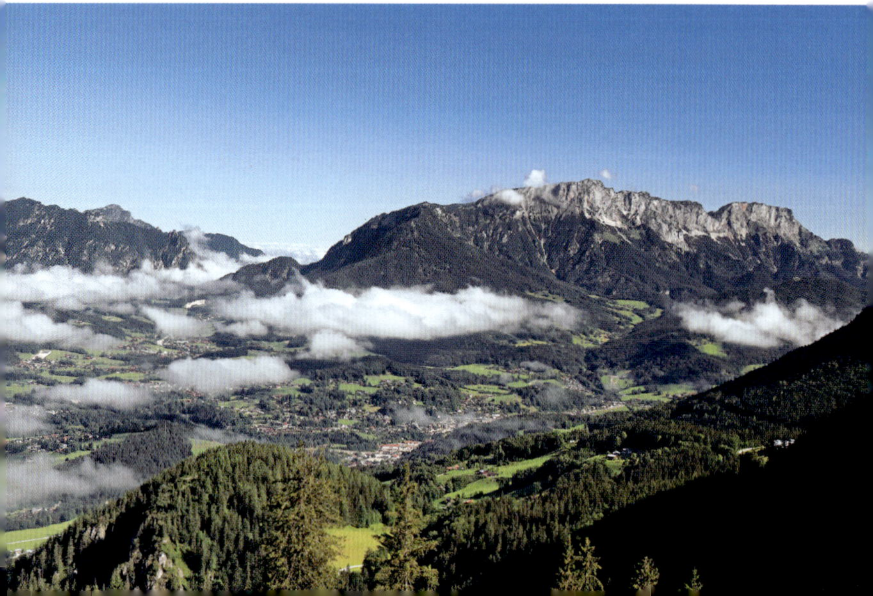

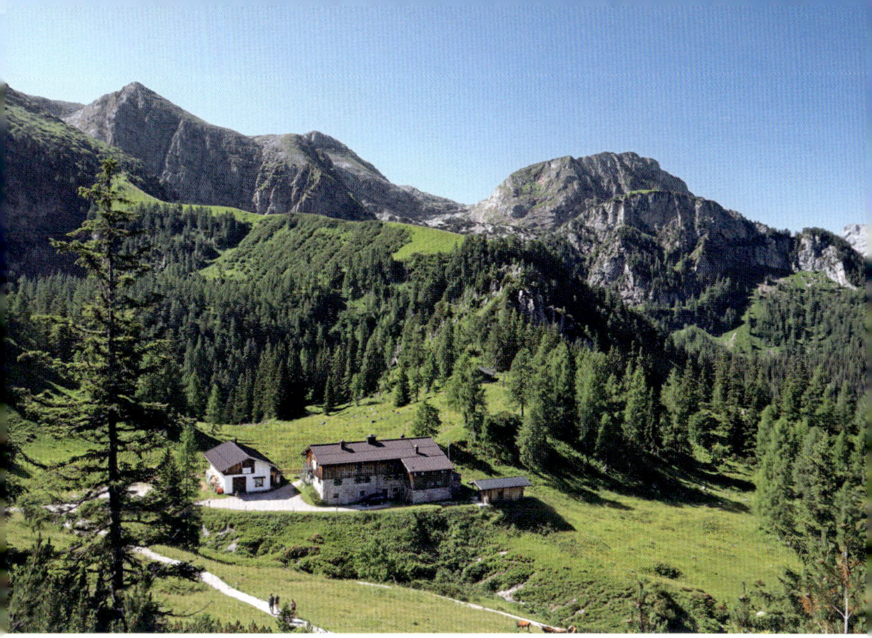

Das Schneibsteinhaus hat seinen Platz am Nordrand des Hagengebirges.

Tel. +49 8652 2596. Priesbergalm, 1460 m, Anfang Juli bis Anfang September, Tel. +49 8652 2214. Dr.-Hugo-Beck-Haus, 1260 m, fast ganzjährig, Übernachtungsmöglichkeit, Tel. +49 8652 2727. Restaurant Halbzeit (Jennerbahn-Mittelstation), 1185 m, Tel. +49 8652 9581-50.

Variante: Für den Einstieg in die Tour kann man auch die Jennerbahn nutzen (bis zur Mittelstation, 1185 m, vgl. Tour 59). Gesamtgehzeit in diesem Fall ca. 4.15 Std. Wer die Priesbergalm auslässt, spart fast eine Stunde Gehzeit.
Karten: AV-Karte BY21 oder BY22; F&B WK 393.

Von **Hinterbrand** ❶ wandern wir zunächst fast horizontal durch die Hänge Richtung Mittelstation der Jennerbahn, zweigen aber noch davor links auf einen Steig ab, der am Rande der Wiesen an Höhe gewinnt. Bei einer Skiliftstation stoßen wir auf die Zufahrt zur **Mitterkaseralm** ❷, 1530 m, die hinter dem Vogelstein in einer Mulde auftaucht. Die Hauptroute zieht knapp rechts daran vorbei. Bei einer Gabelung hält man sich links und absolviert auf Hartbelag einige Kehren bis zur Kammhöhe zwischen Jenner und Pfaffenkegel. Leicht absteigend folgen wir nun dem viel begangenen Weg Richtung Stahlhaus bzw. **Schneibsteinhaus** ❸, 1668 m, und nehmen zu Letztgenanntem bei einer Verzweigung

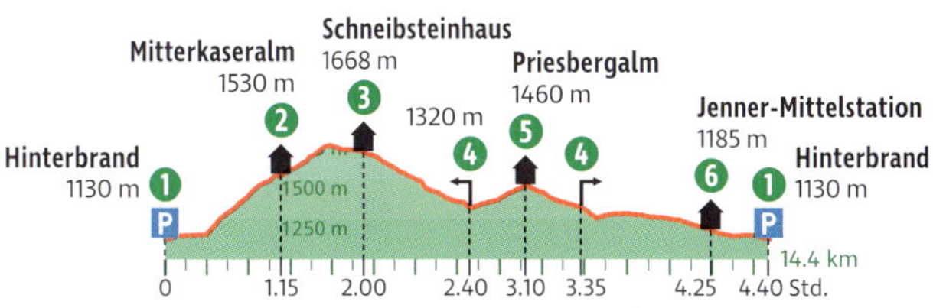

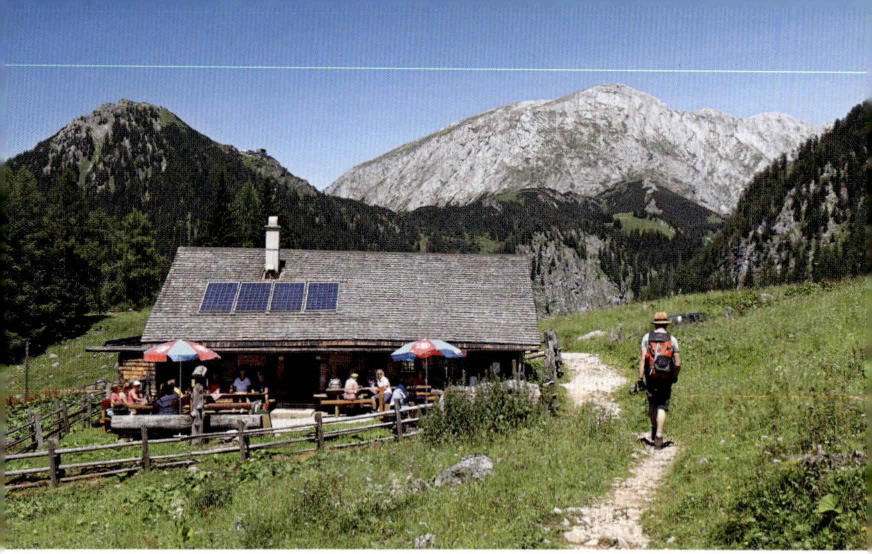

Herrliche Balkonlage: die Priesbergalm, dahinter das Hohe Brett.

schließlich den unteren Ast. Durch den markanten Geländeeinschnitt

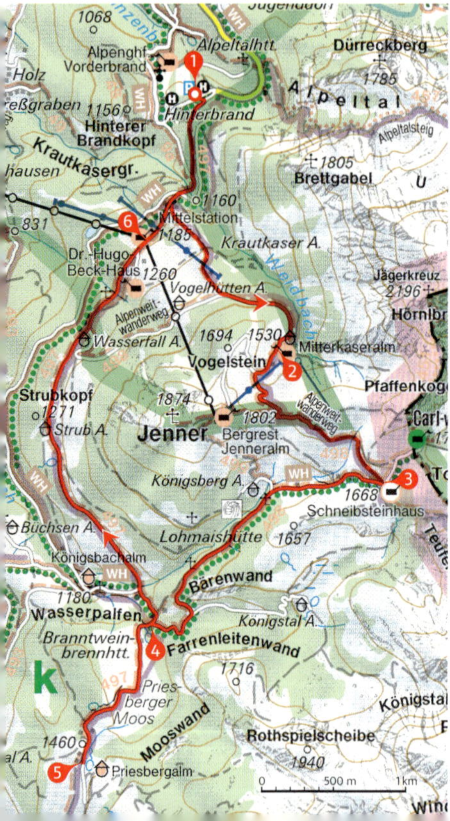

im Bereich der Königsbergalm wird anschließend weiter abgestiegen. Nach einigen Kurven um die Bärenwand herum gabelt sich das Forststräßchen auf rund 1320 m ❹. Falls wir noch die **Priesbergalm** ❺, 1460 m, mitnehmen möchten, müssen wir uns hier links aufwärts wenden. Man kommt an der historischen Enzianbrennhütte vorbei, tangiert das Priesberger Moos und trifft nacheinander auf zwei Jausenstationen, die zweite im Bereich einer herrlich offenen Hangterrasse gelegen. Zurück bei der Verzweigung ❹ geht es abwärts zu einem ähnlichen Geländebalkon direkt oberhalb der **Königsbachalm**. Jetzt aber nicht zu den Kasern hinab, sondern höher am Hang bleiben. Der Weg steigt geringfügig an, passiert im weiteren Verlauf die unbewirtschaftete Strubalm und zieht allmählich um den Hang herum zur **Jennerbahn-Mittelstation** ❻, 1185 m. Knapp oberhalb könnte auch noch das **Dr.-Hugo-Beck-Haus** aufgesucht werden. Schlussendlich wieder durch das anfängliche Waldstück zurück nach **Hinterbrand** ❶.

Schneibstein, 2276 m

Vom Jenner über das Stahlhaus

4.45 Std. | 9,0 km | ↗ 850 m | ↘ 850 m

Der höchste Gipfel dieser Auswahl

Es ist ziemlich offensichtlich, dass die höheren Gipfel der Berchtesgadener Alpen größtenteils nicht gerade einfach zu erklimmen sind. Watzmann, Hochkalter und Göll beispielsweise bleiben dem erfahrenen Felsgeher vorbehalten. Auf der Suche nach dem »leichtesten Zweitausender« der Region taucht regelmäßig der Name Schneibstein auf. Mit der Jennerbahn als vorteilhaftem Zubringer und der hindernisarmen Nordwestabdachung verlangt er außer einem Grundmaß an Trittsicherheit keine besonderen bergsteigerischen Fähigkeiten. Im Rahmen der »Kleinen Reibn« wird auch gern die Überschreitung Richtung Seelein absolviert – doch dies wäre in unserem Kontext schon eine größere Tour ... Als Grenzberg vermittelt der Schneibstein nicht nur ein fantastisches Panorama der Berchtesgadener Berge, sondern lässt auch weit hinein nach Österreich blicken, etwa zum Dachstein-Massiv im Osten.

Talort: Schönau am Königssee, 605 m.
Ausgangspunkt: Talstation der Jennerbahn in Dorf Königssee. Großparkplätze und Endpunkt der Buslinie 841 vom Bhf. Berchtesgaden. Mit der Seilbahn hinauf zur Bergstation, 1802 m; Betriebszeiten im Sommer täglich von 8 bis 18 Uhr (Vor- und Nachsaison bis 17 Uhr).

Anforderungen: T3. Bis zum Stahlhaus komfortabel ausgebauter Höhenweg, anschließend gebietstypischer, mittelsteiler Steig über steindurchsetztes Rasengelände, bis etwa 2000 Meter Höhe bei Nässe zum Teil unangenehm rutschig, weiter oben meist sogar besser gangbar. Mit etwas Trittsicherheit keine wirklichen Schwierigkeiten.

In gewaltigen Schrofenflanken bricht der Kuchler Kamm gegen das Bluntautal ab.

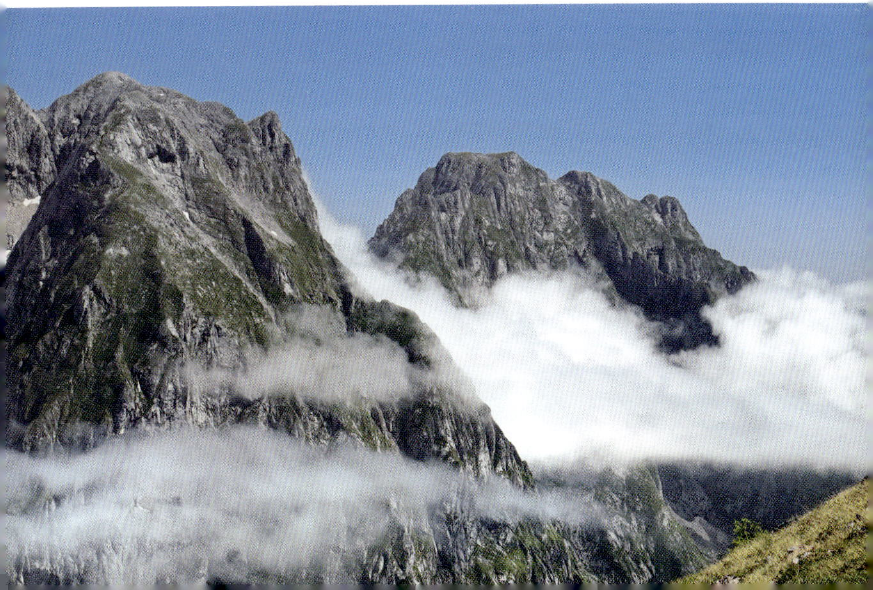

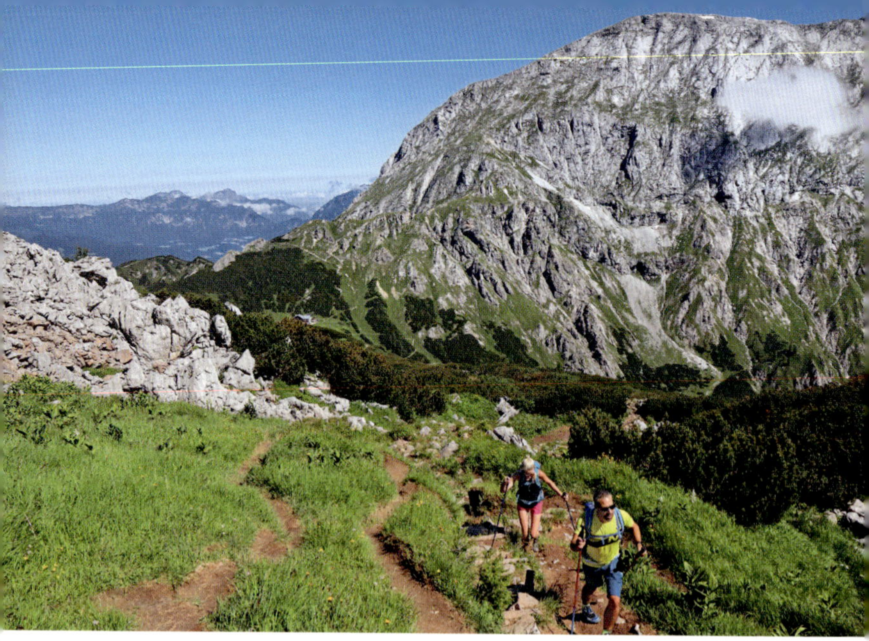

Aufstieg vom Torrener Joch zum Schneibstein; gegenüber erhebt sich das Hohe Brett.

Einkehr: Jenneralm (Bergstation), 1802 m, Tel. +49 8652 9581-53. Carl-von-Stahl-Haus, 1733 m, ganzjährig bewirtschaftet, Übernachtungsmöglichkeit, Tel. +49 8652 6559922.
Variante: Überschreitung des Schneibstein Richtung Windscharte und Seelein, 1809 m, mit anschließendem Abstieg durch den Stiergraben und Rückweg über die Priesbergalm zur Jenner-Mittelstation, 1185 m. Gehzeit ab Gipfel 4.15 Std., insgesamt 7.00 Std. Karstiges Terrain verlangt Trittsicherheit, jedoch kaum schwieriger als T3.
Karten: AV-Karte BY21 oder BY22; F&B WK 393.

Die vor wenigen Jahren vollkommen modernisierte Jennerbahn bringt uns geschwind hinauf zur **Bergstation** ①. Zunächst wird man einen Abstecher zur Aussichtskanzel bzw. zum höchsten Punkt am **Jenner** ②, 1874 m, nicht versäumen, denn der Rundblick ist fantastisch, besonders die Perspektive auf Königssee und Watzmann. Anschließend begeben wir uns auf den gepflegten Verbindungsweg (Nr. 499) zum Stahlhaus.

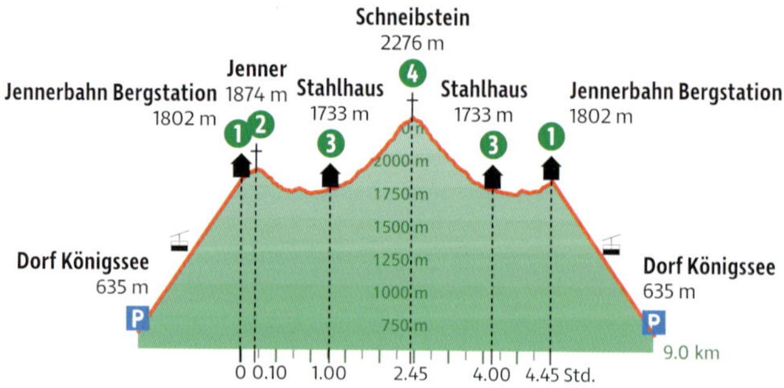

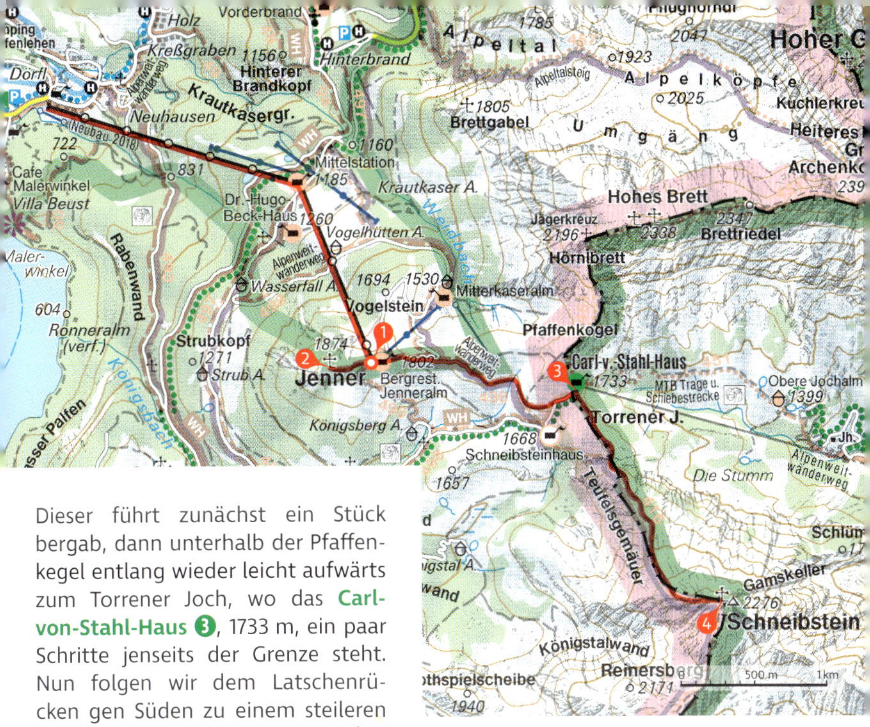

Dieser führt zunächst ein Stück bergab, dann unterhalb der Pfaffenkegel entlang wieder leicht aufwärts zum Torrener Joch, wo das **Carl-von-Stahl-Haus** ❸, 1733 m, ein paar Schritte jenseits der Grenze steht. Nun folgen wir dem Latschenrücken gen Süden zu einem steileren Stück. Der felsdurchsetzte Steig (Nr. 416) kann ziemlich erdverschmiert sein. Nachdem das Gelände wieder etwas abflacht, leicht rechts haltend zu einer Art Schulter und dort links eindrehend auf den stumpfen Nordwestrücken, der sich als schrofige Abdachung ausprägt und ohne Hindernisse gipfelwärts bis auf den **Schneibstein** ❹, 2276 m, begangen wird. Oben breitet sich ein regelrechtes »Flachdach« aus.

Möchte man nicht der Variante weiter ins Hagengebirge hinein folgen (nur für Ausdauernde und bei guter Sicht!), kehrt man auf derselben Route wieder zurück.

Oben auf dem Schneibstein breitet sich ein veritables Wiesenplateau aus.

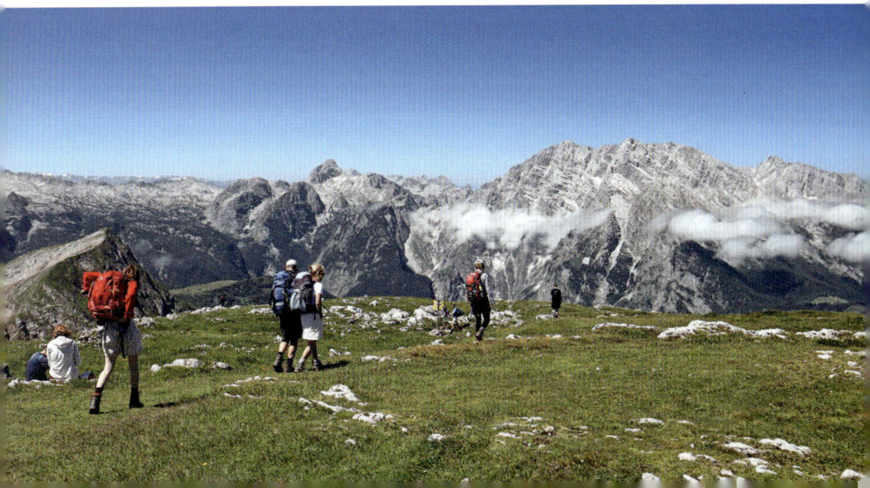

60 Am Obersalzberg

Zum Hochlenzer am Carl-von-Linde-Weg

2.50 Std. | 8,6 km | ↗ 420 m | ↘ 420 m

Talnahe Wanderung mit Geschichtskomponente
Mit Obersalzberg ist ursprünglich ein Ortsteil von Berchtesgaden bezeichnet. Historische Bedeutung zeitigte die Funktion als Hitlers Zweitresidenz und die damit einhergehende Zwangsumsiedlung der Bewohner. In der Nachkriegszeit wurde das Areal zunächst von den amerikanischen Streitkräften übernommen, ehe man es zu Zwecken der zeitgeschichtlichen Bildung in touristischer Bestimmung ausgebaut hat. An den Flanken gegenüber des Marktes Berchtesgaden kann man natürlich auch wandernd unterwegs sein. Es öffnen sich immer wieder mal schöne Ausblicke, etwa vom Gasthof Hochlenzer.

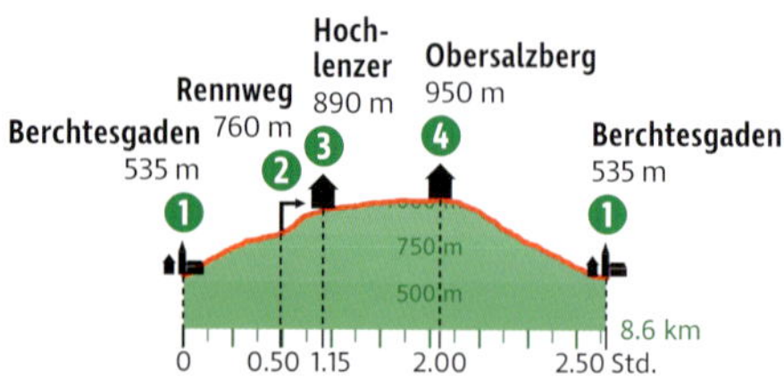

Panoramablick über Berchtesgaden zum Rauhen Kopf und Untersberg.

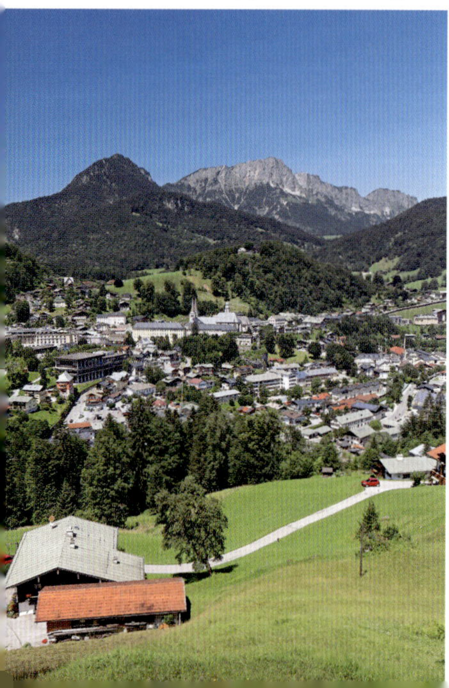

Talort: Berchtesgaden, 571 m.
Ausgangspunkt: Parkplatz bei der Obersalzberg-Seilbahn in Berchtesgaden; Bushaltestelle »Schießstättbrücke« (diverse Linien).
Anforderungen: T1–2. Schotter- und Asphaltsträßchen sowie Fußwege gemischt, trotz einer ordentlichen Steigung generell problemlos. Besonders komfortabel trassiert am Lindeweg.
Einkehr: Alpengasthof Hochlenzer, ca. 890 m, Mo + Mi Ruhetag, Tel. +49 8652 2105. Restaurants am Obersalzberg, weitere in Berchtesgaden.
Tipp: Die Wanderung lässt sich mit einem Besuch der Dokumentation Obersalzberg verbinden. Diese wird derzeit umgebaut und erweitert; die Wiedereröffnung ist für Herbst 2023 geplant. Aktuelle Infos unter www.obersalzberg.de.
Karten: AV-Karte BY22; F&B WK 393.

In **Berchtesgaden** ❶ überschreiten wir die Schießstättbrücke bei der Obersalzbergbahn und schlagen

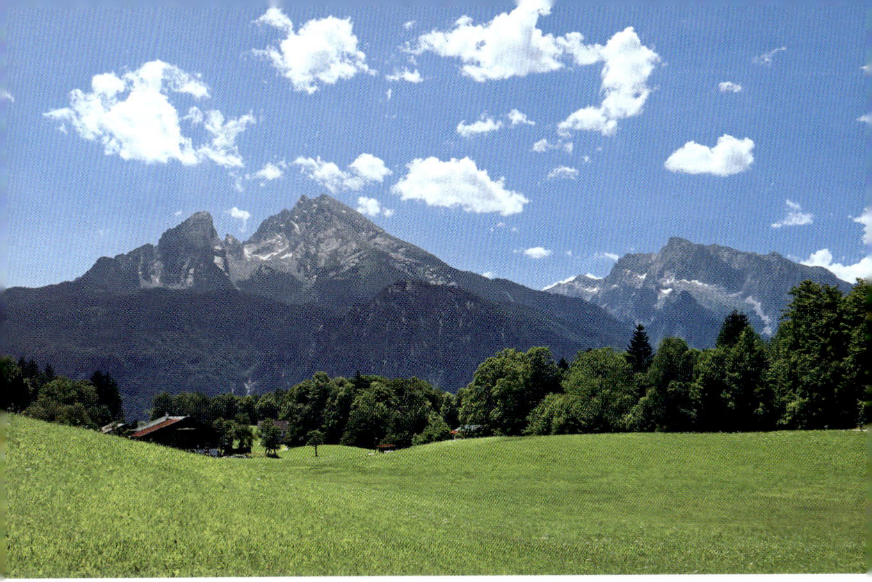

Watzmann und Hochkalter beherrschen eine anmutige Kulturlandschaft.

nach wenigen Schritten entlang der B319 rechts den Wanderweg (Nr. 42) ein. Es geht an einigen Anwesen vorbei (teils auf Anrainerstraße), ansonsten durch Wald hinauf zum »Kalten Keller«. Auf einer Forststraße passieren wir den Waldkindergarten, biegen in den Rennweg ein und laufen ca. 400 Meter an einer Freifläche entlang zum nächsten Rechtsabzweig ❷. Dieser Forstweg zieht nun relativ kräftig an bis zum Gasthof **Hochlenzer** ❸, ca. 890 m. Dort verläuft der Carl-von-Linde-Weg promenadenartig quer durch den Hang. Auf ihm wandern wir mit einigen Kurven höchstens minimal ansteigend durch den Ländlerwald in Richtung **Obersalzberg** ❹, ca. 950 m. Möchte man nicht zur Dokumentation oder zur dortigen Gastronomie, dreht man bereits ein Stück davor auf die Abstiegsroute ab. Ansonsten geschieht dies zumindest ca. 200 Meter vor der Bundesstraße. Nach einem Zwischenstück auf unbefestigtem Weg kommen wir auf die winters als Rodelbahn genutzte Forststraße und folgen ihr talwärts. Zuletzt wird die B319 unterquert und von rechts her die Runde zur **Schießstättbrücke** ❶ geschlossen.

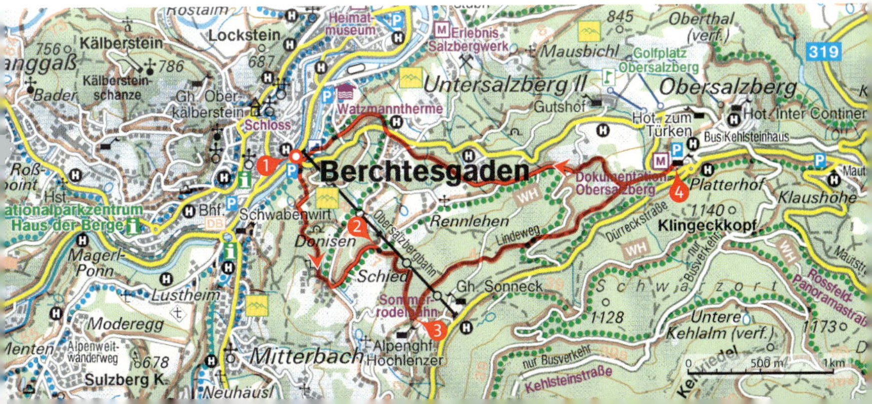

61 Gerner Höhenweg
Rundkurs von Maria Gern

2.00 Std. | 6,4 km | ↗ 270 m | ↘ 270 m

Im idyllischen Hochtal am Fuße des Untersberges

Die Wallfahrtskirche Maria Gern zählt zu den bekanntesten und attraktivsten Kulturgütern im Berchtesgadener Land – immerhin hat sie es sogar auf den Titel dieses Wanderbuches geschafft! Natürlich spielt nicht nur der schmucke Barockbau selbst eine Rolle, sondern auch die landschaftliche Umrahmung im bäuerlichen Gerner Hochtal, das von der alpinen Kulisse des Untersberges beherrscht wird. Charakteristisch ist eine Siedlungsstruktur mit verstreuten Höfen, in dieser Region »Lehen« genannt. Auf dem Gerner Höhenweg tauchen wir in das überaus anheimelnde Gefüge ein. Freilich erscheint die Bezeichnung »Höhenweg« etwas übertrieben, bewegt man sich doch auf einem talnahen Rundkurs.

Talort: Berchtesgaden, 571 m.
Ausgangspunkt: Bei Maria Gern, ca. 720 m, in einem Seitental nördlich von Berchtesgaden. Parkmöglichkeiten an der Straße sowie unterhalb bei der Bachbrücke. Haltestelle der Buslinie 837 vom Bhf. Berchtesgaden.
Anforderungen: T1. Leichte Wanderwege und verkehrsarme Straßenabschnitte, in jeder Hinsicht problemlos und fast ganzjährig begehbar.
Einkehr: Gasthof Maria Gern, Tel. +49 8652 3440. Gasthof Dürrlehen, Mi Ruhetag, Tel. +49 8652 3473. Café Bachgütl, Tel. +49 8652 3486.
Karten: AV-Karte BY22; F&B WK 393.

Wir starten bei der Bachbrücke unterhalb der Kirche **Maria Gern 1** und gehen am westseitigen Talhang über Fendleiten hinauf zum Klapflehen, dann rechts schwenkend auf steilerem Weg zur Zufahrt nach Planitsch.

Gerner Bauernlandschaft und der schroffe Hochkalterstock als Kulisse.

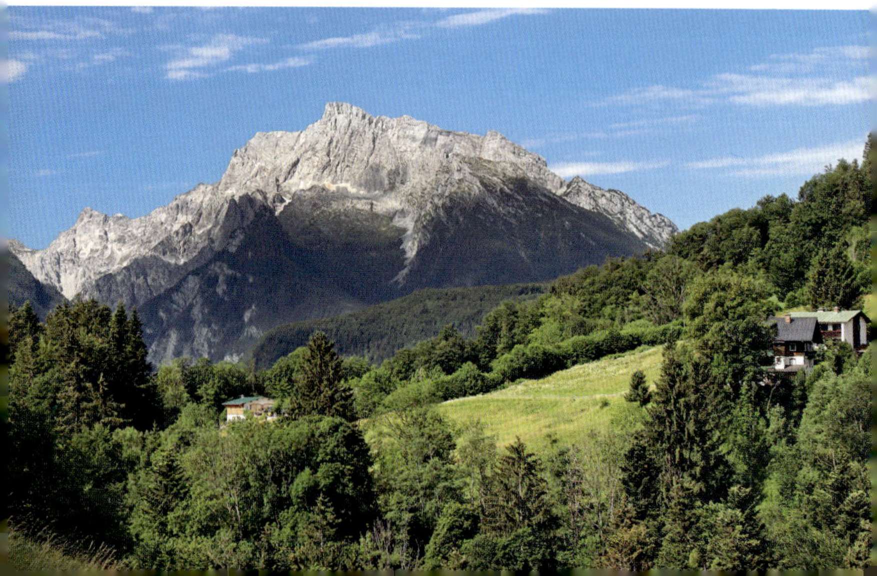

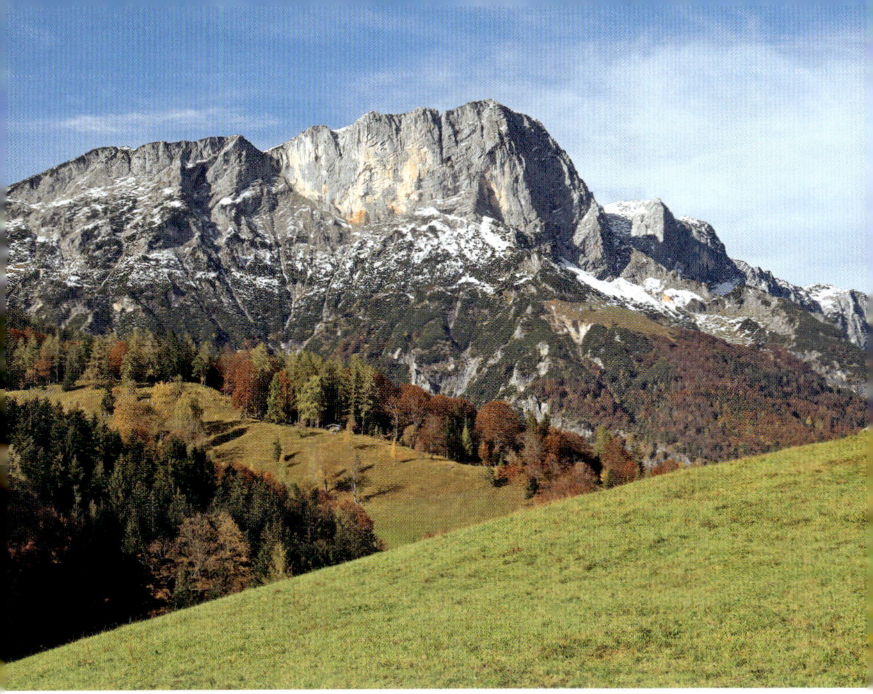

Der Untersberg mit seinen hellen Südostabstürzen.

Erneut schließt sich ein bewaldeter Abschnitt zum Höchstpunkt der Route um Ascher und Steinbichl an. Wenige Gehminuten später kommen wir zur Kreuzung in **Obergern** ❷, ca. 900 m, und halten uns halblinks an das leicht aufwärts führende Sträßchen. Von diesem schert man später nach rechts aus, quert einen Waldgraben und gelangt bei Untersberg abermals in offenere Bereiche. Auf einem Anrainersträßchen geht es bergab und je nach Wunsch hinüber zum Gasthof **Dürrlehen** ❸, ca. 830 m, falls man dort einkehren möchte. Ansonsten laufen wir durch die Streusiedlung **Hintergern** in allmählichem Gefälle an der Endhaltestelle vorbei und hinter dem Café Bachgütl von der Straße nach rechts abrückend in den Klammweg. Damit zurück zum Parkplatz ❶.

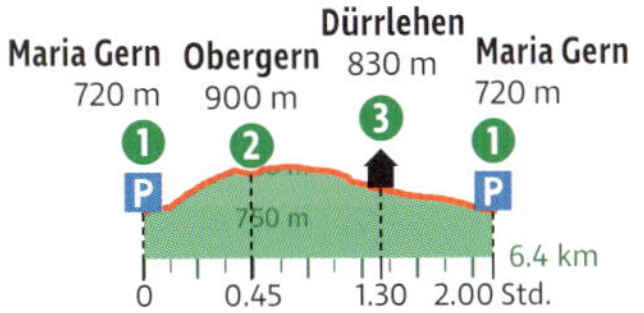

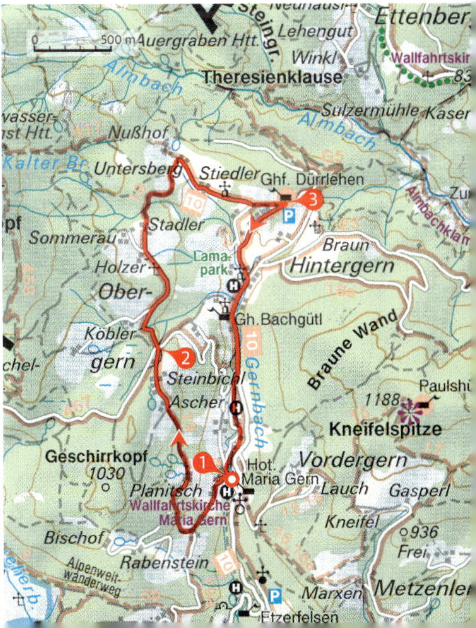

62 Kneifelspitze, 1189 m

Zwei Wege von der Wallfahrtskirche Maria Gern

TOP | 2.30 Std. | 6,4 km | ↗480 m | ↘480 m

Ein Panorama der Extraklasse

Es hat schon seinen triftigen Grund, warum die Kneifelspitze mit einem Gipfelgasthaus besetzt ist. Ihre isolierte Lage über dem Berchtesgadener Talkessel, abgerückt von den großen Schaustücken, eröffnet trotz der bescheidenen Höhe einen Rundblick, der seinesgleichen sucht. Im Mittelpunkt steht natürlich König Watzmann in seiner erhabenen Ausstrahlung, als Wahrzeichen der Region einfach nicht wegzudenken. Respekteinflößend wirken aber auch die Untersbergwände auf der anderen Seite. Auf der Paulshütte geht es bei Schönwetter meist zu wie in einem Taubenschlag – wer möchte seine Brotzeit oder Erfrischung nicht vor solch einem Panorama genießen? Am Ausgangspunkt kann die hübsche Kirche Maria Gern besichtigt werden.

Talort: Berchtesgaden, 571 m.
Ausgangspunkt: Maria Gern, 732 m, in einem Seitental nördlich von Berchtesgaden. Parkmöglichkeiten und Haltestelle der Buslinie 837 vom Bhf. Berchtesgaden. Ein Wanderparkplatz liegt auch auf ca. 840 m beim Hof Lauch an der Anstiegsroute (20 Min. Ersparnis).
Anforderungen: T1–2. Neben Forststraßenabschnitten gut angelegte Bergwanderwege, manchmal durchaus einigermaßen steil, aber gänzlich hindernislos.
Einkehr: Berggaststätte Kneifelspitze (Paulshütte), 1189 m, Ende März bis Ende Oktober täglich geöffnet, im November Sa/So, Tel. +49 8652 62338. Gasthof Maria Gern am Ausgangspunkt, Tel. +49 8652 3440.
Karten: AV-Karte BY22; F&B WK 393.

Auch der Untersberg hat ein paar würdigende Blicke verdient.

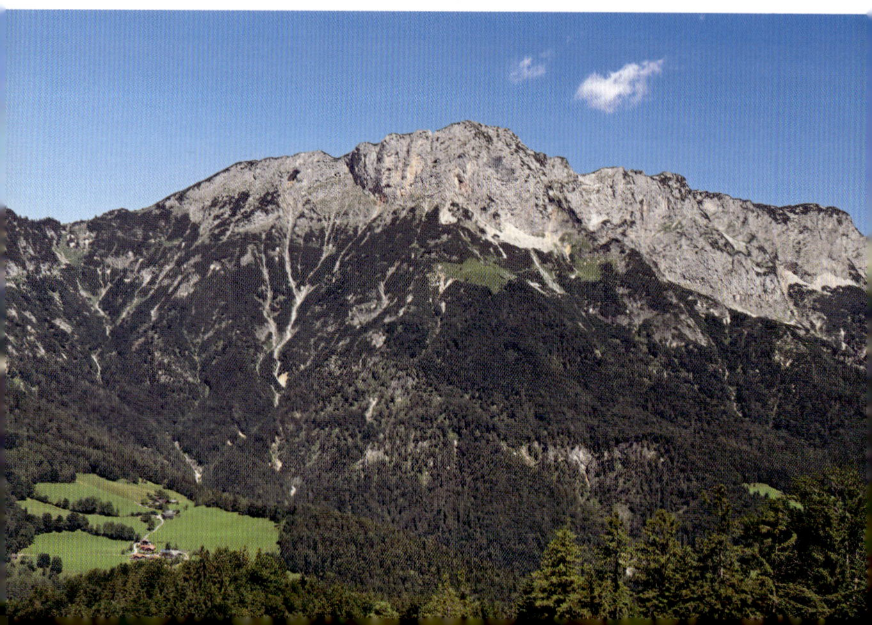

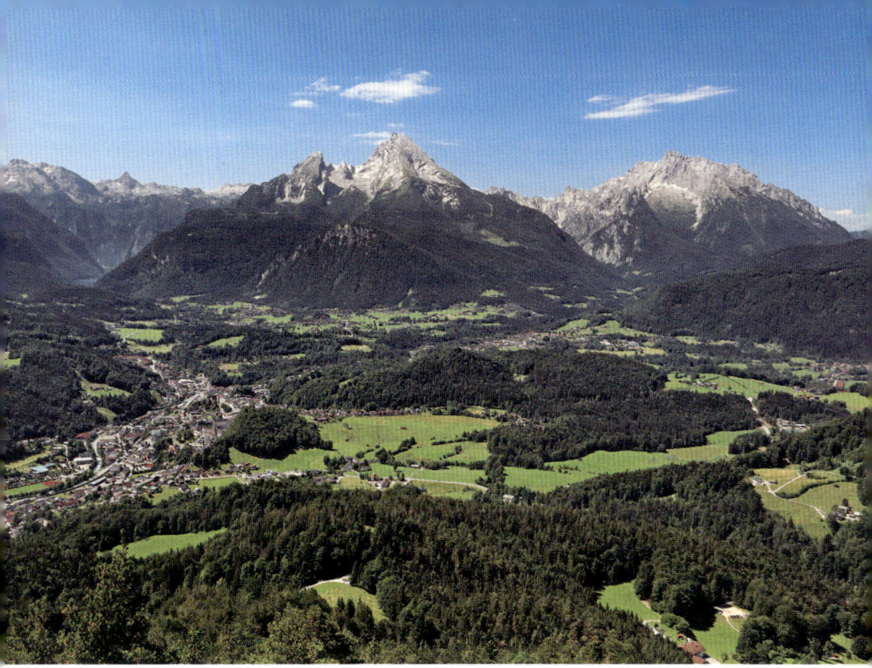

Auf der Kneifelspitze eröffnet sich ein großes Panorama des Berchtesgadener Landes.

Direkt beim Kirchlein **Maria Gern** ❶ nimmt man das steil ansteigende Sträßchen; in einer Linkskehre zweigt die Variante über die Marxenhöhe ab. Wir kommen zu einem vorgeschobenen Parkplatz unterhalb des Lauchlehens, tauchen wieder in Wald ein, schwenken scharf nach links und wechseln von einem Forstweg auf einen schmaleren Waldsteig, der sich mit etlichen Kehren am Westhang emporschraubt. Weiter oben trifft man erneut auf eine Forststraße und gelangt mit einigen recht steilen Kurven zur Paulshütte auf der **Kneifelspitze** ❷, 1189 m.

Beim Abstieg bleiben wir auf der oberen Forststraße, holen ein gutes Stück nach Osten aus und passieren das Gasperllehen. Eine kurze Traverse führt zum Kneifellehen. Etwas tiefer öffnet sich nochmals eine Wiese, hinter der man einen lohnenden Abstecher zur **Marxenhöhe** ❸ einbauen kann. Rasch befinden wir uns dann wieder auf dem anfänglichen Sträßchen und zurück bei **Maria Gern** ❶.

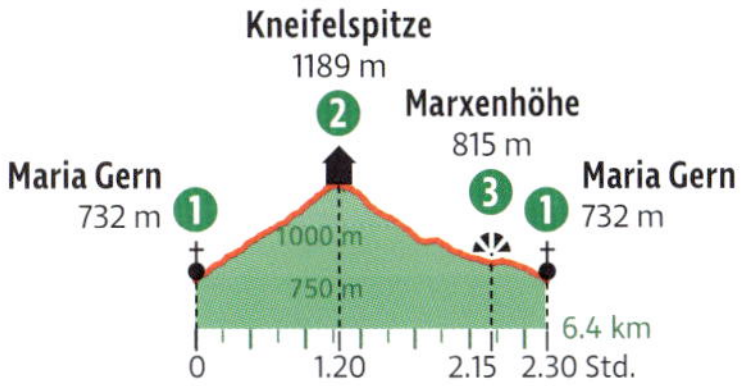

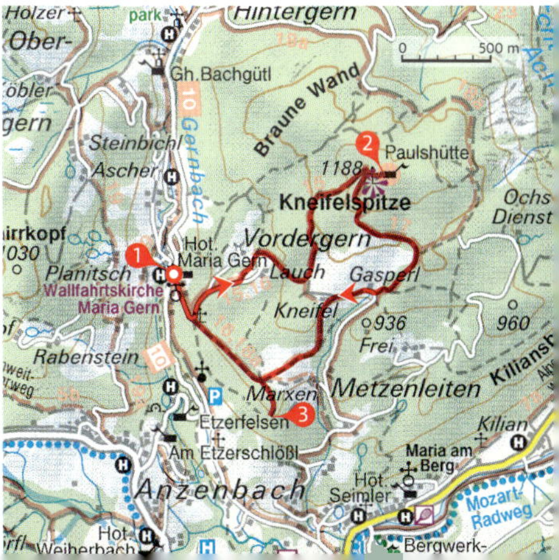

63 Almbachklamm
Von der Kugelmühle hinauf nach Ettenberg

TOP | 2.45 Std. | 6,8 km | ↗ 350 m | ↘ 350 m

Wilde Wasser und ein Blick in die Erdgeschichte
Seit der letzten Eiszeit hat fortschreitende Erosion am Sockel des Untersberges eine besondere Natursehenswürdigkeit geschaffen: die Almbachklamm. Das tosende Wasser mit seinen Kaskaden und Gumpen zieht zwischen Frühjahr und Herbst viele Wanderer an, die unterwegs auf Lehrtafeln auch gut informiert werden. Bis Mitte des 20. Jahrhunderts wurde durch die enge Schlucht Holz getriftet. Um den notwendigen Wasserschwall dafür erhöhen zu können, war oberhalb die Staumauer der Theresienklause errichtet worden. Außerdem hatte man einen Triftsteig angelegt. Aus diesem entwickelte sich die spätere touristische Erschließung der Almbachklamm.

Talort: Marktschellenberg, 478 m (zwischen Berchtesgaden und Salzburg).
Ausgangspunkt: Kugelmühle, 495 m, an der Ausmündung des Almbachs zwischen Berchtesgaden und Marktschellenberg (geräumige Parkmöglichkeit). Haltestelle der Buslinie 840 nach Salzburg vorn an der B305.
Anforderungen: T2+. In der Almbachklamm gute Steiganlagen mit vielen Brücken, Stegen, Stufen und Seilgeländern. Bei Nässe kann es stellenweise rutschig sein. Auch beim recht steilen Abstieg von Ettenberg schadet ein wenig Trittsicherheit nicht (Grenzfall zu »rot«).
Einkehr: Gasthaus Kugelmühle, Fr Ru-

Rechte Seite: Der Sulzer Wasserfall.
Unten: Hinterettenberg am Fuße des Untersberges.

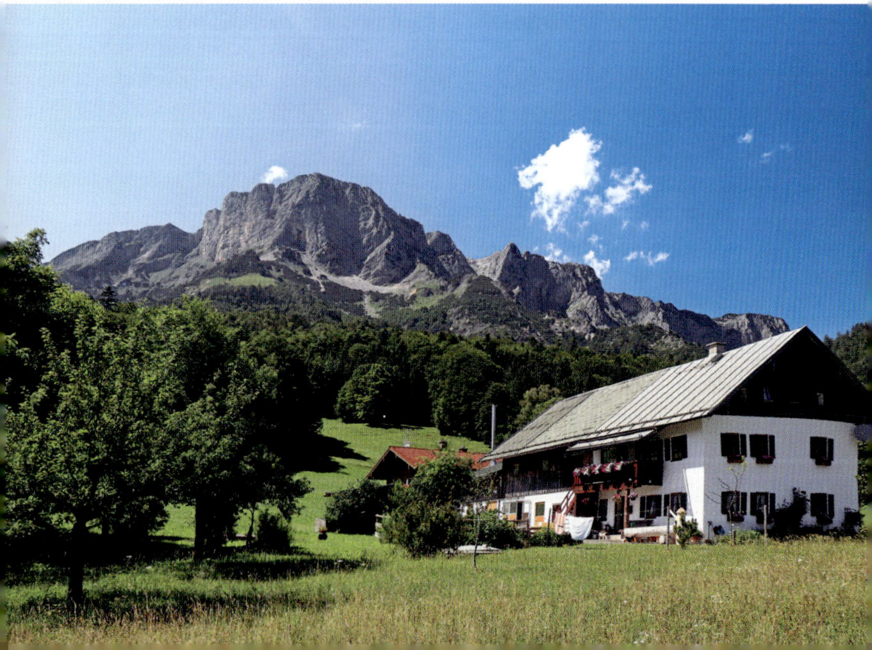

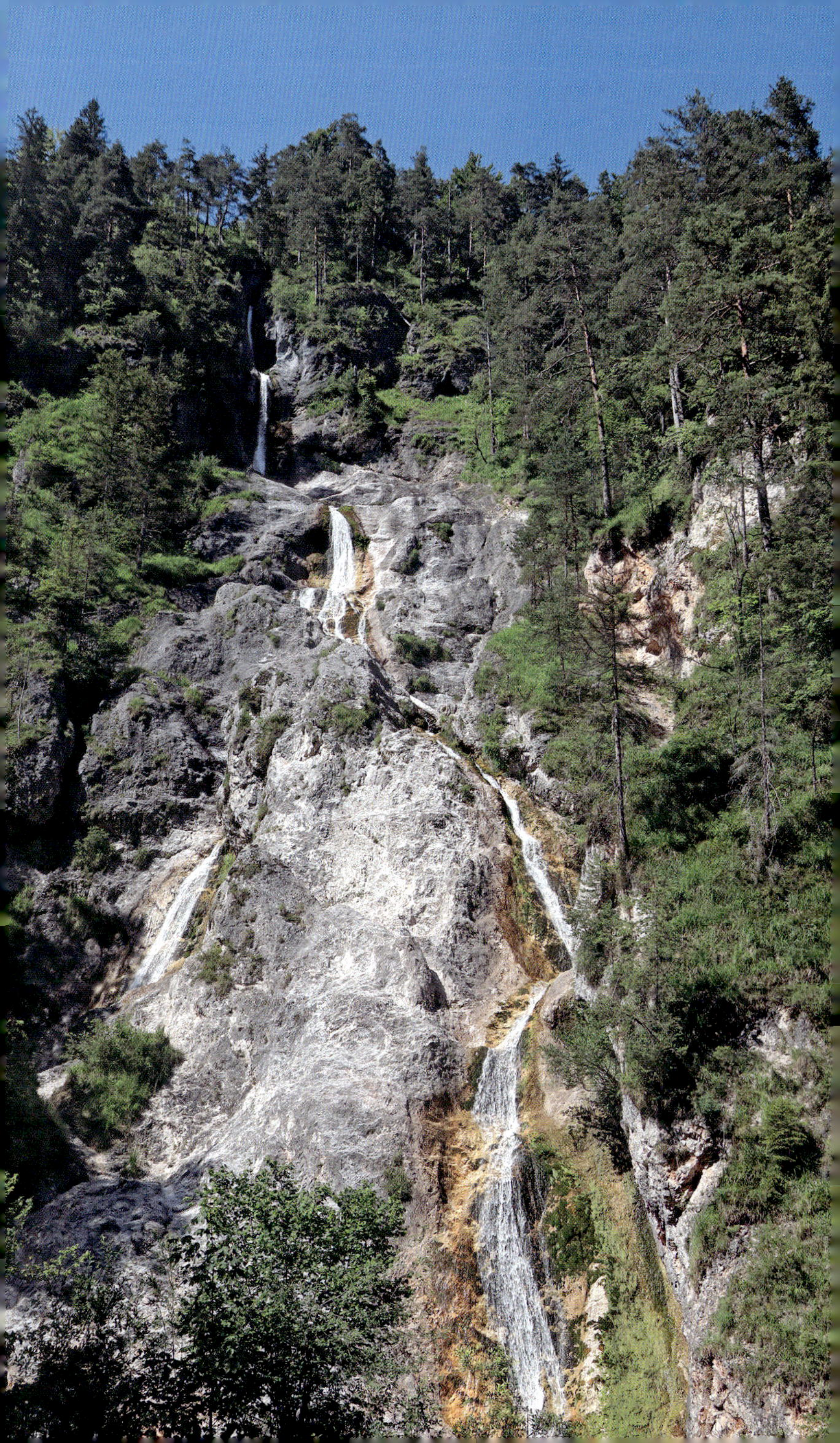

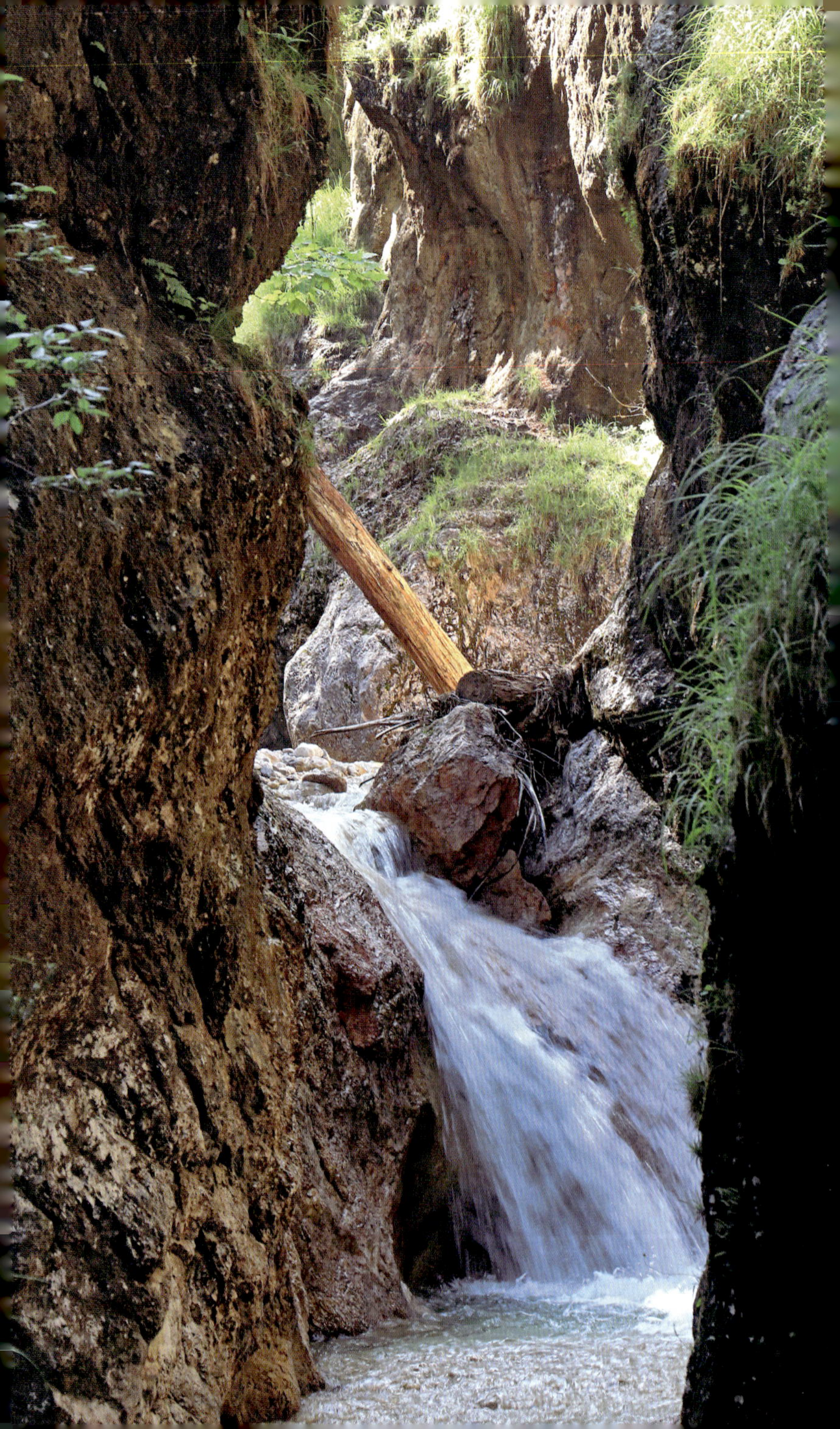

hetag, Tel. +49 8650 461. Gasthof Mesnerwirt, Mo Ruhetag, Tel. +49 8650 245.
Tipp: Besuch der bereits seit 1683 bestehenden Marmormühle am Eingang der Almbachklamm, geöffnet von Mai bis Oktober. Auch die Begehbarkeit der gebührenpflichtigen Klamm ist in etwa auf diesen Zeitraum beschränkt.
Variante: Am Ende der Almbachklamm ließe sich auch links über die Theresienklause aussteigen. Dann geht es zunächst Richtung Hintergern und über den Waldweg Nr. 23 zurück zum

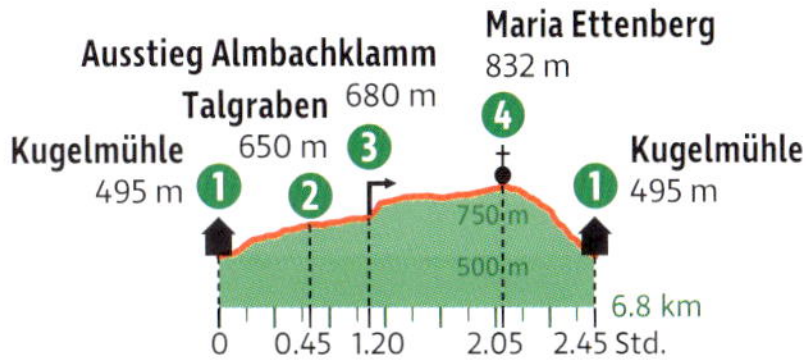

Startpunkt. Außerdem kann man die Klamm bereits auf halber Strecke nach rechts über den Talgraben Richtung Ettenberg verlassen.
Karten: AV-Karte BY22; F&B WK 393.

Vom Gasthaus **Kugelmühle** ❶ sind wir mit wenigen Schritten am Klammeingang und entrichten unseren Obolus. Ein moderater Auftakt wandelt sich bald, wenn es in den engsten und spektakulärsten Teil der Almbachklamm hineingeht. Zwischen den düsteren Wänden können wir auf eine solide Weganlage vertrauen und wechseln an Brücken mehrfach die Seite. Das Wasser rauscht durch enge Kolke. Nach einer Weile bietet sich auf der rechten Seite die Möglichkeit, durch den sekundären Talgraben nach Ettenberg aufzusteigen ❷. Doch auch der hintere Teil hat noch einiges zu bieten. In Kürze taucht der Sulzer Wasserfall vor uns auf; gut einsehbar vom Rastplatz gegenüber. Danach begleiten wir den Almbach meist rechtsseitig, ehe bei einer Brücke ein Abrücken aus der Schlucht möglich ist ❸. Man kann auch noch einen erweiterten Bogen über die Theresienklause schlagen oder von dieser nach Hintergern gelangen, ansonsten ist aber der Aufstieg nach Hinterettenberg vorgesehen. Dort auf einem Grasweg zur Straße hin und auf dieser scharf nach rechts schwenkend zur Wallfahrtskirche **Maria Ettenberg** ❹ mit dem Mesnerwirt. Aus der kleinen Siedlung Vorderettenberg führt schließlich der Hammerstielsteig (Nr. 21) relativ direkt hinab zum Ausgangspunkt ❶, zwischendurch über eine steilere Geländepartie hinweg.

Mit seiner fortwährenden Erosionskraft hat der Almbach eine beeindruckende Klamm geschaffen.

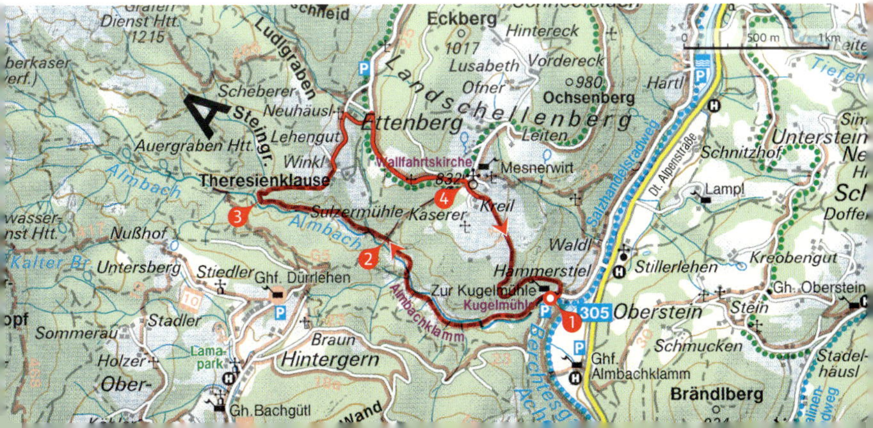

64 Scheibenkaser, 1436 m
Von Hinterettenberg

3.00 Std. | 6,2 km | ↗ 660 m | ↘ 660 m

Auf der Sonnseite des Untersberges
Unterhalb der kalkbleichen, sonnendurchfluteten Untersbergwände befindet sich auf einem Geländeabsatz eine kleine Alm: der Scheibenkaser. Größere Touristenströme tauchen hier kaum auf, weshalb dieser Vorschlag hauptsächlich Liebhaber stiller Fleckcken ansprechen dürfte. Von der Waldgrenze bietet sich bereits ein tolles Panorama im östlichen und südlichen Gesichtskreis. Der Scheibenkaser liegt als Zwischenstation auf einer Nebenroute zum Stöhrhaus sowie als Sprungbrett für den anspruchsvollen Hochthron-Klettersteig, der oberhalb gleichsam »mit dem Kopf durch die Wand« leitet. Im Sommer findet normalerweise eine zeitweilige Bewirtung statt. Wer darauf Wert legt, informiere sich aber vorher über die Öffnung.

Talort: Marktschellenberg, 478 m (zwischen Berchtesgaden und Salzburg).
Ausgangspunkt: Parkplatz Rossboden, ca. 780 m, erreichbar von Marktschellenberg über die Ettenberger Straße (ohne Busanbindung).

Anforderungen: T2. Guter Waldweg durch mittelsteiles Gelände, außer vielleicht bei Nässe keine nennenswerten Schwierigkeiten.
Einkehr: Eventuell Scheibenkaser, 1436 m (wegen Bewirtschaftung bitte

Oberhalb des Scheibenkasers verläuft ein anspruchsvoller Klettersteig durch die Wände des Berchtesgadener Hochthron.

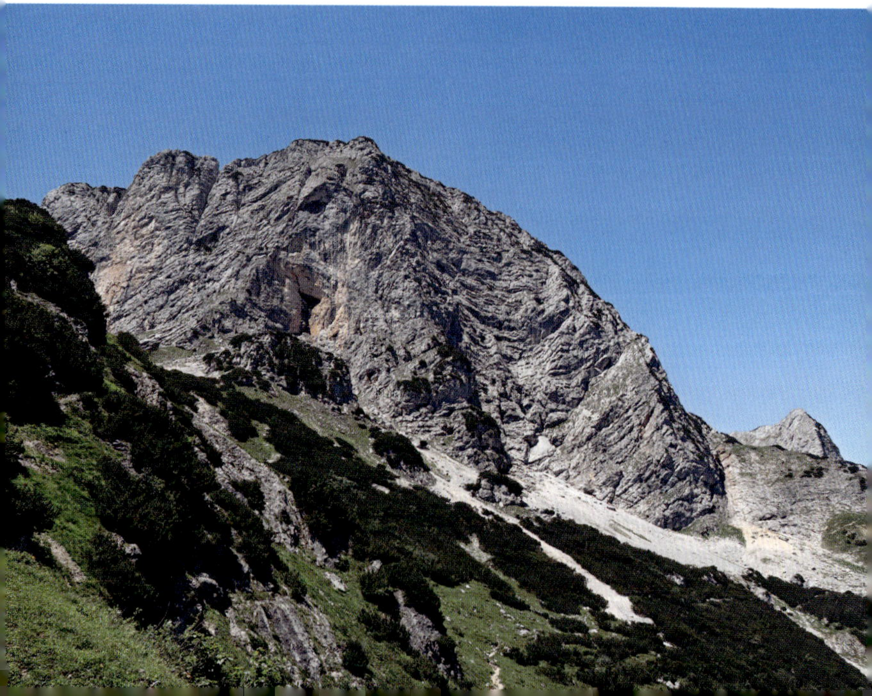

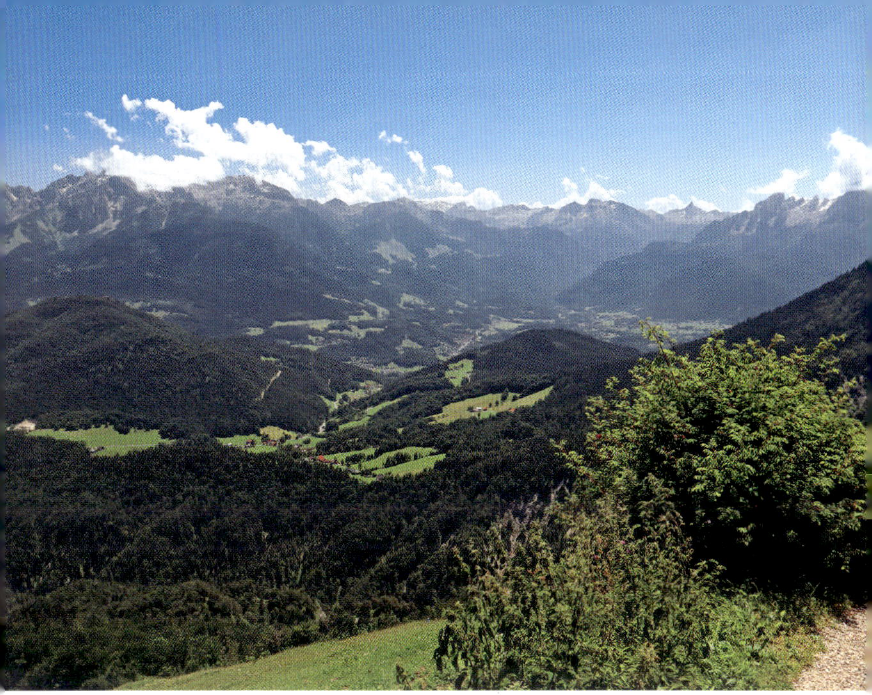

Dieses umfassende Panorama genießen wir am Scheibenkaser.

vor Ort erkundigen).

Variante: Weiterweg auf der Route Nr. 466 Richtung Gatterl, dabei erfolgt eine Traverse etwas steilerer Hänge (T2–3), schließlich in den Stöhrweg einmündend wieder großzügiger trassiert bis zum Stöhrhaus, 1894 m (vgl. Tour 65). Im Aufstieg ab Scheibenkaser 1.45 Std.

Karten: AV-Karte BY22; F&B WK 393.

Unsere Route Nr. 466 beginnt beim Parkplatz **Rossboden** ❶ nahe Hinterettenberg zunächst als breiterer Forstweg mit gelegentlichen Abkürzungen. Auf gut 1000 Metern hält man sich rechts, um den vielen Kehren und Windungen eines Steiges weiter bergwärts zu folgen ❷. Der Wald bleibt noch meist dicht – erst auf den letzten Metern hinauf zum **Scheibenkaser** ❸, 1436 m, öffnet sich das Blickfeld. Möchte man nicht weiter zum Untersbergplateau aufsteigen (siehe Variante), bleibt nur der Abstieg auf demselben Weg.

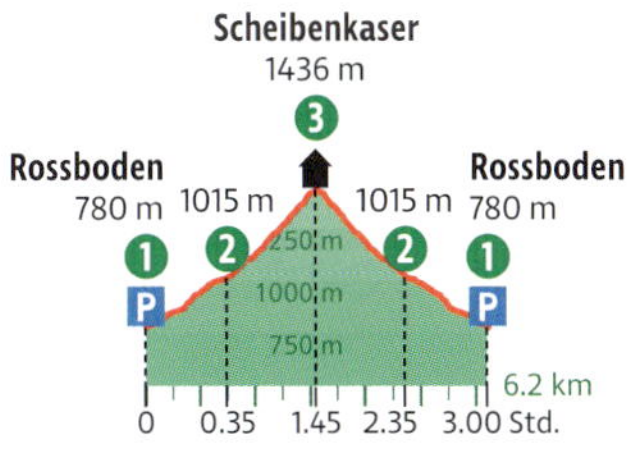

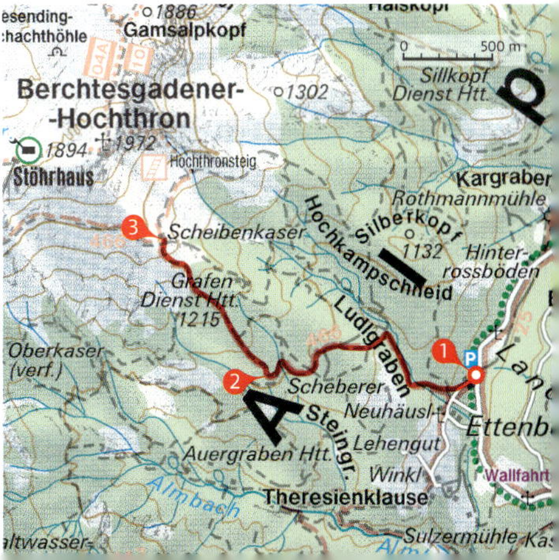

65 Salzburger und Berchtesgadener Hochthron

Untersberg-Überschreitung Richtung Stöhrhaus

6.00 Std. | 13,7 km | ↗ 550 m | ↘ 1560 m

Über den nördlichsten Karststock der Berchtesgadener Alpen

Mit der letzten Tour in diesem Band wollen wir auch noch auf den sagenumwobenen Untersberg! Das geht per Seilbahn ganz leicht und problemlos, gleichwohl verlangt dieser Vorschlag eine Portion Trittsicherheit, Konzentrationsvermögen und Ausdauer, denn wir haben die komplette Überschreitung des Plateaustocks im Sinn. Nach dem Warmlaufprogramm vom Geiereck zum Salzburger Hochthron wird es Richtung Mittagscharte schon spürbar ernster. Auf der stark verkarsteten Hochfläche präsentieren sich die Wegverhältnisse ziemlich rau und steinig, zwischen Latschenfeldern auch verschlungen. Kurz vor Erreichen des Stöhrhauses kann mit dem Berchtesgadener Hochthron der absolut höchste Punkt am Untersberg überschritten werden. Frei wie ein Vogel fühlt man sich dort oben, wenn der Blick ins weite Rund schweift. Für den Abstieg steht der gut angelegte Stöhrweg bereit, wobei man vorteilhaft ins Gerner Hochtal abbiegen kann. Jedenfalls ist die Untersberg-Überschreitung kein Spaziergang, aber ein ideales Angebot für alle, die sich über wirklich leichte Touren hinaus weiterentwickeln und dem ambitionierteren Bergwandern zuwenden möchten ...

Talort: Marktschellenberg, 478 m, bzw. Berchtesgaden, 571 m.
Ausgangspunkt: Talstation der Untersbergbahn in St. Leonhard, 456 m (auf österreichischer Seite). Hier auch Haltestelle der Buslinie 840 zwischen Berchtesgaden und Salzburg. Mit der Seilbahn zur Bergstation, 1776 m; Be-

Aus der Mittagscharte blicken wir an den Randabstürzen vorbei zum Watzmann.

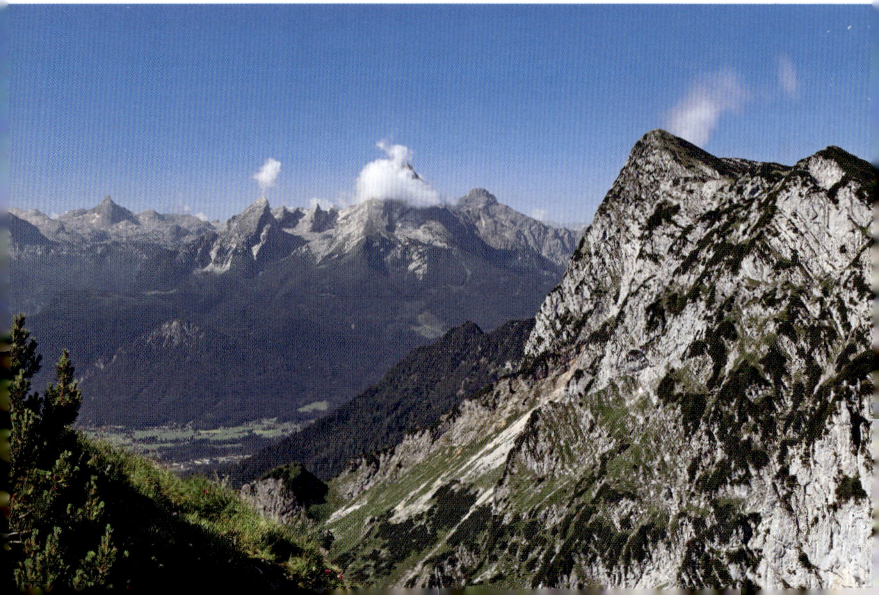

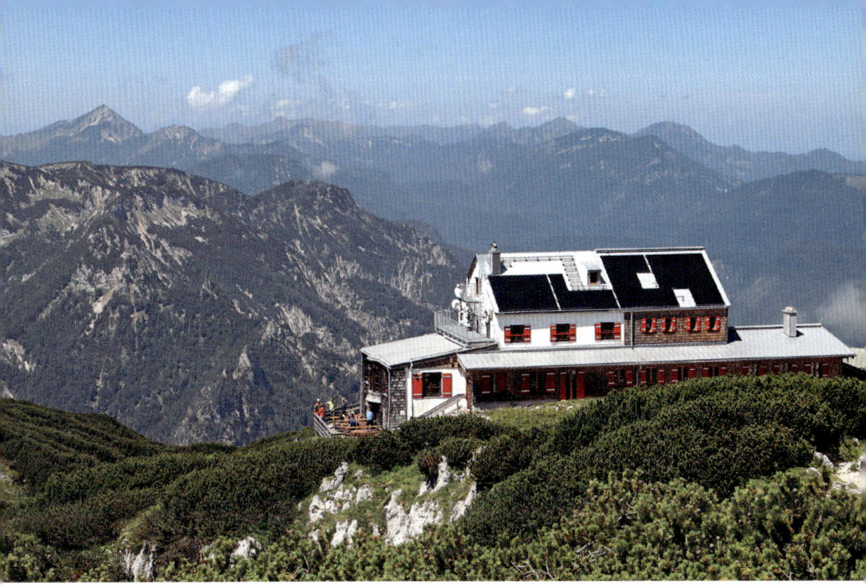

Wichtiger Anlaufpunkt auf dem Untersberg: das Stöhrhaus.

triebszeiten saisonal gestaffelt, erste Bergfahrt normalerweise ab 8.30 Uhr.

Endpunkt: Hintergern, 790 m, Endhaltestelle der Buslinie 837 vom Bhf. Berchtesgaden.

Anforderungen: T3. Auf der karstig-zerklüfteten Hochfläche felsdurchsetzter Weg, jedoch ohne Kraxelstellen oder nennenswert ausgesetzte Passagen. Bei guten Bedingungen mit elementarer Trittsicherheit beherrschbar, bei Nässe streckenweise glitschig, was die Anforderungen merklich erhöht. Bei Nebel größte Aufmerksamkeit oder aufgrund der Verirrungsgefahr sogar besser meiden, ebenso wenn das Gelände im Frühsommer noch nicht ausgeapert ist. Das kleinräumige Auf und Ab sollte auch konditionell nicht unterschätzt werden; ab Stöhrhaus besser ausgebauter Bergweg, aber talwärts noch ziemlich weit. Für weniger Ausdauernde ggf. auf zwei Tage entzerren.

Einkehr: Restaurant an der Bergstation, Tel. +43 662 625176. Stöhrhaus, 1894 m, Mitte Mai bis Mitte Oktober, Übernachtungsmöglichkeit, Tel. +49 8652 7233 oder +43 676 4159568.

Variante: Man kann bei WP8 auch dem Stöhrweg (Nr. 468) weiter gen Süden folgen und letztlich Richtung Bischofswiesen oder Aschauer Weiher absteigen.

Karten: AV-Karte BY22; F&B WK 393.

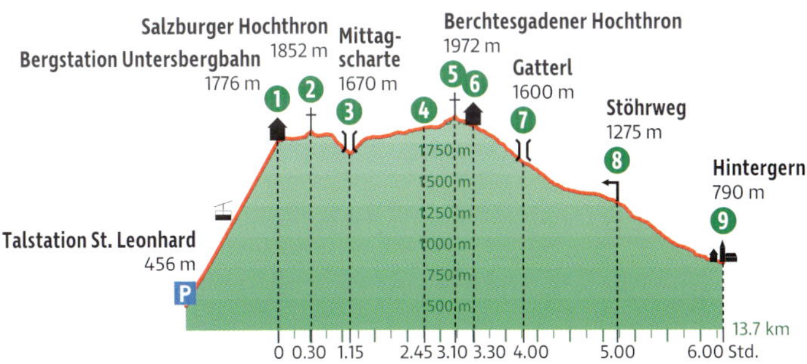

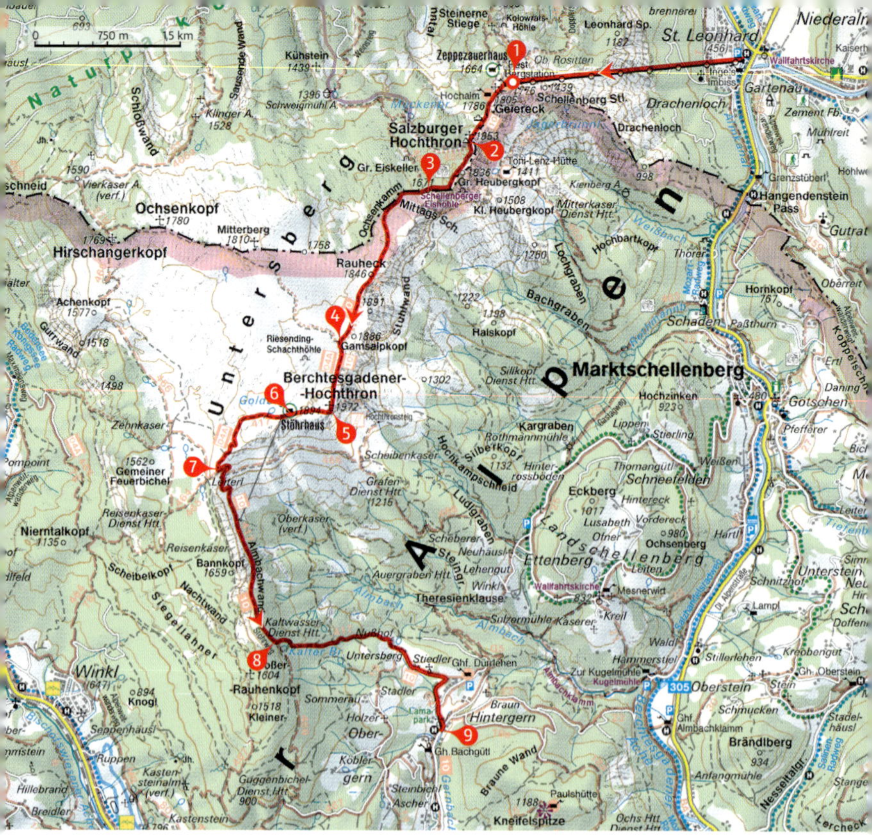

Die Untersbergbahn überwindet vom Tal aus bis zur **Bergstation** ❶ mehr als 1300 Höhenmeter – ein luftiges Erlebnis mit tollen Eindrücken zum Auftakt! Wenige Meter oberhalb befindet sich das große Kreuz auf dem **Geiereck**, 1805 m. Wir nehmen die Route Nr. 417 auf, teils etwas absteigend, dann bereits gegen den nächsten Gipfel hinan: Der **Salzburger Hochthron** ❷, 1852 m, ist das Ziel für alle, die sich nur einen kurzen Bergausflug in der Höhe vornehmen. Unser Weiterweg führt indes Richtung Großer Heubergkopf, aus dessen Nähe der markante, in Kehren angelegte Abstieg in die **Mittagscharte** ❸, 1670 m, erfolgt. Hier könnte man links ausscheren, um über den durchaus ausgesetzten Thomas-Eder-Steig die Toni-Lenz-Hütte, 1438 m, bei der Schellenberger Eishöhle anzulaufen und später nach Paßthurm bei Marktschellenberg abzusteigen.

Für uns windet sich die Route Nr. 417 am karstigen Gegenhang wieder aufwärts. Zwischen etlichen Mulden hindurch lavierend kommen wir in den Bereich des Ochsenkamms, drehen mehr nach Süden ein und gelangen mit etwas Auf und Ab über das Rauheck zu einer Verzweigung ❹ unweit des Gamsalpkopfes, wo die selten begangene Route via Mitterberg ausgewiesen wird. Auf der Hauptroute nähern wir uns jetzt mit einem letzten Aufstieg dem **Berchtesgadener Hochthron** ❺, 1972 m. Von dort ist auch das bereits sichtbare **Stöhrhaus** ❻, 1894 m, die wich-

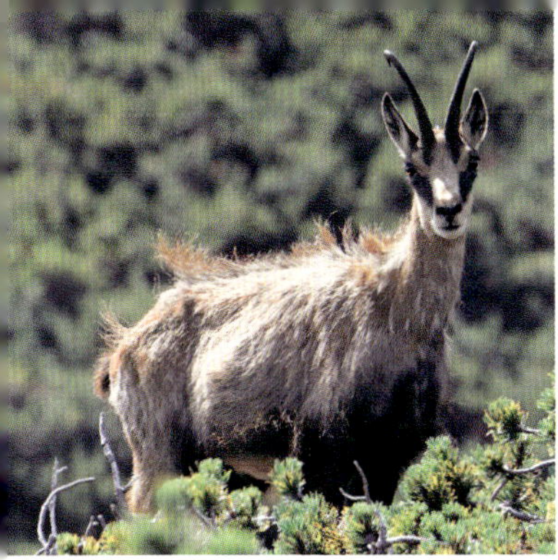

Gämsen finden auf dem latschenbewachsenen Plateau ihre Einstände.

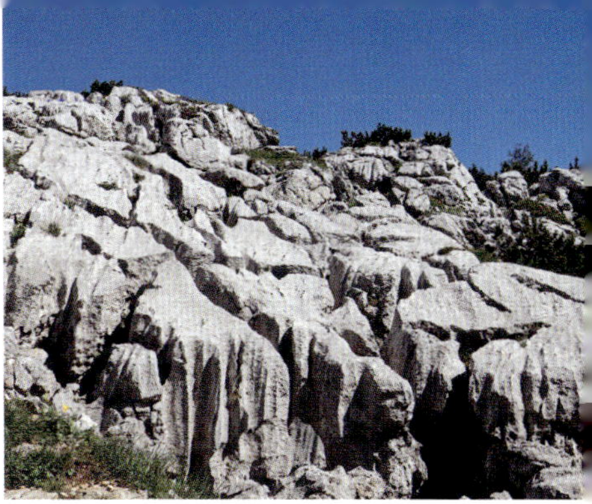

Lösungsverwitterung erzeugt charakteristische Strukturen im Kalkgestein.

tige Schutzhütte auf der Untersberg-Hochfläche, nicht mehr fern.
Ein gut gefügter Weg führt von dort weiter in Grundrichtung West bis Südwest abwärts. Nach ein paar Kehren erreichen wir die Verzweigung am **Gatterl (Leiterl) 7**, ca. 1600 m, und wenden uns an diesem Sattel scharf nach links. Kurz darauf die nächste Gabelung: Während es links mittels längerer Traverse der Südflanken zum Scheibenkaser ginge (Nr. 466), bleiben wir am Stöhrweg (Nr. 417/468), absolvieren einige Serpentinen und nehmen Kurs direkt unterhalb der Almbachwand entlang. In der Nähe des »Kalten Brunnens« bzw. der Kaltwasser-Diensthütte scheren wir vom **Stöhrweg 8** links aus und nehmen die Route Nr. 417 hinab ins Gerner Hochtal. Weiter unten kommt man aus dem Wald heraus und folgt den Sträßchen bis zur Bushaltestelle **Hintergern 9**.

Einblick in die lotrechten Südabstürze unterhalb des Stöhrhauses.

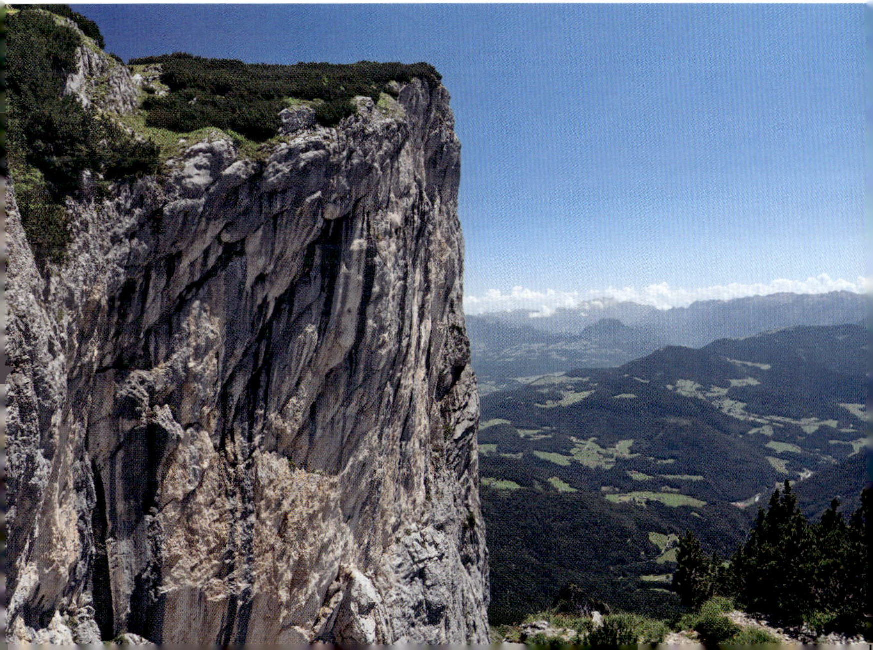

Stichwortverzeichnis

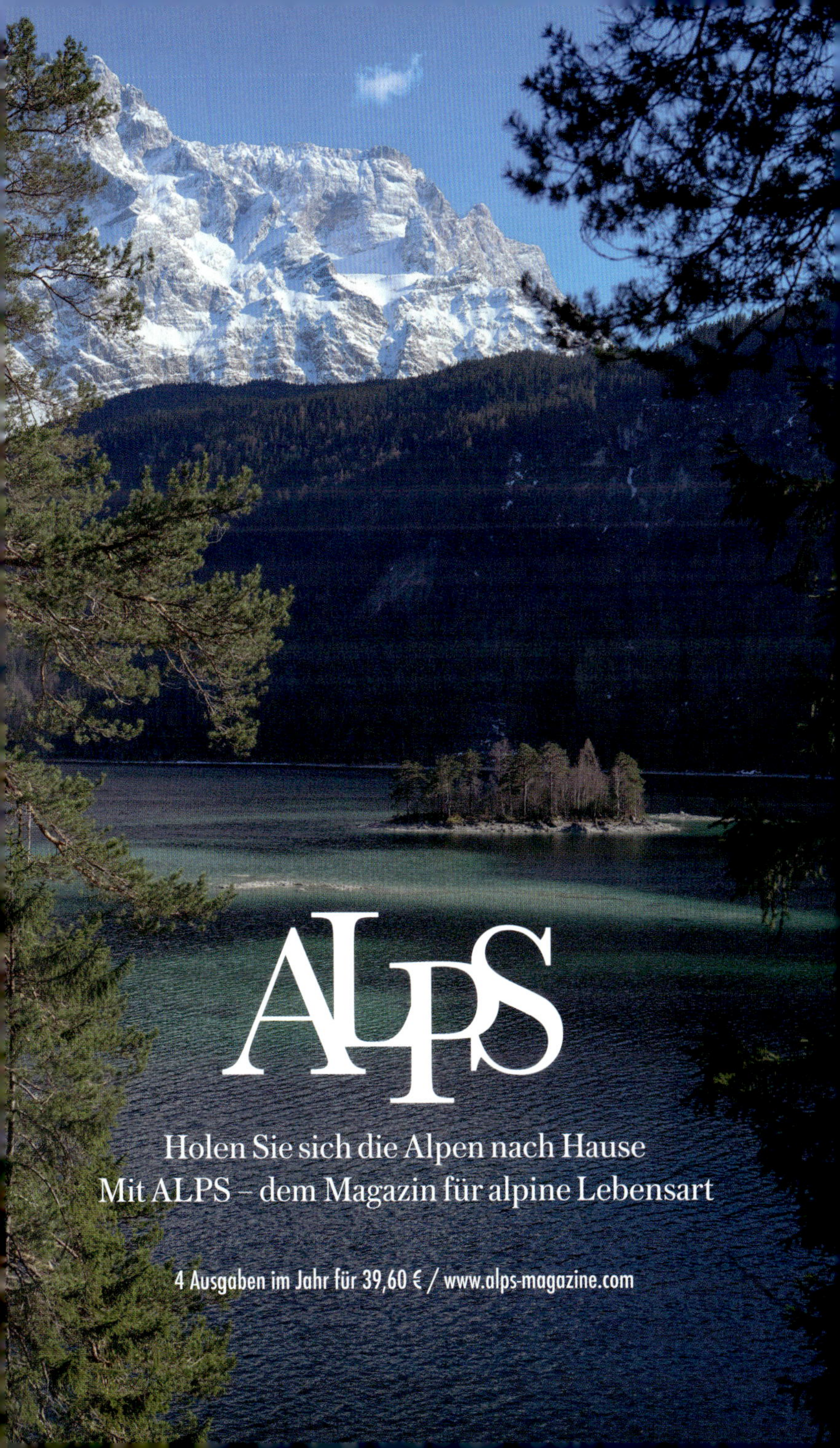
ALPS
Holen Sie sich die Alpen nach Hause
Mit ALPS – dem Magazin für alpine Lebensart
4 Ausgaben im Jahr für 39,60 € / www.alps-magazine.com

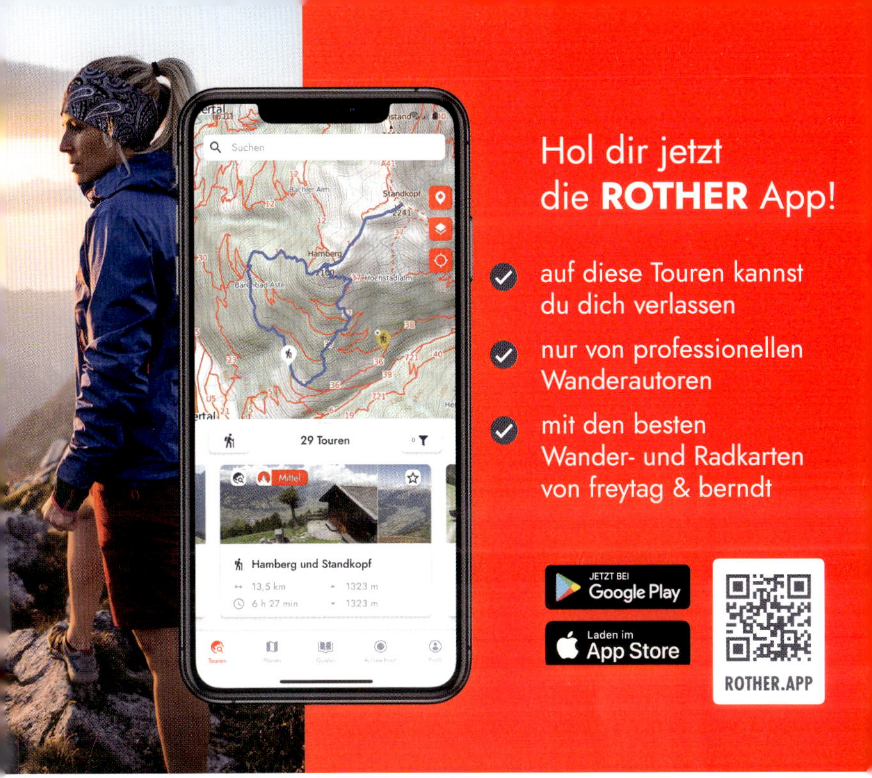
Hol dir jetzt
die ROTHER App!
auf diese Touren kannst du dich verlassen
nur von professionellen Wanderautoren
mit den besten Wander- und Radkarten von freytag & berndt
JETZT BEI Google Play
Laden im App Store
ROTHER.APP
Suchen
29 Touren
Mittel
Hamberg und Standkopf
13,5 km
1323 m
6 h 27 min
1323 m

Impressum

Umschlagbild: Das Kirchlein Maria Gern ist ein Kleinod des Berchtesgadener Landes.

Bild im Innentitel: Blick vom Jenner auf den Königssee, darüber der Watzmannstock.

Bild Seiten 30/31: Das exponierte Kirchlein St. Pankraz bei Bad Reichenhall.

Alle 225 Fotos von Mark Zahel.

Kartografie: 65 Wanderkärtchen im Maßstab 1:50.000 / 1:75.000 sowie zwei Übersichtskärtchen im Maßstab 1:500.000 und 1:2.000.000

Werk-Nr.: 3378

1. Auflage 2023

ISBN 978-3-7633-3378-3

FSC www.fsc.org MIX Papier | Fördert gute Waldnutzung FSC® C147178

Wir freuen uns über jeden Korrekturhinweis zu diesem Wanderbuch!
Bitte per E-Mail an: **leserzuschrift@rother.de**

ROTHER BERGVERLAG · Keltenring 17 · D-82041 Oberhaching
Tel. +49 89 608669-0 · www.rother.de